ŒUVRES
COMPLÈTES
DE BOILEAU

ACCOMPAGNÉES DE

NOTES HISTORIQUES ET LITTÉRAIRES

ET PRÉCÉDÉES D'UNE

ÉTUDE SUR SA VIE ET SES OUVRAGES

PAR

A. CH. GIDEL

Professeur de rhétorique au Lycée Condorcet, lauréat de l'Académie
française et de l'Académie des inscriptions et belles-lettres

TOME TROISIÈME

PARIS
GARNIER FRÈRES, LIBRAIRES-ÉDITEURS

6, RUE DES SAINTS-PÈRES

M DCCC LXXIII

CHEFS-D'ŒUVRE

DE LA

LITTÉRATURE

FRANÇAISE

31

ŒUVRES

COMPLÈTES

DE BOILEAU

TOME TROISIÈME

ŒUVRES
COMPLÈTES
DE BOILEAU

ACCOMPAGNÉES DE

NOTES HISTORIQUES ET LITTÉRAIRES

ET PRÉCÉDÉES D'UNE

ÉTUDE SUR SA VIE ET SES OUVRAGES

PAR

A. CH. GIDEL

Professeur de rhétorique au Lycée Condorcet, lauréat de l'Académie
française et de l'Académie des inscriptions et belles-lettres

TOME TROISIÈME

PARIS

GARNIER FRÈRES, LIBRAIRES-ÉDITEURS

6, RUE DES SAINTS-PÈRES

—

M DCCC LXXIII

DISCOURS SUR L'ODE

DISCOURS SUR L'ODE[1]

L'ode suivante a été composée à l'occasion de ces étranges dialogues[2] qui ont paru depuis quelque temps, où tous les plus grands écrivains de l'antiquité sont traités d'esprits médiocres, de gens à être mis en parallèle avec les Chapelains et avec les Cotins[3], et où, voulant faire honneur à notre siècle, on l'a en

---

1. Ce discours fut composé et publié séparément avec l'ode en 1693. Saint-Marc fait remarquer que c'est bien moins un *discours sur l'ode* qu'une sorte de *préface* où l'auteur explique à quelle occasion il a composé l'*Ode sur la prise de Namur*, et quel but il s'est proposé. (M. Chéron.)

2. Parallèle des anciens et des modernes, en forme de dialogue. (Boileau, 1713.) — Les trois premiers volumes du *Parallèle* de Charles Perrault ont paru en 1688, et le quatrième en 1699 seulement. (M. Chéron.)

3. Il faut lire avec soin la lettre de Perrault en réponse à ce *Discours sur l'ode*. Nous en donnons des fragments étendus avant l'ode elle-même. Voici, d'après le texte du *Parallèle* de Charles Perrault, quelques-unes de ses idées que Despréaux dénaturait un peu. Il dit dans la préface du tome Ier : « En un mot, je suis très-convaincu que, si les anciens sont excellents, comme on ne peut pas en disconvenir, les modernes ne leur cèdent en rien, et les surpassent même en bien des choses. Voilà distinctement ce que je pense et ce que je prétends prouver dans mes *Dialogues*... Si nous avons un avantage visible dans les arts, dont les secrets se peuvent calculer et mesurer, il n'y a que la seule impossibilité de convaincre les gens dans les choses de *goût* et de *fantaisie*, comme sont les beautés de la poésie et de l'éloquence, qui empêche que nous ne soyons reconnus les maîtres dans ces deux *arts*, comme dans tous les autres. » Dans son IIIe Dialogue, on lit ceci : « Il y a deux choses dans tout artisan, qui contribuent beaucoup à la beauté de son ouvrage, la connaissance des règles de son *art* et la force de son *génie*. De là il peut arriver, et souvent il arrive que l'ouvrage de celui qui est le moins savant, mais qui a le plus de génie, est meilleur que l'ouvrage de celui qui sait mieux les règles de son *art*, et dont le *génie* a moins de force. Suivant ce principe, Virgile a pu faire un poëme épique plus excellent que tous les

DISCOURS SUR L'ODE.

quelque sorte diffamé, en faisant voir qu'il s'y trouve des hommes capables d'écrire des choses si peu sensées. Pindare est des plus maltraités. Comme les beautés de ce poëte sont extrêmement renfermées dans sa langue, l'auteur de ces dialogues, qui vraisemblablement ne sait point de grec, [1*] et qui

autres, parce qu'il a eu plus de génie que tous les poëtes qui l'ont suivi; et il peut en même temps avoir moins su toutes les règles du poëme épique. Ce qui me suffit, mon problème consistant uniquement en cette proposition que tous les arts ont été portés dans notre siècle à un plus haut degré de perfection que celui où ils étoient parmi les anciens, parce que le temps a découvert plusieurs secrets dans tous les arts, qui, joints à ceux que les anciens nous ont laissés, les ont rendus plus accomplis; l'art n'étant autre chose, selon Aristote même, qu'un amas de préceptes pour bien faire l'ouvrage qu'il a pour objet. Or, quand j'ai fait voir qu'Homère et Virgile ont fait une infinité de fautes où les modernes ne tombent plus, je crois avoir prouvé qu'ils n'avoient pas toutes les règles que nous avons, puisque l'effet naturel des règles est d'empêcher qu'on ne fasse des fautes. De sorte que, s'il plaisoit au ciel de faire naître un homme qui eût un génie de la force de celui de Virgile, il est sûr qu'il feroit un plus beau poëme que celui de l'*Énéide*, parce qu'il auroit, suivant ma supposition, autant de génie que Virgile, et qu'il auroit en même temps un plus grand amas de préceptes pour se conduire. »

Au tome III, sur ce que *le Chevalier*, l'un des *interlocuteurs*, content de l'apologie de Quinault, que l'*Abbé* vient de faire, le prie de rendre le même service à Chapelain, l'Abbé répond : « La chose est un peu plus difficile. Ce n'est pas que M. Chapelain n'ait en bien du mérite en sa manière, mais il se trouve deux obstacles à sa louange, difficiles à surmonter, l'un la dureté de sa versification et l'autre la prévention où l'on est contre la *Pucelle*. Cependant je veux bien faire son apologie pour votre satisfaction et pour la mienne, à condition que M. le Président (c'est le troisième interlocuteur) n'en prendra pas occasion de me dire que j'oppose Chapelain à Virgile, car je déclare hautement que ce n'est point mon intention et que je le fais seulement par l'intérêt que j'ai, en soutenant la *poésie moderne*, de défendre les poëtes de notre siècle que l'on a maltraités. » Après avoir montré que le *sujet de la Pucelle est un des plus beaux qui aient jamais été*, le même interlocuteur ajoute : « Il est vrai que la versification en est souvent dure, sèche et épineuse, et particulièrement dans les endroits où elle devroit être la plus tendre, la plus douce et la plus agréable, comme dans les matières d'amour et de galanterie. Ce n'est pas qu'il ne pense juste et qu'il ne dise en substance « ce qu'il faut dire ; » mais l'expression est souvent un peu disgraciée. Quand il veut faire le portrait de la *belle Agnès*, la manière dont il s'y prend est très-ingénieuse et très-poétique. Il feint qu'elle est au milieu d'un cabinet magnifique, garni de grands miroirs, où elle se voit tout entière et de tous côtés ; que là elle admire sa taille noble et dégagée, son port majestueux et l'air charmant de toute sa personne, qu'elle y voit un front serein, des yeux vifs, une bouche vermeille, un teint, des cheveux, etc. Si l'expression avoit secondé ce dessein, si dans cet endroit et dans cinq ou six autres de son poëme il avoit pu répandre une centaine de vers tendres, doux et agréables, que les dames eussent pris plaisir à lire et à apprendre par cœur, je suis sûr que son poëme auroit l'approbation qu'on lui a refusée... Quoi qu'il en soit, je soutiens, sans vouloir néanmoins prendre M. Chapelain pour mon héros, qu'on a eu tort de le traiter comme on a fait, et qu'il méritoit d'être épargné, quand il n'auroit jamais composé d'autre ouvrage que l'ode qu'il fit pour le cardinal de Richelieu. »

1*. Var. *Ne sait point le grec.* (1693.)

n'a lu Pindare que dans des traductions latines assez défectueuses, a pris pour galimatias tout ce que la foiblesse de ses lumières ne lui permettoit pas de comprendre. Il a surtout traité de ridicules ces endroits merveilleux où le poëte, pour marquer un esprit entièrement hors de soi, rompt quelquefois de dessein formé la suite de son discours ; et afin de mieux entrer dans la raison, sort, s'il faut ainsi parler, de la raison même,[1] évitant avec grand soin cet ordre méthodique et ces exactes liaisons de sens qui ôteroient l'âme à la poésie lyrique. Le censeur dont je parle[1*] n'a pas pris garde qu'en attaquant ces nobles hardiesses de Pindare, il donnoit lieu de croire qu'il n'a jamais conçu le sublime des psaumes de David, où, s'il est permis de parler de ces saints cantiques à propos de choses si profanes, il y a beaucoup de ces sens rompus, qui servent même quelquefois à en faire sentir la divinité. Ce critique, selon toutes les apparences, n'est pas fort convaincu du précepte que j'ai avancé dans mon Art poétique[2*], à propos de l'ode :

> Son style impétueux souvent marche au hasard :
> Chez elle un beau désordre est un effet de l'art.

Ce précepte effectivement, qui donne pour règle de ne point garder quelquefois de règles, est un mystère de l'art, qu'il n'est point aisé de faire entendre à un homme sans aucun goût, qui croit que la Clélie et nos opéra[2] sont les modèles du genre

---

1. On peut voir dans la lettre de Perrault à Boileau la critique mal fondée qu'il faisait de ce passage.

1*. Var. *Dont on parle.* (1693.)

2*. Var. *Du précepte qu'on a avancé dans l'Art poétique.* (1693.)

2. On remarquera les lignes suivantes dans la lettre de Perrault à Boileau : « Souffrez, monsieur, que je vous avertisse en passant que vous écrivez les *opéras*, et qu'il faut écrire les *opéra* ; ce peut être une faute de l'imprimeur, mais si c'est vous qui l'avez faite, vous auriez besoin de venir plus souvent à l'Académie. » Boileau profita de la leçon et écrivit les *opéra*. Il dit dans ses *Réflexions critiques sur Longin*, VIII : « Bien que j'aie toujours entendu prononcer des opéras comme on dit des factums et des totons, je ne voudrois pas assurer qu'on le doive écrire, et je pourrois bien m'être trompé en l'écrivant de la sorte. » — « J'écris opéras au pluriel, malgré la décision contraire, parce qu'il me semble que la dernière syllabe de ce mot est longue au pluriel. » D'Alembert, *Lib. de la Mus.*, Œuvres, t. III, p. 358, note 1, dans Pougens. « Depuis l'édition de 1835, l'Académie met l's au pluriel. » B. Littré, *Dict. de la langue française*.

sublime; qui trouve Térence fade, Virgile froid, Homère de mauvais sens, et qu'une espèce de bizarrerie d'esprit [1*] rend insensible à tout ce qui frappe ordinairement les hommes. Mais ce n'est pas ici le lieu de lui montrer ses erreurs. On le fera peut-être plus à propos un de ces jours, dans quelque autre ouvrage.[1]

Pour revenir à Pindare, il ne seroit pas difficile d'en faire sentir les beautés à des gens qui se seroient un peu familiarisé le grec; mais comme cette langue est aujourd'hui assez ignorée de la plupart des hommes, et qu'il n'est pas possible de leur faire voir Pindare dans Pindare même, j'ai cru que je ne pouvois mieux justifier ce grand poëte qu'en tâchant de faire [2*] une ode en françois à sa manière, c'est-à-dire pleine de mouvements et de transports, où l'esprit parût [3*] plutôt entraîné du démon de la poésie que guidé par la raison. C'est le but que je me suis proposé [4*] dans l'ode qu'on va voir. J'ai pris pour sujet la prise de Namur,[2] comme la plus grande action de guerre qui se soit faite de nos jours, et comme la matière la plus propre à échauffer l'imagination d'un poëte. J'y ai jeté,[5*] autant que j'ai pu, la magnificence des mots; et, à l'exemple des anciens poëtes dithyrambiques, j'y ai employé [6*] les figures les plus audacieuses, jusqu'à y faire un astre de la plume blanche que le roi porte ordinairement à son chapeau, et qui est en effet comme une espèce de comète fatale à nos ennemis, qui se jugent perdus dès qu'ils l'aperçoivent. Voilà le dessein de cet ouvrage.[7*] Je ne réponds pas d'y avoir réussi; et je ne sais si le public, accoutumé aux sages emportements de Malherbe, s'accommodera de ces saillies et de ces excès pindariques. Mais, supposé que j'y aie échoué,

---

1*. VAR. *D'esprit, qu'il a*, dit-on, *commune avec toute sa famille*, rend... (1693.)—Voir dans la lettre de Perrault ses plaintes sur ce passage, XI, XII et XIII, plus loin, p. 9.
1. Voir dans les *OEuvres en prose* la première réflexion sur Longin.
2*. VAR. *On a cru qu'on ne pouvoit* mieux justifier ce grand poëte qu'*en faisant une ode*... (1693.)
3*. VAR. *Où l'on parût.* (1693.)
4*. VAR. *Le but qu'on s'est proposé, on a pris.*
2. Louis XIV commença le siége de Namur le 26 de mai 1692. La ville fut prise le 5 de juin et le château le 30.
5*. VAR. *On y a jeté.* (1693.)
6*. VAR. *On y a employé.* (1693.)
7*. VAR. *De ce petit ouvrage... On ne répond pas... et on ne sait si le public.* (1693.)

je m'en consolerai ¹* du moins par le commencement de cette

1*. Var. *Supposé qu'on y ait .. on s'en consolera.*
Fragments de la lettre de M. Perrault à M. Despréaux en réponse au *Discours sur l'ode.*

Monsieur,

I. Puisque c'est à l'occasion de mes Dialogues sur la comparaison des anciens et des modernes que l'ode que vous venez de donner au public a été composée, et que, sans la colère où ils vous ont mis, le roy n'auroit point eu de louanges, je ne puis, quelque mal que vous en disiez, me repentir de les avoir faits. Je ne m'étonne pas que ces Dialogues qui blessent les impressions que vous avez prises au collége, et que vous garderez toute votre vie, vous ayent semblé étranges, mais je m'étonne que vous soyez si peu exact à rapporter ce qu'ils contiennent. Sans l'extrême indignation avec laquelle vous en parlez, je croirois que vous ne les avez jamais lus, et je souhaiterois le pouvoir croire pour n'être pas obligé de vous reprocher une espèce de mauvaise foi bien plus étrange que tous mes Dialogues, puisqu'il est vrai, comme je vais vous en convaincre, que l'on n'y trouvera aucune des propositions que vous m'attribuez dans la préface de votre ode.

II. Tous les grands écrivains de l'antiquité, *dites-vous,* y sont traités d'esprits médiocres, de gens à estre mis en parallèle avec les Chapelains et les Cottins. *Il n'y a pas un seul mot de tout cela dans mes Dialogues.* Homère y est traité du plus grand génie que la poésie ait jamais eu. Virgile y est loué comme le poëte le plus accompli, et son *Énéide* y est regardée comme le plus excellent poëme que nous ayons, avec cette restriction, à la vérité, qu'ils ont écrit quelquefois des choses peu dignes de leur réputation, non point pour avoir été des esprits médiocres, ce que je n'ai jamais dit ni pensé, mais faute d'avoir eu dans leur temps les lumières et les secours dont l'usage et l'expérience ont enrichi les derniers siècles, car voilà toute la substance de mon système. Je n'ay comparé Chapelain à aucun poëte de l'antiquité, et, bien loin de le comparer à Virgile, j'ai déclaré distinctement que je ne prétendois point le mettre en parallèle avec ce grand poëte, et j'en ai en quelque façon demandé acte. Pour M. Cottin, je ne l'ai opposé à qui que ce soit; je me suis plaint seulement qu'on l'eût traité de ridicule, et que même on en eût fait un modèle de ridicules. J'ai ajouté que j'avois été fort pressé à un de ses sermons, et cela est vrai. D'autres assurent que la même chose leur est arrivée aux sermons de M. l'abbé de Cassagne : mais qu'importe ? le nom de Cottin rime à festin, et celui de Cassagne remplit bien le vers, point de miséricorde. On est bien malheureux lorsque, pour faire un bon vers, on n'hésite pas à ternir la réputation de deux hommes de mérite. On dit que des casuistes vous ont assuré qu'il n'y avoit pas de quoi former un péché véniel dans vos satires, et moi je vous dis avec tout ce qu'il y a de gens de bien en France que ces casuistes sont des ignorans ou des trompeurs.

III. *Voulant faire honneur à notre siècle, on l'a, dites-vous, en quelque sorte diffamé, en faisant voir qu'il s'y trouve des hommes capables d'écrire des choses si peu sensées.* Jules Scaliger, ceci soit dit sans me comparer à ce grand personnage, ni à ceux que je nommerai ensuite, a parlé de plusieurs anciens, et particulièrement d'Homère, d'une manière mille fois plus offensante que je n'ai fait dans mes Dialogues. Cependant on n'a jamais dit qu'il ait diffamé son siècle. Érasme, à qui on a élevé des statues de bronze, n'a point diffamé le même siècle, quoiqu'il ait parlé beaucoup plus désavantageusement que moi des ouvrages de Cicéron, et le chancelier Bacon fait encore honneur à l'Angleterre, quoiqu'il ait été dans les mêmes sentimens qu'on me reproche. Pour faire voir que je diffame notre siècle, il faut montrer que je suis dans l'erreur, et m'en convaincre par de bonnes raisons, mais cela est un peu plus malaisé que de dire une injure ou de mettre mon nom à la fin d'un vers. Les amateurs outrés des anciens ne s'avilissent pas jusqu'à raisonner.

fameuse ode latine d'Horace, *Pindarum quisquis studet œmu-*

IV. Pindare, dites-vous, y est des plus maltraités. J'avoüe que je me suis un peu réjoüi sur le commencement de la première ode de ce grand poëte, mais il s'agit de savoir si j'ai eu tort, et c'est ce qu'il est bon que nous examinions. Voici mot à mot l'endroit tout entier de mon dialogue, où le commencement de cette ode est rapporté ; c'est le chevalier qui parle : « Le président Morinet, discourant, il y a quelques jours, de Pindare avec un de ses amis, et ne pouvant s'épuiser sur les louanges de ce poëte inimitable, se mit à prononcer les cinq ou six premiers vers de la première de ses odes avec tant de force et d'emphase, que sa femme qui étoit présente, et qui est femme d'esprit, ne put s'empêcher de lui demander l'explication de ce qu'il témoignoît prendre tant de plaisir à prononcer. — Madame, lui dit-il, cela perd toute sa grâce en passant du grec dans le françois. — Il n'importe, dit-elle, j'en verrai du moins le sens, qui doit être admirable. — C'est le commencement, lui dit-il, de la première ode du plus sublime de tous les poëtes. Voici comme il parle : « L'eau est « très-bonne, à la vérité, et l'or qui brille comme le feu durant la nuit éclate merveil-« leusement parmi les richesses qui rendent l'homme superbe. Mais, mon esprit, si tu « désires chanter, des combats ne contemple point d'autre astre plus lumineux que le « soleil pendant le jour dans la vague de l'air, car nous ne sçaurions chanter de com-« bats plus illustres que les combats olympiques. » — Vous vous moquez de moi, lui dit la Présidente, voilà un galimatias que vous venez de faire pour nous divertir, je ne donne pas si aisément dans le panneau. — Je ne me moque point, lui dit le Président, et c'est vostre faute si vous n'estes pas charmée de tant de belles choses. — Il est vrai, reprit la Présidente, que de l'eau bien claire, de l'or bien luisant, et le soleil en plein midi, sont de fort bonnes choses ; mais parce que l'eau est très-bonne et que l'or brille comme le feu pendant la nuit, est-ce une raison de contempler ou de ne contempler pas un autre astre que le soleil pendant le jour ? de chanter ou de ne chanter pas les jeux olympiques ? Je vous avoüe que je n'y comprends rien. — Je ne m'en étonne pas, madame, une infinité de très-savants hommes n'y ont rien compris non plus que vous, comme l'a fort bien remarqué un de ses plus savants interprètes. Cet endroit est divin, et l'on est bien éloigné de rien faire aujourd'huy de semblable. — Assurément, dit la Présidente, et l'on s'en donne bien de garde. Mais je vois bien que vous ne voulez pas m'expliquer cet endroit de Pindare ; cependant s'il n'y a rien qui ne se puisse dire devant des femmes, je ne vois pas où est la plaisanterie de m'en faire mystère. — Il n'y a point de plaisanterie ni de mystère, lui dit le Président. — Pardonnez-moy, lui dit-elle, si je vous dis que je n'en crois rien, les anciens estoient gens sages, qui ne disoient pas des choses où il n'y a ni sens ni raison. — Quoy que pût dire le Président, elle persista, et elle a toujours cru qu'il avoit pris plaisir à se moquer d'elle. » Pour faire voir que j'ai tort et que ma plaisanterie est froide, il faut montrer ou que le commencement de cette ode est mal traduit, ou que, tel qu'il est, il contient un sens intelligible et raisonnable. C'est ce qu'on n'a point fait depuis trois ans que le dialogue où on lit cette aventure est imprimé, et ce que je vous défie, monsieur, de pouvoir faire.

V. Vous dites que *je ne sais pas le grec*, il faut que les bévûes qui sont dans mes traductions vous en aient fait appercevoir, de même que celles qu'on a trouvées dans vostre traduction de Longin nous ont fait voir que vous n'estes pas si grand grec que vous tâchez de le paroître. Vous me ferez plaisir, monsieur, de me montrer mes bévûes. Je n'employerai pas mes amis à vous fermer la bouche.

VI. Vous dites que *Pindare sort quelquefois* de la raison afin (*s'il faut ainsi parler*) *de mieux entrer dans la raison même*. Cela est difficile à comprendre. Ce n'est pas un moyen de mieux entrer dans la raison que d'en sortir. D'ailleurs la poésie dithyrambique ne fait point sortir le poëte de la raison, en l'obligeant de s'écarter un peu de son sujet, puisque la raison veut qu'il ait de l'emportement et de l'enthousiasme.

VII. Vous voulez, monsieur, que je n'aie jamais conçu le sublime des psaumes de

lari, etc., où Horace donne assez à entendre que, s'il eût voulu

David. J'avoüe qu'il s'en faut beaucoup que j'aye assez de lumière naturelle et surnaturelle pour voir toutes les beautez de ces divins cantiques, mais j'ose dire que personne ne les admire plus que moi. Voici comment j'en ai parlé dans le troisième volume de mes Dialogues que vous avez lu : « La poésie des psaumes de David est « sans contredit une des plus belles qui aient jamais été, etc. » (Nous supprimons tout le passage, qui ne répond pas à Boileau.)

VIII. *Vous dites que je ne suis pas fort convaincu du précepte qu'on a avancé dans l'Art poétique, à propos de l'ode, et ensuite vous citez les deux vers de votre façon :*

Son style impétueux souvent marche au hasard.
Chez elle un beau désordre est un effet de l'art.

Ne vous apercevez-vous point, monsieur, des airs que vous vous donnez, en supposant que tout le monde doit avoir devant les yeux votre *Art poétique*, que vous appelez absolument et comme par excellence l'Art poétique; et ne voyez vous point qu'il n'est pas de l'exacte modestie de se citer soi-même ?

IX. Vous avancez comme une chose constante que je suis un homme sans aucun goût, c'est de quoi il s'agit, et on ne vous en croira pas sur vostre parole. Est-il possible qu'un homme dont les ouvrages ont reçu de l'applaudissement plus d'une fois dans l'Académie françoise n'ait point de goût? J'ai honte de parler de moi si avantageusement, mais vous m'y contraignez. Le jour qu'on y lut le poème du siècle de Louis le Grand (cet ouvrage vous blessa trop pour l'avoir oublié), vous blâmâtes hautement et mesme d'une manière un peu scandaleuse, pendant que l'assemblée, composée des académiciens et de ce grand nombre de gens qui ont accoutumé de s'y rendre tous les jours de cérémonie, témoignoit en être satisfaite; voulez-vous qu'on croie qu'il n'y avoit là que vous seul qui eût du goût, et que toute la compagnie n'en avoit non plus que l'auteur de l'ouvrage?

X. Par où avez-vous jugé, monsieur, que je crois que la Clélie et l'opéra sont les modèles du genre sublime? La Clélie est en son genre un des plus beaux ouvrages que nous ayons, et l'illustre personne qui l'a composée est d'un si grand mérite, que vous serez éternellement blâmé d'avoir tâché à lui nuire par vos plaisanteries. J'estime fort les opéra de M. Quinault, pour l'art et le beau naturel qui s'y rencontrent; mais je n'ay point dit que ny les opéra, ny la Clélie fussent des modèles du genre sublime auquel ils n'ont jamais visé, si ce n'est en de certains endroits où le sujet le demandoit et où ils l'ont attrappé très-heureusement. Souffrez, monsieur, que je vous avertisse en passant que vous écrivez *les operas* et qu'il faut écrire *les opéra*; ce peut estre une faute de l'imprimeur, mais si c'est vous qui l'avez faite, vous auriez besoin de venir plus souvent à l'Académie.

XI. *Vous m'accusez d'avoir dit que Térence est fade, que Virgile est froid et Homère de mauvais sens.* On ne trouvera pas un seul mot de tout cela dans mes parallèles. Il est vrai que j'ai rapporté plusieurs endroits d'Homère qui ont pu ne lui pas faire honneur; mais ce n'est pas ma faute, puisque je n'ay rien cité de ce grand poëte qui ne fût traduit véritablement.

XII. *Vous dites que cela vient d'une bizarrerie d'esprit commune à toute ma famille.* Cet endroit, monsieur, est trop fort, et excède toutes les libertés et toutes les licences que les gens de lettres prennent dans leurs disputes. Ma famille est irréprochable, et elle l'est à un point que je lui ferois tort si je me donnois la peine de la justifier de votre calomnie. On n'y trouvera que des gens de bien, des gens de bon sens, officieux, bienfaisans et aimés de tout le monde.

De quatre frères que j'ai eus et dont je suis le moindre et le dernier en toutes choses, vous n'avez connu que celui qui étoit médecin de l'Académie des sciences. Par où avez-vous pu reconnoître de la bizarrerie dans son esprit? Est-ce par ses

lui-même s'élever à la hauteur de Pindare, il se seroit cru en grand hasard de tomber.[1]

Au reste, comme parmi les épigrammes qui sont imprimées à la suite de cette ode[2] on trouvera encore une autre petite ode de ma façon, que je n'avois point jusqu'ici insérée dans mes écrits, je suis bien aise, pour ne me point brouiller avec les Anglois d'aujourd'hui, de faire ici ressouvenir le lecteur que les Anglois que j'attaque dans ce petit poëme, qui est un ouvrage de ma première jeunesse, ce sont les Anglois du temps de Cromwell.

J'ai joint aussi à ces épigrammes un arrêt burlesque[3] donné

ouvrages? Est-ce par la traduction qu'il a faite de Vitruve et par les notes dont il l'a accompagnée? Ouvrage aussi beau en son genre qu'il s'en soit fait de nostre siècle. Est-ce par ses Essais de physique qui ont esté si bien reçus de toutes les personnes intelligentes dans les choses de la nature? Est-ce enfin par les Mémoires qu'il a dressés pour servir à l'histoire naturelle des animaux, dont il y a un volume d'imprimé et un volume manuscrit qu'il a laissé à l'Académie des sciences? Non assurément, puisque ce sont des matières dont vous n'avez presque aucune connoissance, et où il ne s'agit ny d'Horace ny de Pindare. Concluez-vous que l'auteur de tous ces ouvrages n'avoit pas le sens droit, parce que monsieur Colbert, qui avoit un si grand sens, le choisit pour être de l'Académie des sciences? Parce que ç'a été sur ses desseins que la face principale du Louvre a été bâtie préférablement à ceux du cavalier Bernin et de tous les architectes de France et d'Italie, et que c'est encore sur ses desseins qu'on a levé le modèle de l'Arc de Triomphe et le bâtiment de l'Observatoire? Est-ce enfin parce qu'il avoit un goût et un génie universel pour tous les arts et pour toutes les sciences? Il faut vous faire souvenir de lui par d'autres endroits. Il vous a tiré de deux dangereuses maladies avec des soins et une application inconcevables et on sait de quelle sorte vous avez reconnu ses soins en le maltraitant dans vos satires. Où est en tout cela la bizarrerie de mon frère? etc., etc.

XVII. Pour convaincre le public des beautez de Pindare, vous prenez le parti de composer une ode à la manière de ce grand poëte; mais vous n'avancez rien par là. Si votre ode est excellente, qui empêchera de dire qu'elle n'est point à la manière de Pindare, comme en effet elle n'y est point du tout, ainsi que je vous l'ai déjà fait voir, et si elle n'est pas bonne, comme plusieurs gens l'assurent, vous aurez fait tort à Pindare en disant que vostre ode ressemble aux siennes et qu'elle est faite sur le même modèle. Le plus court et le plus sûr chemin auroit été de donner au public une ode de Pindare traduite par vous-même, et de faire voir en même temps que j'ai mal traduit le commencement de la première de ses odes, car tant que la traduction que j'ai donnée ne sera point convaincue d'être mauvaise et que vous n'en donnerez point de meilleure, vous ne ferez rien pour Pindare. Quoi qu'il en soit, voyons l'ode. Voyons *cette magnificence de mots que vous y avez jetée à l'exemple des anciens poëtes dithyrambiques, et ces figures audacieuses tirées des sources que l'autheur du Saint Paulin n'a jamais connues.* Mais non. Cet examen nous mèneroit trop loin; d'ailleurs vous ne savez que trop le succès qu'elle a eu dans le monde, et vous avez la satisfaction d'avoir prévu sagement dans votre préface que le public ne s'accommode pas *de vos saillies ny de vos excès pindariques.* Mais laissons cela et voyons quel sujet vous avez pu avoir de me traiter comme vous faites, etc., etc.

1. Les deux alinéa qui suivent ont été ajoutés en 1701.
2. On a mis cette ode à la suite de l'*Ode sur la prise de Namur*.
3. On le trouvera dans les *OEuvres en prose*.

au Parnasse, que j'ai composé autrefois, afin de prévenir un arrêt très-sérieux, que l'Université songeoit à obtenir du parlement contre ceux qui enseigneroient dans les écoles de philosophie d'autres principes que ceux d'Aristote. La plaisanterie y descend un peu bas, et est toute dans les termes de la pratique ; mais il falloit qu'elle fût ainsi, pour faire son effet, qui fut très-heureux, et obligea, pour ainsi dire, l'Université à supprimer la requête qu'elle alloit présenter.

. . . . . Ridiculum acri
Fortius ac melius magnas plerumque secat res. [1]

1. Horace, liv. I, sat. x, v. 14-15.

ODES, ÉPIGRAMMES

ET AUTRES POÉSIES

ODE[1]

SUR LA PRISE DE NAMUR.[2]

Quelle docte et sainte ivresse
Aujourd'hui me fait la loi?[3]
Chastes nymphes du Permesse,
N'est-ce pas vous que je voi?
Accourez, troupe savante;
Des sons que ma lyre enfante
Ces arbres sont réjouis.
Marquez-en bien la cadence;

---

1. Le faux-titre qui précède est celui des éditions de 1701 et 1713. Il semblerait annoncer que Boileau avait fait trois classes de ses poésies diverses, les odes, les épigrammes, et les poésies d'un genre différent de ces deux-là. Mais il n'en est point ainsi. N'attachant sans doute quelque importance qu'à sa première ode, il n'a mis aucun ordre dans la distribution des autres pièces. Ainsi il a placé la seconde ode parmi les épigrammes. Brossette n'a pas remédié à cette confusion en les disposant d'une autre manière parce qu'il manquait de goût et de critique; et Saint-Marc l'a augmentée en consultant, pour le placement des pièces, moins leur genre que leur étendue, quoique d'ailleurs il ait eu, le premier, l'idée de faire une classe séparée des épigrammes. M. Daunou a profité de cette idée, mais suivant un principe opposé à celui de Saint-Marc, il en a tiré un bien meilleur parti. Sa classification, quoique susceptible de perfectionnement, nous a paru préférable à toutes les autres, excepté dans un très-petit nombre de points. (BERRIAT-SAINT-PRIX.)

2. Racine accompagnait Louis XIV au siége de Namur et envoyait des détails à Boileau. Voir dans la *Correspondance* les lettres de Racine à Boileau du mois de juin 1692 et une lettre de Boileau à Racine du 4 de juin 1693. L'ode fut composée en 1693.

3.   Quo me, Bacche, rapis tui
    Plenum !...
        HORACE, liv. III, ode xxv, v. 1-2.

Et vous, vents, faites silence :
Je vais parler de Louis.[1]

Dans ses chansons immortelles,
Comme un aigle audacieux,
Pindare, étendant ses ailes,
Fuit loin des vulgaires yeux.[2]
Mais, ô ma fidèle lyre !
Si, dans l'ardeur qui m'inspire,
Tu peux suivre mes transports,
Les chênes des monts de Thrace[3]
N'ont rien ouï que n'efface
La douceur de tes accords.

1. Après cette première strophe, Boileau avait placé la suivante :

> Un torrent dans les prairies
> Roule à flots précipités ;
> Malherbe dans ses furies
> Marche à pas trop concertés.
> J'aime mieux, nouvel Icare,
> Dans les airs suivant Pindare,
> Tomber du ciel le plus haut,
> Que, loué de Fontenelle,
> Raser, timide hirondelle,
> La terre comme Perrault.

Boileau n'a point fait imprimer cette stance ; on verra pourquoi dans ces lignes tirées d'une lettre de Racine, 30 mai 1693 : « M. le prince n'est pas moins touché de ce que j'ai pu retenir de votre ode. Je ne suis point surpris de la prière que M. de Pontchartrain le fils vous a faite en faveur de Fontenelle. Je savois bien qu'il avoit beaucoup d'inclination pour lui : et c'est pour cela même que M. de La Loubère n'en a guère ; mais enfin vous avez très-bien répondu, et, pour peu que Fontenelle le reconnoisse, je vous conseillerois aussi de lui faire grâce. Mais, à dire vrai, il est bien tard, et la stance a fait un furieux progrès. »

2. Horace dit de Pindare :

> Multa Dircæum levat aura Cycnum,
> Tendit, Antoni, quoties in altos
> Nubium tractus...
> (Livre IV, ode II, v. 25-27.)

3. Hémus, Rhodope et Pangée. (BOILEAU, 1713.)

ODES.

Est-ce Apollon et Neptune
Qui, sur ces rocs sourcilleux,
Ont, compagnons de fortune, [1]
Bâti ces murs orgueilleux ?
De leur enceinte fameuse
La Sambre, unie à la Meuse,
Défend le fatal abord ;
Et, par cent bouches horribles,
L'airain sur ces monts terribles
Vomit le fer et la mort.

Dix mille vaillants Alcides, [2]
Les bordant de toutes parts,
D'éclairs au loin homicides
Font pétiller leurs remparts ;
Et, dans son sein infidèle,
Partout la terre y recèle
Un feu prêt à s'élancer,
Qui, soudain perçant son gouffre,
Ouvre un sépulcre de soufre
A quiconque ose avancer. [3]

1. Ils s'étoient loués à Laomédon pour rebâtir les murs de Troie. (Boileau, 1713.)
2. M. Victor Hugo a fait remarquer qu'il était étrange de voir des *Alcides* tirer le canon sur les murs d'une ville assiégée. La Harpe avait dit avant lui : « Dix mille Alcides est une froide hyperbole qui n'est point faite pour le style noble. »
3. On oppose à ces vers ceux-ci de Voltaire :

> Dans des antres profonds on a su renfermer
> Des foudres souterrains tout prêts à s'allumer.
> Sous un chemin trompeur, où, volant au carnage,
> Le soldat valeureux se fie à son courage,
> On voit en un instant des abîmes ouverts,
> De noirs torrents de soufre épandus dans les airs,
> Des bataillons entiers, par ce nouveau tonnerre,
> Emportés, déchirés, engloutis sous la terre.
> (Voltaire, *Henriade*, ch. VI, v. 204-211.)

Namur, devant tes murailles,
Jadis la Grèce eût, vingt ans,
Sans fruit vu les funérailles
De ses plus fiers combattants.
Quelle effroyable puissance
Aujourd'hui pourtant s'avance,
Prête à foudroyer tes monts!
Quel bruit, quel feu l'environne!
C'est Jupiter en personne,
Ou c'est le vainqueur de Mons.[1]

N'en doute point, c'est lui-même;
Tout brille en lui, tout est roi.
Dans Bruxelles Nassau blême[2]
Commence à trembler pour toi.
En vain il voit le Batave,
Désormais docile esclave,
Rangé sous ses étendards;
En vain au lion belgique
Il voit l'aigle germanique
Uni sous les léopards:

Plein de la frayeur nouvelle
Dont ses sens sont agités,
A son secours il appelle
Les peuples les plus vantés.
Ceux-là viennent du rivage
Où s'enorgueillit le Tage

---

1. Louis XIV avait pris Mons le 9 d'avril 1691.
2. Guillaume de Nassau, prince d'Orange, et roi d'Angleterre, commandait l'armée des alliés.

De l'or qu'il [1] roule en ses eaux;
Ceux-ci, des champs où la neige [1*]
Des marais de la Norvége
Neuf mois couvre les roseaux.

Mais qui fait enfler la Sambre?
Sous les Jumeaux [2] effrayés,
Des froids torrents de décembre [3]
Les champs partout sont noyés.
Cérès s'enfuit éplorée
De voir en proie à Borée
Ses guérets d'épis chargés,
Et, sous les urnes fangeuses
Des Hyades orageuses,
Tous ses trésors submergés. [4]

---

1. L'édition de 1701, la dernière revue par Boileau, porte *de l'or qui roule*, et toutes les éditions suivantes ont reproduit cette leçon; mais les onze éditions qui ont précédé celle de 1701 portent *qu'il*. (B.-S.-P.)

1*. Van. De 1693 à 1701 on lisait *nège*.

2. Pour désigner le signe du Zodiaque on disait alors *Jumeaux* aussi bien que *Gémeaux*; malgré le texte des éditions de 1693 à 1713, presque tous les éditeurs modernes ont adopté ce dernier mot. (M. Chéron.)

3. Le siége se fit au mois de juin, et il tomba durant ce temps-là de furieuses pluies. (Boileau, 1713.) — Ce n'est vrai qu'à l'égard du château, la ville s'étoit rendue le 5 de juin. (Saint-Marc.)

4. Strophe superbe et de la plus riche poésie. (Le Brun.) Il faut en rapprocher celle-ci de Voltaire:

> Plus terrible dans ses ravages,
> Plus fier dans ses débordements
> Le Pô renverse ses rivages
> Cachés sous ses flots écumants:
> Avec lui marchent la Ruine
> L'Effroi, la Douleur, la Famine,
> La Mort, les Désolations;
> Et dans les fanges de Ferrare,
> Il entraîne à la mer avare
> Les dépouilles des nations.
> (Voltaire, *Ode sur la paix de 1736*, str. II.)

Déployez toutes vos rages, [1]
Princes, vents, peuples, frimats; [2]
Ramassez tous vos nuages ;
Rassemblez tous vos soldats :
Malgré vous, Namur en poudre
S'en va tomber sous la foudre
Qui dompta Lille, Courtrai,
Gand la superbe Espagnole,
Saint-Omer, Besançon, Dole, [3]
Ypres, Mastricht et Cambrai.

Mes présages s'accomplissent :
Il commence à chanceler;
Sous les coups qui retentissent
Ses murs s'en vont s'écrouler.
Mars en feu, qui les domine,
Souffle à grand bruit leur ruine; [4]
Et les bombes, dans les airs
Allant chercher le tonnerre,
Semblent, tombant sur la terre,
Vouloir s'ouvrir les enfers. [5]

1. Voir la lettre de Boileau à Racine, 4 juin 1693.
2. On écrivait alors *frimats*, et la rime avec *soldats* était de la plus complète exactitude.
3. La copie communiquée à Racine portait :

> Gand, la constante Espagnole,
> Luxembourg, Besançon, Dôle.

4. Première composition originale :

> Je vois ces murs qui frémissent
> Déjà prêts à s'écrouler.
> Mars en feu qui les domine
> De loin souffle leur ruine.

5. D'après Brossette, il y aurait dans ce passage une imitation de ces vers de Virgile :

> . . . . . Et quantum vertice ad auras
> Æthereas, tantum radice in Tartara tendit.

ODES.

Accourez, Nassau, Bavière, [1]
De ces murs l'unique espoir :
A couvert d'une rivière,
Venez, vous pouvez tout voir.
Considérez ces approches :
Voyez grimper sur ces roches
Ces athlètes belliqueux ;
Et dans les eaux, dans la flamme,
Louis, à tout donnant l'âme,
Marcher, courir avec eux.

Contemplez dans la tempête
Qui sort de ces boulevards
La plume qui sur sa tête [2]
Attire tous les regards.
A cet astre redoutable [3]

Dans ces globes d'airain le salpêtre enflammé
Vole avec la prison qui le tient renfermé ;
Il la brise, et la mort en sort avec furie.
(VOLTAIRE, *Henriade*, ch. VI, v. 201-203.)

1. Maximilien II, duc et électeur de Bavière, père de l'empereur Charles VII.
2. Le roi porte toujours à l'armée une plume blanche. (BOILEAU, 1713.)
« J'y ai hasardé, disait Boileau (lettre du 4 juin 1693, à Racine), des choses fort neuves, jusqu'à parler de la plume blanche que le roi a sur son chapeau, mais à mon avis, pour trouver des expressions nouvelles en vers, il faut parler de choses qui n'aient point été dites en vers. Vous en jugerez, sauf à tout changer si cela vous déplaît. »
3. Homère, *Iliade*, XIX, v. 299 (erreur, c'est 381), où il dit que l'aigrette d'Achille étinceloit comme un astre. (BOILEAU, 1713.)
Voici le passage :

.... Περὶ δὲ τρυφάλειαν ἀείρας
Κρατὶ θέτο βριαρήν· ἡ δ' ἀστήρ ὣς ἀπέλαμπεν
Ἵππουρις τρυφάλεια· περισσείοντο δ' ἔθειραι
Χρύσειαι.

On lit aussi dans Tassoni, *Secchia rapita*, canto VI, str. XVIII.

Ei, qual cometa minacciosa splende,
D'oro e di piume alternamente adorno.

Toujours un sort favorable
S'attache dans les combats :
Et toujours avec la gloire
Mars amenant la victoire
Vole et le suit à grands pas.

Grands défenseurs de l'Espagne,
Montrez-vous, il en est temps.
Courage! vers la Méhagne, [1]
Voilà vos drapeaux flottants.
Jamais ses ondes craintives
N'ont vu sur leurs foibles rives
Tant de guerriers s'amasser.
Courez donc : qui vous retarde?
Tout l'univers vous regarde :
N'osez-vous la traverser? [2]

---

1. Rivière près de Namur. (Boileau, 1713.)
2. Voici quelle était d'abord la forme de ces stances :

> *Approchez, troupes altières,*
> *Qu'unit un même devoir :*
> *A couvert de ces rivières,*
> *Venez, vous pouvez tout voir.*
> *Contemplez bien ces approches ;*
> *Voyez détacher ces roches ;*
> *Voyez ouvrir ce terrein ;*
> *Et dans les eaux, dans la flamme,*
> *Louis à tout donnant l'âme,*
> *Marcher tranquille et serein.*
>
> *Voyez, dans cette tempête,*
> *Partout se montrer aux yeux*
> *La plume qui ceint sa tête*
> *D'un cercle si glorieux.*
> *A sa blancheur remarquable,*
> *Toujours un sort favorable*
> *S'attache dans les combats ;*
> *Et toujours avec la gloire*
> *Mars et sa sœur la Victoire*
> *Suivent cet astre à grands pas.*

Loin de fermer le passage
A vos nombreux bataillons,
Luxembourg a du rivage
Reculé ses pavillons.[1]
Quoi! leur seul aspect vous glace!
Où sont ces chefs pleins d'audace,
Jadis si prompts à marcher,
Qui devoient, de la Tamise
Et de la Drave[2] soumise,
Jusqu'à Paris nous chercher?

Cependant l'effroi redouble
Sur les remparts de Namur :

> Grands défenseurs de l'Espagne,
> Accourez tous, il est temps,
> Mais déjà vers la Méhagne
> Je vois vos drapeaux flottants.
> Jamais ces ondes craintives
> N'ont vu sur leurs foibles rives
> Tant de guerriers s'amasser.
> Marchez donc, troupe héroïque :
> Au delà de ce Granique
> Que tardez-vous d'avancer ?

Boileau dans sa lettre du 6 juin 1693, en parle ainsi : « Trouvez bon que je vous prie encore ici de ne rien montrer à personne du fragment informe que je vous ai envoyé, et qui est tout plein des négligences d'un ouvrage qui n'est pas encore digéré. Le mot de *voir* y est répété partout jusqu'au dégoût. La stance, *Grands défenseurs de l'Espagne*, etc., rebat celle qui dit : *Approchez, troupes altières*, etc. Celle sur la plume blanche du roi est un peu encore en maillot, et je ne sais pas si je la laisserai avec *Mars et sa sœur la Victoire*. J'ai déjà retouché à tout cela, mais je ne veux point l'achever que je n'aie reçu vos remarques... »

1. Dans sa lettre du 6 de juin 1693, Boileau dit à Racine : « Mandez-moi si vous croyez que je doive parler de M. de Luxembourg. Vous n'ignorez pas combien notre maître est chatouilleux sur les gens qu'on associe à ses louanges : cependant j'ai suivi mon inclination. »

2. Rivière qui passe à Belgrade en Hongrie. (BOILEAU, 1713.) — Où le duc de Bavière, l'un des chefs ennemis, s'étoit signalé contre les Turcs. (BROSSETTE.)

Son gouverneur,[1] qui se trouble,
S'enfuit sous son dernier mur.
Déjà jusques à ses portes
Je vois monter nos cohortes
La flamme et le fer en main ;
Et sur les monceaux de piques,
De corps morts, de rocs, de briques,
S'ouvrir un large chemin.[2]

C'en est fait. Je viens d'entendre
Sur ces rochers éperdus
Battre un signal pour se rendre.
Le feu cesse : ils sont rendus.
Dépouillez votre arrogance,
Fiers ennemis de la France ;
Et, désormais gracieux,[3]

1. M. de Vimbergue, vieillard de quatre-vingts ans.
2. Dans la lettre du 4 de juin 1693, on lit :

> Je vois nos *fières* cohortes
> S'ouvrir un large chemin ;
> Et sur les monceaux de piques,
> De corps morts, de rocs, de briques,
> *Monter le sabre à la main.*

3. « Boileau, dans son ode sur Namur, semble l'avoir employé (le mot *gracieux*) d'une manière impropre, pour signifier moins fier, abaissé, modeste. » (VOLTAIRE, *Dict. philos.*, au mot *Gracieux*.)— Boileau emploie ce mot dans le sens de *doux, courtois et civil.* Voici ce qu'en pensait Vaugelas : « Ce mot ne me semble pas bon, quelque signification qu'on luy donne ; la plus commune et la meilleure est de signifier *doux, courtois, civil*, et de fait, quand on dit *gracieux*, on le met d'ordinaire après *doux : doux et gracieux, courtois et gracieux*, et en cette compagnie il passe plus aisément. Un de nos plus célèbres écrivains a dit : ils lui avoient apporté des réponses les plus gracieuses du monde, pour dire, les plus *honnestes*, les *plus civiles*. Je ne voudrois pas m'en servir. Il y a de certaines provinces où l'on s'en sert pour dire qu'une personne a bonne grâce à faire quelque chose : *Il est gracieux*, disent-ils, *quand il fait ce conte-là*. Mais il ne vaut rien du tout et ce n'est point parler françois. On dit bien *malgracieux*, comme vous *estes*

Allez à Liége, à Bruxelles,
Porter les humbles nouvelles
De Namur pris à vos yeux.

Pour moi, que Phébus anime
De ses transports les plus doux,
Rempli de ce dieu sublime,
Je vais, plus hardi que vous,
Montrer que, sur le Parnasse,
Des bois fréquentés d'Horace
Ma muse dans son déclin
Sait encor les avenues,
Et des sources inconnues
A l'auteur du Saint-Paulin.[1]

bien *malgracieux*, qui est opposé au premier et au vray sens de *gracieux*, et qui veut dire *rude*, mais il est bas, et je ne le voudrois pas écrire dans le style noble. » — Ménage est d'avis contraire : « Monsieur de Vaugelas a condamné ce mot en toutes ses significations, il est très-bon ; et MM. de la Motte le Vayer et Dupleix ont raison de blâmer en cela M. de Vaugelas. Tous nos bons auteurs s'en sont servis, et en prose et en vers, Malherbe, dans son ode à M. de Bellegarde :

Donne m'en d'un clin de tes yeux
Un témoignage gracieux ;

le père Bouhours dans son entretien du Bel-Esprit : *Je ne say quel air tendre et gracieux, qui charme les connoisseurs.* J'ay dit aussi dans mon Églogue pour la reine de Suède :

Pour moi de qui le chant n'a rien de gracieux. »

(*Observations sur la langue françoise*, p. 226.)

1. Poëme héroïque de M. P*** (Perrault). (BOILEAU, 1713.)

Saint-Marc cite le fragment qui suit d'une lettre à M. P***. « C'est un labeur que de remarquer toutes les négligences de cette dernière *stance*. *Phébus* y est un peu *Phébus*. *De ses transports les plus doux*, comment cela s'accorde-t-il avec la *sainte ivresse qui lui fait la loi*, et avec ce qu'il a promis dans l'Avis aux lecteurs, où il dit qu'il va paroître plutôt entraîné par le démon de la poésie que guidé par la raison ?... Y a-t-il de la hardiesse à montrer qu'on sait un chemin ? Comme il est sur la fin de son *ode*, il devoit dire qu'il a montré qu'il *savoit* un chemin, et non pas qu'il le sait. Mais supposé qu'il y ait de la hardiesse à savoir des routes et des sources inconnues, peut-on ajouter que cette hardiesse est plus grande que celle des *dix mille Alcides*, qui ont défendu Namur avec tant de vigueur? Pour ce qui est du trait de satire contre l'*auteur du Saint-Paulin*, il a été désapprouvé de tout le monde... On sait qu'en ces sortes d'ouvrages, il faut qu'après que la lecture en est finie, on demeure dans une douce et agréable rêverie, que cause la grandeur des choses qu'on a lues : et ici on est invité à rire mal à propos par une plaisanterie hors de sa place. »

Saint-Marc donne aussi à la fin du tome II une lettre adressée à M. Bontemps, qu'il suppose être sortie de la main de Perrault; l'auteur s'applique à prouver que l'ode de Despréaux n'est point une ode pindarique; il en donne une à son tour qui n'est guère meilleure. En voici le début:

> Je veux aux races futures
> Par les accents de ma voix,
> Transmettre les aventures
> Du plus grand de tous les rois.
> Pour accomplir ma promesse
> Je ne veux point d'une ivresse
> Qui m'agite de ses feux,
> Ni que ma muse s'égare
> En suivant le vieux Pindare
> Dans ses écarts ténébreux.

L'*Ode sur la prise de Namur* a été traduite en latin par Rollin, par Pierre Lenglet et par l'abbé de Saint-Rémi. De toutes les œuvres de Boileau, c'est certainement celle qui a été le plus critiquée.

Voltaire, dans le *Temple du goût*, suppose que Boileau revoit ses ouvrages,

> Et rit des traits manqués du pinceau faible et dur
> Dont il défigura le vainqueur de Namur.

Quarante ans après, dans l'*Épître à Boileau ou Mon Testament*, il répète encore :

> On admira dans toi jusqu'au style un peu dur
> Dont tu défiguras le vainqueur de Namur.

ODE

SUR UN BRUIT QUI COURUT, EN 1656, QUE CROMWELL
ET LES ANGLOIS
ALLOIENT FAIRE LA GUERRE A LA FRANCE.[1]

Quoi! ce peuple aveugle en son crime,
Qui, prenant son roi[2] pour victime,
Fit du trône un théâtre affreux,
Pense-t-il que le ciel, complice
D'un si funeste sacrifice,
N'a pour lui ni foudres[3] ni feux?

Déjà sa flotte à pleines voiles,[4]
Malgré les vents et les étoiles,
Veut maîtriser tout l'univers;[5]

---

1. Je n'avois que dix-huit ans (il en avait dix-neuf ou vingt) quand je fis cette ode, mais je l'ai raccommodée. (BOILEAU, 1713.) — Cette ode a paru pour la première fois dans le troisième volume de : *Recueil de poésies chrétiennes et diverses...*, par M. de La Fontaine. Paris, Le Petit, 1671, 3 vol. in-12. Ce recueil, qui a été attribué à MM. de Port-Royal, paraît être de Henri-Louis de Loménie, comte de Brienne. *Saint-Marc.* Cf. Moréri, au mot *Loménie.* Le titre de la pièce est, dans le Recueil : *A la France, durant les derniers troubles de l'Angleterre.* (M. CHÉRON.)

2. Charles Ier.

3. Texte de 1671, 1701 et 1713. La plupart des éditeurs mettent *foudre* au singulier. (B.-S.-P.)

4. L'édition de 1713 donne *en pleines voiles.*

5. Pascal disait : « Cromwell alloit ravager toute la chrétienté : la famille royale étoit perdue et la sienne à jamais puissante, sans un petit grain de sable qui se mit dans son uretère. Rome même alloit trembler sous lui;

Et croit que l'Europe étonnée
A son audace forcenée
Va céder l'empire des mers.

Arme-toi, France; prends la foudre;
C'est à toi de réduire en poudre
Ces sanglants ennemis des lois.
Suis la victoire qui t'appelle,
Et va sur ce peuple rebelle
Venger la querelle des rois. [1]

Jadis on vit ces parricides,
Aidés de nos soldats perfides,
Chez nous, au comble de l'orgueil.
Briser tes plus fortes murailles,
Et par le gain de vingt batailles
Mettre tous les peuples en deuil. [2]

mais ce petit gravier s'étant mis là, il est mort, sa famille abaissée, tout en paix, et le roi rétabli. » On ne voit pas, dit M. Havet, que Cromwell ait eu de tels projets, ni contre la chrétienté, ni contre Rome. Mais on craignait tout de cet hérétique, de ce chef d'une république établie par le meurtre d'un roi.

1   Vengeoit de tous les rois la querelle commune.
(RACINE, *Mithridate*, acte I, scène I.)
Et venger avec moi la querelle des rois.
(VOLTAIRE, *Henriade*, ch. I, v. 360.)

2. Dans le Recueil de 1671, après la troisième stance, il y a celle-ci:

O que la mer dans les deux mondes
Va voir de morts parmi ses ondes
Flotter à la merci du sort!
Déjà Neptune, plein de joie,
Regarde en foule à cette proie
Courir les baleines du Nord.

Dans le Recueil de 1671, les quatre derniers vers sont ainsi:

De sang inonder nos guérets,
Faire des déserts de nos villes,
Et dans nos campagnes fertiles
Brûler jusqu'au jonc des marais.

Mais bientôt le ciel en colère,
Par la main d'une humble bergère[1]
Renversant tous leurs bataillons,
Borna leurs succès et nos peines;[2]
Et leurs corps, pourris dans nos plaines,
N'ont fait qu'engraisser nos sillons.

1. La Pucelle d'Orléans.
2. Dans le Recueil de 1671 :

> Mais bientôt, malgré leurs furies,
> Dans ces campagnes refleuries,
> Leur sang coulant à gros bouillons
> Paya l'usure de nos peines.

POÉSIES DIVERSES.[1]

I.

CHANSON A BOIRE,
QUE JE FIS AU SORTIR DE MON COURS DE PHILOSOPHIE,
A L'AGE DE DIX-SEPT ANS (1653).

Philosophes rêveurs, qui pensez tout savoir,
Ennemis de Bacchus, rentrez dans le devoir :
　Vos esprits s'en font trop accroire.
　Allez, vieux fous, allez apprendre à boire.
　　On est savant quand on boit bien :
　　Qui ne sait boire ne sait rien.[2]

S'il faut rire ou chanter au milieu d'un festin,
Un docteur est alors au bout de son latin :
　Un goinfre en a toute la gloire.
　Allez, vieux fous,[3] etc.

---

1. Nous comprenons sous ce titre toutes les pièces autres que les épigrammes. (B.-S.-P.) C'est l'ordre que Daunou a suivi en tâchant de faire le classement des pièces d'après leurs dates.

2. Un autre chansonnier a dit depuis :

> A quoi sert d'apprendre l'histoire ?
> N'est-ce pas la même partout ?
> Apprenons seulement à boire.
> Quand on sait bien boire on sait tout.

3. Ce second couplet a été omis dans plus de trente éditions de 1716 à 1824. (B.-S.-P.)

II.

CHANSON A BOIRE (1654).[1]

Soupirez jour et nuit, sans manger et sans boire,
    Ne songez qu'à souffrir
Aimez, aimez vos maux, et mettez votre gloire
    A n'en jamais guérir.
      Cependant nous rirons
      Avecque la bouteille,
        Et dessous la treille
      Nous la chérirons.

---

1. « Cette chanson, faite à peu près dans le même temps que celle qui précède, est moins considérable par elle-même que par l'occasion qui la produisit. M. Despréaux étoit malade de la fièvre, et toutes les fois que l'accès le prenoit, il s'imaginoit être condamné à faire des couplets sur l'air d'une chanson qu'il avoit oui chanter au célèbre *Savoyard*. L'accès étant passé, il étoit délivré de cette idée et ne songeoit plus à sa chanson. Voici celle de ce fameux chantre du Pont-Neuf. Elle est dans le *Recueil des airs du Savoyard*, p. 68 :

    Imbéciles amants dont les brûlantes âmes
      Sont autant de tisons,
  Allez porter vos fers, vos chaînes et vos flammes
      Aux Petites-Maisons.
      Cependant nous rirons
      Avecque la bouteille
       Et dessous la treille,
      Nous la chérirons.

« M. Despréaux fit les deux couplets qui sont ici, et qu'il oublia dès qu'il fut guéri de sa fièvre. Ce ne fut que deux ou trois ans après qu'il se ressouvint de les avoir faits. Il disoit, à ce propos, qu'il avoit été le *Continuateur du Savoyard*; et ce fut cela même qui, dans la suite, lui fit dire dans sa IXe satire :

    Servir de second tome aux airs du Savoyard. »

(BROSSETTE.)

Si, sans vous soulager, une aimable cruelle
    Vous retient en prison,
Allez aux durs rochers, aussi sensibles qu'elle,
    En demander raison.
    Cependant nous rirons, etc.

III.

VERS A METTRE EN CHANT (1670). [1]

Voici les lieux charmants, où mon âme ravie
    Passoit à contempler Sylvie
Ces tranquilles moments si doucement perdus.
Que je l'aimois alors! Que je la trouvois belle!
Mon cœur, vous soupirez au nom de l'infidèle :
Avez-vous oublié que vous ne l'aimez plus?

C'est ici que souvent errant dans les prairies,
    Ma main, des fleurs les plus chéries,
Lui faisoit des présents si tendrement reçus.
Que je l'aimois alors! Que je la trouvois belle! etc.

---

1. Brossette prétend que ces vers ont été faits pour Marie Poncher de Bretouville; mais il est contredit par de Boze, dans son *Éloge de Boileau* et par Louis Racine, qui dit qu'ils ne s'adressent qu'à une *Iris en l'air*, Quoi qu'il en soit, ils ont été mis en musique, en 1671, par Lambert, et de notre temps, par Pauline Duchambge et Panseron. (B.-S.-P. et M. CHÉRON.)

IV.

CHANSON A BOIRE, FAITE A BAVILLE,[1] OU ÉTOIT LE PÈRE BOURDALOUE (1672).

Que Bâville me semble aimable
Quand des magistrats le plus grand
Permet que Bacchus à sa table
Soit notre premier président.

Trois muses, en habits de ville,[2]
Y président à ses côtés :

1. Longtemps avant que de Lamoignon fût premier président, Bâville était un lieu d'hospitalité amicale et enjouée pour ses amis. On lit dans le journal d'Olivier d'Ormesson : « Le lundi 13 avril (1648), je fus avec M. de Lamoignon à Basville avec le frère Ange, carme mitigé, et M. le prieur de Cinq-Mars. Le soir, y vint M. Hermant, ci-devant prieur de Sorbonne et recteur de l'Université; je séjournay à Basville jusques au vendredi. Jamais je n'ay passé temps si agréablement, j'ay fait en ce voyage amitié très-étroite avec Lamoignon, que j'ay admiré de connoistre tout ce qu'il sçayt. » Sur Bâville, voir l'épître VI.

2. « Les trois Muses estoient Mme de Chalucet, mère de Mme de Basville, une Mme Hélyot, espèce de bourgeoise renforcée qui avoit acquis une assez grande familiarité avec M. le premier président, dont elle étoit voisine à Paris, et qui avoit une terre assez proche de Basville; la troisième étoit une Mme de La Ville, femme d'un fameux traitant, pour laquelle M. de Lamoignon, aujourd'hui président au mortier, avoit alors quelque inclination. Celle-ci ayant chanté à table une chanson à boire dont l'air étoit fort joli, mais les paroles très-méchantes, tous les conviés, et le père Bourdaloue entre autres, qui étoit de la noce aussi bien que le père Rapin, m'exhortèrent à y faire de nouvelles paroles, et je leur rapportai le lendemain les quatre couplets dont il est question. Ils réussirent fort, à la réserve des deux derniers qui firent un peu refrogner le père Bourdaloue. Pour le père Rapin, il entendit raillerie, et obligea même enfin le père Bourdaloue à l'entendre aussi. Voilà, monsieur, tous vos mystères dévoilés. Il y avoit au lieu de *trois muses en habits de ville, Chalucet,*

Et ses arrêts par Arbouville [1]
Sont à plein verre exécutés.

Si Bourdaloue un peu sévère
Nous dit : Craignez la volupté ;
Escobar [2], lui dit-on, mon père,
Nous la permet pour la santé.

Contre ce docteur authentique,
Si du jeûne il prend l'intérêt :
Bacchus le déclare hérétique,
Et janséniste, qui pis est.

V.

VERS DANS LE STYLE DE CHAPELAIN,
QUE BOILEAU CHANTOIT
SUR UN AIR FORT TENDRE (1670). [3]

Droits et roides rochers dont peu tendre est la cime,
De mon flamboyant cœur l'âpre état vous savez :

Hélyot, La Ville. » Correspondance de Boileau et Brossette, 15 juillet 1702. Le père Bourdaloue avoit pris d'abord très-sérieusement cette plaisanterie, et dans sa colère, il dit au père Rapin : « Si M. Despréaux me chante, je le prêcherai. » (BROSSETTE.)

1. Gentilhomme parent de M. le premier président. (BOILEAU, 1713.) Brossette ajoute entre guillemets cette phrase qui ne se trouve pas dans le texte. — « Il buvoit à plein verre, » dit Boileau dans sa lettre du 15 de juillet 1702. Saint-Marc la répète et M. Chéron aussi. Il cite de confiance la lettre du 15 de juillet 1702. Saint-Surin a commis la même faute.

2. Le père Antonio Escobar y Mendoza, de la Compagnie de Jésus, est le casuiste le plus décrié dans les *Provinciales;* il naquit à Valladolid en 1589 et mourut le 4 de juillet 1669.

3. Titre de l'édition de M. Daunou... Chacun en a pu mettre un diffé-

Savez aussi, durs bois, par les hivers lavés,
Qu'holocauste est mon cœur pour un front magnanime.

VI.

SONNET SUR LA MORT D'UNE PARENTE (1655)[1].

Parmi les doux transports d'une amitié fidèle,
Je voyois près d'Iris couler mes heureux jours ;

rent, ces vers, dont on doit la connaissance à Brossette, n'étant rapportés que dans une note. Perrault (*Parallèles,* III, 245) les avait déjà donnés, mais avec quelques différences, et en ajoutant qu'aucun de ces vers ne se trouve en entier dans la *Pucelle,* mais qu'il peut y en avoir quelques mots çà et là. (B.-S.-P.)

Voici comment Perrault donne les trois premiers vers :

<blockquote>
Rochers roides et droits, dont peu tendre est la cime,
De mon *barbare sort* l'âpre état vous savez :
Savez aussi, durs bois, *qu'ont cent* hivers lavés…
</blockquote>

1. « Pour ce qui est du sonnet, la vérité est que je le fis presque à la sortie du collége, pour une de mes nièces, environ du même âge que moi, et qui mourut entre les mains d'un charlatan de la faculté de médecine, âgée de dix-huit ans (Mlle Anne Dongois). Je ne le donnai alors à personne, et je ne sçais pas par quelle fatalité il vous est tombé entre les mains, après plus de cinquante ans qu'il y a que je le composai. Les vers en sont assez bien tournés, et je ne le désavouerois pas même encore aujourd'hui, n'étoit une certaine tendresse, tirant à l'amour, qui y est marquée, qui ne convient point à un oncle pour sa nièce, et qui y convient d'autant moins que jamais amitié ne fut plus pure, ni plus innocente que la nôtre. Mais quoi! je croyois alors que la poésie ne pouvoit parler que d'amour. C'est pour réparer cette faute, et montrer qu'on peut parler en vers même de l'amitié enfantine, que j'ai composé, il y a environ quinze ou seize ans, le seul sonnet qui est dans mes ouvrages, et qui commence par : *Nourri dès le berceau.* Vous voilà, monsieur, bien éclairci. Il n'y a de fautes dans la copie du sonnet, sinon qu'au lieu de : *Parmi les doux excès,* il faut : *Parmi les doux transports,* et au lieu de : *Ha! qu'un si rude coup,* il faut : *Ah! qu'un si rude coup.* » (Correspondance de Boileau et de Brossette, 24 novembre 1707.)

Iris que j'aime encore, et que j'aimai toujours,
Brûloit des mêmes feux dont je brûlois pour elle,

Quand, par l'ordre du ciel, une fièvre cruelle
M'enleva cet objet de mes tendres amours;
Et, de tous mes plaisirs interrompant le cours,
Me laissa de regrets une suite éternelle.

Ah! qu'un si rude coup étonna mes esprits!
Que je versai de pleurs! que je poussai de cris!
De combien de douleurs ma douleur fut suivie!

Iris, tu fus alors moins à plaindre que moi;
Et, bien qu'un triste sort t'ait fait perdre la vie,
Hélas! en te perdant j'ai perdu plus que toi.

VII.

SONNET SUR UNE DE MES PARENTES QUI MOURUT
TOUTE JEUNE
ENTRE LES MAINS D'UN CHARLATAN (VERS 1690).[1]

Nourri dès le berceau près de la jeune Orante,
Et non moins par le cœur que par le sang lié,
A ses jeux innocents enfant associé,
Je goûtois les douceurs d'une amitié charmante;

---

1. Voir la note sur le sonnet vi^e. Il s'agit ici de la même personne. « On ne m'a pas fort accablé d'éloges, dit Boileau, sur le sonnet de ma parente; cependant, monsieur, oserai-je vous dire que c'est une des choses de ma façon dont je m'applaudis le plus, et que je ne crois pas avoir rien dit de plus gracieux que : *A ses jeux innocents enfant associé*, et *Rompit de ses beaux jours le fil trop délié* et *Fut le premier démon qui m'inspira des vers*. C'est à vous à en juger. » (Correspondance avec Brossette, 15 juillet 1702.)

Quand un faux Esculape, à cervelle ignorante,
A la fin d'un long mal vainement pallié,
Rompant de ses beaux jours le fil trop délié,
Pour jamais me ravit mon aimable parente.

Oh! qu'un si rude coup me fit verser de pleurs!
Bientôt la plume en main signalant mes douleurs,
Je demandai raison d'un acte si perfide.

Oui, j'en fis dès quinze ans ma plainte à l'univers;
Et l'ardeur de venger ce barbare homicide
Fut le premier démon qui m'inspira des vers.

VIII.

STANCES A M. MOLIÈRE,
SUR LA COMÉDIE DE L'ÉCOLE DES FEMMES
QUE PLUSIEURS GENS FRONDOIENT (1662). [1]

En vain mille jaloux esprits,
Molière, osent avec mépris,
Censurer ton plus bel ouvrage :
Sa charmante naïveté
S'en va pour jamais d'âge en âge
Divertir la postérité.

Que tu ris agréablement!
Que tu badines savamment!
Celui qui sut vaincre Numance,[2]

---

1. L'*École des Femmes* a été représentée pour la première fois le 26 de décembre 1662.

2. Scipion. (BOILEAU, 1713.)

Qui mit Carthage sous sa loi,
Jadis sous le nom de Térence [1]
Sut-il mieux badiner que toi ?

Ta muse avec utilité
Dit plaisamment la vérité ;
Chacun profite à ton école ;
Tout en est beau, tout en est bon :
Et ta plus burlesque parole
Est souvent un docte sermon.

Laisse gronder tes envieux ;
Ils ont beau crier en tous lieux
Qu'en vain tu charmes le vulgaire,
Que tes vers n'ont rien de plaisant :
Si tu savois un peu moins plaire,
Tu ne leur déplairois pas tant. [2]

1. « Térence, Africain de naissance, avouoit lui-même qu'il étoit aidé dans la composition de *ses comédies* par des gens de qualité. C'est à ce secours qu'il devoit la politesse et la pureté de son style. Mais cela ne suffit pas pour assurer que Scipion et Lélius fussent les véritables auteurs de ses pièces. » (SAINT-MARC.)

Mlle Des Jardins, dame de Villedieu, dans une description en vers de la fête de Versailles adressée au duc de Saint-Aignan, parle ainsi de Molière :

> Ce Térence du temps que l'univers admire,
> Dont la fine morale instruit en faisant rire.
> (Œuvres de Mme de Villedieu, t. I, p. 109.)

2. Ces quatre stances ont été insérées dans un Recueil intitulé *les Délices de la poésie galante des plus célèbres autheurs de ce temps.* Paris, Ribou, 1666, in-12 ; mais on y a transposé les stances 2 et 3 ; on a écrit le second et le troisième vers de la quatrième de cette manière·

> Que c'est à tort qu'on te révère,
> Que tu n'es rien moins que plaisant:

enfin, l'on a augmenté la pièce d'une cinquième stance, qui serait à placer immédiatement après la première :

> Tant que l'univers durera,
> Avecque plaisir on dira
> Que, quoi qu'une femme complote,
> Un mari ne doit dire mot,

IX.

ÉPITAPHE SUR LA MÈRE DE L'AUTEUR (1670).[1]

Épouse d'un mari doux, simple, officieux,
Par la même douceur je sus plaire à ses yeux :
Nous ne sûmes jamais ni railler, ni médire.
Passant, ne t'enquiers point si de cette bonté
    Tous mes enfants ont hérité :
Lis seulement ces vers, et garde-toi d'écrire.

X.

VERS POUR METTRE AU BAS DU PORTRAIT[2]
DE MON PÈRE[3],
GREFFIER DE LA GRAND'CHAMBRE DU PARLEMENT DE PARIS
(1690).

Ce greffier, doux et pacifique
De ses enfants au sang critique

> Et qu'assez souvent la plus sotte
> Est habile pour faire un sot.

Nous avons peine à croire que Despréaux ait réellement composé ces six vers; en tout cas, il a fort bien fait de les omettre dans les éditions qu'il a données de ses œuvres. (DAUNOU.)

1. C'est elle qui parle. (BOILEAU, 1713.) — Anne Denielle. (Voir épître X.)
2. Ce portrait est de Nanteuil. Au bas des exemplaires après la lettre sont les quatre vers suivants, que Brossette attribue à l'abbé Boileau :

> Desine flere tuum, proles numerosa, parentem,
>   Quem rapuit votis sors inimica tuis.
> Ecce tibi audaci scalpro magis ære perennem,
>   Æmula naturæ reddit amica manus.

3. Gilles Boileau. Voir épître X.

N'eut point le talent redouté;
Mais fameux par sa probité,
Reste de l'or du siècle antique,
Sa conduite, dans le Palais
Partout pour exemple citée,
Mieux que leur plume si vantée
Fit la satire des Rolets.[1]

XI.

M. LE VERRIER, MON ILLUSTRE AMI, AYANT FAIT GRAVER MON PORTRAIT PAR DREVET, CÉLÈBRE GRAVEUR, FIT METTRE AU BAS DE CE PORTRAIT QUATRE VERS, OU L'ON ME FAIT AINSI PARLER (1704).[2]

Au joug de la raison asservissant la rime,
Et, même en imitant, toujours original,
J'ai su dans mes écrits, docte, enjoué, sublime,
Rassembler en moi Perse, Horace et Juvénal.

---

1. Voir satire 1.
2. Boileau ne s'attribuait pas ces vers. Il est certain toutefois, dit Berriat-Saint-Prix, soit d'après l'état du manuscrit, écrit et corrigé de sa main, soit d'après le témoignage de Brossette, qu'il les avait composés. Voici ce qu'il en dit à Brossette dans la lettre du 6 mars 1705 : « Vous faites à mon avis trop de cas des deux épigrammes que je vous ai envoyées, et surtout de celle à M. Le Verrier, qui n'est qu'un petit compliment très-simple que je me suis cru obligé de lui faire, pour empêcher qu'on ne me crût auteur des quatre vers qui sont au bas de mon portrait, et qui sont beaucoup meilleurs que mes deux épigrammes, n'y ayant rien surtout de plus juste que ces deux vers :

    J'ai su dans mes écrits, docte, enjoué, sublime,
    Rassembler en moi Perse, Horace et Juvénal;

supposé que cela fût vrai, *docte* respondant admirablement à Perse,

XII.

A QUOI J'AI RÉPONDU PAR CES VERS (1704).

Oui, Le Verrier,[1] c'est là mon fidèle portrait;
    Et le graveur en chaque trait[2]
A su très-finement tracer sur mon visage
De tout faux bel esprit l'ennemi redouté.
Mais, dans les vers pompeux qu'au bas de cet ouvrage
Tu me fais prononcer avec tant de fierté,
    D'un ami de la vérité
    Qui peut reconnoître l'image?[3]

enjoué à Horace, et *sublime* à Juvénal. Il les avoit faits d'abord indirects, et de la manière dont vous me faites voir que vous avez prétendu les rajuster; mais cela les rendoit froids, et c'est par le conseil de gens très-habiles qu'il les mit en style direct, la prosopopée ayant une grâce qui les anime, et une fanfaronnade même, pour ainsi dire, qui a son agrément. »

1. Financier, ami de Boileau, qui aimait et cultivait les lettres.

2. Dans la lettre à Brossette, du 13 de décembre 1704, ce vers et les suivants se lisent ainsi :

    Et l'on y voit à chaque trait
    L'ennemi des Cotins tracé sur mon visage :
    Mais dans les vers altiers qu'au bas de cet ouvrage,
        Trop enclin à me rehausser,
    Sur un ton si pompeux on me fait prononcer,
    Qui de l'ami du vrai reconnoîtra l'image?

Boileau ajoute : « Voilà, monsieur, deux diamants du Temple, que je vous envoie pour un livre plein de solidité et de richesse... »

3. Drevet a gravé trois portraits de Boileau : le premier d'après de Piles, en 1704, in-4°; le second d'après H. Rigaud, peint en 1704, in-f°; et le troisième d'après Fr. de Troy, sans date, in-4°. Cf. Ch. Blanc, *Manuel de l'amateur d'estampes*, t. II, p. 142.

Le portrait d'après de Piles porte au bas :

    Sans peine à la raison asservissant la rime,
    Et même en imitant, etc.

XIII.

SUR LE BUSTE DE MARBRE QU'A FAIT DE MOI M. GIRARDON,
PREMIER SCULPTEUR DU ROI.[1]

Grâce au Phidias de notre âge,
Me voilà sûr de vivre autant que l'univers,
Et ne connût-on plus ni mon nom ni mes vers,
Dans ce marbre fameux taillé sur mon visage,
De Girardon toujours on vantera l'ouvrage.

Celui d'après de Troy :

Au joug de la raison asservissant la rime,
Et même en imitant, etc.

Et enfin celui d'après Rigaud : *Nicolaus Boileau Despréaux, morum lenitate et versuum dicacitate æque insignis, natus Kal. Nov. M. DC. XXXV, pictus III Non. Mart. M. DCC. IV.* On lit à gauche dans le bas du portrait : *Amicissimi viri imaginem quam amicis suis dono daret æri incidi curavit J. I. Coustard, in S. G. C. Senator.*
Ce dernier portrait est sans contredit le plus beau des portraits faits du vivant de Boileau; en dehors des trois ci-dessus, il n'y a que ceux d'Étienne Desrochers et de Bouys que nous citons dans les épigrammes et un buste gravé par F. Chereau, d'après ce même tableau de Rigaud, tableau qui a toujours été plus ou moins copié dans les portraits publiés depuis la mort de Boileau. (M. Chéron.)

1. François Girardon, né à Troyes le 16 de mars 1628, mourut à Paris le 1er de septembre 1715. Un grand nombre de ses ouvrages sont encore admirés dans les jardins de Trianon et de Versailles; c'est lui qui a fait le tombeau de Richelieu, dans la chapelle de la Sorbonne.

« Ce buste est dans le cabinet de M. Girardon, et l'on en a tiré plusieurs copies en marbre et en plâtre. » (Brossette.)

XIV.

**VERS POUR METTRE AU BAS DU PORTRAIT DE TAVERNIER,[1]
LE CÉLÈBRE VOYAGEUR (1670).**

De Paris à Delhi,[2] du couchant à l'aurore,
Ce fameux voyageur courut plus d'une fois ;
De l'Inde et de l'Hydaspe[3] il fréquenta les rois,
Et sur les bords du Gange on le révère encore.
En tous lieux sa vertu fut son plus sûr appui ;
Et, bien qu'en nos climats de retour aujourd'hui
    En foule à nos yeux il présente
Les plus rares trésors que le soleil enfante,[4]
Il n'a rien rapporté de si rare que lui.[5]

---

1. Né à Paris en 1605, Tavernier mourut à Moscou en 1689.
Il avait fait six voyages aux Indes dans l'espace de quarante ans, par les différentes routes qui peuvent y conduire. Il entreprenait le septième par une route nouvelle, la Moscovie, lorsque la mort l'enleva.

2. Ville et royaume des Indes. (BOILEAU, 1713.)

3. Fleuves du même pays. (BOILEAU, 1713.)

4. Il étoit revenu des Indes avec près de trois millions en pierreries. (BOILEAU, 1713.)

5. « Ce mot *rare* a deux sens. Tavernier, quoique homme de mérite, étoit grossier et même un peu original. » (BROSS.) « On ne sait trop si ce dernier vers n'est pas épigrammatique, Tavernier était fort bizarre. » (DAUNOU.) Boileau racontait d'après lui cette anecdote : le Grand-Mogol, lui ayant présenté ses femmes, l'engagea à choisir celle qu'il trouvait la plus belle. Tavernier l'ayant désignée, ce prince lui dit : « Eh bien, je te la baille ! » Le voyageur disait cela d'une manière plaisante. Boileau en imitant son ton et sa voix rendait le récit encore plus ridicule.

XV.

VERS POUR METTRE AU BAS D'UN PORTRAIT
DE MONSEIGNEUR
LE DUC DU MAINE,[1] ALORS ENCORE ENFANT,
ET DONT ON AVOIT IMPRIMÉ UN PETIT VOLUME DE LETTRES,
AU-DEVANT DESQUELLES
CE PRINCE ÉTOIT PEINT EN APOLLON,
AVEC UNE COURONNE DE LAURIERS SUR LA TÊTE
(1678).

Quel est cet Apollon nouveau,
Qui presque au sortir du berceau
Vient régner sur notre Parnasse?
Qu'il est brillant! Qu'il a de grâce!

---

1. Louis-Auguste de Bourbon, duc du Maine, fils légitimé de Louis XIV et de Mme de Montespan, né en 1670, mort en 1736. Ce portrait a été fait pour : *OEuvres diverses d'un auteur de sept ans.* S. L. et A., in-4°; il manque à l'exemplaire de la Bibliothèque nationale; je ne l'ai pas trouvé au Cabinet des estampes et le père Lelong ne le mentionne pas. (M. Chéron.)

Ce recueil était précédé d'une préface signée de Mme de Maintenon; mais elle était de Racine. On la trouve dans ses œuvres complètes. « Madame, voici le plus jeune des auteurs qui vient vous demander votre protection pour ses ouvrages. Il auroit bien voulu attendre, pour le mettre au jour, qu'il eût huit ans accomplis; mais il a eu peur qu'on ne le soupçonnât d'ingratitude, s'il étoit plus de sept ans au monde sans vous donner des marques publiques de sa reconnoissance... Vous trouverez dans l'ouvrage que je vous présente quelques traits assez beaux de l'histoire ancienne : mais il craint que, dans la foule d'événements merveilleux qui sont arrivés de nos jours, vous ne soyez guère touchée de tout ce qu'il pourra vous apprendre des siècles passés. » Il s'agissait d'extraits et de versions de divers passages de Florus, de Justin et autres historiens latins. Son précepteur était Le Ragois.

Du plus grand des héros je reconnois le fils.
Il est déjà tout plein de l'esprit de son père; [1]
Et le feu des yeux de sa mère
A passé jusqu'en ses écrits.

XVI.

VERS POUR METTRE
AU BAS DU PORTRAIT DE MADEMOISELLE DE LAMOIGNON
(1687). [2]

Aux sublimes vertus nourrie en sa famille,
Cette admirable et sainte fille
En tous lieux signala son humble piété;
Jusqu'aux climats [3] où naît et finit la clarté,
Fit ressentir l'effet de ses soins secourables;
Et jour et nuit pour Dieu pleine d'activité,

---

1. Brossette donne ainsi ce vers et le précédent :

Du plus grand des mortels je reconnois le fils.
Il a déjà la fierté de son père.

2. Magdeleine de Lamoignon, morte le 14 d'avril 1687, dans sa soixante-dix-huitième année. C'est un portrait in-folio gravé par Edelinck, d'après de Sève. D'après Brossette, M`lle` de Lamoignon ne trouvait pas bon que Despréaux fit des satires, parce qu'elles blessent la charité. — « Mais ne me permettriez-vous pas, lui dit-il un jour, d'en faire contre le Grand-Turc, ce prince infidèle, l'ennemi de notre religion? — Contre le Grand-Turc! reprit M`lle` de Lamoignon, ho non! c'est un souverain et il ne faut jamais manquer de respect aux personnes de ce rang. — Mais contre le diable, répliqua M. Despréaux, vous me le permettriez bien? — Non, dit-elle encore, après un moment de réflexion, il ne faut jamais médire de personne. »

3. M`lle` de Lamoignon, sœur de M. le premier président, faisoit tenir de l'argent à beaucoup de missionnaires jusque dans les Indes orientales et occidentales. (BOILEAU, 1713.)

Consuma son repos, ses biens et sa santé,
A soulager les maux de tous les misérables. [1]

XVII.

VERS POUR METTRE AU BAS DU PORTRAIT DE DÉFUNT M. HAMON, MÉDECIN DE PORT-ROYAL (1687). [2]

Tout brillant de savoir, d'esprit et d'éloquence,
Il courut au désert chercher l'obscurité,
Aux pauvres consacra ses biens et sa science,
Et trente ans dans le jeûne et dans l'austérité,
    Fit son unique volupté
    Des travaux de la pénitence.

---

1. Racine, dans une lettre du 4 d'août 1687, dit à Boileau : « Je donnai l'*épitaphe de mademoiselle de Lamoignon* à M. de la Chapelle en l'état que nous en étions convenus à Montgeron... »

2. Jean Hamon, médecin de la faculté de Paris, l'un des solitaires de Port-Royal, né à Cherbourg en 1618, mort le 22 de février 1687. Hamon a composé beaucoup d'ouvrages de médecine dont trois thèses seulement ont été imprimées ; ses ouvrages de théologie sont trop nombreux pour qu'on puisse en donner ici les titres. La plupart des épitaphes latines que contient le *Nécrologe de Port-Royal* sont de Hamon. Son portrait a été gravé en janvier 1689, in-8°, par Van Schuppen. Voir dans *Port-Royal*, par M. Sainte-Beuve, une étude des plus intéressantes sur ce saint personnage, t. IV, p. 182-232. Jean Hamon était le médecin de Port-Royal-des-Champs; entre autres ouvrages il a composé des traités pour les religieuses. M. Sainte-Beuve dit en parlant de ses ouvrages : « On se prend à regretter que M. Hamon n'ait nullement songé à être ce qu'on appelle un *écrivain :* il l'est involontairement par endroits ; il aurait eu très-peu à faire pour l'être toujours... » On fut obligé de lui prescrire de modérer les jeûnes excessifs qu'il s'infligeait. « Jusque-là, il donnait régulièrement chaque jour la moitié de sa portion (et une bien maigre portion) à une pauvre veuve, et il voyait à ce retranchement et à cet emploi de la nourriture toutes sortes de raisons volontaires de foi, de justice et de charité ! » Dans l'édition de 1713 on avait supprimé ces mots : « médecin de Port-Royal. »

XVIII.

VERS POUR METTRE SOUS LE BUSTE DU ROI,[1]
FAIT PAR M. GIRARDON,
L'ANNÉE QUE LES ALLEMANDS PRIRENT BELGRADE (1687).[2]

C'est ce roi si fameux dans la paix, dans la guerre,
Qui seul fait à son gré le destin de la terre.
Tout reconnoît ses lois, ou brigue son appui.
De ses nombreux combats le Rhin frémit encore ;
Et l'Europe en cent lieux a vu fuir devant lui
Tous ces héros si fiers, que l'on voit aujourd'hui
Faire fuir l'Ottoman au delà du Bosphore.

XIX.

VERS POUR METTRE AU BAS DU PORTRAIT
DE M. RACINE (1699).

Du théâtre françois l'honneur et la merveille,[3]
Il sut ressusciter Sophocle en ses écrits ;

---

1. Belgrade fut prise le 6 de septembre 1688. Girardon, dans une lettre aux maire et échevins de Troyes, du 31 d'août 1687, dit que Boileau lui a donné ces vers pour mettre au bas de l'image du roi. Racine, de son côté, avait fait pour ce médaillon une inscription latine, que les vers de Boileau ont remplacée dans l'estampe de Leclerc. (M. Chéron.)

2. C'était un médaillon où le roi était représenté en buste.

3. Perrault avait dit en 1687 dans le *Siècle de Louis le Grand*, vers 180 :

> Mais quel sera le sort de l'illustre Corneil'e,
> Du théâtre françois l'honneur et la merveille ?

POÉSIES DIVERSES.

Et dans l'art d'enchanter les cœurs et les esprits,
Surpasser Euripide, et balancer Corneille. ¹

XX.

AUTRE MANIÈRE (1699).²

Du théâtre françois l'honneur et la merveille,
Il sut ressusciter Sophocle dans ses vers,
    Et, sans se perdre dans les airs,
      Voler aussi haut que Corneille.

XXI.

VERS POUR METTRE AU BAS DU PORTRAIT
DE M. DE LA BRUYÈRE
AU-DEVANT DE SON LIVRE DES CARACTÈRES DU TEMPS (1687).³

Tout esprit orgueilleux qui s'aime

---

1. Boileau, selon Brossette, avait d'abord mis :

    Balancer Euripide et surpasser Corneille,

et disait qu'il ne serait pas fâché que dans la suite quelque critique rétablît son vers tel qu'il l'avait fait. (B.-S.-P.) — Voir la VIIe réflexion critique.

2. Publiée pour la première fois par Souchay en 1740, sur une copie de Louis Racine. Boileau, sur le manuscrit où la pièce est écrite de sa main, l'a effacée avec soin, mais on peut lire le deuxième vers et quelques mots des deux autres. Souchay a lu :

    Je sus ressusciter Sophocle dans *mes* vers
      Et, sans *me* perdre dans les airs...

Dans le deuxième vers, on lit très-bien *il sut*, ce qui nous a conduit aux autres changements, dit Berriat-Saint-Prix.

3. C'est un portrait in-8°, peint par de Saint-Jean et gravé par Drevet. C'est lui qui parle. (BOILEAU, 1713.)

Par mes leçons se voit guéri;
Et dans mon livre si chéri
Apprend à se haïr soi-même.

XXIbis.

VERS POUR LE PORTRAIT D'HOZIER (1660).[1]

C'est ce fameux d'Hozier, d'un mérite sans prix,
Dont le vaste savoir et les rares écrits
Des illustres maisons ont publié la gloire.
Ses talents surprendront tous les âges suivants :
Il rendit tous les morts vivants dans sa mémoire,
Et ne mourra jamais dans celle des vivants.

XXII.

ÉPITAPHE DE M. ARNAULD, DOCTEUR DE SORBONNE (1694).

Au pied de cet autel de structure grossière,
Gît sans pompe, enfermé dans une vile bière,

---

1. Cette pièce a été d'abord placée par Berriat-Saint-Prix parmi celles *attribuées* à Boileau; mais plus tard le savant et soigneux éditeur en a trouvé une copie dans l'*Armorial* de Charles-René d'Hozier, copie accompagnée d'une note de sa main, ainsi conçue : « Sixain fait au mois de décembre 1660, par le célèbre Nicolas Boileau-Despréaux, lors âgé de vingt-quatre ans, pour mettre sous l'estampe de Pierre d'Hozier, juge d'armes et conseiller d'État, mort le 30 de novembre de ladite année 1660. » C'est un portrait in-4°, sans nom, gravé probablement par Jean Lenfant. — Voir, sur Ch.-R. d'Hozier, satire V. (M. CHÉRON.)

Le plus savant mortel qui jamais ait écrit ;
Arnauld, qui, sur la grâce instruit par Jésus-Christ,
Combattant pour l'Église, a, dans l'Église même,
Souffert plus d'un outrage et plus d'un anathème.
Plein du feu qu'en son cœur souffla l'esprit divin,
Il terrassa Pélage, il foudroya Calvin,
De tous les faux docteurs confondit la morale.
Mais, pour fruit de son zèle, on l'a vu rebuté,
En cent lieux opprimé par leur noire cabale,
Errant, pauvre, banni, proscrit, persécuté ;
Et même par sa mort leur fureur mal éteinte
N'auroit jamais laissé ses cendres en repos,
Si Dieu lui-même ici de son ouaille sainte
A ces loups dévorants n'avoit caché les os. [1]

---

1. « Le corps d'Arnauld fut inhumé dans l'église Sainte-Catherine, par les soins du digne curé M. Van den Nesle; et de peur des ennemis, de peur des *loups*, on tint longtemps cachée sa sépulture. On répandit le bruit que M. Arnauld était mort dans un village au pays de Liége. Son cœur fut apporté à Port-Royal-des-Champs et présenté par M. Ruth d'Ans, qui fit une harangue; M. Eustace répondit. On demanda une épitaphe à Santeuil qui la fit belle et digne du sujet; il y disait que la terre étrangère avait beau se sentir heureuse et fière de posséder ses os, que c'était là, à Port-Royal, que l'amour divin avait transporté son cœur sur des ailes de feu, ce cœur que rien n'avait jamais pu arracher ni séparer d'un asile si cher. Cette épitaphe, où il y avait d'autres choses encore, et plus sujettes à contradiction; où on lisait qu'Arnauld rentrait de l'exil en vainqueur, *exul hoste triumphato;* qu'il était le défenseur de la vérité et l'oracle du juste, *veri defensor et arbiter æqui*, — fit grand vacarme... On sait l'épitaphe en vers français, par Boileau, si ferme et si belle en tout point; mais il la garda après l'avoir faite, et eut la prudence de ne la point divulguer. Racine fit aussi quelques vers, mais plus élégants et justes que forts; Boileau disait qu'il avait *molli*. » (SAINTE-BEUVE, *Port-Royal*, t. V, p. 314.) — Voir Brossette, dans son *Journal*, à la date du dimanche 22 octobre 1702, il ajoutait : « Despréaux m'a dit, avec plus de mystère encore, qu'il avoit fait une épitaphe pour M. Arnauld, mais qu'elle étoit si forte et si marquée, qu'il ne vouloit point qu'elle parût avant sa mort, de peur que les jésuites ne lui fissent des affaires fâcheuses à ce sujet. » (SAINTE-BEUVE, *Port-Royal*, t. V, p. 316.)

XXIII.

A MADAME LA PRÉSIDENTE DE LAMOIGNON,
SUR LE PORTRAIT
DU PÈRE BOURDALOUE QU'ELLE M'AVOIT ENVOYÉ (1704).[1]

Du plus grand orateur dont la chaire se vante
M'envoyer le portrait, illustre présidente,
C'est me faire un présent qui vaut mille présents.
J'ai connu Bourdaloue; et dès mes jeunes ans
Je fis de ses sermons mes plus chères délices.
Mais lui, de son côté lisant mes vains caprices,
Des censeurs de Trévoux n'eut point pour moi les yeux.[2]
Ma franchise surtout gagna sa bienveillance.
Enfin après Arnauld, ce fut l'illustre en France
Que j'admirai le plus et qui m'aima le mieux.

XXIV.

ÉNIGME (1653).

Du repos des humains implacable ennemie,
J'ai rendu mille amants envieux de mon sort.

---

1. Bourdaloue est mort le 13 d'août 1704, et son portrait n'a été gravé qu'après sa mort, par P. de Rochefort, d'après E. S. Chéron. (M. CHÉRON.)
2. Voir une épigramme contre les RR. PP. jésuites rédacteurs du *Journal Trévoux*.

Je me repais de sang, et je trouve ma vie
Dans les bras de celui qui recherche ma mort. [1]

XXV.

QUATRAIN SUR UN PORTRAIT DE ROCINANTE, CHEVAL DE DON GUICHOT (1660). [2]

Tel fut ce roi des bons chevaux,
Rocinante, la fleur des coursiers d'Ibérie,
Qui, trottant nuit et jour et par monts et par vaux,
Galopa, dit l'histoire, une fois en sa vie. [3]

XXVI.

FRAGMENT DE LA RELATION D'UN VOYAGE A SAINT-PRIX (1660).

J'ai beau m'en aller à Saint-Prit :
Ce saint, qui de tous maux guérit,

---

1. Une puce. (BOILEAU 1713.) — L'auteur fit cette énigme à l'âge de dix-sept ans, dans une maison que son père avoit à Clignancourt, au pied de Montmartre. (BROSSETTE.) — Voir dans la *Correspondance* les lettres à Brossette du 29 de septembre et du 7 de novembre 1703; on lisait d'abord : *Dans les bras qui cherchent ma mort.*
2. Texte de 1701 et de 1713.
3. L'auteur fait ici le portrait d'un très-méchant cheval, sur lequel, étant fort jeune, il avoit été voir sa maîtresse au village de Saint-Prix (Seine-et-Oise, arrondissement de Pontoise), près Saint-Denis. Il avoit fait de ce voyage une relation en vers et en prose, et M. de La Fontaine, auquel il la montra,

Ne sauroit me guérir de mon amour extrême.
      Philis, il le faut avouer,
Si vous ne prenez soin de me guérir vous-même,
Je ne sais plus du tout à quel saint me vouer.

XXVII.

VERS POUR METTRE AU-DEVANT
DE LA MACARISE, [1]
ROMAN ALLÉGORIQUE DE L'ABBÉ D'AUBIGNAC,
OU L'ON EXPLIQUOIT
TOUTE LA MORALE DES STOÏCIENS (1664).

Lâches partisans d'Épicure,
Qui, brûlants d'une flamme impure,

s'arrêta principalement aux quatre vers qui sont ici. L'auteur supprima le reste. Il se souvenoit pourtant d'une autre épigramme qui faisoit partie de cette relation, mais ne la récitoit que pour s'en moquer lui-même, et pour en faire voir le ridicule. « Quand je mourrai, disoit-il en riant, je veux la laisser à M. de Benserade. Elle lui appartient de droit : j'entends pour le style. » (BROSSETTE.) — C'est la pièce suivante n° XXVI.

1. *Macarise ou la Reine des îles fortunées*, Paris, 1664, 2 vol. in-8°. — François Hédelin, abbé d'Aubignac, petit-fils d'Ambroise Paré par sa mère, né à Paris le 4 d'août 1604, mort à Nemours le 27 juillet 1676. On a de lui : *Histoire du temps ou Relation du royaume de Coquetterie*, 1654 et 1659, in-12; *Traité de la nature des Satyres, brutes, monstres et démons*, 1627, in-8°; *Dissertations concernant le poëme dramatique en forme de remarques sur les deux tragédies de M. Corneille*, intitulées Sophonisbe et Sertorius, Paris, 1663, in-12; *Térence justifié*, Paris, 1646, in-4°; *Zénobie*, tragédie en prose, 1647, in-4°; *Pratique du théâtre*, Paris, 1669, in-4°; *Discours au roi*, 1664, in-4°.

Richelet, qui d'abord avait loué la *Macarise*, s'étant brouillé avec l'abbé d'Aubignac, lui envoya ce quatrain :

    Hédelin, c'est à tort que tu te plains de moi :
      N'ai-je pas loué ton ouvrage ?

Du Portique fameux [1] fuyez l'austérité,
  Souffrez qu'enfin la raison vous éclaire.
    Ce roman plein de vérité
    Dans la vertu la plus sévère
Vous peut faire aujourd'hui trouver la volupté.

XXVIII.

FABLE D'ÉSOPE. LE BUCHERON ET LA MORT (1670). [2]

Le dos chargé de bois, et le corps tout en eau,
Un pauvre bûcheron, dans l'extrême vieillesse,
Marchoit en haletant de peine et de détresse.
Enfin, las de souffrir, jetant là son fardeau,

Pouvois-je faire plus pour toi
Que de rendre un faux témoignage ?
Voir dans la *Correspondance* une lettre de Brossette du 9 d'avril 1702. (M. Chéron.)

1. L'École de Zénon. (Boileau, 1713.) — « Ce roman allégorique s'appeloit *Macarize ou la Reine des îles fortunées;* l'auteur, l'abbé d'Aubignac, prétendoit que toute la philosophie stoïcienne y étoit renfermée. La vérité est qu'il n'eut aucun succès, et qu'il ne fit de chez *Sercy qu'un saut chez l'épicier.* Je fis l'épigramme pour être mise au-devant de son livre, avec quantité d'autres ouvrages que l'auteur avoit exigés de ses amis pour le faire valoir; mais heureusement je lui portai l'épigramme trop tard, et elle n'y fut point mise. Dieu en soit loué, etc. » (Lettre de Boileau à Brossette du 19 avril 1702.)

2. La Fontaine a fait suivre sa fable intitulée *la Mort et le Malheureux* de la note suivante : « Ce sujet a été traité d'une autre façon par Ésope, comme la fable suivante le fera voir. Je composai celle-ci par une raison qui me contraignoit de rendre la chose ainsi générale; mais quelqu'un me fit connoître que j'eusse beaucoup mieux fait de suivre mon original, et que je laissois passer un des plus beaux traits qui fût dans Ésope. Cela m'obligea d'y avoir recours. » D'après Brossette, ce quelqu'un seroit Boileau, qui mit à son tour la fable d'Ésope en vers. Racine le fils dit à ce propos : « Il com-

Plutôt que de s'en voir accablé de nouveau,
Il souhaite la mort, et cent fois il l'appelle.
La Mort vint à la fin : Que veux-tu? cria-t-elle.
Qui? moi, dit-il alors, prompt à se corriger :
   Que tu m'aides à me charger.

XXIX.

IMPROMPTU SUR LA PRISE DE MONS.

N. B. Nous le rapportons à l'article des Pièces attribuées, n° II. (B.-S.-P.)

posa la fable du *Bûcheron* dans sa plus grande force, et, suivant ses termes, dans son bon temps. Il trouvoit cette fable languissante dans La Fontaine. Il voulut essayer s'il ne pourroit pas mieux faire, sans imiter le style de Marot, désapprouvant ceux qui écrivent dans ce style. Pourquoi, disoit-il, emprunter une autre langue que la sienne? » On approuve assez ce que dit d'Alembert : « On ne conçoit pas où est la langueur que Despréaux trouvait dans la fable de La Fontaine, encore moins en quel endroit de cette fable La Fontaine a employé le style de Marot. Le jugement qu'on prête ici à Despréaux est si étrange, qu'il est très-vraisemblable que Racine le fils a été mal servi par sa mémoire. » Inférieur à La Fontaine, Despréaux est cependant supérieur à J.-B. Rousseau, qui a refait à son tour cet apologue de la manière suivante :

> Le malheur vainement à la mort nous dispose :
> On la brave de loin; de près c'est autre chose.
> Un pauvre bûcheron, de mal exténué,
> Chargé d'ans et d'ennuis, de forces dénué,
> Jetant bas son fardeau, maudissoit ses souffrances,
> Et mettoit dans la mort toutes ses espérances.
> Il l'appelle : elle vient. Que veux-tu, villageois?
> Ah! dit-il, viens m'aider à recharger mon bois.

XXX.

SUR HOMÈRE (1702).

Ἤειδον μὲν ἐγών, ἐχάρασσε δὲ θεῖος Ὅμηρος. [1]

Cantabam quidem ego, scribebat autem divus Homerus. [2]

Quand la dernière fois, dans le sacré vallon,
La troupe des neuf sœurs, par l'ordre d'Apollon,
    Lut l'Iliade et l'Odyssée,
Chacune à les louer se montrant empressée,

---

1. Vers grec de l'*Anthologie*. (BOILEAU, 1713.)
2. Cette traduction latine est ainsi placée dans le manuscrit et dans l'édition de 1713. — Cette épigramme a son histoire. Le 4 mars 1703, Boileau l'envoie à Brossette et lui dit : « J'ai été obligé d'étendre ainsi la chose, parce qu'autrement elle ne seroit pas amenée. Charpentier l'a exprimée en ces termes :

> Quand Apollon vit le volume
> Qui sous le nom d'Homère enchantoit l'univers,
> Je me souviens, dit-il, que j'ai dicté ces vers,
> Et qu'Homère tenoit la plume.

Cela est assez concis et assez bien tourné; mais, à mon sens, *le volume* est un mot fort bas en cet endroit, et je n'aime point ce mot de palais : *tenoit la plume.* » Le 4 avril, Brossette écrit à ce sujet : « La paraphrase que vous avez faite du vers de l'*Anthologie* sur l'*Iliade* et sur l'*Odyssée* a toute la dignité et la grandeur qui lui convient : je chantois... Homère écrivoit... la brièveté et la noblesse de cette expression récompense bien ce que le reste a de prolixe. » A quoi Despréaux répond un peu piqué, 8 avril 1703 : « Je ne mérite pas les louanges que vous me donnez au sujet du vers de l'*Anthologie*. Permettez-moi pourtant de vous dire que vous vous abusez un peu quand vous croyez que j'aie fait ni voulu faire une paraphrase de ce vers, qui est même plus court dans ma copie que dans l'original, puisque j'en ai retranché l'épithète oisive de θεῖος et que j'ai dit simplement Homère, et non point le divin Homère. La vérité est que j'y ai joint une petite narration assez vive, sans quoi la pensée n'est point dans son jour. Que si cette narra-

Apprenez un secret qu'ignore l'univers,
  Leur dit alors le dieu des vers :
Jadis avec Homère, aux rives du Permesse,
Dans ce bois de lauriers où seul il me suivoit,
Je les fis toutes deux plein d'une douce ivresse :
  Je chantois, Homère écrivoit.

tion vous paroissoit prolixe, il seroit aisé d'y donner remède, puisqu'il n'y auroit qu'à mettre à la place de la narration les paroles qu'on y trouve en prose dans le recueil de l'*Anthologie* au-dessus du vers; les voici : Paroles que disoit Apollon à propos des ouvrages d'Homère : je chantois... » Le 15 mai 1703, Brossette convient qu'il a eu tort de confondre la petite narration avec le vers de l'*Anthologie : je chantois, Homère écrivoit...* qui fait, pour ainsi dire, le corps de l'épigramme, tandis que les vers précédents n'en sont que le préambule, ou l'introduction, qui prépare la pensée. Toutefois il se permet de *charpenter* l'épigramme de Boileau, c'est-à-dire de mêler les vers de Boileau et ceux de M. Charpentier de cette manière :

    Apollon voyant les ouvrages
Qui sous le nom d'Homère enchantoient l'univers,
  C'est moi, dit-il, qui lui dictai ces vers,
    J'étois sous ces sacrés ombrages.
Dans ce bois de lauriers, où seul il me suivoit;
    Je chantois, Homère écrivoit.
       (Lettre du 14 juin 1703.)

Boileau n'y tient plus; il n'approuve pas la correction de l'épigramme : « Et avec qui, bon Dieu! y associez-vous mon style? Avec le style de Charpentier : *jungentur jam tigres equis*. Est-il possible que vous n'ayez pas vu que le sens de l'épigramme est que c'est Apollon, c'est-à-dire le génie seul, qui, dans une espèce d'enthousiasme et d'ivresse, a produit l'*Iliade* et l'*Odyssée;* que c'est lui qui les a faits et non pas seulement dictés, et que lorsque Homère les écrivoit, à peine Apollon savoit qu'Homère étoit là?... D'ailleurs, quel air dans l'épigramme, de la manière dont vous la tournez, donnez-vous à Apollon, qui est supposé lisant ces ouvrages dans son cabinet et se disant à lui-même : *C'est moi qui ai dicté ces vers*, etc. » (Lettre du 3 de juillet 1703.) — Boivin avait traduit en grec cette épigramme de Boileau (voir la lettre du 2 d'août 1703).

XXXI.

PLAINTE CONTRE LES TUILERIES (1703).[1]

Agréables jardins, où les Zéphirs et Flore
Se trouvent tous les jours au lever de l'aurore;
Lieux charmants, qui pouvez dans vos sombres réduits
Des plus tristes amants adoucir les ennuis,
Cessez de rappeler dans mon âme insensée
De mon premier bonheur la gloire enfin passée.
Ce fut, je m'en souviens, dans cet antique bois
Que Philis m'apparut pour la première fois;
C'est ici que souvent, dissipant mes alarmes,
Elle arrêtoit d'un mot mes soupirs et mes larmes;
Et que, me regardant d'un œil si gracieux,
Elle m'offroit le ciel ouvert dans ses beaux yeux.
Aujourd'hui cependant, injustes que vous êtes,

---

[1]. Voici l'histoire de ces vers que Saint-Marc a tirés d'une *Lettre à Le Verrier*... 1703 : « Au reste, j'ai soigneusement relu votre plainte contre les Tuileries, et j'y ai trouvé des vers si bien tournés, que franchement en les lisant je n'ai pu me défendre d'un moment de jalousie poétique contre vous; de sorte qu'en la remaniant, j'ai plutôt songé à vous surpasser qu'à vous réformer. C'est cette jalousie qui m'a fait mettre la pièce dans l'état où vous l'allez voir... Je ne sais, monsieur, si dans tout cela vous reconnoîtrez votre ouvrage, et si vous vous accommoderez des nouvelles pensées que je vous prête... »

On peut voir, dans une publication de l'année 1709, sous ce titre : *l'Ambigu d'Auteuil*, in-8°, une description des Tuileries : « Les bocages y sont infiniment favorables aux poëtes et aux amants. Les pensées qui leur viennent sous ces agréables feuillages prennent un tour, de l'adresse, dont il seroit difficile qu'ils fussent inspirés ailleurs... Les boulingrins servent de lits de repos à ceux qui aiment à rêver ou à lire; de jeunes abbés y apprennent par cœur des sermons, et des avocats des causes qu'on leur a composées pour le fondement de leur réputation. »

Je sais qu'à mes rivaux vous prêtez vos retraites,
Et qu'avec elle assis sur vos tapis de fleurs,
Ils triomphent contents de mes vaines douleurs.
Allez, jardins dressés par une main fatale,
Tristes enfants de l'art du malheureux Dédale,
Vos bois, jadis pour moi si charmants et si beaux,
Ne sont plus qu'un désert, refuge de corbeaux,
Qu'un séjour infernal, où cent mille vipères,
Tous les jours en naissant, assassinent leurs mères.

XXXII.

SUR LE COMTE DE GRAMMONT (1705).[1]

Fait d'un plus pur limon, Grammont à son printemps
N'a point vu succéder l'hiver de la vieillesse;
La cour le voit encor, brillant, plein de noblesse,
    Dire les plus fins mots du temps,
Effacer ses rivaux auprès d'une maîtresse;
Sa course n'est au fond qu'une longue jeunesse,
Qu'il a déjà poussée à deux fois quarante ans.[2]

---

1. Les éditeurs modernes ont laissé ces vers dans la *Correspondance* (lettre au comte Hamilton du 8 de février 1705). — Voici ce qu'on y lit : « ... Cependant, monsieur, comme dans l'endroit de ce manuscrit où vous parlez de moi magnifiquement vous prétendez que, si j'entreprenois de louer M. le comte de Grammont, je courrois risque en le flattant de le dévisager, trouvez bon que je transcrive ici huit vers qui me sont échappés ce matin, en faisant réflexion sur la vigueur d'esprit que cet illustre comte conserve toujours, et que j'admire d'autant plus qu'étant encore fort loin de son âge, je sens le peu de génie que j'ai pu avoir autrefois entièrement diminué et tirant à sa fin. » — Voir Saint-Simon sur le comte de Grammont; les pages de cet annaliste sont plus véridiques que ce portrait de Despréaux.

2. Philibert, d'abord chevalier, puis comte de Grammont, que les *Mémoires*

XXXIII.

FRAGMENTS DU CHAPELAIN DÉCOIFFÉ.[1]

En cet affront, La Serre est le tondeur,
Et le tondu père de la Pucelle...
Mille et mille papiers dont ta table est couverte
Semblent porter écrit le destin de ma perte.

de Grammont, d'Hamilton, son beau-frère, ont rendu célèbre, naquit en 1621 et mourut le 10 de janvier 1707.

1. Ce sont les seuls vers de cette parodie que Boileau ait faits (voir une lettre à Brossette du 10 de décembre 1701).

« A l'égard du *Chapelain décoiffé,* c'est une pièce où je vous confesse que M. Racine et moi avons eu quelque part; mais nous n'y avons jamais travaillé qu'à table, le verre à la main... Je n'y ai reconnu de moi que ce trait :

    Mille et mille papiers, etc. ;

et celui-ci :

    En cet affront La Serre.

Celui qui avoit le plus de part à cette pièce, c'étoit Furetière, et c'est de lui :

    O perruque, ma mie! etc.

Voilà, monsieur, toutes les lumières que je vous puis donner sur cet ouvrage, qui n'est ni de moi, ni digne de moi. Je vous prie donc bien de détromper ceux qui me l'attribuent. »

ÉPIGRAMMES.[1]

I.

A CLIMÈNE (1660).[2]

Tout me fait peine,
Et depuis un jour
Je crois, Climène,
Que j'ai de l'amour.

1. « Suivant l'ordre de l'édition de M. Daunou pour les petites pièces de poésie, nous prenons comme lui le mot épigramme, non dans le sens général qu'il avait autrefois (une inscription), mais dans l'acception moins étendue qu'il a communément, c'est-à-dire comme désignant, d'après la définition même de Boileau (*Art poétique,* chant II, vers 103-104), une petite pièce de vers terminée par un trait satirique. Le titre courant mis dans les éditions de 1701 et 1713 aux pages où sont d'autres pièces est plutôt l'ouvrage des imprimeurs que de Boileau lui-même, car il est impossible qu'il ait considéré comme épigrammes proprement dites une ode, une fable, des chansons, etc., qui s'y trouvent comprises.

« Nous n'abandonnerons l'ordre de M. Daunou que pour quelques épigrammes sur les dates desquelles il s'est trompé, selon nous, et dont il nous a semblé qu'on saisirait mieux le sens si l'on s'attachait strictement à leur série chronologique, tandis qu'on n'a pas la même raison pour les poésies diverses.

« Il faut toutefois observer qu'en conservant cet ordre nous renvoyons à l'article des *Pièces attribuées* les épigrammes dont l'authenticité nous a paru douteuse. » (BERRIAT-SAINT-PRIX.)

2. « A l'égard de l'épigramme à Climène, c'est un ouvrage de ma première jeunesse, et un caprice imaginé pour dire quelque chose de nouveau. » (Lettre à Brossette, 15 juillet 1702.) On peut remarquer quelque analogie

Cette nouvelle
Vous met en courroux :
Tout beau, cruelle,
Ce n'est pas pour vous.

II.

A UNE DEMOISELLE.

N. B. Nous donnons cette épigramme au n° I des Pièces attribuées à Boileau.

III.

SUR UNE PERSONNE FORT CONNUE (1670).[1]

De six amants contents et non jaloux,
Qui tour à tour servoient madame Claude,
Le moins volage étoit Jean, son époux.
Un jour pourtant, d'humeur un peu trop chaude,
Serroit de près sa servante aux yeux doux,
Lorsqu'un des six lui dit : Que faites-vous ?
Le jeu n'est sûr avec cette ribaude :
Ah ! voulez-vous, Jean-Jean, nous gâter tous ?

entre cette épigramme et la fable de La Fontaine, *Tircis et Amarante*, liv. VIII, fable XIII.

1. Le 15 d'octobre 1715, J.-B. Rousseau répond à Brossette, qui lui a envoyé cette épigramme : « Je connoissois et je savois même par cœur la petite épigramme de M. Despréaux que vous avez la bonté de m'envoyer. On prétend que c'est un bon mot de M. Racine au comédien Champmeslé, dans le temps qu'il fréquentoit la maison de celui-ci. M. Despréaux n'a point donné cette épigramme au public pour ne point donner prise aux censeurs trop scrupuleux... »

IV.

SUR UN FRÈRE AÎNÉ QUE J'AVOIS, ET AVEC QUI J'ÉTOIS BROUILLÉ (1669).[1]

De mon frère, il est vrai, les écrits sont vantés ;
   Il a cent belles qualités ;
Mais il n'a point pour moi d'affection sincère.
   En lui je trouve un excellent auteur,
Un poëte agréable, un très-bon orateur :
   Mais je n'y trouve point de frère.

V.

CONTRE SAINT-SORLAIN (1670).[2]

Dans le palais hier Bilain
Vouloit gager contre Ménage

---

1. Il s'agit de Gilles Boileau, frère aîné de Despréaux, avocat au parlement de Paris, payeur des rentes de l'hôtel de ville et ensuite contrôleur de l'argenterie du roi. Il naquit à Paris le 10 d'octobre 1631 et mourut le 10 de mars 1669. Gilles Boileau, qui cultiva surtout les lettres, était de l'Académie française. Il y eut souvent entre les deux frères des querelles littéraires qui les brouillaient pour quelque temps ; Linière fit, à ce sujet, l'épigramme suivante :

> Veut-on savoir pour quelle affaire
> Boileau le rentier aujourd'hui
> En veut à Despréaux son frère?
> Qu'est-ce que Despréaux a fait pour lui déplaire?
> Il a fait des vers mieux que lui.
>   (M. Chéron.)

Voir notre *Étude sur la vie de Boileau*, t. I, p. 49 et suiv.

2. De 1685 à 1713, ce nom est écrit de la sorte : S. Sorlin. — Boileau

Qu'il étoit faux que Saint-Sorlain
Contre Arnauld eût fait un ouvrage.
Il en a fait, j'en sais le temps,
Dit un des plus fameux libraires,
Attendez... C'est depuis vingt ans;
On en tira cent exemplaires.
C'est beaucoup, dis-je en m'approchant :
La pièce n'est pas si publique.
Il faut compter, dit le marchand,
Tout est encor dans ma boutique.

VI.

SUR LA PREMIÈRE REPRÉSENTATION
DE L'AGÉSILAS
DE M. DE CORNEILLE, QUE J'AVOIS VUE (1666).[1]

J'ai vu l'Agésilas.
Hélas !

attaque aussi le même auteur dans le chant III de l'*Art poétique,* vers 310. Nous allons voir plus loin contre lui (n° VIII) une épigramme nouvelle.

Brossette prétend que cette épigramme avait été faite d'abord contre Gilles Boileau et commençait ainsi :

> Hier un certain personnage
> Au palais vouloit nier
> Qu'autrefois Boileau le rentier
> Sur Costar eût fait un ouvrage.
> Il en a fait...

1. *Agésilas* fut représenté à l'hôtel de Bourgogne à la fin d'avril 1666.
« *Agésilas* n'est guère connu dans le monde que par le mot de Despréaux. Il eut tort sans doute de faire imprimer dans ses ouvrages ce mot qui n'en valait pas la peine, mais il n'eut pas tort de le dire. La tragédie d'*Agésilas* est un des plus faibles ouvrages de Corneille. Le public commençait à se dégoûter. » Préface de Voltaire sur *Agésilas.*

VII.

SUR LA PREMIÈRE REPRÉSENTATION DE L'ATTILA (1667).[1]

Après l'Agésilas,
 Hélas !
Mais, après l'Attila,
 Holà !

VIII.

A MONSIEUR RACINE (1674).[2]

Racine, plains ma destinée :
C'est demain la triste journée,
Où le prophète Desmarais,[3]

---

1. *Attila* fut joué par la troupe de Molière, au Palais-Royal, le 4 de mars 1667. « *Attila* parut malheureusement la même année qu'*Andromaque*. La comparaison ne contribua pas à faire remonter Corneille à ce haut point de gloire où il s'était élevé ; il baissait et Racine s'élevait ; c'était alors le temps de la retraite ; il devait prendre ce parti honorable. La plaisanterie de Despréaux devait l'avertir de ne plus travailler, ou de travailler avec plus de soin. » VOLTAIRE, *Remarques sur Attila*.

2. Desmarets de Saint-Sorlin avait entrepris une critique générale des œuvres de Despréaux (c'était la *Défense du poëme héroïque*), il la fit paraître en 1674.

3. Boileau l'appelle prophète parce que dans ses *Délices de l'esprit*, part. III, p. 2, il disait fort sérieusement que Dieu, par sa bonté infinie, lui avait envoyé la clef du trésor de l'Apocalypse. Dans son *Avis au Saint-Esprit*, il assurait que Dieu l'avait destiné à faire une réformation générale

Armé de cette même foudre
Qui mit le Port-Royal en poudre, [1]
Va me percer de mille traits :
C'en est fait, mon heure est venue.
Non que ma muse, soutenue
De tes judicieux avis,
N'ait assez de quoi le confondre ;
Mais, cher ami, pour lui répondre,
Hélas ! il faut lire Clovis. [2]

IX.

A UN MÉDECIN (1674). [3]

Oui, j'ai dit dans mes vers qu'un célèbre assassin,
Laissant de Galien la science infertile,
D'ignorant médecin devint maçon habile :
Mais de parler de vous je n'eus jamais dessein,
　　Lubin, ma muse est trop correcte :
Vous êtes, je l'avoue, ignorant médecin,
　　Mais non pas habile architecte. [4]

---

du genre humain, et que, pour cet effet, il levait une armée de trois cent quarante mille victimes dévouées à tout faire et à tout souffrir, selon ses ordres.

1. Il avait écrit contre les religieuses de Port-Royal.
2. Poëme de Desmarais ennuyeux à la mort. (BOILEAU, 1713.)
3. Il s'agit de Claude Perrault. Voyez *Art poétique*, chant IV.
4. « Boileau préféroit cette épigramme à toutes les suivantes ; Racine, la xxve ; le prince de Conti, la xxie. » (BROSSETTE.)

X.

CONTRE LINIÈRE (1669).[1]

Linière apporte de Senlis,
Tous les mois trois couplets impies.
A quiconque en veut dans Paris
Il en présente des copies :
Mais ses couplets, tout pleins d'ennui,
Seront brûlés même avant lui.

XI.

SUR UNE SATIRE TRÈS-MAUVAISE, QUE L'ABBÉ COTIN AVOIT FAITE, ET QU'IL FAISOIT COURIR SOUS MON NOM (1670).

En vain par mille et mille outrages
Mes ennemis, dans leurs ouvrages,
Ont cru me rendre affreux aux yeux de l'univers.
Cotin,[2] pour décrier mon style,
A pris un chemin plus facile :
C'est de m'attribuer ses vers.

---

1. Voir satire IX; épître VII; *Art poétique*, chant II, vers 194. Voir notre *Étude sur la vie de Boileau*, t. I, p. 216.
2. On lisait d'abord Kautain, 1685.

XII.

CONTRE COTIN (1670).[1]

A quoi bon tant d'efforts, de larmes et de cris,
Cotin, pour faire ôter ton nom de mes ouvrages?
Si tu veux du public éviter les outrages,
Fais effacer ton nom de tes propres écrits.

XIII.

CONTRE UN ATHÉE (1670).

Alidor, assis dans sa chaise,[2]
Médisant du ciel à son aise,
Peut bien médire aussi de moi.[3]
Je ris de ses discours frivoles :

---

1. Cette épigramme, selon Brossette, avait été faite contre Quinault parce qu'il demandait au roi que son nom fût ôté des satires; mais, après la réconciliation, Boileau supprima le nom de Quinault et y substitua celui de Cotin.

2. Il y avait d'abord :

> Saint-Pavain, guindé sur sa chaise.

3. Choqué de se voir cité comme un incrédule dans la première satire, Saint-Pavin, dit Berriat-Saint-Prix, avait critiqué Boileau dans un sonnet qui, selon Saint-Marc et M. Daunou, est meilleur que l'épigramme ci-dessus, et dont voici le dernier tercet :

> En vérité, je lui pardonne :
> S'il n'eût mal parlé de personne,
> On n'eût jamais parlé de lui.

ÉPIGRAMMES.

On sait fort bien que ses paroles
Ne sont pas articles de foi.[1]

XIV.

VERS EN STYLE DE CHAPELAIN, POUR METTRE A LA FIN
DE SON POËME DE LA PUCELLE (1677).

Maudit soit l'auteur dur, dont l'âpre et rude verve,
Son cerveau tenaillant, rima malgré Minerve ;
Et, de son lourd marteau martelant le bon sens,
A fait de méchants vers douze fois douze cents.[2]

XV.

LE DÉBITEUR RECONNOISSANT (1684).

Je l'assistai dans l'indigence :
Il ne me rendit jamais rien ;

---

1. Voir notre *Étude sur la vie de Boileau*, t. I, p. 261.
M. Daunou (t. I, p. 68) cite de Saint-Pavin ces vers, où il se dépeint lui-même :

        Je n'ai l'esprit embarrassé
        De l'avenir ni du passé :
        Ce qu'on dit de moi peu me choque.
        De force choses je me mocque ;
        Et, sans contraindre mes désirs,
        Je me donne entier aux plaisirs ;
        Le jeu, l'amour, la bonne chère...

Voir notre *Étude sur la vie de Boileau*, t. I, p. 325. Voir la *Correspondance* avec Racine, année 1687.

2. La *Pucelle* a douze livres, chacun de douze cents vers. (BOILEAU,

Mais, quoiqu'il me dût tout son bien,
Sans peine il souffroit ma présence.
Oh! la rare reconnoissance![1]

XVI.

PARODIE DE CHAPELLE.

Voir ci-après dans les Pièces attribuées à Boileau, n° III.

XVII.

A MESSIEURS PRADON ET BONNECORSE,
QUI FIRENT EN MÊME TEMPS PAROITRE CONTRE MOI CHACUN UN VOLUME D'INJURES (1686).

Venez, Pradon et Bonnecorse,
Grands écrivains de même force,
De vos vers recevoir le prix;[2]

1713.) — « Boileau ne savait pas que ce grand homme en fit douze fois vingt-quatre cents, mais que, par discrétion, il n'en fit imprimer que la moitié. » Voltaire, *Pucelle*, chant I, note *b*.

1. Brossette a cru qu'il s'agissait ici de Patru ; rien ne le prouve. L'amitié la plus vraie unissait Boileau à Patru. Le poëte n'a peut-être exprimé là qu'une pensée générale sur les ingrats. Pascal dit : « Trop de bienfaits irritent : nous voulons avoir de quoi surpayer la dette : *Beneficia eo usque læta sunt dum videntur exsolvi posse; ubi multum antevenere, pro gratia odium redditur.* » C'est un passage de Tacite (*Ann.*, IV, 18), cité par Montaigne dans le chapitre de l'*Art de conférer*. (III.)

2. Pradon fit, en 1684, les *Nouvelles remarques sur tous les ouvrages de M. D****; et Bonnecorse, en 1686, le *Lutrigot*, parodie du *Lutrin*.

Venez prendre dans mes écrits
La place que vos noms demandent :
Linière et Perrin vous attendent.

XVIII.

A LA FONTAINE DE BOURBON,[1] OU L'AUTEUR ÉTOIT ALLÉ PRENDRE LES EAUX, ET OU IL TROUVA UN POËTE MÉDIOCRE QUI LUI MONTRA DES VERS DE SA FAÇON (IL S'ADRESSE A LA FONTAINE) (1687).

Oui, vous pouvez chasser l'humeur apoplectique,
Rendre le mouvement au corps paralytique,
Et guérir tous les maux les plus invétérés ;
Mais, quand je lis ces vers par votre onde inspirés,
    Il me paroît, admirable fontaine,
Que vous n'eûtes jamais la vertu d'Hippocrène.

XIX.

SUR LA MANIÈRE DE RÉCITER DU POËTE S*** (SANTEUL) (1690).[2]

Quand j'aperçois sous ce portique
Ce moine au regard fanatique,

---

1. Bourbon-l'Archambault, chef-lieu de canton du département de l'Allier.
2. Il a fait des hymnes latines à la louange des saints. (BOILEAU, 1713.)

Lisant ses vers audacieux
Faits pour les habitants des cieux, [1]
Ouvrir une bouche effroyable,
S'agiter, se tordre les mains;
Il me semble en lui voir le diable,
Que Dieu force à louer les saints. [2]

XX.

IMITÉE DE CELLE DE MARTIAL QUI COMMENCE PAR NUPER ERAT MEDICUS, [3] ETC.

Paul, ce grand médecin, l'effroi de son quartier,
Qui causa plus de maux que la peste et la guerre,

---

1. Brossette raconte que cette épigramme fut d'abord faite impromptu en présence de Louis XIV et de Santeul, que le roi avait admis à lui réciter des vers latins. Ce récit est peu vraisemblable, car Louis XIV ne savait pas le latin. L'épigramme, toujours d'après Brossette, n'avait d'abord que cinq vers :

> A voir de quel air effroyable
> Roulant les yeux, tordant les mains,
> Santeul nous lit ses hymnes *vains,*
> Diroit-on pas que c'est le diable
> Que Dieu force à louer les saints?

(M. Chéron.)

2. Boursault (*Lettres,* II, 277) rapporte ainsi l'épigramme sans en désigner l'auteur :

> Qui ne diroit à voir sa grimace effroyable,
> Et ses contorsions et des pieds et des mains,
> Que c'est Dieu qui force le diable
> A faire l'éloge des saints?   (B.-S.-P.)

3.   Nuper erat medicus, nunc est vespillo Diaulus :
   Quod vespillo facit, fecerat et medicus.

(Martial, liv. I, épigr. xlviii.)

Est curé maintenant, et met les gens en terre :
Il n'a point changé de métier.

XXI.

SUR CE QU'ON AVOIT LU A L'ACADÉMIE DES VERS
CONTRE HOMÈRE ET CONTRE VIRGILE (1687). [1]

Clio vint, l'autre jour, se plaindre au dieu des vers
    Qu'en certain lieu de l'univers
On traitoit d'auteurs froids, de poëtes stériles,
    Les Homères et les Virgiles. [2]

> Hoplomachus nunc es, fueras ophthalmicus ante ;
> Fecisti medicus, quod facis hoplomachus.
>   (MARTIAL, liv. VIII, épigr. LXXIV.)

La Monnoye a fait une imitation assez plaisante de ces vers de Martial :

> De méchant médecin, Clitandre
> Est devenu bon spadassin :
> Et soldat il fait dans la Flandre
> Ce qu'en France il fit médecin.

1. Le poëme intitulé *le Siècle de Louis le Grand*, par Charles Perrault, lu à l'Académie française le 27 de janvier 1687.
Voir notre *Étude sur la vie de Boileau*, t. I, p. 329 et suiv.

2. Voici quelques-uns des vers auxquels Despréaux fait allusion :

> Ménandre, j'en conviens, eut un rare génie,
> Et pour plaire au théâtre une adresse infinie ;
> Virgile, j'y consens, mérite des autels ;
> Ovide est digne encor des honneurs immortels :
> Mais ces rares auteurs, qu'aujourd'hui l'on adore,
> Étoient-ils adorés quand ils vivoient encore ?
> Écoutons Martial : Ménandre, esprit charmant,
> Fut du théâtre grec applaudi rarement.
> Virgile vit les vers d'Ennius, le bon homme,
> Lus, chéris, estimés des connoisseurs de Rome,
> Pendant qu'avec langueur on écoutoit les siens ;
> Tant on est amoureux des auteurs anciens.
> Et malgré la douceur de sa veine divine
> Ovide étoit connu de la seule Corinne.

Cela ne sauroit être; on s'est moqué de vous,
  Reprit Apollon en courroux :
Où peut-on avoir dit une telle infamie?
Est-ce chez les Hurons, chez les Topinamboux?
— C'est à Paris. — C'est donc dans l'hôpital des fous?
— Non, c'est au Louvre, en pleine Académie.

XXII.

SUR LE MÊME SUJET (1687).

  J'ai traité de Topinamboux
  Tous ces beaux censeurs, je l'avoue,
Qui, de l'antiquité si follement jaloux,
Aiment tout ce qu'on hait, blâment tout ce qu'on loue;
  Et l'Académie, entre nous,
  Souffrant chez soi de si grands fous,
  Me semble un peu *Topinamboue*.[1]

---

[1]. Boileau dit au sujet de l'épigramme précédente et de celle-ci : « ...J'ai supprimé cette épigramme (*Clio vint l'autre jour*), et ne l'ai point mise dans mes ouvrages (édit. de 1694), parce qu'au bout du compte je suis de l'Académie, et qu'il n'est pas honnête de diffamer un corps dont on est. Je n'ai jamais montré à personne une badinerie que je fis ensuite pour m'excuser de cette épigramme. Je vais la mettre ici pour vous divertir; mais c'est à la charge que vous me garderez le secret, et que ni vous la retiendrez par cœur, ni ne la montrerez à personne... C'est une folie, comme vous voyez, mais je vous la donne pour telle... » (Lettre à Maucroix, 29 avril 1695.)

XXIII.

SUR LE MÊME SUJET (1692).

Ne blâmez pas Perrault de condamner Homère,
    Virgile, Aristote, Platon.
    Il a pour lui monsieur son frère,
G...., N...., Lavau, Caligula, Néron,
    Et le gros Charpentier, dit-on. [1]

XXIV.

A MONSIEUR P*** SUR LES LIVRES QU'IL A FAITS CONTRE LES ANCIENS (1692). [2]

Pour quelque vain discours, sottement avancé
Contre Homère, Platon, Cicéron ou Virgile,

---

1. On ne sait qui était G..., on croit que N... est le duc de Nevers : M. Livet, *Histoire de l'Académie française*, t. II, p. 281, note, dit, à propos de ces deux initiales : « Il y avait deux noms d'académiciens, et il n'y en avait que deux, à commencer par un G et par un N : c'étaient Gallois et Novion : en peut-on tirer une conséquence ? » — Louis Irland de Lavau, né à Paris, mort à Poitiers en 1694, fut nommé de l'Académie pour avoir négocié le mariage d'une fille de Colbert avec le duc de Mortemart ; François Charpentier, né à Paris le 15 de février 1620, mourut le 22 d'avril 1702, doyen de l'Académie française, dont il était membre depuis 1651. Il a laissé de nombreux ouvrages, parmi lesquels nous citerons : *Traité de la peinture parlante;* explication des tableaux de la galerie de Versailles, Paris, 1684, in-4°; *Vie de Socrate*, Paris, 1650, in-12; *Défense de l'excellence de la langue françoise,* Paris, 1695, in-12 ; une traduction de la *Cyropédie* de Xénophon, Paris, 1659, in-12. (M. Chéron.)

2. Charles Perrault, ainsi que dans les deux épigrammes suivantes.

Caligula partout fut traité d'insensé, [1]
Néron de furieux, [2] Adrien d'imbécile. [3]
   Vous donc qui, dans la même erreur,
Avec plus d'ignorance, et non moins de fureur,
Attaquez ces héros de la Grèce et de Rome,
     P**, fussiez-vous empereur,
   Comment voulez-vous qu'on vous nomme?

XXV.

SUR LE MÊME SUJET (1692). [4]

D'où vient que Cicéron, Platon, Virgile, Homère,
Et tous ces grands auteurs que l'univers révère,
Traduits dans vos écrits nous paroissent si sots?
P**, c'est qu'en prêtant à ces esprits sublimes
Vos façons de parler, vos bassesses, vos rimes,
    Vous les faites tous des P**.

---

  1. Suétone, *Caligula.* 34.
  2. On ne trouve, dans Suétone, rien de pareil sur Néron. (S. M.)
  3. Dion Cassius, LXIX, dit qu'Adrien préféroit Antimachus à Homère. (M. Chénon.) Il était de son naturel tellement jaloux, qu'il portait envie, non-seulement aux vivants, mais même aux morts. C'est ainsi que, dans le dessein d'éclipser Homère, il lui opposa Antimaque, dont beaucoup auparavant ignoraient même le nom... Ὅμηρον καταλύων Ἀντίμαχον ἀντ' αὐτοῦ ἐσῆγεν, οὗ μηδὲ τὸ ὄνομα πολλοὶ πρότερον ἠπίσταντο.
  4. S'il fallait en croire Brossette, c'était de toutes les épigrammes de Boileau celle-ci que Racine préférait. Quelle en était la raison? Il l'eût faite lui-même plus vive et plus maligne.

XXVI.

A M. P** (1692).

Le bruit court que Bacchus, Junon, Jupiter, Mars,
    Apollon, le dieu des beaux-arts,
Les Ris mêmes, les Jeux, les Grâces et leur mère,
    Et tous les dieux, enfants d'Homère,
    Résolus de venger leur père, [1]
Jettent déjà sur vous de dangereux regards.
P**, craignez enfin quelque triste aventure.
Comment soutiendrez-vous un choc si violent?
    Il est vrai, Visé [2] vous assure

---

1. Brossette fait remarquer ces trois rimes féminines qui se suivent et les blâme. J.-B. Rousseau, au contraire, les excuse : « Elles ne sont point une faute dans cet endroit, non plus que dans une infinité d'autres de Voiture, de Sarrazin, de Chapelle et de La Fontaine. »

2. Auteur du *Mercure galant*. (BOILEAU, 1713.) — Jean Donneau de Visé, né à Paris en 1640, mort en 1710. On a de lui des pièces de théâtre, des nouvelles galantes, *Mémoires sur l'histoire de Louis XIV*, 10 vol. in-folio; et enfin le *Mercure galant*, dont il commença la publication en 1672. (M. CHÉRON.)

C'est de son journal que La Bruyère disait : « Le H. G. est immédiatement au-dessous du rien ; il y a bien d'autres ouvrages qui lui ressemblent ; il y a autant d'invention à s'enrichir par un sot livre, qu'il y a de sottise à l'acheter, c'est ignorer le goût du public que de ne pas hasarder quelquefois de grandes fadaises. » — Le *Mercure galant* publiait toute chose :

    Fable, histoire, aventure, énigme, idylle, églogue,
    Épigramme, sonnet, madrigal, dialogue,
    Noces, concerts, cadeaux, fêtes, bals, enjouements,
    Soupirs, larmes, clameurs, trépas, enterrements...

Madame Deshoulières adresse-t-elle des vers à Louis XIV sur les soins qu'il prend de l'éducation de la noblesse, il s'empresse de les publier. Fontenelle lui donne son *Discours sur la patience* que l'Académie vient de

Que vous avez pour vous Mercure,
Mais c'est le Mercure galant.

XXVII.

AU MÊME (1693)

Ton oncle, dis-tu, l'assassin,
M'a guéri d'une maladie.[1]
La preuve qu'il ne fut jamais mon médecin,
C'est que je suis encore en vie.[2]

couronner. Il est déjà l'ennemi de la Bruyère, il a pris parti pour Cotin contre Molière, parce qu'il déteste Boileau. Mais quand Perrault lit à l'Académie son *Épître sur le génie,* dédiée à Fontenelle, le *Mercure* la porte aux nues... En décembre 1691, le jour de la réception de Pavillon à la place de Benserade, l'abbé de Lavau, un *moderne,* lut devant les *Quarante* le commencement du poëme de Perrault, intitulé *Adam, ou la Création du monde.* De Visé répand aussitôt cette grande nouvelle, et chante la gloire de Perrault : « On trouve dans ces vers des descriptions très-vives, et tout le monde demeure d'accord que son auteur est né poëte. » Voilà le sujet et l'occasion de cette épigramme. Voir un trait de Racine contre le *Mercure galant,* lettre à Boileau, 6 août 1693.

1. Voici, d'après Brossette, les deux premiers vers :

> Tu te vantes, Perrault, que ton frère assassin
> M'a guéri d'une affreuse et longue maladie...

2. Voir dans les fragments de la lettre de Perrault, publiée avant l'*Ode sur la prise de Namur,* le paragraphe XII qui se termine ainsi : « ...Il faut vous faire souvenir de luy par d'autres endroits ; il vous a tiré de deux dangereuses maladies avec des soins et une application inconcevables, et on sçait de quelle sorte vous avez reconnu ses soins en le maltraitant dans vos satyres... »

XXVIII.

PARODIE BURLESQUE DE LA PREMIÈRE ODE DE PINDARE, A LA LOUANGE DE M. P** (PERRAULT) (1693) [1]

Malgré son fatras obscur,
Souvent Brébeuf étincelle.
Un vers noble, quoique dur,
Peut s'offrir dans la Pucelle.
Mais, ô ma lyre fidèle!
Si du parfait ennuyeux
Tu veux trouver le modèle,
Ne cherche point dans les cieux
D'astre au soleil préférable;
Ni, dans la foule innombrable
De tant d'écrivains divers
Chez Coignard rongés des vers, [2]
Un poëte comparable
A l'auteur inimitable [3]
De Peau-d'Ane mis en vers. [4]

---

1. J'avois résolu de parodier l'ode; mais, dans ce temps-là, nous nous raccommodâmes, M. P*** et moi; ainsi il n'y eut que ce couplet de fait. (BOILEAU, 1713.)
2. Allusion à quelques vers supprimés de la satire X :

S'étonne cependant d'où vient que chez Coignard,
Le Saint-Paulin (de Perrault) écrit avec un si grand art,
Et d'une plume douce, aisée et naturelle,
Pourrit, vingt fois encor moins lu que la Pucelle.

3. M. P***, dans ce temps-là, avoit rimé le conte de *Peau-d'Ane*. (BOILEAU, 1713.) — Voir la première olympique de Pindare :

Ἄριστον μὲν ὕδωρ...

Boileau reproduit le mouvement de la première strophe de cette ode tant décriée par Perrault.
4. Voir dans la *Correspondance* la lettre à Perrault (1701).

XXIX.

SUR LA RÉCONCILIATION DE L'AUTEUR ET DE M. PERRAULT (1694).[1]

Tout le trouble poétique
A Paris s'en va cesser :
Perrault l'anti-pindarique
Et Despréaux l'homérique
Consentent de s'embrasser.
Quelque aigreur qui les anime,
Quand, malgré l'emportement,
Comme eux, l'un l'autre on s'estime,
L'accord se fait aisément.
Mon embarras est comment
On pourra finir la guerre
De Pradon et du parterre.

XXX.

CONTRE BOYER ET LA CHAPELLE.[2]

J'approuve que chez vous, messieurs, on examine
Qui du pompeux Corneille ou du tendre Racine

---

1. Voir, pour cette épigramme et toutes celles qui regardent Perrault, notre *Étude sur la vie de Boileau*, t. I, p. 329 et suiv.
2. « Cette épigramme est certainement de M. Despréaux, quoiqu'elle ne se trouve dans aucune édition de ses œuvres. Peut-être ne l'a-t-il jamais

Excita dans Paris plus d'applaudissements :
Mais je voudrois qu'on cherchât tout d'un temps
(La question n'est pas moins belle)

fait imprimer, par quelque raison de ménagement pour M. de La Chapelle. (*Édition* de 1735, Saint-Marc.) — « Il y a sans doute, dit Berriat-Saint-Prix, quelque faute d'impression, car, ainsi que le remarque M. de Saint-Surin, on ne trouve pas cette épigramme dans l'édition citée, et, ajoutons-le aussi, elle n'est pas non plus dans les éditions de 1745 et de 1766, qui sont des copies de celle de 1735. Toutefois la note n'en est pas moins exacte, car l'authenticité de l'épigramme est attestée par Brossette et par Louis Racine (lettres des 1er et 20 de mars 1741, dans les *Lettres* de J.-B. Rousseau, t. III, p. 316 et 319), à une variante près du quatrième vers, qui y est ainsi rapporté :

Mais recherchez en même temps. »

S'il pouvait y avoir encore quelque doute, nous donnons ici un passage qui le ferait disparaître. C'est l'histoire authentique et curieuse de cette épigramme tirée de la correspondance de M. Vuillart, homme d'étude et de foi, le plus pieux et le plus tendre ami de Racine, une des victimes de la colère du roi contre les jansénistes. Accusé d'avoir correspondu avec le P. Quesnel et favorisé la propagation de ses livres, il fut enfermé à la Bastille, n'y demeura pas moins de douze ans, et n'en sortit qu'après la mort de Louis XIV, pour mourir bientôt après, à l'âge de soixante-seize ans passés.

— 9 juillet 1699. — « Le discours que M. de Valincour a fait le jour de sa réception à l'Académie françoise, en la place de M. Racine, est très-beau ;... la réponse du directeur de l'Académie au compliment de M. de Valincour est belle aussi. On a joint l'une à l'autre. M. de La Chapelle, receveur général des finances de La Rochelle, est ce directeur. Il parle dignement de M. Racine et de M. de Valincour, son successeur non-seulement pour l'Académie, mais aussi pour l'histoire du roi ; mais il a gardé un tel silence au sujet de M. Despréaux qui a demandé lui-même à Sa Majesté le premier ce nouveau collègue, que ce silence paroît très-affecté : car l'inadvertance, en tel cas, ne peut aller naturellement si loin. Voilà de quoi produire une nouvelle querelle sur le Parnasse. Despréaux, ce cher Despréaux, qui est fort naturel et fort sincère, me disoit dimanche dernier à une thèse de son petit-neveu, fils du président Gilbert, que La Chapelle, ayant affecté de ne point parler de Despréaux, avoit mis Despréaux en droit de parler de La Chapelle. Comme il est sourdaud et qu'il ne pouvoit prendre plaisir, avec toute la nombreuse et belle assemblée, à écouter le répondant qui se fit admirer, il se dédommageoit en parlant d'une chose qui lui tient fort au cœur : car ce silence lui paroît très-malhonnête et très-offensant, et s'il n'étoit aussi occupé qu'il l'est d'un déménagement (car il quitte le logis du Cloître Notre-Dame où il étoit près le Puits, pour un autre qui a vue sur le jardin du Terrain), il auroit déjà produit quelque chose de vif : car il n'est pas aussi mort à lui-même sur pareil cas qu'on a sujet de croire que l'auroit été

Qui du fade Boyer [1] ou du sec La Chapelle [2]
  Excita plus de sifflements.

XXXI.

SUR UNE HARANGUE D'UN MAGISTRAT DANS LAQUELLE
LES PROCUREURS ÉTOIENT FORT MAL TRAITÉS.

Lorsque dans ce sénat, à qui tout rend hommage,
  Vous haranguez en vieux langage,

M. Racine. M. Despréaux est droit d'esprit et de cœur, plein d'équité, généreux ami, mais la nécessité de pardonner une injure, où est un chrétien qui veut être digne de son nom, ne semble pas avoir encore fait assez d'impression sur son esprit ni sur son cœur. Peut-être que le temps et la distraction que lui cause son changement de demeure auront calmé l'émotion où je le vis, et peut-être plus encore les prières de son incomparable ami, M. Racine : car, comme il avoit le cœur fort pénitent depuis longtemps, il y a sujet de le croire, par la miséricorde du Seigneur, en possession de ce bienheureux repos où l'on prie efficacement pour ceux qui sont dans le trouble des passions de la vie. »

 23 juillet. — « Despréaux ne s'en est pu tenir : il a fait une épigramme contre La Chapelle. Comme c'est un fruit honteux de sa foiblesse, je ne l'ai ni désiré, ni recherché. Je ne fus pas si lent touchant le beau fruit de sa force, son admirable épître sur l'*Amour de Dieu*. Le docteur, frère du poëte, l'auroit souhaité plus patient, et le plaint de son impatience. Il est en effet bien à plaindre : il a de la candeur, et il viendra un bon moment où il s'en humiliera devant Dieu, et réparera la mauvaise édification que son impatience peut donner. Ce qui l'a ému étoit beau à pardonner, et est laid à relever. » Voir M. Sainte-Beuve, *Nouveaux Lundis*, t. X, p. 386.

1. Voyez *Art poétique*, chant IV, vers 34.

2. Jean de La Chapelle, de l'Académie française, né à Bourges en 1656, mort à Paris le 29 de mai 1723. Il était sécrétaire des commandements du prince de Conti et fut employé à une mission diplomatique en Suisse. Il a laissé des tragédies, des espèces de romans poétiques, une nouvelle, *Marie d'Anjou, reine de Maïorque*, des œuvres politiques, et une comédie, les *Carrosses d'Orléans*, qui resta quelque temps au répertoire. (M. Chéron.)

Paul, j'aime à vous voir, en fureur,
Gronder maint et maint procureur ;
Car leurs chicanes sans pareilles
Méritent bien ce traitement.
Mais que vous ont fait nos oreilles
Pour les traiter si durement?

XXXII.

ÉPITAPHE (1705).

Ci-gît, justement regretté,
Un savant homme sans science,
Un gentilhomme sans naissance,
Un très-bon homme sans bonté. [1]

XXXIII.

SUR UN PORTRAIT DE L'AUTEUR (1699).

Ne cherchez point comment s'appelle
L'écrivain peint dans ce tableau :

---

1. Cette épigramme, dit Brossette, ou plutôt Boileau (la note est écrite de sa main, tandis que les vers le sont d'une main étrangère), cette épigramme n'est bonne que pour ceux qui ont connu particulièrement celui dont on parle. — Sous les ratures du manuscrit, on lit le nom de Gourville, ami de Fouquet, que Louis Racine et J.-B. Rousseau avaient désigné. « Il ne savoit rien, dit J.-B. Rousseau, et parloit de tout avec esprit. Il étoit de

A l'air dont il regarde et montre la Pucelle
Qui ne reconnoîtroit Boileau ?¹

XXXIV.

POUR METTRE AU BAS D'UNE MÉCHANTE GRAVURE[1*]
QU'ON A FAITE DE MOI (1704).

Du célèbre Boileau tu vois ici l'image. ²
Quoi ! c'est là, diras-tu, ce critique achevé !
D'où vient le noir chagrin qu'on lit sur son visage ?
C'est de se voir si mal gravé. ³

très-basse naissance et avoit des manières fort nobles. Il faisoit accueil à tout le monde et n'aimoit personne. » (B.-S.-P.)

Voir sur Gourville un article de M. Sainte-Beuve, *Causeries du Lundi*, t. V, p. 283. — D'Alembert prétend que c'est lui-même que Boileau avait en vue dans cette épitaphe ; étant en effet *savant* sans le paraître, *bon homme*, au fond, quoiqu'on le crût *méchant*, et réputé *roturier*, quoique gentilhomme par la naissance. « Il paraît, dit-il, que Brossette était dans le secret, mais qu'il ne lui était pas permis de le révéler. »

1. « En 1699, Boileau me donna son portrait peint en grand par Santerre. Il y est représenté souriant finement et montrant du doigt la *Pucelle* ouverte sur une table. Il accompagna son présent de cette épigramme. » (BROSSETTE.)— Voir à la *Correspondance* une lettre à Brossette du 25 de mars 1699. — Il n'y a, parmi les portraits de Boileau qui sont au Cabinet des estampes de la Bibliothèque nationale, qu'une assez méchante gravure in-8º, de E. Desrochers, avec la date manuscrite de 1705, qui, par ses dispositions, rappelle le portrait de Santerre ; mais le nom du peintre ne s'y trouve pas. (M. CHÉRON.)

1*. VAR. *D'une fort méchante.*

2. Dans l'édition de 1713, on lisait du *poète* Boileau.

3. C'est un portrait in-4º, à la manière noire, qui porte : A. Bouys pinx. et sculpt., 1702. Il est en effet très-mauvais. (M. CHÉRON.)

XXXV.

AUX RÉVÉRENDS PÈRES DE **,[1]
QUI M'AVOIENT ATTAQUÉ DANS LEURS ÉCRITS
(1703).

Mes révérends pères en Dieu,
Et mes confrères en satire,
Dans vos écrits, en plus d'un lieu,
Je vois qu'à mes dépens vous affectez de rire.
Mais ne craignez-vous point que pour rire de vous,
Relisant Juvénal, refeuilletant Horace,
Je ne ranime encor ma satirique audace?
Grands Aristarques de ***,
N'allez point de nouveau faire courir aux armes
Un athlète tout prêt à prendre son congé,
Qui, par vos traits malins au combat rengagé,
Peut encore aux rieurs faire verser des larmes.

---

1. Brossette substitue à ces étoiles : les RR. PP. jésuites, auteurs du *Journal de Trévoux*. Voyez les *Mémoires de Trévoux*, septembre 1703, et satire XII, et notre *Étude*, t. I, p. 389 et suiv.

En 1701, l'on publia en Hollande une édition des œuvres de M. Despréaux dans laquelle on avoit mis, au bas des pages, quelques endroits qu'il avoit imités des poëtes latins. Les auteurs du journal qui s'imprime tous les mois à Trévoux en donnèrent un extrait au mois de septembre 1703, dans lequel ils disoient entre autres choses : « En parcourant ce volume, on trouve que les pages sont plus ou moins chargées de vers latins imités, selon que certaines pièces de M. Despréaux ont été communément plus ou moins estimées. » Après quoi ils remarquoient « qu'on n'en trouvoit point dans la dixième satire *contre les Femmes* ni dans l'épître *sur l'Amour de Dieu.* » M. Despréaux vit une raillerie dans ces paroles, et il fit cette épigramme qu'il appeloit aussi une petite épître. (BROSSETTE.)

Apprenez un mot de Régnier,[1]
Notre célèbre devancier :
Corsaires attaquant corsaires
Ne font pas, dit-il, leurs affaires.

XXXVI.

ÉPIGRAMME, OU RÉPONSE[2] A DEUX RR. PP. CC. QUI AVOIENT DIT QUE LA RAISON POUR LAQUELLE MON ÉPITRE DE L'AMOUR DE DIEU N'ÉTOIT PAS DE LA FORCE DE MES AUTRES ÉCRITS, C'EST QUE JE N'AVOIS RIEN TROUVÉ SUR CETTE MATIÈRE DANS HORACE, DANS PERSE, NI DANS JUVÉNAL (1704).[3]

Non, pour montrer que Dieu veut être aimé de nous,
Je n'ai rien emprunté de Perse ni d'Horace,

---

1. Vers de Régnier. (BOILEAU 1713.) — Régnier finit ainsi la satire XII :
 . . . . . Corsaires à corsaires,
 L'un l'autre s'attaquant, ne font pas leurs affaires.

2. Le père Du Rus, jésuite, répondit ainsi à cette épigramme :

    Les journalistes de Trévoux,
    Illustre héros du Parnasse,
    N'ont point cru vous mettre en courroux,
 Ni ranimer en vous la satirique audace,
Dont par le grand Arnauld vous vous croyez absous.
Ils vous blâment si peu d'avoir suivi la trace
    De ces grands hommes qu'avec grâce
    Vous traduisez en plus d'un lieu,
Que, pour l'amour de vous, ils voudroient bien qu'Horace
    Eût traité de l'amour de Dieu.

3. Le même titre se lit dans le manuscrit (il est écrit de la main de Boileau, tandis que l'épigramme est d'une main étrangère : « Réponse aux

Et je n'ai point suivi Juvénal à la trace;
Car, bien qu'en leurs écrits ces auteurs mieux que vous
Attaquent les erreurs dont nos âmes sont ivres,
    La nécessité d'aimer Dieu
Ne s'y trouve jamais prêchée en aucun lieu,
    Mes pères, non plus qu'en vos livres.[1]

XXXVII.

AUX RÉVÉRENDS PÈRES DE ** SUR LE LIVRE
DES FLAGELLANTS,
COMPOSÉ PAR MON FRÈRE LE DOCTEUR DE SORBONNE
(1703).[2]

Non, le livre des Flagellants
N'a jamais condamné, lisez-le bien, mes pères,
    Ces rigidités salutaires
Que, pour ravir le ciel, saintement violents,[3]

R. P. de T***, qui avoient mis dans une épigramme contre moi, que la raison pourquoi j'ai si mal réussi dans mon épître *sur l'Amour de Dieu*, c'est que je n'ai rien trouvé dans Horace, dans Perse, ni dans Juvénal, sur ce sujet, que je leur pusse dérober. » (B.-S.-P.) Voyez la note précédente.

1. Voyez à la *Correspondance* une lettre à Brossette du 7 de décembre 1703.

2. Toujours les pères de Trévoux. L'ouvrage critiqué par eux dans le cahier de juin 1703 des *Mémoires* est l'*Historia flagellantium, sive de perverso flagellorum usu apud christianos*, Paris, 1700, in-12; ce livre est de Jacques Boileau, frère de Gilles et de Nicolas, docteur de Sorbonne, chanoine de la Sainte-Chapelle, né à Paris le 16 de mars 1635, mort le 1er d'août 1716. Il a laissé beaucoup d'ouvrages de théologie. Voir dans la *Correspondance* une lettre à Brossette du 4 de novembre 1703. (M. Chéron.) Voir sur ce frère, et sur ses ouvrages, notre *Étude*, t. I, p. 65 et suiv.

3. Regnum cœlorum vim patitur, et violenti rapiunt illud. (S. Matth., xi, 12.)

Exercent sur leurs corps tant de chrétiens austères.
Il blâme seulement cet abus odieux [1]
  D'étaler et d'offrir aux yeux
Ce que leur doit toujours cacher la bienséance ;
Et combat vivement la fausse piété,
Qui, sous couleur [2] d'éteindre en nous la volupté,
Par l'austérité même et par la pénitence,
Sait allumer le feu de la lubricité.

XXXVIII.

L'AMATEUR D'HORLOGES (1704). [3]

Sans cesse autour de six pendules,
  De deux montres, de trois cadrans,
  Lubin, depuis trente et quatre ans,

---

1. Quelques éditions donnent cette leçon fautive : *ces abus. Cet abus*, c'est le texte de 1713 et du manuscrit. (B.-S.-P.)

2. Des peuples surprins *soubs couleur* d'amitié et de bonne foy. (MONTAIGNE, III, 6.)

   Sous couleur de changer de l'or que l'on doutoit.
   (MOLIÈRE, *l'Étourdi*, acte II, scène VII.)
   (M. CHÉRON.)

3. Cet amateur était un allié à la famille de Boileau, nommé Targas. Voyez dans la *Correspondance* les lettres à Brossette du 13 de décembre 1704 et du 6 de mars 1705.

On lit dans cette dernière lettre : « ... Je vous dirai que Lubin est un de mes parents, qui est mort il y a plus de vingt ans, et qui avoit la folie que j'y attaque. Il étoit secrétaire du roy et s'appeloit M. Targas. J'avois dit, lui vivant, le mot dont j'ai composé le sel de mon épigramme, qui n'a été faite qu'environ depuis deux mois, chez moi, à Auteuil, où couchoit l'abbé de Chasteauneuf. Je m'étois ressouvenu le soir, en conversant avec lui, du mot dont il est question. Il l'avoit trouvé fort plaisant, et sur cela nous étions convenus l'un et l'autre qu'avant tout, pour faire une bonne épigramme, il falloit dire en conversation le mot qu'on y vouloit mettre à la

ÉPIGRAMMES.

Occupe ses soins ridicules.
Mais à ce métier, s'il vous plaît,
A-t-il acquis quelque science?
Sans doute; et c'est l'homme de France
Qui sait le mieux l'heure qu'il est. ¹

XXXIX.

CONTRE MAUROI. ²

Qui ne hait point tes vers, ridicule Mauroi,
Pourroit bien, pour sa peine, aimer ceux de Fourcroi. ³

XL.

AU PRÉSIDENT DE LAMOIGNON CONTRE CHAPELAIN. ⁴

Chapelain vous renonce et se met en courroux
    De ce qu'on me connoît chez vous.

---

fin, et voir s'il frapperoit. Celui-ci donc l'ayant frappé, je le lui rapportai le lendemain, au matin, construit en épigramme, telle que je vous l'ai envoyée. Voilà l'histoire. »

1. J.-B. Rousseau, à qui Boileau récita cette épigramme, en retourna sur-le-champ la fin de la manière suivante :

> Mais à ce métier qui lui plaît
> Loin d'acquérir quelque science,
> C'est peut-être l'homme de France
> Qui sait le moins l'heure qu'il est.

2. Donnée par Brossette dans une note du vers 45 de la satire VII.

3. Bonaventure Fourcroy, poëte et jurisconsulte, né à Clermont (Oise) vers 1610, mort le 25 de juin 1691. Il a laissé divers plaidoyers, des *Sonnets*, Paris, 1651, in-4º, etc. — C'est le vers de Virgile :

> Qui Bavium non odit, amet tua carmina, Mœvi.
>   (*Bucol.*, ecl. III, v. 90.)

4. « Chapelain fit dire au premier président que c'étoit une chose indigne

Vous avez beau faire merveille ;
Eussiez-vous, Lamoignon, enflé son revenu,
Vous n'auriez point de part à ses pénibles veilles.
Oh! qu'il eût été bon pour le bien des oreilles
    Que Longueville m'eût connu! [1]

---

de lui, de souffrir qu'un homme comme Despréaux fût bien reçu dans sa maison. Le premier président répondit qu'il s'entremettroit volontiers pour faire une bonne paix entre eux. Sur cette belle démarche de Chapelain, Despréaux fit cette épigramme. » Tallemant des Réaux, *Historiettes,* édition Garnier frères, t. IV, p. 169.

1. M. de Longueville faisait une pension de deux mille livres à Chapelain pour qu'il achevât la *Pucelle.*

FRAGMENT

D'UN PROLOGUE D'OPÉRA.[1]

AVERTISSEMENT AU LECTEUR.[2]

Madame de M*** et madame de T***,[3] sa sœur, lasses des opéras de M. Quinault,[4] proposèrent au roi d'en faire faire un par M. Racine, qui s'engagea assez légèrement à leur donner cette satisfaction, ne songeant pas dans ce moment-là à une chose, dont il étoit plusieurs fois convenu avec moi, qu'on ne peut jamais faire un bon opéra, parce que la musique ne sauroit narrer; que les passions n'y peuvent[5] être peintes dans toute l'étendue qu'elles demandent; que d'ailleurs elle ne sauroit sou-

---

1. Ce titre n'est point dans l'édition de 1713, où pour la première fois on a publié et l'avertissement et le prologue. Saint-Marc, qui l'a le premier placé ici, a pensé avec raison qu'il était nécessaire pour annoncer la pièce suivante. M. Daunou et Amar ont imité son exemple. (B.-S.-P.)
2. Boileau a fait plusieurs corrections sur le manuscrit de cet avertissement, qui est d'une main étrangère. (B.-S.-P.)
3. Françoise-Athénaïs de Rochechouart, mariée en 1663 à Henri-Louis de Gondrin de Pardaillan, marquis de Montespan, fut surintendante de la maison de la reine Marie-Thérèse d'Autriche et mourut le 28 de mai 1707, âgée de soixante-six ans. — Gabrielle de Rochechouart, sa sœur aînée, fut mariée en 1655 à Charles-Léonor de Damas, marquis de Thiange, et mourut le 12 de septembre 1693. Elles étoient sœurs du duc de Vivonne. (Saint-Marc.)
4. « Le trait le plus singulier de cette préface, dit d'Alembert, c'est la phrase par laquelle elle débute. Mesdames de Montespan et de Thiange lasses des opéras de Quinault! c'est-à-dire ennuyées d'*Alceste*, de *Thésée* et de *Proserpine;* car, pour leur honneur, *Armide* n'existait pas encore. »
5. On a mis mal à propos *n'y pouvoient* dans une foule d'éditions. (B.-S.-P.)

vent mettre en chant les expressions vraiment sublimes et courageuses. [1] C'est ce que je lui représentai, quand il me déclara son engagement ; et il m'avoua que j'avois raison ; mais il étoit trop avancé pour reculer. Il commença dès lors en effet un opéra, dont le sujet étoit la chute de Phaéton. [2] Il en fit même quelques vers qu'il récita au roi, qui en parut content. Mais, comme M. Racine n'entreprenoit cet ouvrage qu'à regret, il me témoigna résolûment qu'il ne l'achèveroit point que je n'y travaillasse avec lui, et me déclara avant tout qu'il falloit que j'en composasse le prologue. J'eus beau lui représenter mon peu de talent pour ces sortes d'ouvrages, et que je n'avois jamais fait de vers d'amourette, il persista dans sa résolution, et me dit qu'il me le feroit ordonner par le roi. Je songeai donc en moi-même à voir de quoi je serois capable, en cas que je fusse absolument obligé de travailler à un ouvrage si opposé à mon génie et à mon inclination. Ainsi, pour m'essayer, je traçai, sans en rien dire à personne, non pas même à M. Racine, le canevas d'un prologue ; et j'en composai une première scène. Le sujet de cette scène étoit une dispute de la Poésie et de la Musique, qui se querelloient sur l'excellence de leur art, et étoient enfin toutes prêtes à se séparer, lorsque tout à coup la déesse des accords, je veux dire l'Harmonie, descendoit du ciel avec tous ses charmes et ses agrémens, et les réconcilioit. Elle devoit dire ensuite la raison [3] qui la faisoit venir sur la terre, qui n'étoit autre que de divertir le prince de l'univers le plus digne d'être servi, et à qui elle devoit le plus, puisque c'étoit lui qui la maintenoit dans la France, où elle régnoit en toutes choses. Elle ajoutoit ensuite que, pour empêcher que quelque audacieux ne vînt troubler, en s'élevant contre un si grand prince, la gloire dont elle jouissoit avec lui, elle vouloit que dès aujourd'hui même, sans perdre de temps, on représentât sur la scène la chute de l'ambitieux Phaéton. [4] Aussitôt tous les poëtes et tous les musiciens, par son

---

1. D'Alembert blâme ces jugements : « Grande leçon, dit-il, aux plus heureux génies, et de ne point forcer leur talent et de se taire sur ce qu'ils ignorent. »
2. L'opéra de Quinault, sur le même sujet, fut représenté en janvier 1683.
3. « Voilà exactement, selon d'Alembert, le maître de musique de M. Jourdain, qui prétend que tous les hommes devraient apprendre la musique pour être d'accord entre eux... On peut remarquer, ajoute-t-il, la négligence du style dans ce morceau de prose. »
4. M. Despréaux, dit Saint-Marc, n'avoit fait aucun effort pour être neuf.

ordre, se retiroient et s'alloient habiller. Voilà le sujet de mon prologue, auquel je travaillai trois ou quatre jours avec un assez grand dégoût, tandis que M. Racine, de son côté, avec non moins de dégoût, continuoit à disposer le plan de son opéra, sur lequel je lui prodiguois mes conseils. Nous étions occupés à ce misérable travail, dont je ne sais si nous nous serions bien tirés, lorsque tout à coup un heureux incident nous tira d'affaire. L'incident fut que M. Quinault s'étant présenté au roi les larmes aux yeux, et lui ayant remontré l'affront qu'il alloit recevoir s'il ne travailloit plus au divertissement de Sa Majesté, le roi, touché de compassion, déclara franchement aux dames dont j'ai parlé qu'il ne pouvoit se résoudre à lui donner ce déplaisir. *Sic nos servavit Apollo.* Nous retournâmes donc, M. Racine et moi, à notre premier emploi, et il ne fut plus mention de notre opéra, dont il ne resta que quelques vers de M. Racine, qu'on n'a point trouvés dans ses papiers après sa mort, et que vraisemblablement il avoit supprimés par délicatesse de conscience, à cause qu'il y étoit parlé d'amour. Pour moi, comme il n'étoit point question d'amourette dans la scène que j'avois composée, non-seulement je n'ai pas jugé à propos de la supprimer, mais je la donne ici au public, persuadé qu'elle fera plaisir aux lecteurs, qui ne seront peut-être pas fâchés de voir de quelle manière je m'y étois pris pour adoucir l'amertume et la force de ma poésie satirique, et pour me jeter dans le style doucereux. C'est de quoi ils pourront juger par le fragment que je leur présente ici, et que je leur présente avec d'autant plus de confiance, qu'étant fort court, s'il ne les divertit, il ne leur laissera pas du moins le temps de s'ennuyer.[1]

---

1. D'Alembert semble croire que Racine et Boileau n'avoient entrepris ce travail que pour mortifier Quinault : « Despréaux, dit-il, entreprit conjointement avec Racine un opéra, dans lequel ils crurent effacer ce poëte qu'ils méprisaient, et montrer la facilité d'un genre d'ouvrage dont ils ne parlaient qu'avec dédain. Despréaux en fit le prologue, que par malheur aucun musicien ne put venir à bout de mettre en musique; Orphée même y aurait échoué. » On ne voit rien de semblable dans l'*Avertissement au lecteur* de Boileau.

PROLOGUE.

LA POÉSIE, LA MUSIQUE.

LA POÉSIE.
Quoi! par de vains accords et des sons impuissants
Vous croyez exprimer tout ce que je sais dire!
LA MUSIQUE.
Aux doux transports qu'Apollon vous inspire
Je crois pouvoir mêler la douceur de mes chants.
LA POÉSIE.
Oui, vous pouvez aux bords d'une fontaine
Avec moi soupirer une amoureuse peine,
Faire gémir Thyrsis, faire plaindre Climène;
Mais, quand je fais parler les héros et les dieux,
Vos chants audacieux
Ne me sauroient prêter qu'une cadence vaine.
Quittez ce soin ambitieux.
LA MUSIQUE.
Je sais l'art d'embellir vos plus rares merveilles.
LA POÉSIE.
On ne veut plus alors entendre votre voix.
LA MUSIQUE.
Pour entendre mes sons, les rochers et les bois
Ont jadis trouvé des oreilles.

FRAGMENT D'UN PROLOGUE D'OPÉRA.

LA POÉSIE.

Ah! c'en est trop, ma sœur, il faut nous séparer :
Je vais me retirer.
Nous allons voir sans moi ce que vous saurez faire.

LA MUSIQUE.

Je saurai divertir et plaire;
Et mes chants, moins forcés, n'en seront que plus doux.

LA POÉSIE.

Eh bien, ma sœur, séparons-nous.

LA MUSIQUE.

Séparons-nous.

LA POÉSIE.

Séparons-nous.

CHŒUR DES POËTES ET DES MUSICIENS.[1]

Séparons-nous, séparons-nous.

LA POÉSIE.

Mais quelle puissance inconnue
Malgré moi m'arrête en ces lieux ?

LA MUSIQUE.

Quelle divinité sort du sein de la nue ?

LA POÉSIE.

Quels chants mélodieux
Font retentir ici leur douceur infinie ?

LA MUSIQUE.

Ah! c'est la divine Harmonie,
Qui descend des cieux.

LA POÉSIE.

Qu'elle étale à nos yeux
De grâces naturelles!

---

1. Et non *de* poëtes et *de* musiciens. C'est là le texte de l'édition de 1713, conforme au manuscrit, qui est tout entier de la main de Boileau. Cette note est tirée de deux observations faites par Berriat-Saint-Prix.

LA MUSIQUE.
Quel bonheur imprévu la fait ici revoir ?
LA POÉSIE ET LA MUSIQUE.
Oublions nos querelles,
Il faut nous accorder pour la bien recevoir.
CHŒUR DES POËTES ET DES MUSICIENS.
Oublions nos querelles,
Il faut nous accorder pour la bien recevoir.

POÉSIES LATINES.

I.

EPIGRAMMA.

IN NOVUM CAUSSIDICUM, RUSTICI LICTORIS FILIUM (1656).

Dum puer iste fero natus lictore perorat,
    Et clamat medio, stante parente, foro,
Quæris, quid sileat circumfusa undique turba ?
    Non stupet ob natum, sed timet illa patrem.

II.

ALTERUM.

IN MARULLUM, VERSIBUS PHALEUCIS ANTEA MALE LAUDATUM (1656).

Nostri quid placeant minus phaleuci,
Jamdudum tacitus, Marulle, quæro,

Quum nec sint stolidi, nec inficeti,
Nec pingui nimium fluant Minerva.
Tuas sed celebrant, Marulle, laudes :
O versus stolidos et inficetos ! [1]

III.

SATIRA (1660). [2]

Quid numeris iterum me balbutire latinis
Longe Alpes citra natum de patre sicambro,
Musa, jubes ? Istuc puero mihi profuit olim,
Verba mihi sævo nuper dictata magistro
Quum pedibus certis conclusa referre docebas.
Utile tunc Smetium [3] manibus sordescere nostris ;

1. « Je vous dirai premièrement que les deux épigrammes latines, dont vous désirez savoir le mystère, ont été faites dans ma première jeunesse et presque au sortir du collége, lorsque mon père me fit recevoir avocat, c'est-à-dire à l'âge de dix-neuf ans. Celui que j'attaque, dans la première de ces épigrammes, étoit un jeune avocat, fils d'un huissier nommé Herbinot... A l'égard de l'autre épigramme, elle regarde M. de Brienne, jadis secrétaire d'État, qui est mort fou et enfermé. Il étoit alors dans la folie de faire des vers latins, et surtout des vers phaleuces... Je ne pus résister à la prière de mon frère, aujourd'hui chanoine de la Sainte-Chapelle, qui m'engagea à faire des vers phaleuces à la louange de ce fou qualifié ; car il étoit déjà fou. J'en fis donc et il les lui montra ; mais comme c'étoit la première fois que je m'étois exercé dans ce genre de vers, ils ne furent pas trouvés fort bons, et ils ne l'étoient pas en effet. Si bien que dans le dépit où j'étois d'avoir si mal réussi, je composai l'épigramme dont il est question... » Lettre à Brossette, 9 avril 1672.

2. Voyez dans la *Correspondance* une lettre à Brossette du 6 d'octobre 1701.

3. Henri Smetius, grammairien flamand, né en 1537, mort en 1614. Il a laissé une prosodie latine. (M. Chéron.)

Et mihi sæpe udo volvendus pollice Textor [1]
Præbuit adsutis contexere carmina pannis.
Sic Maro, sic Flaccus, sic nostro sæpe Tibullus,
Carmine disjecti, vano pueriliter ore
Bullatas nugas sese stupuere loquentes...

1. Ravisius Textor, c'est-à-dire Jean Teissier, seigneur de Ravisy, en Nivernois, recteur de l'Université, mort à l'hôpital en 1523. Il a laissé un dictionnaire d'épithètes, *Delectus epithetorum*. (M. CHÉRON.)

PIÈCES

ATTRIBUÉES A BOILEAU.

I.

A UNE DEMOISELLE.

Pensant à notre mariage,
Nous nous trompions très-lourdement :
Vous me croyiez fort opulent,
Et je vous croyois sage. ¹

II.

IMPROMPTU, A UNE DAME, SUR LA PRISE DE MONS. ²

Mons étoit, dit-on, pucelle,
Qu'un roi gardoit avec le dernier soin. ³

---

1. Cette épigramme, dit Saint-Marc, qui l'a publiée le premier, est tirée d'une lettre de Desforges Maillard au président Bouhier, etc., imprimée en 1741, dans le onzième tome des *Amusemens du cœur et de l'esprit*, p. 550 à 565. Desforges Maillard dit avoir appris cette épigramme et l'anecdote curieuse qui la concerne d'un M. Roger... Saint-Marc ajoute que ce M. Roger étiat fort lié avec le marquis de la Caunelaye, lequel était aussi fort lié avec Boileau, et tenait de lui que dans sa jeunesse il avait recherché une demoiselle en mariage... Louis Racine soutient au contraire que cette épigramme ne peut être de Boileau. (B.-S.-P.)

2. Il a été publié dans les premières éditions du *Ménagiana* avec la simple initiale D... La Monnoie, critique en général exact, mais qui ne mérite pas une confiance aveugle, assure qu'il s'agit de Despréaux... Quoi qu'il en soit, d'Alembert trouve l'impromptu assez heureux. (B.-S.-P.)

3. Texte du *Ménagiana*, 1693 et 1694, et non pas *avec le plus grand soin*, comme dans les éditions modernes. (B.-S.-P.)

Louis le Grand en eut besoin :
Mons se rendit; vous auriez fait comme elle.

III.

PARODIE DE CINQ VERS DE CHAPELLE.

Tout grand ivrogne du Marais
Fait des vers que l'on ne lit guère;
Il les croit pourtant fort bien faits ;
Et, quand il cherche à les mieux faire,
Il les fait encor plus mauvais. [1]

IV.

VERS POUR LE PORTRAIT DE P. D'HOZIER.

Voir aux Poésies diverses, n° XXI bis.

---

1. Publiée pour la première fois par Souchay (1740), sans citer aucune autorité. Ce qui rend d'ailleurs son témoignage un peu suspect, c'est qu'il cite les vers parodiés d'après une version inexacte. Voici la véritable d'après Saint-Marc :

> Tout bon habitant du Marais
> Fait des vers qui ne coûtent guère.
> Pour moi, c'est ainsi que j'en fais;
> Et si je les voulois mieux faire,
> Je les ferois bien plus mauvais.

Nous devons toutefois avouer que la parodie attribuée à Boileau se trouve dans les manuscrits de Brossette, mais elle est d'une main étrangère, sans aucune correction de celle de Boileau. (B.-S.-P.)

V.

SONNET IMPROMPTU.[1]

Ministre sans pareil du plus grand roi du monde,
Qui, sans cesse veillant au repos des François,
Fais régner les vertus et refleurir les lois,
Et qui rends en beaux-arts la France si féconde ;

Le commerce établi sur la terre et sur l'onde,
Le Batave à l'abri des fureurs de l'Anglois,
Et Byzance tremblant au bruit de nos exploits,
Prouvent de tes conseils la force sans seconde.

En vain mille jaloux qu'offensa ta vertu,
Et dont on voit l'orgueil à tes pieds abattu,
De tes sages exploits veulent souiller la gloire.

---

1. Nous allons donner pour la première fois, dans les Œuvres de Boileau, le sonnet dont on ne connaissait que les six derniers vers. Nous le tirons des *Historiettes* de Tallemant des Réaux, t. X, p. 241, édit. Garnier frères, où M. Monmerqué le rapporte avec les circonstances qui l'ont fait naître : suivant le récit de Cizeron-Rival, le frère de Boileau, Gilles, déjà académicien, avait fait un sonnet à la louange de Colbert. La Fontaine, à qui on le montra dans un souper, chez Félix, premier chirurgien du roi, le trouva bon, malgré les contradicteurs. Despréaux s'échauffant prétendit qu'il ferait sur-le-champ un sonnet qui serait meilleur et demanda la première rime pour que l'on ne crût pas qu'il avait un sonnet fait d'avance. Le sonnet achevé, toute la compagnie, et La Fontaine des premiers, le trouva supérieur à celui de Gilles.

L'univers, qui les sait, n'a qu'à les publier.
Contre tes ennemis laisse parler l'histoire,
C'est au ciel qui te guide à te justifier.[1]

VI.

STANCES A IRIS.[2]

Oui, j'ai juré cent fois de mourir votre amant,
Et, si les dieux, témoins de ma flamme fidèle,
Vous avoient faite, Iris, aussi douce que belle,
Je vous aimois assez pour garder mon serment.

---

1. Voici le sonnet de Boileau, *le Payeur des rentes* :

> Par quel art merveilleux sais-tu dans l'opulence,
> Et jusque dans la cour du plus puissant des rois,
> De l'austère vertu soutenir tous les droits,
> Et du faste insolent réprimer l'insolence?
>
> Mais par quel coup heureux, par quel trait de prudence,
> As-tu pu sans effort forcer tout à la fois
> Et la robe et l'épée à fléchir sous tes lois,
> Et chercher leur salut dans leur obéissance?
>
> Ah! qu'il est beau, Colbert, quand on est en ton rang,
> De graver dans les cœurs, sans répandre de sang,
> Du pouvoir les redoutables marques,
>
> Et que l'unique fruit d'un si noble projet
> Soit de rendre Louis le plus grand des monarques,
> Et toi de ses sujets le plus humble sujet.

2. Tirées du manuscrit français, B. R., suppl., n° 540, f°s 51 et 52 (c'est un recueil de poésies fugitives de divers auteurs, que nous présumons avoir été fait vers 1670), où celle-ci a ce titre : *Stances du sieur Despréaux*.

Quoique nous ne garantissions nullement l'authenticité de ces stances, si on les compare avec le fragment de la relation du voyage à Saint-Prix e si l'on prend garde à la remarque de Boileau sur le style de la même relation (*Poésies diverses*, n° XXVI), on pourrait présumer qu'elles en faisaient partie (elles étaient assez dignes en effet d'être léguées à Benserade). (B.-S.-P.)

Mais je crois que le ciel, à mes maux secourable,
Pour éteindre en mon âme une éternelle ardeur,
Accrut toujours en vous votre extrême froideur
Et par pitié pour moi vous fit impitoyable.

Certes, quand je vous vis, en vous rendant les armes,
Je pensois que le sort m'eût mis au rang des dieux ;
Et je crus, à juger par l'éclat de vos charmes,
Votre cœur pour le moins aussi doux que vos yeux.

Mais, au lieu des faveurs où j'osois bien prétendre,
J'appris qu'un cœur, Iris, qui cédoit à vos coups,
En soupirant pour vous ne devoit rien attendre
Que le triste plaisir de soupirer pour vous.

D'abord dans les ardeurs d'une flamme ennemie
Je ne vis que la mort qui me pût secourir,
Et, dans mon désespoir, l'espoir seul de mourir
Servit en ce moment à me rendre la vie.

Mais enfin mon dépit surmonta ma constance ;
Je rompis mes liens, je forçai ma prison,
Et mon cœur, irrité de sa longue souffrance,
Dans l'excès de son mal trouva sa guérison.

Depuis, mon âme, Iris, que vous aviez charmée,
N'a plus formé pour vous de désirs superflus,
Et je me tiens heureux de vous avoir aimée
Pour avoir le plaisir de ne vous aimer plus.

Conservez donc toujours cette humeur inflexible
Dont l'heureuse rigueur m'a su tirer des fers ;

Le ciel, dont la bonté vous a faite insensible,
A peut-être par là sauvé tout l'univers.

Je sais que mille amants font gloire de vous suivre
Et ne condamne point leur amour ni leur choix :
Mais, pour n'être point las de vivre sous vos lois,
Il faut, cruelle, il faut être bien las de vivre.

VII.

TRADUCTION D'UNE ÉPIGRAMME DE SANTEUL SUR LA TRANSLATION DU CŒUR D'ARNAULD A PORT-ROYAL-DES-CHAMPS. [1]

Chassé, quoique vainqueur, du sein de sa patrie,
Il revient habiter une maison chérie,
Cet arbitre des mœurs, par qui la vérité
Triompha du mensonge et de l'impiété.
Au port et dans le sein d'une terre sacrée
Il goûte après l'orage une paix assurée.
Qu'en des lieux inconnus le sort injurieux

---

1. Cette traduction est attribuée à Boileau dans l'édition de Cologne de 1716, p. 47, où l'on rapporte aussi l'épigramme de Santeul ; la voici :

> Ad sanctas rediit sedes ejectus et exul
> Hoste triumphato; tot tempestatibus actus
> Hoc portu in placido, hac sacra tellure quiescit
> Arnaldus, veri defensor et arbiter æqui.
> Illius ossa memor sibi vindicet extera tellus.
> Huc cœlestis amor rapidis cor transtulit alis,
> Cor nunquam avulsum nec amatis sedibus absens.
> (M. Chéron.)

Voir là-dessus Sainte-Beuve, *Port-Royal*, t. V, p. 314-599-602.

Cache du corps d'Arnauld les restes précieux,
Ici l'amour divin, sur ses rapides ailes,
Lui-même a transporté les dépouilles mortelles
De ce cœur que l'exil n'a jamais détaché
Des saints lieux dont Arnauld fut par force arraché.[1]

---

1. On trouve dans le *Santoliana*, p. 170, d'autres traductions de cette épigramme; en voici une :

> Par ses rivaux vaincu, banni de sa patrie,
> Il revient habiter une maison chérie.
> Cet arbitre des mœurs par qui la vérité
> Triompha du mensonge et de l'impiété,
> Au port et dans le sein d'une terre sacrée,
> Il goûte après l'orage une paix assurée.

On n'a jamais attribué cette traduction à Boileau.

REMARQUES

SUR

D'AUTRES PIÈCES ATTRIBUÉES A BOILEAU.

« Nous avons placé parmi les précédentes celles que leur style ou diverses circonstances autorisaient à conjecturer que Boileau pouvait en être l'auteur.[1] » Nous avons dû en conséquence exclure celles auxquelles il nous a paru évidemment devoir être étranger, et que nous allons indiquer.

I. L'épigramme suivante contre Pellisson, rapportée par Saint-Marc (n° 54) sans citer d'autorité positive.[2] On a peine à croire,

---

1. Phrase incorrecte et bizarre que nous laissons à Berriat-Saint-Prix.
2. Voici ce que dit Saint-Marc : « On me donne cette épigramme, pour être certainement de M. Despréaux, et l'on m'assure qu'on la tient d'un de ses amis. C'est ce qui m'autorise à la mettre ici. Supposez qu'elle ne soit pas de lui, je ne m'oppose point à ce que ceux qui connoîtront le véritable auteur la lui revendiquent. Le nôtre n'y perdra pas grand'chose. » — Il faut se souvenir que Boileau, dans la satire VIII, avait écrit d'abord ce vers :

L'or même à Pellisson donne un teint de beauté;

qu'il avait attaqué avec beaucoup de vivacité Mlle de Scudéry, qui est ici désignée par son nom romanesque de Sapho. Voir, sur les relations d'amitié tendre et discrète qui existèrent entre Mlle de Scudéry et Pellisson, M. Cousin, *la Société française au* XVIIe *siècle*, etc., etc., t. II, p. 213. — La laideur de Pellisson venait de la petite vérole. Cette cruelle maladie, « alors si redoutable et si redoutée, » l'avait défiguré au point que ses amis ne pouvaient le reconnaître. Il suivait alors avec éclat à Castres la carrière du barreau. « D'abord il se retira à la campagne; puis prenant son parti d'un mal sans remède, il vint s'établir à Paris. » Voir aussi un article de M. Sainte-Beuve sur Mlle de Scudéry : *Causeries du Lundi*, t. IV, p. 96.

dit avec raison M. Daunou (1825, II, 373), que Boileau ait réellement écrit des lignes si grossièrement injurieuses.

> La figure de Pellisson
> Est une figure effroyable ;
> Mais, quoique ce vilain garçon
> Soit plus laid qu'un singe et qu'un diable,
> Sapho lui trouve des appas ;
> Mais je ne m'en étonne pas .
> Car chacun aime son semblable.

II. Celle-ci, contre un prédicateur, est citée par Bret, éditeur de Molière, qui, n'étant point contemporain (il était né en 1717), ne peut faire autorité, et qui d'ailleurs renvoie à un ouvrage (*Mémoires de Choisy*) où l'on parle, il est vrai (II, 102), beaucoup du prédicateur, mais nullement de l'épigramme.

> On dit que l'abbé Roquette
> Prêche les sermons d'autrui :
> Moi, qui sais qu'il les achète,
> Je soutiens qu'ils sont à lui. [1]

III. A l'égard du *Chapelain décoiffé* et à plus forte raison de la *Métamorphose de la perruque de Chapelain*, lors même que nous n'aurions pas la déclaration formelle de Boileau (*Correspondance*, lettre à Brossettte du 10 de décembre 1701), qui n'en avoue que les quatre vers déjà rapportés, nous ne les aurions point insérés parce que d'autres circonstances démontrent combien il fut étranger à tout le reste. C'est dans la seconde édition du *Ménagiana*, faite en 1694 (p. 44 et suiv.), qu'on a pour la première fois attribué à Boileau le *Chapelain décoiffé*, et c'est sur cette seule autorité que les imprimeurs hollandais l'ont glissé dans les œuvres de notre poëte. Sur quoi se fondent les éditeurs du *Ménagiana* ? Ils font parler ainsi Ménage (mort en 1692) : « Ce fut pour divertir M. le président de Lamoignon, plus que pour toute autre chose, que M. Boileau parodia quelques endroits du *Cid* sur Chapelain, Cassagne et La

---

1. Voir sur l'abbé Roquette une historiette de Tallemant des Réaux, t. X, p. 238, édit. Garnier frères. Monmerqué dit dans une note : « Tout le monde connoît l'épigramme contre l'abbé Roquette, attribuée à tort à Despréaux ; elle est dans la manière de d'Aceilly. » (P. 239, note 1.)

Serre. On en a bien ri partout ; vous me la demandez, je l'ai gardée dans ma mémoire, elle a été imprimée ; la voici (ici, p. 45 à 57, on donne la parodie réimprimée par Brossette et les éditeurs suivants). »

Mais les collecteurs des *bons mots* de Ménage lui font faire ici un petit anachronisme. Le *Chapelain décoiffé* avait été imprimé en 1665, dans un Recueil (même §, n° 4 et 5), et en 1666 (*La Haye*, petit in-12), à la suite de la *Ménagerie de l'abbé Cotin* (*ibid.*, p. 38), où l'on déclare (p. 54) que cette parodie et une autre du même genre ont été faites en 1664. Or Boileau ne commença, dit-il (*Avis du Lutrin*, p. 112), à connaître Lamoignon que dans le temps où ses satires faisaient le plus de bruit, et par conséquent après 1666, époque de leur première édition, de sorte qu'il ne put composer pour ce magistrat un opuscule qui existait en 1664, et avait été imprimé au moins dès 1665 (il est étonnant que La Monnoie, dans sa révision du *Menagiana*, y ait laissé cette erreur) [1].

IV. Il est presque inutile de citer encore parmi les opuscules dont il est évident que Boileau ne fut et ne put point être l'auteur, d'une part, cinq ou six mauvaises satires jointes aux éditions étrangères de ses œuvres, et, de l'autre, une épître au marquis de Termes, publiée en 1727, par Desmolets (*Mémoir.*, t. II) et reproduite en 1769, dans le recueil intitulé : *Élite de poésies fugitives* (in-12, 111, 49), quoique Desmolets eût reconnu dans sa préface que cette épître n'était pas de Boileau. (BERRIAT-SAINT-PRIX.)

---

1. Néanmoins, comme tous les éditeurs ont donné ces deux pièces, nous les reproduisons ci-après.

CHAPELAIN DÉCOIFFÉ

OU

PARODIE DE QUELQUES SCÈNES DU CID.

SCÈNE PREMIÈRE.[1]

LA SERRE, CHAPELAIN.

LA SERRE.
Enfin vous l'emportez, et la faveur du roi
Vous accable de dons qui n'étoient dus qu'à moi.
On voit rouler chez vous tout l'or de la Castille.

CHAPELAIN.
Les trois fois mille francs qu'il met dans ma famille
Témoignent mon mérite, et font connoître assez
Qu'on ne hait pas mes vers, pour être un peu forcés.

LA SERRE.
Pour grands que soient les rois, ils sont ce que nous sommes :
Ils se trompent en vers comme les autres hommes ;
Et ce choix sert de preuve à tous les courtisans
Qu'à de méchants auteurs ils font de beaux présents.

---

1. *Le Cid*, acte I, scène vi.

CHAPELAIN.

Ne parlons point du choix dont votre esprit s'irrite :
La cabale l'a fait plutôt que le mérite.
Vous choisissant, peut-être on eût pu mieux choisir ;
Mais le roi m'a trouvé plus propre à son désir.
A l'honneur qu'il m'a fait ajoutez-en un autre :
Unissons désormais ma cabale à la vôtre.
J'ai mes prôneurs aussi, quoiqu'un peu moins fréquents
Depuis que mes sonnets ont détrompé les gens.
Si vous me célébrez, je dirai que La Serre
Volume sur volume incessamment desserre.
Je parlerai de vous avec monsieur Colbert,
Et vous éprouverez si mon amitié sert.
Ma nièce même en vous peut rencontrer un gendre.

LA SERRE.

A de plus hauts partis Phlipote doit prétendre :
Et le nouvel éclat de cette pension
Lui doit bien mettre au cœur une autre ambition.
Exerce nos rimeurs, et vante notre prince ;
Va te faire admirer chez les gens de province,
Fais marcher en tous lieux les rimeurs sous ta loi,
Sois des flatteurs l'amour, et des railleurs l'effroi.
Joins à ces qualités celles d'une âme vaine :
Montre-leur comme il faut endurcir une veine,
Au métier de Phébus bander tous les ressorts,
Endosser nuit et jour un rouge justaucorps,[1]
Pour avoir de l'encens donner une bataille,
Ne laisser de sa bourse échapper une maille ;[2]

---

1. Quand Chapelain étoit chez lui, il portoit toujours un justaucorps rouge, en guise de robe de chambre. (BROSSETTE.)

2. « Petite monnaie de cuivre qui n'est plus en usage, mais qui valoit la

Surtout sers-leur d'exemple, et ressouviens-toi bien
De leur former un style aussi dur que le tien.

CHAPELAIN.

Pour s'instruire d'exemple, en dépit de Linière,[1]
Ils liront seulement ma Jeanne tout entière.
Là, dans un long tissu d'amples narrations,
Ils verront comme il faut berner les nations,
Duper d'un grave ton gens de robe et d'armée,
Et sur l'erreur des sots bâtir sa renommée.

LA SERRE.

L'exemple de La Serre a bien plus de pouvoir :
Un auteur dans ton livre apprend mal son devoir.
Et qu'a fait après tout ce grand nombre de pages,
Que ne puisse égaler un de mes cent ouvrages?
Si tu fus grand flatteur, je le suis aujourd'hui,
Et ce bras de la presse est le plus ferme appui.
Bilaine et de Sercy sans moi seroient des drilles ;
Mon nom seul au Palais nourrit trente familles :
Les marchands fermeroient leurs boutiques sans moi,
Et, s'ils ne m'avoient plus, ils n'auroient plus d'emploi.
Chaque heure, chaque instant, fait sortir de ma plume
Cahiers dessus cahiers, volume sur volume.
Mon valet, écrivant ce que j'aurois dicté,
Feroit un livre entier, marchant à mon côté ;
Et loin de ces durs vers qu'à mon style on préfère,
Il deviendroit auteur en me regardant faire.

CHAPELAIN.

Tu me parles en vain de ce que je connoi :
Je t'ai vu rimailler et traduire sous moi.

moitié d'un denier et était de la sorte synonyme d'obole. » (E. LITTRÉ, Dict. de la langue française.)

1. Linière avait fait une épigramme contre la Pucelle de Chapelain.

Si j'ai traduit Gusman, si j'ai fait sa préface,[1]
Ton galimatias a bien rempli ma place.
Enfin, pour épargner ces discours superflus,
Si je suis grand flatteur, tu l'es et tu le fus.
Tu vois bien cependant qu'en cette concurrence
Un monarque entre nous met de la différence.

LA SERRE.

Ce que je méritois, tu me l'as emporté.

CHAPELAIN.

Qui l'a gagné sur toi l'avoit mieux mérité.

LA SERRE.

Qui sait mieux composer en est bien le plus digne.

CHAPELAIN.

En être refusé n'en est pas un bon signe.

LA SERRE.

Tu l'as gagné par brigue, étant vieux courtisan.

CHAPELAIN.

L'éclat de mes grands vers fut seul mon partisan.

LA SERRE.

Parlons-en mieux : le roi fait honneur à ton âge.

CHAPELAIN.

Le roi, quand il en fait, le mesure à l'ouvrage.

LA SERRE.

Et par là je devois emporter ces ducats.

CHAPELAIN.

Qui ne les obtient point ne les mérite pas.

LA SERRE.

Ne les mérite pas, moi ?

---

1. Chapelain avoit traduit de l'espagnol le roman de *Guzman d'Alfarache*, imprimé à Paris en 1638. (BROSSETTE.) — Il n'est pas sûr que cette traduction soit de Chapelain, quoiqu'elle lui soit communément attribuée. (SAINT-MARC.)

CHAPELAIN.
Toi.
LA SERRE.
Ton insolence.
Téméraire vieillard, aura sa récompense!
(Il lui arrache sa perruque.)
CHAPELAIN.
Achève, et prends ma tête après un tel affront,
Le premier dont ma muse a vu rougir son front.
LA SERRE.
Et que penses-tu faire avec tant de foiblesse?
CHAPELAIN.
O dieux! mon Apollon en ce besoin me laisse.
LA SERRE.
Ta perruque est à moi; mais tu serois trop vain,
Si ce sale trophée avoit souillé ma main.
Adieu; fais lire au peuple, en dépit de Linière,
De tes fameux travaux l'histoire tout entière;
D'un insolent discours ce juste châtiment
Ne lui servira pas d'un petit ornement.
CHAPELAIN.
Rends-moi donc ma perruque.
LA SERRE.
Elle est trop malhonnête.
De tes lauriers sacrés va te couvrir la tête.
CHAPELAIN.
Rends la calotte au moins.
LA SERRE.
Va, va, tes cheveux d'ours
Ne pourroient sur ta tête encor durer trois jours.

SCÈNE II.

CHAPELAIN, seul.[1]

O rage! ô désespoir! ô perruque ma mie!
N'as-tu donc tant vécu que pour cette infamie?
N'as-tu trompé l'espoir de tant de perruquiers[2]
Que pour voir en un jour flétrir tant de lauriers?
Nouvelle pension fatale à ma calotte!
Précipice élevé qui te jette en la crotte!
Cruel ressouvenir de tes honneurs passés!
Services de vingt ans en un jour effacés!
Faut-il de ton vieux poil voir triompher La Serre,
Et te mettre crottée, ou te laisser à terre?
La Serre, sois d'un roi maintenant régalé :
Ce haut rang n'admet pas un poëte pelé;
Et ton jaloux orgueil, par cet affront insigne,
Malgré le choix du roi, m'en a su rendre indigne.
Et toi, de mes travaux glorieux instrument,
Mais d'un esprit de glace inutile ornement;
Plume jadis vantée, et qui, dans cette offense,
M'as servi de parade et non pas de défense,
Va, quitte désormais le dernier des humains,
Passe pour me venger en de meilleures mains.
Si Cassaigne a du cœur, et s'il est mon ouvrage,
Voici l'occasion de montrer son courage;
Son esprit est le mien, et le mortel affront
Qui tombe sur mon chef rejaillit sur son front.

1. *Le Cid,* acte I, scène v. Monologue de don Diègue.
2. Tallemant dit de lui : « Quelque vieille que soit sa perruque et son chapeau, il en a pourtant encore une plus vieille pour la chambre, et un chapeau encore plus vieux. »

SCÈNE III.

CHAPELAIN, CASSAIGNE.[1]

CHAPELAIN.

Cassaigne, as-tu du cœur?

CASSAIGNE.

Tout autre que mon maître
L'éprouveroit sur l'heure.

CHAPELAIN.

Ah! c'est comme il faut être.
Digne ressentiment à ma douleur bien doux!
Je reconnois ma verve à ce noble courroux.
Ma jeunesse revit en cette ardeur si prompte.
Mon disciple, mon fils, viens réparer ma honte.
Viens me venger.

CASSAIGNE.

De quoi?

CHAPELAIN.

D'un affront si cruel,
Qu'à l'honneur de tous deux il porte un coup mortel:
D'une insulte... Le traître eût payé la perruque
Un quart d'écu du moins, sans mon âge caduque.
Ma plume, que mes doigts ne peuvent soutenir,
Je la remets aux tiens pour écrire et punir.
Va contre un insolent faire un bon gros ouvrage.
C'est dedans l'encre seul[2] qu'on lave un tel outrage:

---

1. *Le Cid*, acte I, scène VI.
2. *Encre seul*, faute exprès affectée en la personne de Chapelain. (Note du *Menagiana*, copiée par Brossette.) (DE SAINT-SURIN.) On peut douter de la justesse de cette observation. Il vaut mieux faire observer que *encre* a été longtemps d'un genre indécis; Chifflet, *Gramm.*, p. 248, dit qu'il est

Rime, ou crève. Au surplus, pour ne te point flatter,
Je te donne à combattre un homme à redouter :
Je l'ai vu fort poudreux au milieu des libraires,
Se faire un beau rempart de deux mille exemplaires.

CASSAIGNE.

Son nom? c'est perdre temps en discours superflus.

CHAPELAIN.

Donc, pour te dire encor quelque chose de plus,
Plus enflé que Boyer, plus bruyant qu'un tonnerre,
C'est...

CASSAIGNE.

De grâce, achevez.

CHAPELAIN.

Le terrible La Serre.

CASSAIGNE.

Le...

CHAPELAIN.

Ne réplique point, je connois ton fatras :
Combats sur ma parole, et tu l'emporteras.
Donnant pour des cheveux ma Pucelle en échange,
J'en vais chercher, barbouille, écris, rime, et nous venge.

SCÈNE IV.

CASSAIGNE, seul.[1]

Percé jusques au fond du cœur
D'une insulte imprévue aussi bien que mortelle,

---

des deux genres. Étymologiquement, il devrait être masculin ; mais la terminaison, qui est féminine, l'a emporté. » (E. LITTRÉ, *Dict. de la langue française.*)

1. *Le Cid*, acte I, scène VII. Monologue de Rodrigue.

Misérable vengeur d'une sotte querelle,
D'un avare écrivain chétif imitateur,
Je demeure stérile, et ma veine abattue
    Inutilement sue.
  Si près de voir couronner mon ardeur,
    O la peine cruelle !
En cet affront La Serre est le tondeur,
Et le tondu, père de la Pucelle.

  Que je sens de rudes combats !
Comme ma pension, mon honneur me tourmente.
Il faut faire un poëme, ou bien perdre une rente :
L'un échauffe mon cœur, l'autre retient mon bras.
Réduit au triste choix ou de trahir mon maître,
    Ou d'aller à Bicêtre,
Des deux côtés mon mal est infini.
    O la peine cruelle !
Faut-il laisser un La Serre impuni ?
Faut-il venger l'auteur de la Pucelle ?

  Auteur, perruque, honneur, argent,
Impitoyable loi, cruelle tyrannie,
Je vois gloire perdue, ou pension finie.
D'un côté je suis lâche, et de l'autre indigent.
Cher et chétif espoir d'une veine flatteuse,
    Et tout ensemble gueuse,
Noir instrument, unique gagne-pain,
    Et ma seule ressource,
M'es-tu donné pour venger Chapelain ?
M'es-tu donné pour me couper la bourse ?

  Il vaut mieux courir chez Conrart :
Il peut me conserver ma gloire et ma finance,

Mettant ces deux rivaux en bonne intelligence.
On sait comme en traités excelle ce vieillard.
S'il n'en vient pas à bout, que Sapho la pucelle [1]
　　　Vide notre querelle.
　　Si pas un d'eux ne me veut secourir.
　　　　Et si l'on me ballotte,
　　Cherchons La Serre ; et, sans tant discourir,
　　Traitons du moins, et payons la calotte.

　　　Traiter sans tirer ma raison !
Rechercher un marché si funeste à ma gloire !
Souffrir que Chapelain impute à ma mémoire
D'avoir mal soutenu l'honneur de sa toison !
Respecter un vieux poil, dont mon âme égarée
　　　　Voit la perte assurée !
　　N'écoutons plus ce dessein négligent,
　　　　Qui passeroit pour crime.
　　Allons, ma main, du moins sauvons l'argent,
　　Puisque aussi bien il faut perdre l'estime.

　　　Oui, mon esprit s'étoit déçu.
Autant que mon honneur, mon intérêt me presse :
Que je meure en rimant, ou meure de détresse,
J'aurai mon style dur comme je l'ai reçu.
Je m'accuse déjà de trop de négligence.
　　　　Courons à la vengeance :
　　Et, tout honteux d'avoir tant de froideur,
　　　　Rimons à tire-d'aile,
　　Puisque aujourd'hui La Serre est le tondeur,
　　Et le tondu, père de la Pucelle.

1. Mademoiselle de Scudéry.

SCÈNE V.

CASSAIGNE, LA SERRE.[1]

CASSAIGNE.

A moi, La Serre, un mot.

LA SERRE.

Parle.

CASSAIGNE.

Ote-moi d'un doute.
Connois-tu Chapelain?

LA SERRE.

Oui.

CASSAIGNE.

Parlons bas, écoute.
Sais-tu que ce vieillard fut la même vertu,
Et l'effroi des lecteurs de son temps? le sais-tu?

LA SERRE.

Peut-être.

CASSAIGNE.

La froideur qu'en mon style je porte,
Sais-tu que je la tiens de lui seul?

LA SERRE.

Que m'importe?

CASSAIGNE.

A quatre vers d'ici je te le fais savoir.

LA SERRE.

Jeune présomptueux!

---

1. *Le Cid,* acte II, scène II.

CASSAIGNE.

Parle sans t'émouvoir.
Je suis jeune, il est vrai, mais, aux âmes bien nées,
La rime n'attend pas le nombre des années.

LA SERRE.

Mais t'attaquer à moi! qui t'a rendu si vain,
Toi, qu'on ne vit jamais une plume à la main?

CASSAIGNE.

Mes pareils avec toi sont dignes de combattre,
Et pour des coups d'essai veulent des Henri quatre![1]

LA SERRE.

Sais-tu bien qui je suis?

CASSAIGNE.

Oui, tout autre que moi,
En comptant tes écrits, pourroit trembler d'effroi.
Mille et mille papiers, dont ta table est couverte,
Semblent porter écrit le destin de ma perte.
J'attaque en téméraire un gigantesque auteur;
Mais j'aurai trop de force, ayant assez de cœur.
Je veux venger mon maître; et ta plume indomptable,
Pour ne se point lasser, n'est point infatigable.

LA SERRE.

Ce phébus, qui paroît au discours que tu tiens,
Souvent par tes écrits se découvrit aux miens,
Et, te voyant encor tout frais sorti de classe,
Je disois : Chapelain lui laissera sa place.
Je sais ta pension, et suis ravi de voir
Que ces bons mouvements excitent ton devoir ;
Qu'ils te font sans raison mettre rime sur rime,

---

1. Allusion au poëme de Cassaigne, *Henri IV*, où ce roi donne des instructions à Louis XIV pour bien régner.

Étayer d'un pédant l'agonisante estime;
Et que, voulant pour singe un écolier parfait,
Il ne se trompoit point au choix qu'il avoit fait.
Mais je sens que pour toi ma pitié s'intéresse;
J'admire ton audace, et je plains ta jeunesse.
Ne cherche point à faire un coup d'essai fatal;
Dispense un vieux routier d'un combat inégal.
Trop peu de gain pour moi suivroit cette victoire :
A moins d'un gros volume, on compose sans gloire;
Et j'aurois le regret de voir que tout Paris
Te croiroit accablé du poids de mes écrits.

CASSAIGNE.

D'une indigne pitié ton orgueil s'accompagne :
Qui pèle Chapelain craint de tondre Cassaigne.

LA SERRE.

Retire-toi d'ici.

CASSAIGNE.

Hâtons-nous de rimer.

LA SERRE.

Es-tu si prêt d'écrire?

CASSAIGNE.

Es-tu las d'imprimer?

LA SERRE.

Viens, tu fais ton devoir. L'écolier est un traître,
Qui souffre sans cheveux la tête de son maître.[1]

---

1. Fléchier nous apprend qu'aux Grands Jours d'Auvergne, tenus à Clermont-Ferrand, en 1665, les acteurs jouèrent cette parodie. M. de Caumartin, qui était un des admirateurs de Chapelain, fit interdire cette représentation.

LA MÉTAMORPHOSE

DE LA

PERRUQUE DE CHAPELAIN EN COMÈTE.

La plaisanterie que l'on va voir est une suite de la parodie précédente. Elle fut imaginée par les mêmes auteurs, à l'occasion de la comète qui parut à la fin de l'année 1664. Ils étoient à table chez M. Hessein, frère de l'illustre madame La Sablière.

On feignoit que Chapelain, ayant été décoiffé par La Serre, avoit laissé sa perruque à calotte dans le ruisseau, où La Serre l'avoit jetée.

> Dans un ruisseau bourbeux la calotte enfoncée,
> Parmi de vieux chiffons alloit être entassée,
> Quand Phébus l'aperçut, et du plus haut des airs
> Jetant sur les railleurs un regard de travers :
> Quoi ! dit-il, je verrai cette antique calotte
> D'un sale chiffonnier remplir l'indigne hotte !

Ici devoit être la description de cette fameuse perruque,

> Qui, de tous ses travaux la compagne fidèle,
> A vu naître Guzman et mourir la Pucelle ;

> Et qui, de front en front passant à ses neveux,
> Devoit avoir plus d'ans qu'elle n'eut de cheveux.

Enfin Apollon changeoit cette perruque en comète. Je veux, disoit ce dieu, que tous ceux qui naîtront sous ce nouvel astre soient poëtes,

> Et qu'ils fassent des vers, même en dépit de moi.

Furetière, l'un des auteurs de la pièce, remarqua pourtant que cette métamorphose manquoit de justesse en un point : C'est, dit-il, que les comètes ont des cheveux, et que la perruque de Chapelain est si usée qu'elle n'en a plus. Cette badinerie n'a jamais été achevée.

Chapelain souffrit, dit-on, avec beaucoup de patience les satires que l'on fit contre sa perruque. On lui a attribué l'épigramme suivante, qui n'est pas de lui :

> Railleurs, en vain vous m'insultez,
> Et la pièce vous emportez ;
> En vain vous découvrez ma nuque :
> J'aime mieux la condition
> D'être défroqué de perruque,
> Que défroqué de pension.

UNE

SATIRE INÉDITE DE BOILEAU.

Au tome III de la *Bibliothèque de l'École des Chartes,* 3ᵉ série, M. Louis Passy a donné pour la première fois au public une satire inédite qu'il croit être de Boileau. Il l'a tirée du IXᵉ volume du *Recueil manuscrit* de Conrart. Voici comment il annonce sa découverte : « Cet ouvrage occupe dans la collection de Conrart une place qui mérite d'être exactement indiquée. Il se trouve à la page 103, entre le *Chapelain décoiffé* et la *Satire à Molière*. A la page 127, entre la *Satire au Roi* et la *Satire des Embarras de Paris,* seconde copie, entièrement semblable à la précédente, quoique écrite d'une autre main. Les deux copies sont signées *Despréaux*. Il est vrai que la deuxième, la septième, la quatrième, le *Discours au Roi,* la sixième, la première satire le sont des deux noms de *Boileau Despréaux* ; mais la cinquième, *Sur la Noblesse,* dédiée à Dangeau, porte *Despréaux* seul, comme les deux versions de la satire inédite. Si cette dernière pièce eût été signée *Boileau,* Gilles en devrait passer pour l'auteur, mais elle est signée Despréaux, et ce nom seul ne peut être une arme aux mains de la critique, quand il lui faudrait s'en servir et la briser contre la *Satire sur la Noblesse,* qui n'a pas d'autre signature. »

Ces raisons de M. Louis Passy n'ont pas semblé convaincantes à M. Sainte-Beuve ; les lecteurs se rangeront du côté de l'éminent critique, quand ils auront lu l'ouvrage attribué à Boileau. Les notes et les raisonnements de M. Louis Passy ne leur paraîtront pas de nature à les ramener à une autre opinion. Nous n'en donnerons que quelques extraits.[1]

1. On lit ceci dans le *Cabinet historique*, t. VI, Recueil Conrart, p. 32, II⁰ partie. Dépouillement du Recueil Conrart de la Bibliothèque de l'Arsenal :

« Voici l'un des volumes curieux de la collection... C'est de ce livre que M. Louis Passy (Bibl. de l'École des Chartes, t. III) a tiré et publié la satire *A ceux qui ont fait des vers contre le Roy*, que Conrart, acceptant sans doute le bruit du moment, attribue à Boileau, mais qui, en vérité, n'a du grand satirique ni l'esprit ni le style. Peut-être malgré la signature Despréaux, conviendrait-il mieux de l'attribuer à son frère Gilles Boileau, qui ne joignait point aux dispositions satiriques de son esprit le génie poétique de l'auteur du *Lutrin*. »

23-24, satire II⁰. 25, *Muse, changeons de style*. — 26, *D'où vient, cher Le Vayer*. — 27, *La noblesse*. — 28, *Discours au Roy*. — 29, *Qui frappe l'air, bon Dieu*.

SATIRE.

A CEUX QUI ONT FAIT DES VERS
CONTRE LE ROY.

Il n'est pas mal-aysé de faire une satyre.
Sans estre bel-esprit on peut savoir médire ; [1]
Il ne faut, pour fournir à cette lâcheté,
Que joindre l'imposture à la témérité,
Que suivre d'un chagrin le bizarre caprice [2]
Pour noircir [3] le merite [4] et couronner le vice.
Quand la colère agit sur le tempérament,
On ne parle, on n'écrit que trop éloquemment : [5]

1.   C'est un méchant métier que celui de médire.
                             (Satire VII.)

2.   ... Suivre une raison qui parle par ma voix.
                             (Épître II.)

3.   De ce même pinceau dont j'ai noirci les vices.
                             (Satire X.)

4. Le mérite, expression qu'aime Boileau :
        Le mérite pourtant m'est toujours précieux.
                          (Satire I.)

5. Boileau n'emploie pas de si grands mots, me dira-t-on : premier exemple :
        Et qu'un démon jaloux de mon contentement.
                          (Satire II.)

Le bien, le mal, le vray, l'inconstant, le solide,
Tout sert également cette fureur avide,
Et qui se laisse aller à ses ressentiments
Est toujours agité d'injustes mouvements.
C'est par là que souvent on voit des misérables [1]
Composer sans sujet d'injurieuses fables,
Hardis à les produire, et, sans craindre les loix
Écrire sans respect des Princes et des Roys [2].
Le mépris qu'on a fait d'une telle licence
De quelques Écrivains augmente l'insolence,
Qui voyant leurs Écrits soufferts impunément,
Pensent qu'on peut toûjours médire insolemment.

On ne les souffroit point dans le règne d'Auguste, [3]
Qui parut sur la fin si tranquille et si juste ;
Ses trésors aux Savans furent toûjours ouvers,
Mais il faisoit punir les Satyriques vers.

1. Ce sont là les exploits que tu dois avouer.
    Et c'est par là, grand roi, que je te veux louer.
                                           (Épître I.)

C'est par là que est une des tournures favorites de Boileau ; on peut citer encore : *ce n'est pas que, assez et trop longtemps, mais je ne puis souffrir*, et *sans* suivi d'un infinitif.

2. Boileau n'a pas que des tournures favorites, il a aussi des rimes : ainsi *loix, rois; crime, rime; louer, avouer; mot, sot.*

3. L'intervention d'Auguste au milieu de la pièce mérite l'attention... Nous croyons avoir assez fait pour nous dispenser d'admettre parmi les œuvres de Boileau la satire découverte par M. Louis Passy.

Elle vient d'être (1870) éditée de nouveau par la librairie Jouaust avec cet *avertissement* où il n'est pas tenu compte de la publication de M. Louis Passy : « On n'a pas encore fait entrer dans les éditions complètes de Boileau la satire que nous donnons ici, et qui a été reproduite pour la première fois, pensons-nous, dans l'intéressant volume de *Variétés bibliographiques* publié par M. Tricotel. Cette satire se trouve, à la bibliothèque de l'Arsenal, dans les manuscrits de Conrart, t. IX, p. 103-105. »

M. Sainte-Beuve termine ainsi un article sur Boileau au t. VI de ses *Causeries du Lundi* : « P.-S. Je m'aperçois, en terminant, que je n'ai point

On n'a pas oublié qu'Ovide fut en peine
D'avoir osé railler la femme de Mécène,
Et que, pour avoir fait quatre vers seulement,
Il falut en souffrir un long bannissement.

Dans ce fâcheux exil, ce Phénix des Poëtes
Paroissoit, par ses vers, s'ennuyer chez les Gètes,
Et, dans ces durs climats, ce docteur en amour
Faisoit cent lâchetez pour rentrer à la Cour,
Écrivoit de César les gestes, les trophées,
Faisoit sur ce sujet mille contes de fées,
Ne se contentoit pas de l'élever aux Cieux,
Mais le plaçoit encore au rang des prémiers Dieux.
César ne s'émut point de tant de flateries :
Il les considera comme des réveries,
Et, sans s'inquieter d'avancer son retour,
Le laissa soupirer dans ce triste sejour.

Tous ceux dont l'intérest rend les plumes flateuses
Des plus grandes vertus font des vertus douteuses ;
Ces prometteurs de gloire et d'immortalité
Ne visent qu'à tenter la libéralité,
Et sans distinction font un commerce infâme

parlé d'une *satire inédite*, attribuée à Boileau, récemment trouvée dans les manuscrits de Conrart, à l'Arsenal, avec le nom de Despréaux au bas, et publiée par un jeune et studieux investigateur, M. Louis Passy (*Bibliothèque de l'École des Chartes*, 3ᵉ série, t. III, p. 172) ; mais, après avoir bien examiné ce point, et nonobstant la spirituelle plaidoirie de M. Louis Passy, il me paraît impossible que cette pièce, qui est de 1662, c'est-à-dire postérieure aux premières satires que Boileau avait déjà composées à cette date, lui appartienne réellement ; elle est d'un faire tout différent du sien, plate et de la plus mauvaise école. S'il l'avait faite à dix-huit ans ou à vingt, on n'aurait rien à dire ; mais à vingt-six ans, et après les satires I et VI, qui datent de 1660, c'est impossible. » Il n'y a rien à ajouter à ce jugement.

De composer des vers de loüange ou de blâme,
Traduisent, sans scrupule, à la Postérité,
Ce qui ne sauroit estre et qui n'a point esté,
Et, séduits de l'espoir qui souvent les excite,
Habillent en Héros un homme sans mérite,
Ou quelquefois, aigris de leur propre malheur,
Ils feront un poltron d'un homme de valeur.

Pour une pension qui sera tard payée,
Ou qui sur un Estat se trouvera rayée,
Il faudra donc souffrir que, d'un stile insolent,
Un malheureux Poëte exerce son talent,
Face de son chagrin une affaire publique,
Étale arrogamment sa coupable critique,
Selon ses visions veüille un gouvernement,
Se mesle d'y trouver quelque déréglement,
Et, si le destin[1] fait des accidens sinistres,
Qu'il en charge aussi-tost le Prince et les Ministres.

Quoy ! tandis que le Roy fait punir l'attentat
De ceux dont l'avarice a saccagé l'Estat,
Qu'il travaille sans cesse à rétablir en France
Les douceurs de la Paix, le calme et l'abondance,
Et que de jour en jour il soulage nos maux,
Il sera bequeté par d'infâmes corbeaux !

Ce Prince généreux, ferme, sage, équitable,
Craint de ses ennemis autant qu'il est aymable,

---

1. Le manuscrit porte *dessein* et non *destin ;* mais c'est là une erreur grossière que nous n'avons pas cru devoir reproduire. (*Note de l'édition Jouaust.*)

Qu'on a veû si souvent, dans nos pressans besoins,
Ne jamais épargner ses peines ni ses soins,
Avec ces qualitez craindroit-il que l'Envie
Pust imprimer de tache à l'éclat de sa vie ?

Non, criminels Auteurs, vos Écrits médisans
Ne trouveront que vous pour lâches partisans ;
Des gens sans passion écriront son histoire,
Où la vérité seule exprimera sa gloire,
Et là, sans l'ornement des vaines fictions,
Tout le monde lira ses belles actions.

Mais vous, à qui l'ardeur de produire des rymes
Fait moins faire de vers que commettre de crimes,
Comment par les Écrits qui sortent de vos mains
Osez-vous attaquer le prémier des Humains?
Croyez-vous démentir sa prudente conduite,
Dont les commencemens sont égaux à la suite,
Et, par l'estat trompeur de quelques faussetez,
Étouffer le brillant de tant de véritez ?
Est-ce que votre ouvrage en aura plus de lustre
D'écrire insolemment sur un sujet illustre,
Ou que, comme il paroist, vous estes assez foux
Pour vouloir seulement faire parler de vous,
Imitant de ce Grec le ridicule exemple,
Qui, pour estre fameux, mit le feu dans un Temple?
Est-ce que pour l'Estat il faut que vos avis
Soyent comme des arrests écoutez et suivis,
Qu'un Prince doit s'instruire au sommet du Parnasse
Comme il faut en régnant punir ou faire grace,
Et recevoir de vous, pour ses grandes leçons,
Épigrammes, Sonnets, Madrigaux et Chansons?

Ah! desabusez-vous, puis-qu'enfin la Justice
Ne peut à vos Écrits refuser le Suplice,
Heureux qu'on ayt souffert avec tant de mépris
L'imprudente fureur dont vous fustes épris :
Mais guérissez-vous bien d'une mélancolie
Où vous avoyent poussez la bile et la furie
Puis-que vous savez bien que, pour vous en punir,
On doit vous immoler, ou du moins vous bannir.[1]

---

1. Cette satire se trouve deux fois dans les manuscrits de Conrart, et il n'existe aucune différence entre les deux copies.

D'autres satires se trouvent à la suite, qui toutes sont comprises dans les éditions des œuvres de Boileau. Ce sont les satires I, II, IV, V, VI et VII. Elles offrent quelques différences avec les textes imprimés. (*Note de l'édition Jouaust.*)

Au tome II, partie première des *Mémoires de Littérature et d'Histoire* du P. Desmolets, on trouve une épitre à M. le marquis de Termes attribuée à Boileau. La personne qui la transmet au Rédacteur des *Mémoires de Littérature* la fait précéder d'un jugement dont nous extrayons quelques lignes : « Ceux qui chérissent la mémoire de ce grand poëte voient avec peine qu'on s'acharne avec fureur à relever ses moindres défauts; trouveront-ils bon qu'on prête de nouvelles armes à ses ridicules censeurs ? J'avoue que j'ai balancé longtemps de donner à ceux-ci le plaisir malin de censurer l'homme de France qui a fait le plus d'honneur à notre siècle. Mais enfin, j'ai cru qu'on feroit plaisir à mille honnêtes gens, qui ont l'équité de ne pas exiger de Despréaux vieux le feu qui brille, et la force qui entraine dans sa neuvième satire... Cette épitre de Boileau, toute foible qu'elle est en plusieurs endroits, ne l'est pas assez pour souffrir la moindre comparaison avec les ouvrages de poésie que nos modernes ont le courage de nous donner. »

ŒUVRES EN PROSE

ŒUVRES EN PROSE [1]

DISSERTATION SUR LA JOCONDE. [2]

A MONSIEUR B***.

Monsieur,

Votre gageure est sans doute fort plaisante, et j'ai ri de tout mon cœur de la bonne foi avec laquelle votre ami

---

1. Chaque pièce est disposée dans l'ordre chronologique de sa composition. Il n'y a d'exception que pour la traduction du *Traité du Sublime*. Elle parut en 1674, mais Boileau l'a toujours placée à la fin de ses diverses éditions. Cet ordre est celui qu'ont adopté et suivi Daunou, de Saint-Surin, Berriat-Saint-Prix et M. Chéron.

2. Ce titre pourrait induire en erreur ceux qui ne liraient pas la dissertation. Joconde (Giocondo, en italien) est un nom d'homme. *La Joconde* est mise ici pour la nouvelle de Joconde. Cette histoire se trouve au XXVIIIe chant du *Roland furieux* d'Arioste. La Fontaine, qui en a fait un conte, publia son poëme en 1664. « En 1663, on avoit mis au jour les œuvres poétiques et posthumes d'un M. de Bouillon, secrétaire du duc d'Orléans, dans lesquelles se trouvoit cette histoire de Joconde, traduite de l'Arioste d'une manière plate et ennuyeuse. Cependant l'envie et le mauvais goût opposèrent cette insipide production à celle de notre poëte. Les partisans de Bouillon lui faisoient un mérite d'avoir traduit l'Arioste littéralement, et soutenoient que le conte de Joconde, dans La Fontaine, étoit défiguré par les changements qu'il y avoit faits. Les admirateurs de La Fontaine prétendoient, au contraire, que le conte étoit devenu plus agréable par ces changements mêmes. Beaucoup de personnes prirent parti dans cette contestation, et elle s'échauffa tellement qu'il se fit des gageures considérables en

soutient une opinion aussi peu raisonnable que la sienne. Mais cela ne m'a point du tout surpris : ce n'est pas d'au-

faveur de l'un et de l'autre poëte. » (*Journal des Savants*, t. I, p. 28, sous la date du 26 janvier 1665.)

« Molière fut pris pour juge; mais, comme chef de la troupe des comédiens de *Monsieur*, il avait eu probablement plus d'une obligation à Bouillon, et, par égard pour sa mémoire, il refusa de prononcer. Boileau écrivit une dissertation en forme, afin de donner gain de cause à un de ses amis qui avait parié mille francs pour la supériorité du Joconde de La Fontaine. » (WALCKENAER, *Histoire de la vie et des ouvrages de La Fontaine*, t. I, liv. II, p. 152.)

Cette dissertation parut pour la première fois, à ce que pense Berriat-Saint-Prix, dans une édition des *Contes de La Fontaine* donnée à Leyde, petit in-12, par Sambix, en 1669. Walckenaer en indique une autre publiée par le même libraire en 1668. « Mais il ne connaissait alors que le titre de cette édition, titre où l'on annonce faussement qu'elle contient la dissertation. » (B.-S.-P.)

Boileau n'a jamais fait imprimer cette dissertation parmi ses autres ouvrages, « ne se faisant pas honneur, dit Brossette (qui le premier a donné ce travail dans les œuvres du poëte) d'avoir employé sa plume à défendre une pièce du caractère de la Joconde. »

Brossette dit que ce M. B*** est l'abbé Le Vayer, celui à qui est adressée la satire IV. Saint-Marc ne le croit pas. « M. Brossette, dit-il, a sans doute manqué de mémoire et ne nous a pas rendu exactement ce qu'il avoit entendu dire à M. Despréaux. La lettre initiale B pourroit bien signifier Boutigny. Ce seroit en ce cas-là François Le Vayer de Boutigny, maître des requêtes, lequel auroit fait la gageure contre le sieur de Saint-Gilles... Ce qui me paroît d'autant plus vraisemblable que ce M. de Boutigny, cousin de l'abbé Le Vayer, étoit un très-bel esprit comme on en peut juger par son roman de *Tarsis et Zélie*, qu'on attribue communément à l'abbé Le Vayer... Il mourut en 1668. Ce dont il s'agit ici convient mieux à ce M. de Boutigny qu'à Rolland Le Vayer de Boutigny, de la même famille, lequel étoit aussi maître des requêtes, et mourut intendant de Soissons en 1689. Personnage grave, auteur de différents ouvrages estimés sur des matières de droit public et de droit civil. » (SAINT-MARC, *OEuvres de Boileau-Despreaux*, t. III, p. 82.)

« Ces détails, dit de Saint-Surin, ne méritent pas une entière confiance. L'abbé Goujet, qui paroît avoir eu des rapports avec les parents de l'intendant de Soissons, le fait mourir en 1685, et non en 1689 ; il met au nombre de ses productions *Tarsis et Zélie*, t. III, p. 4. »

La gageure dont parle Boileau, étoit entre M. B*** et un sieur de Saint-Gilles, homme de la vieille cour, dit Brossette, que Molière (*Misanthrope*, acte II, scène v), peignit sous le nom de Timante :

    C'est de la tête aux pieds un homme tout mystère,
    Qui vous jette, en passant, un coup d'œil égaré,

jourd'hui que les plus méchants ouvrages ont trouvé de sincères protecteurs, et que des opiniâtres ont entrepris de combattre la raison à force ouverte. Et, pour ne vous point citer d'exemples du commun, il n'est pas que vous n'ayez ouï parler du goût bizarre de cet empereur [1] qui préféra les écrits d'un je ne sais quel poëte aux ouvrages d'Homère, et qui ne vouloit pas que tous les hommes ensemble, pendant douze siècles, [2] eussent eu le sens commun.

Le sentiment de votre ami a quelque chose d'aussi monstrueux. Et certainement quand je songe à la chaleur avec laquelle il va, le livre à la main, défendre la *Joconde* de M. Bouillon, [3] il me semble voir Marfise, dans l'Arioste,

> Et sans aucune affaire est toujours affairé.
> Tout ce qu'il vous débite en grimaces abonde,
> A force de façons, il assomme le monde,
> Sans cesse il a tout bas, pour rompre l'entretien,
> Un secret à vous dire, et ce secret n'est rien.
> De la moindre vétille il fait une merveille,
> Et jusques au bonjour, il dit tout à l'oreille.

1. Cet empereur est Hadrien, le *je ne sais quel poëte* est Antimaque. Boileau dit exactement ce que présente le texte de Dion Cassius. Il n'en est pas de même de ses commentateurs. Voici le passage : « Καὶ οὕτω γε τῇ φύσει τοιοῦτος ἦν, ὥστε μὴ μόνον τοῖς ζῶσιν, ἀλλὰ καὶ τοῖς τελευτήσασι φθονεῖν. Τὸν γοῦν Ὅμηρον καταλύων, Ἀντίμαχον ἀντ' αὐτοῦ ἐσῆγεν, οὗ μηδὲ τὸ ὄνομα πολλοὶ πρότερον ἠπίσταντο. (DION CASSIUS, liv. LXIX, 5, t. IX, édit. Firm. Didot, 1867.) — Spartien (un des auteurs de l'histoire Auguste) dit encore d'Hadrien : « Amavit præterea dicendi genus vetustum... Ciceroni Catonem, Virgilio Ennium, Sallustio Cælium prætulit. Eadem jactatione de Homero ac Platone judicavit. » — Brossette indique Caligula, il a tort. On voit dans Suétone que ce fou vouloit faire disparaître les œuvres d'Homère. *Cogitavit enim de Homeri carminibus abolendis.*

2. Les meilleurs écrivains modernes placent la vie d'Homère vers 850 avant J.-C. Hadrien a régné de l'an 117 à l'an 138, *douze siècles* n'est donc pas dit avec exactitude. C'est le texte de 1669 et de 1673, Leyde. Saint-Marc et de Saint-Surin donnent *vingt siècles* d'après l'édition de Paris 1669.

3. De Bouillon, poëte français, secrétaire de Gaston, duc d'Orléans ; mort en 1662. On a de lui : *OEuvres* (posthumes) contenant : l'*Histoire de Joconde*, le *Mari commode*, l'*Oiseau de passage*, la *Mort de Daphnis*, l'*Amour déguisé*, *Portraits*, *Mascarades*, *Avis de cour*, etc. Paris, de Sercy, 1663, in-12.

puisque Arioste¹ y a, qui veut faire confesser à tous les chevaliers errants que cette vieille qu'elle² a en croupe est un chef-d'œuvre de beauté. Quoi qu'il en soit, s'il n'y prend garde, son opiniâtreté lui coûtera un peu cher ; et quelque mauvais passe-temps qu'il y ait pour lui à perdre cent pistoles, je le plains encore plus de la perte qu'il va faire de sa réputation dans l'esprit des habiles gens.

Il a raison de dire qu'il n'y a point de comparaison entre les deux ouvrages dont vous êtes en dispute, puisqu'il n'y a point de comparaison entre un conte plaisant et une narration froide, entre une invention fleurie et enjouée et une traduction sèche et triste. Voilà en effet la proportion qui est entre ces deux ouvrages. M. de La Fontaine a pris à la vérité son sujet d'Arioste ; mais en même temps il s'est rendu maître de sa matière : ce n'est point une copie qu'il ait tirée un trait après l'autre sur l'original ; c'est un original qu'il a formé sur l'idée qu'Arioste lui a fournie. ³

---

1. On remarque que Boileau écrit tantôt l'Arioste, suivant l'usage italien, et tantôt Arioste ; aujourd'hui nous disons Arioste, Tasse, Dante, etc. Vaugelas remarque que de son temps plusieurs disaient l'Aristote, le Plutarque, l'Hippocrate, le Pétrone, le Tite-Live. « C'est très-mal parler, ajoute-t-il, et contre le génie de notre langue, qui ne souffre point d'articles aux noms propres... Il y a une exception en certains auteurs italiens parce qu'on les nomme à la façon d'Italie, où l'on dit *il Petrarca, l'Ariosto, il Tasso*, etc. Ainsi nous disons le Pétrarque, l'Arioste, le Tasse, le Boccace, le Bembe, etc. Menage fait observer de son côté qu'on dit plus souvent Pétrarque, Boccace, Sannazar, que le Pétrarque, le Boccace, le Sannazar, et qu'il faut toujours dire Dante et jamais le Dante. » (VAUGELAS, *Remarques sur la langue françoise* avec des notes de Th. Corneille, t. I, p. 432.)

2. On a longtemps, jusqu'à Saint-Marc, écrit *qu'il a en croupe*. On suivait une erreur de Brossette, qui paraît avoir ignoré que Marfise est une jeune reine.

3. C'était ainsi que La Fontaine parlait de ses imitations :

> Quelques imitateurs, sot bétail, je l'avoue,
> Suivent en vrais moutons le pasteur de Mantoue :
> J'en use d'autre sorte ; et, me laissant guider,

C'est ainsi que Virgile a imité Homère ; Térence, Ménandre ; et le Tasse, Virgile. Au contraire, on peut dire de M. Bouillon que c'est un valet timide, qui n'oseroit faire un pas sans le congé de son maître, et qui ne le quitte jamais que quand il ne le peut plus suivre. C'est un traducteur maigre et décharné ; les plus belles fleurs que l'Arioste lui fournit deviennent sèches entre ses mains ; et à tous moments quittant le françois pour s'attacher à l'italien, il n'est ni italien ni françois.

Voilà, à mon avis, ce qu'on doit penser de ces deux pièces. Mais je passe plus avant, et je soutiens que non-seulement la nouvelle de M. de La Fontaine est infiniment meilleure que celle de M. Bouillon, mais qu'elle est même plus agréablement contée que celle d'Arioste. C'est beaucoup dire, sans doute ;[1] et je vois bien que par là je vais m'attirer sur les bras tous les amateurs de ce poëte. C'est pourquoi vous trouverez bon que je n'avance pas cette opinion, sans l'appuyer de quelques raisons.

Premièrement donc, je ne vois pas par quelle licence poétique Arioste a pu, dans un poëme héroïque et sérieux, mêler une fable et un conte de vieille, pour ainsi dire, aussi burlesque qu'est l'histoire de Joconde. « Je sais bien,

> Souvent à marcher seul j'ose me hasarder.
> On me verra toujours pratiquer cet usage.
> Mon imitation n'est pas un esclavage :
> Je ne prends que l'idée et les tours, et les lois
> Que nos maîtres suivoient eux-mêmes autrefois.
> (*Épître à monseigneur l'évêque de Soissons.*)

1. Ginguené, dans son *Histoire littéraire d'Italie* (t. IV, p. 431-432), s'élève très-fort contre cette appréciation de Boileau. Il me semble qu'il n'en détruit pas la justesse. La seule chose vraie qu'il dise contre Boileau est qu'il a tort d'appeler le *Roland* un poëme héroïque et sérieux. Il aurait pu ajouter que c'était une autre erreur de vouloir analyser ce conte et poëme entier d'Arioste par les règles de la *Poétique* d'Aristote.

dit un poëte, grand critique, [1] qu'il y a beaucoup de choses permises aux poëtes et aux peintres ; qu'ils peuvent quelquefois donner carrière à leur imagination, et qu'il ne faut pas toujours les resserrer dans les bornes de la raison étroite et rigoureuse. Bien loin de leur ravir ce privilége, je le leur accorde pour eux, et je le demande pour moi. Ce n'est pas à dire toutefois qu'il leur soit permis pour cela de confondre toutes choses ; de renfermer dans un même corps mille espèces différentes, aussi confuses que les rêveries d'un malade : de mêler ensemble des choses incompatibles ; d'accoupler les oiseaux avec les serpents, les tigres avec les agneaux... » Comme vous voyez, monsieur, ce poëte avoit fait le procès à Arioste, plus de mille ans avant qu'Arioste eût écrit. En effet, ce corps composé de mille espèces différentes, n'est-ce pas proprement l'image du poëme de *Roland le furieux?* Qu'y a-t-il de plus grave et de plus héroïque que certains endroits de ce poëme? Qu'y a-t-il de plus bas et de plus bouffon que d'autres? Et sans chercher si loin, peut-on rien voir de moins sérieux que l'histoire de Joconde et d'Astolfe ? Les aventures de Buscon et de Lazarille [2] ont-elles quelque chose de plus extravagant? Sans mentir, une telle bassesse

---

1. Horace, *Art poétique*, v. 9-13 :

> . . . . . Pictoribus atque poetis
> Quidlibet audendi semper fuit æqua potestas.
> Scimus, et hanc veniam petimusque damusque vicissim.
> Sed non ut placidis coeant immitia; non ut
> Serpentes avibus geminentur, tigribus agni.

2. L'*Historia y vida del gran tacano del Buscon*, traduite plusieurs fois en français, est de don F. Quevedo de Villegas, diplomate et littérateur, né à Madrid en 1580 et mort à sa campagne de la Torre, en 1645, après une existence pleine de vicissitudes. — *Lazarille de Tormès* est attribué à Diego Hurtado de Mendoza, diplomate, historien et littérateur, né à Grenade en 1503, mort en 1575, à qui l'on doit en outre *Guerra de Grenada hecha por Felipe II contra los moriscos*, in-4°. (M. Chéron.)

est bien éloignée du goût de l'antiquité ; et qu'auroit-on dit de Virgile, bon Dieu ! si, à la descente d'Énée dans l'Italie, il lui avoit fait conter par un hôtelier [1] l'histoire de Peau-d'Ane, ou les contes de ma Mère-l'Oie ? Je dis les contes de ma Mère-l'Oie, [2] car l'histoire de Joconde n'est guère d'un autre rang. Que si Homère a été blâmé dans son Odyssée, qui est pourtant un ouvrage tout comique, comme l'a remarqué Aristote, [3] si, dis-je, il a été repris par de fort habiles critiques pour avoir mêlé

---

1. Voir la fin du XXVII° chant du *Roland*. Rodomont, roi d'Alger, trompé par Doralice, sa maîtresse, arrive sur les bords de la Saône :

> In su la Sonna
> Si ritrovò, che avea dritto il cammino
> Verso il mar di Provenza, con disegno
> Di navigare in Africa al suo regno.

Son hôte s'empresse de le bien accueillir :

> L'oste con buona mensa, e miglior viso
> Studiò di fare à Rodomonte onore.

Le Sarrasin sort de son triste silence pour demander à l'hôte et à ceux qui l'entourent s'ils croient à la fidélité de leurs épouses. Tous répondent que oui, à l'exception de l'hôte. Il ne croit pas qu'il y ait au monde une femme fidèle, et pour le prouver il demande de redire une histoire qui lui fut racontée par un gentilhomme de Venise, Gian Francesco Valerio :

> Rispose il Saracin : che puoi tu farmi,
> Che più al presente mi diletti, e piacci
> Che dirmi istoria, e qualche esempio darmi,
> Che con l'opinion mia si confaccia ?
> Perch'io possa udir meglio, e tu narrarmi,
> Siedi mi incontra, ch'io ti vegga in faccia.
> Ma nel canto che segue, io v'ho da dire.

2. Suivant J. Grimm, les Contes de *ma Mère l'Oie* se rattachent à l'histoire de Berthe la Fileuse, ou Berthe pied d'oie, dite dans le Midi la reine Pedauque.

3. On a de la peine à s'expliquer cette assertion de Boileau. Aristote, au contraire, fait sortir la tragédie de l'*Odyssée* aussi bien que de l'*Iliade*. La comédie vient, suivant lui, du *Margitès*, autre ouvrage attribué à Homère. (ARISTOTE, *Poétique*, ch. IV.) ...Οὕτω καὶ τὰ τῆς κωμῳδίας σχήματα πρῶτος ὑπέδειξεν, οὐ ψόγον, ἀλλὰ τὸ γελοῖον δραματοποιήσας. Ὁ γὰρ Μαργίτης ἀνάλογον ἔχει, ὥσπερ Ἰλιὰς καὶ Ὀδύσσεια πρὸς τὰς τραγῳδίας, οὕτω καὶ οὗτος πρὸς τὰς κωμῳδίας...

dans cet ouvrage l'histoire des compagnons d'Ulysse changés en pourceaux, comme étant indigne de la majesté de son sujet ; que diroient ces critiques, s'ils voyoient celle de Joconde dans un poëme héroïque ?[1] N'auroient-ils pas raison de s'écrier que si cela est reçu, le bon sens ne doit plus avoir de juridiction sur les ouvrages d'esprit, et qu'il ne faut plus parler d'art ni de règles ? Ainsi, monsieur, quelque bonne que soit d'ailleurs la *Joconde* de l'Arioste, il faut tomber d'accord qu'elle n'est pas en son lieu.

Mais examinons un peu cette histoire en elle-même. Sans mentir, j'ai de la peine à souffrir le sérieux avec lequel Arioste écrit un conte si bouffon.[2] Vous diriez que

---

1. Boileau dira plus tard, Art poétique, ch. III, v. 291 :

        J'aime mieux l'Arioste et ses fables *comiques*.

Arioste, en effet, ne songe qu'à badiner. Voyez, par exemple, ce début du chant XXVIIIe :

     Donne, e voi che le donne avete in pregio,
     Per Dio, non date a questa istoria orecchia ;
     A questa, che l'ostier dire in dispregio,
     E in vostra infamia, e biasmo s'apparecchia ;
     Benchè nè macchia vi può dar, nè fregio
     Lingua si vile ; e sia l'usanza vecchia
     Che'l volgare ignorante ognun riprenda,
     E parle più di quel, che meno intenda.

2. Boileau ne fait pas attention à cette autre octave du poëte italien :

     Lasciate questo canto, che senz' esso
     Può star l'istoria, e non sarà men chiara :
     Mettendolo Turpino, anch'io l'ho messo,
     Non per malevolenzia, nè per gara,
     Ch'io v'ami, oltre mia lingua, che l'ha espresso,
     Che mai non fu di celebrarvi avara.
     Ne ho fatto mille prove ; e v'ho dimostro
     Ch'io son, nè potrei esser se non vestro ;

et à la suivante :

     Passi chi vuol tre carte, o quattro, senza
     Leggerne verso ; o chi pur legger vuole,
     Gli dia quella medesima credenza
     Che si suol dare a finzioni e a fole...

non-seulement c'est une histoire très-véritable, mais que c'est une chose très-noble et très-héroïque qu'il va raconter ; et certes, s'il vouloit décrire les exploits d'un Alexandre ou d'un Charlemagne, il ne débuteroit pas plus gravement.

> Astolfo, re de' Longobardi, quello
> A cui lasciò il fratel monaco il regno,
> Fu nella giovinezza sua si bello,
> Che mai poch' altri giunsero a quel segno.
> N' avria a fatica un tal fatto a pennello
> Apelle, o Zeusi, o se v' è alcun più degno. [1]

Le bon messer Ludovico ne se souvenoit pas, ou plutôt ne se soucioit pas du précepte de son Horace :

> Versibus exponi tragicis res comica non vult. [2]

Cependant il est certain que ce précepte est fondé sur la pure raison, et que, comme il n'y a rien de plus froid que de conter une chose grande en style bas, aussi n'y a-t-il rien de plus ridicule que de raconter une histoire comique et absurde en termes graves et sérieux, à moins que ce sérieux ne soit affecté tout exprès pour rendre la chose encore plus burlesque. Le secret donc, en contant une chose absurde, est de s'énoncer d'une telle manière que vous fassiez concevoir au lecteur que vous ne croyez pas vous-même la chose que vous lui contez : car alors il aide lui-même à se décevoir, et ne songe qu'à rire de la plaisanterie agréable d'un auteur qui se joue et ne lui parle pas tout de bon. Et cela est si véritable, qu'on

---

1. *Orlando furioso,* cant. XXVIII, ott. IV.
2. *Art poétique,* v. 89.

dit même assez souvent des choses qui choquent directement la raison, et qui ne laissent pas néanmoins de passer, à cause qu'elles excitent à rire. Telle est cette hyperbole d'un ancien poëte comique pour se moquer d'un homme qui avoit une terre de fort petite étendue : « Il possédoit, dit ce poëte, une terre à la campagne, qui n'étoit pas plus grande qu'une épître de Lacédémonien. » Y a-t-il rien, ajoute un ancien rhéteur, [1] de plus absurde que cette pensée? Cependant elle ne laisse pas de passer pour vraisemblable, parce qu'elle touche la passion, je veux dire qu'elle excite à rire. Et n'est-ce pas en effet ce qui a rendu si agréables certaines lettres de Voiture, comme celles du brochet et de la berne, [2] dont l'invention est absurde d'elle-même, mais dont il a caché les absurdités par l'enjouement de sa narration, et par la manière plaisante dont il dit toutes choses? C'est ce que M. D. L. F. [3] a observé dans sa nouvelle : il a cru que, dans un conte comme celui de Joconde, il ne falloit pas badiner sérieusement. Il rapporte, à la vérité, des aventures extravagantes; mais il les donne pour telles : partout il rit et il joue ; et si le lecteur lui veut faire un procès sur le peu de vraisemblance qu'il y a aux choses qu'il raconte, il ne va pas, comme Arioste, les appuyer par des raisons forcées et plus absurdes encore que la chose même, mais il

---

1. Longin, *Traité du Sublime*, ch. xxxi, vers la fin. Voyez plus loin la traduction de Boileau.

2. Lettres 9ᵉ et 143ᵉ. *OEuvres de Voiture*, édition Pinchesne, Paris, 1691, in-12, t. Iᵉʳ, p. 19 et 303. — *Berne*, tour que l'on joue à quelqu'un en le faisant sauter en l'air sur une couverture. — Brossette avait mis comme *celle du brochet et de la carpe;* les commentateurs qui l'ont suivi ont répété cette erreur. Il s'agit en effet de deux lettres distinctes. Berriat-Saint-Prix a rétabli le texte en donnant celui d'une édition de 1669 à 1700.

3. Boileau emploie presque partout cette abréviation pour désigner M. de La Fontaine.

s'en sauve en riant et en se jouant du lecteur ; qui est la route qu'on doit tenir en ces rencontres :

> . . . . . Ridiculum acri
> Fortius et melius magnas plerumque secat res. [1]

Ainsi, lorsque Joconde, par exemple, trouve sa femme couchée entre les bras d'un valet, il n'y a pas d'apparence que, dans la fureur, il n'éclate contre elle, ou du moins contre ce valet. Comment est-ce donc qu'Arioste sauve cela? il dit que la violence de l'amour ne lui permit pas de faire déplaisir à sa femme.

> Ma, dall' amor che porta, al suo dispetto,
> All' ingrata moglie, li fu interdetto. [2]

Voilà, sans mentir, un amant bien parfait ; et Céladon ni Sylvandre [3] ne sont jamais parvenus à ce haut degré de perfection. Si je ne me trompe, c'étoit bien plutôt là une raison, non-seulement pour obliger Joconde à éclater, mais c'en étoit assez pour lui faire poignarder dans la rage sa femme, son valet et soi-même, puisqu'il n'y a point de passion plus tragique et plus violente que la jalousie qui naît d'une extrême amour. [4] Et certainement,

---

1. Horace, liv. I, sat. x, v. 14-15.
2. Il y a, cant. XXVIII, ott. xxii :
    Dallo sdegno assalito ebbe talento
    Di trar la spada, e ucciderli ambedui.
    Ma dall' amor...

3. Celadon et Sylvandre sont des personnages du roman d'Honoré d'Urfé, si connu sous le nom de *l'Astrée*. Berriat-Saint-Prix fait remarquer que, dans le texte de 1669 à 1700, le premier de ces mots est écrit sans accent sur l'*e*, Celadon. Il en est ainsi, ajoute le commentateur, dans les anciennes éditions de *l'Astrée*.

4. C'est le texte de Boileau, qui suivait le goût de Vaugelas. On lit dans

si les hommes les plus sages et les plus modérés ne sont pas maîtres d'eux-mêmes dans la chaleur de cette passion, et ne peuvent s'empêcher quelquefois de s'emporter jusqu'à l'excès pour des sujets fort légers, que devoit faire un jeune homme comme Joconde, dans les premiers accès d'une jalousie aussi bien fondée que la sienne? Étoit-il en état de garder encore des mesures avec une perfide, pour qui il ne pouvoit plus avoir que des sentiments d'horreur et de mépris? M. D. L. F. a bien vu l'absurdité qui s'ensuivoit de là ; [1] il s'est donc bien gardé de faire, comme Arioste, Joconde amoureux d'une amour romanesque et extravagante ; cela ne serviroit de rien, et une passion comme celle-là n'a point de rapport avec le caractère dont Joconde nous est dépeint, ni avec ses aventures amoureuses. Il l'a donc représenté seulement comme un homme persuadé à fond [2] de la vertu et de l'honnêteté de sa femme, ainsi, quand il vient à reconnoître l'infidélité de cette femme, il peut fort bien, par un sentiment d'hon-

---

les *Remarques sur la langue françoise* qu'il est indifférent de faire amour du masculin ou du féminin. Vaugelas ajoute pourtant : « ...Ayant le choix libre, j'userois plutôt du féminin que du masculin, selon l'inclination de notre langue... » Il fait observer néanmoins que depuis quelques années, à la cour, on a introduit l'usage de le faire masculin.

1. Il ne faudrait pas croire qu'il y ait ici un pléonasme fautif : « S'ensuivre est formé comme s'enfuir, et il suit la même construction ; ainsi on dira : *voilà le principe; la conséquence s'en ensuivra*, comme on dit : *si vous laissez la cage ouverte, l'oiseau s'en enfuira*. Les exemples des meilleurs auteurs prouvent qu'il en est ainsi. Il ne faudrait pas croire que l'on pût écrire s'en suivre, en deux mots, pour signifier découler de là, car *se suivre* ne se dit pas en ce sens; c'est *suivre*, neutre qui se dit : il suit de là, et non il se suit de là. Ainsi Bernardin de Saint-Pierre a péché quand il a dit : Tantôt elle se reprochoit la fin prématurée de sa charmante petite nièce, et la perte de sa mère qui s'en étoit suivie (*Paul et Virginie*). Il faut : qui s'en étoit ensuivie. » E. LITTRÉ, *Dict. de la langue française*.

2. Presque toutes les éditions de Boileau ont défiguré ce passage. Les unes donnent *au fonds*, les autres *au fond*, c'est une erreur. Le texte de 1669 et celui de 1673, Leyde, des *Contes de La Fontaine* donnent *à fond*.

neur, comme le suppose M. D. L. F., n'en rien témoigner, puisqu'il n'y a rien qui fasse plus de tort à un homme d'honneur, en ces sortes de rencontres, que l'éclat.

> Tous deux dormoient : dans cet abord Joconde
> Voulut les envoyer dormir en l'autre monde;
> Mais cependant il n'en fit rien,
> Et mon avis est qu'il fit bien.
> Le moins de bruit que l'on peut faire,
> En telle affaire,
> Est le plus sûr de la moitié.
> Soit par prudence ou par pitié,
> Le Romain ne tua personne, [1] etc.

Que si Arioste n'a supposé l'extrême amour de Joconde que pour fonder la maladie et la maigreur qui lui vint ensuite, cela n'étoit point nécessaire, puisque la seule pensée d'un affront n'est que trop suffisante pour faire tomber malade un homme de cœur. Ajoutez à toutes ces raisons que l'image d'un honnête homme, lâchement trahi par une ingrate qu'il aime, tel que Joconde nous est représenté dans l'Arioste, a quelque chose de tragique et qui ne vaut rien dans un conte pour rire : au lieu que la peinture d'un mari qui se résout à souffrir discrètement les plaisirs de sa femme, comme l'a dépeint M. D. L. F., n'a rien que de plaisant et d'agréable ; et c'est le sujet ordinaire de nos comédies. [2]

Arioste n'a pas mieux réussi dans cet autre endroit où

---

1. Nous avons collationné toutes les citations de La Fontaine dans l'édition de M. Ch. Marty-Laveaux, Paris, 1857, in-16. (M. Chéron.)

2. Cette phrase n'est pas exacte, en ce qu'elle présente autre chose que ce que l'auteur a voulu dire. Les intrigues galantes des femmes mariées ne sont point le sujet ordinaire de nos comédies. Molière et quelques autres poëtes, à son exemple, en ont fait dans leurs pièces une matière à plaisanteries. C'est ce que l'auteur vouloit dire. (Saint-Marc.)

Joconde apprend au roi l'abandonnement de sa femme avec le plus laid monstre de la cour. Il n'est pas vraisemblable que le roi n'en témoigne rien. Que fait donc l'Arioste pour fonder cela? Il dit que Joconde, avant que de découvrir ce secret au roi, le fit jurer sur le saint sacrement ou sur l'Agnus Dei (ce sont ses termes[1]) qu'il ne s'en ressentiroit point. Ne voilà-t-il pas une invention bien agréable? Et le saint sacrement n'est-il pas là bien placé? Il n'y a que la licence italienne qui puisse mettre une semblable impertinence à couvert; et de pareilles sottises ne se souffrent point en latin [2] ni en françois. Mais comment est-ce qu'Arioste sauvera toutes les autres absurdités qui s'ensuivent de là? Où est-ce que Joconde trouve si vite une hostie sacrée pour faire jurer le roi?[3] Et quelle apparence qu'un roi s'engage ainsi légèrement à un simple gentilhomme, par un serment si exécrable? Avouons que M. D. L. F. s'est bien plus sagement tiré de ce pas par la plaisanterie de Joconde qui propose au roi, pour le consoler de cet accident, l'exemple des rois et des Césars qui avoient souffert un semblable malheur avec une constance toute héroïque; et peut-on

---

1. Chant XXVIII, oct. xl :

   Il re fece giurar su l'Agnus Dei.

   Quatre octaves plus loin (octave xliv) l'Arioste ajoute que le roi cacha sa colère

   Poichè giurato avea su l' Ostia sacra.

   L'*Agnus Dei* désigne encore autre chose : une cire bénite par le pape et sur laquelle est gravée l'image d'un agneau.

2. Le latin dans les mots brave l'honnêteté.
   (*Art poétique*, ch. II, v. 175.)

3. Apparemment dans la chapelle du palais d'Astolphe. (Daunou.)

en sortir plus agréablement qu'il ne fait par ces vers?

> Mais bientôt il le prit en homme de courage,
> En galant homme, et, pour le faire court,
> En véritable homme de cour.[1]

Ce trait ne vaut-il pas mieux lui seul que tout le sérieux de l'Arioste? Ce n'est pas pourtant qu'Arioste n'ait cherché le plaisant autant qu'il a pu ; et on peut dire de lui ce que Quintilien dit de Démosthène : NON DISPLICUISSE ILLI JOCOS, SED NON CONTIGISSE,[2] qu'il ne fuyoit pas les bons mots, mais qu'il ne les trouvoit pas : car quelquefois de la plus haute gravité de son style il tombe dans des bassesses à peine dignes du burlesque. En effet, qu'y a-t-il de plus ridicule que cette longue généalogie qu'il fait du reliquaire que Joconde reçut de sa femme, en partant? Cette raillerie contre la religion n'est-elle pas bien en son lieu![3] Que peut-on voir de plus sale que cette

---

1. C'est aussi l'avis de Sosie. . . . .

> Mais enfin coupons aux discours,
> Et que chacun chez soi doucement se retire.
> Sur telles affaires toujours
> Le meilleur est de ne rien dire.
> (*Amphitryon,* dernière scène.)

2. *Inst. Orat.,* liv. VI, ch. III. Voyez aussi, plus loin, Longin, ch. XXVIII. (BROSSETTE.)

3. « Ce n'est plus ici la langue que le censeur ne connaît pas, ce sont les mœurs du pays et du siècle. En Italie, pourvu que l'on reconnût l'autorité du pape, on a toujours été très-coulant sur ces sortes d'objets. » Ginguené, t. IV, p. 432, note 1.

Léon X, par un bref du 20 de juin 1515, bref rédigé par le cardinal Bembo, et que cite M. Daunou, autorise l'impression de *Roland furieux,* et dit que cette publication est une chose juste et honnête. — Voici le passage du reliquaire :

> Dal collo un suo monile ella si sciolse,
> Ch'una crocetta avea ricca di gemme,
> E di sante reliquie, che raccolse
> In molti luoghi un pellegrin Boemme ;

métaphore ennuyeuse, prise de l'exercice des chevaux, de laquelle Astolfe et Joconde se servent pour se reprocher l'un à l'autre leur paillardise?[1] Que peut-on imaginer de plus froid que cette équivoque qu'il emploie à propos du retour de Joconde à Rome? On croyoit, dit-il, qu'il étoit allé à Rome, et il étoit allé à Corneto :

> Credeano che da lor si fosse tolto
> Per gire a Roma, e gito era a Corneto.

Si M. D. L. F. avoit mis une semblable sottise dans toute sa pièce, trouveroit-il grâce auprès de ses censeurs? et une impertinence de cette force n'auroit-elle pas été capable de décrier tout son ouvrage, quelques beautés qu'il eût eues d'ailleurs? Mais certes il ne falloit pas appréhender cela de lui. Un homme formé, comme je vois bien qu'il l'est, au goût de Térence et de Virgile, ne se laisse pas emporter à ces extravagances italiennes, et ne s'écarte pas ainsi de la route du bon sens. Tout ce qu'il dit est simple et naturel : et ce que j'estime surtout en lui, c'est une certaine naïveté de langage que peu de gens connoissent, et qui fait pourtant tout l'agrément du discours; c'est cette naïveté inimitable qui a été tant estimée dans les écrits d'Horace et de Térence, à laquelle ils se

---

> Ed il padre di lei, che in casa il tolse,
> Tornando infermo di Gerusalemme,
> Venendo a morte poi ne lasciò erede.

Dans La Fontaine, la femme de Joconde lui donne

> Un bracelet de façon fort mignonne
> En lui disant : Ne le perds pas;
> Et qu'il soit toujours à ton bras,
> Pour te ressouvenir de mon amour extrême
> Il est de mes cheveux; je l'ai tissu moi-même.

1. Brossette et les éditeurs à la suite ont remplacé ce mot par celui de *lubricité*.

sont étudiés particulièrement, jusqu'à rompre pour cela la mesure de leurs vers, comme a fait M. D. L. F. en beaucoup d'endroits. En effet, c'est ce MOLLE et ce FACETUM [1] qu'Horace a attribués à Virgile, et qu'Apollon ne donne qu'à ses favoris. En voulez-vous des exemples ?

> Marié depuis peu : content, je n'en sais rien.
> Sa femme avoit de la jeunesse,
> De la beauté, de la délicatesse ;
> Il ne tenoit qu'à lui qu'il ne s'en trouvât bien.

S'il eût dit simplement que Joconde vivoit content avec sa femme, son discours auroit été assez froid ; mais par ce doute où il s'embarrasse lui-même, et qui ne veut pourtant dire que la même chose, il enjoue sa narration, [2] et occupe agréablement le lecteur. C'est ainsi qu'il faut juger de ces vers de Virgile dans une de ses églogues, à propos de Médée, à qui une fureur d'amour et de jalousie avoit fait tuer ses enfants :

> Crudelis mater magis, an puer improbus ille ?
> Improbus ille puer, crudelis tu quoque mater. [3]

---

1. . . . . . Molle atque facetum
Virgilio annuerunt gaudentes rure Camenæ.
(HORACE, *Satires* I, x, 44.)

Quintilien explique ainsi ce jugement du poëte : « Facetum quoque non tantum circa ridicula opinor consistere. Neque enim diceret Horatius facetum Carminis genus natura concessum esse Virgilio. Decoris hanc magis et excultæ cujusdam elegantiæ appellationem puto. » (*Inst. Orat.*, VI, III, 20.)

2. C'est le seul endroit où j'aie vu *enjouer* employé activement : cela ne suffit pas pour faire autorité. (SAINT-MARC.) « Il cherche à *enjouer* son récit le plus qu'il peut (nous ne faisons pas ce mot ; nous l'avons trouvé tout fait par Despréaux pour notre poëte, dans sa dissertation sur celle de la Joconde). » (MATHIEU MARAIS, *Vie de La Fontaine*, reproduite par Paul Lacroix, *OEuvres inédites de La Fontaine*, in-8°, 1803, p. 450.)

3. Églogue VIII, v. 49-50.

Il en est de même encore de cette réflexion que fait M. D. L. F. à propos de la désolation que fait paroître la femme de Joconde, quand son mari est prêt à partir :

> Vous autres bonnes gens eussiez cru que la dame,
> Une heure après eût rendu l'âme ;
> Moi qui sais ce que c'est que l'esprit d'une femme, etc.

Je pourrois vous montrer beaucoup d'endroits de la même force ; mais cela ne serviroit de rien pour convaincre votre ami. Ces sortes de beautés sont de celles qu'il faut sentir, et qui ne se prouvent point. C'est ce je ne sais quoi qui nous charme, et sans lequel la beauté même n'auroit ni grâce ni beauté. Mais, après tout, c'est un je ne sais quoi ; et si votre ami est aveugle, je ne m'engage pas à lui faire voir clair ; et c'est aussi pourquoi vous me dispenserez, s'il vous plaît, de répondre à toutes les vaines objections qu'il vous a faites. Ce seroit combattre des fantômes qui s'évanouissent d'eux-mêmes ; et je n'ai pas entrepris de dissiper toutes les chimères qu'il est d'humeur à se former dans l'esprit.

Mais il y a deux difficultés, dites-vous, qui vous ont été proposées par un fort galant homme, et qui sont capables de vous embarrasser. La première regarde l'endroit où ce valet d'hôtellerie trouve le moyen de coucher avec la commune maîtresse d'Astolfe et de Joconde, au milieu de ses deux galants. Cette aventure, dit-on, paroît mieux fondée dans l'original, parce qu'elle se passe dans une hôtellerie où Astolfe et Joconde viennent d'arriver fraîchement, et d'où ils doivent partir le lendemain ; ce qui est une raison suffisante pour obliger ce valet à ne point perdre de temps, et à tenter ce moyen, quelque dangereux qu'il puisse être, pour jouir de sa maîtresse, parce que, s'il laisse échapper cette occasion, il ne la pourra plus recouvrer ; au lieu que, dans la nouvelle de M. de La Fontaine, tout ce mystère arrive chez un hôte où Astolfe et Joconde font un assez long séjour. Ainsi ce valet logeant avec celle qu'il aime, et étant avec elle tous les jours, vraisemblablement il pouvoit trouver d'autres voies plus sûres pour coucher avec elle, que celle dont il se sert.

A cela je réponds que si ce valet a recours à celle-ci, c'est qu'il n'en peut imaginer de meilleure, et qu'un gros brutal, tel qu'il nous est représenté par M. D. L. F., et tel qu'il devoit être en effet[1] pour faire une entreprise comme celle-là, est fort capable de hasarder tout pour se satisfaire, et n'a pas toute la prudence que pourroit avoir un honnête homme. Il y auroit quelque chose à dire si M. D. L. F. nous l'avoit représenté comme un amoureux de roman, tel qu'il est dépeint dans Arioste, qui n'a pas pris garde que ces paroles de tendresse et de passion qu'il lui met dans la bouche sont fort bonnes pour un Tircis, mais ne conviennent pas trop bien à un muletier.[2] Je soutiens en second lieu que la même raison qui, dans Arioste, empêche tout un jour ce valet et cette fille de pouvoir exécuter leur volonté, cette même raison, dis-je,

---

1. « Les éditions de 1735 et 1740 (Souchay), portent seules : *tel qu'il devoit l'être*. Autre correction peu nécessaire, et qui n'a nul fondement. L'addition de l'article, ou plutôt du pronom démonstratif *le*, n'est fondée sur aucune règle de notre syntaxe. » (SAINT-MARC.)

2. Voici le passage auquel Despréaux fait allusion :

    Piange il Greco, e sospira, o parla finge :
    « Vuoi mi (dice) lasciar cosi morire?
    Con le tue braccia i fianchi almen mi cinge :
    Lasciami disfogar tanto desire,
    Chè innanzi, che tu porta, ogni momento
    Che teco io stia, mi fa morir contento.
        (Cant. XXVIII, ott. IIX.)

a pu subsister plusieurs jours, et qu'ainsi, étant continuellement observés l'un et l'autre par les gens d'Astolfe et de Joconde, et par les autres valets de l'hôtellerie, il n'est pas en leur pouvoir d'accomplir leur dessein, si ce n'est la nuit. Pourquoi donc, me direz-vous, M. D. L. F. n'a-t-il point exprimé cela? Je soutiens qu'il n'étoit point obligé de le faire, parce que cela se suppose aisément de soi-même, et que tout l'artifice de la narration consiste à ne marquer que les circonstances qui sont absolument nécessaires. Ainsi, par exemple, quand je dis qu'un tel est de retour de Rome, je n'ai que faire de dire qu'il y étoit allé, puisque cela s'ensuit de là nécessairement. De même, lorsque, dans la nouvelle de M. D. L. F., la fille dit au valet qu'elle ne lui peut pas accorder sa demande, parce que, si elle le faisoit, elle perdroit infailliblement l'anneau qu'Astolfe et Joconde lui avoient promis, il s'ensuit de là infailliblement qu'elle ne lui pouvoit accorder cette demande sans être découverte, autrement l'anneau n'auroit couru aucun risque.

Qu'étoit-il donc besoin que M. D. L. F. allât perdre en paroles inutiles le temps qui est si cher dans une narration? On me dira peut-être que M. D. L. F., après tout, n'avoit que faire de changer ici l'Arioste. Mais qui ne voit, au contraire, que par là il a évité une absurdité manifeste, c'est à savoir ce marché qu'Astolfe et Joconde font avec leur hôte, par lequel ce père vend sa fille à beaux deniers comptants?[1] En effet, ce marché n'a-t-il

---

1. C'est un hôtelier espagnol qui, au port de Valence, fait ce marché avec Astoplhe et Joconde :

> Di molti figli il padre aggravato era,
> E nemico mortal di povertade;
> Sicchè a disporlo fu cosa leggiera
> Che desse lor la figlia in potestade,

pas quelque chose de choquant ou plutôt d'horrible ? Ajoutez que dans la nouvelle de M. de La Fontaine, Astolfe et Joconde sont trompés bien plus plaisamment, parce qu'ils regardent tous deux cette fille qu'ils ont abusée comme une jeune innocente à qui ils ont donné, comme il dit,

> La première leçon du plaisir amoureux.

Au lieu que, dans Arioste, c'est une infâme qui va courir le pays avec eux, et qu'ils ne sauroient regarder que comme une g.... publique.¹

Je viens à la seconde objection. Il n'est pas vraisemblable, vous a-t-on dit, que quand Astolfe et Joconde prennent résolution de courir ensemble le pays, le roi, dans la douleur où il est, soit le premier qui s'avise d'en faire la proposition, et il semble qu'Arioste ait mieux réussi de la faire faire par Joconde. Je dis que c'est tout le contraire, et qu'il n'y a point d'apparence qu'un simple gentilhomme fasse à un roi une proposition si étrange que celle d'abandonner son royaume, et d'aller exposer sa personne en des pays éloignés, puisque même la seule pensée en est coupable ; au lieu qu'il peut fort bien tomber dans l'esprit d'un roi qui se voit sensiblement outragé en son honneur, et qui ne sauroit plus voir sa femme qu'avec chagrin, d'abandonner sa cour pour quel-

---

Ch'ove piacesse lor potessin trarla,
Poi che promesso avean di ben trattarla.
(St. LIII.)

1. Le mot est en toutes lettres dans les éditions de 1669 à 1700. Brossette et tous les autres éditeurs ont mis *comme une abandonnée*. Mais qu'est-ce qu'une *infâme* qu'on regarde comme une *abandonnée* ? (B.-S.-P.) Boileau n'a lu que d'une manière fort distraite le texte d'Arioste.

que temps, afin de s'ôter de devant les yeux un objet qui ne lui peut causer que de l'ennui.

Si je ne me trompe, monsieur, voilà vos doutes assez bien résolus. Ce n'est pas pourtant que de là je veuille inférer que M. D. L. F. ait sauvé toutes les absurdités qui sont dans l'histoire de Joconde ; il y auroit eu de l'absurdité à lui-même d'y penser. Ce seroit vouloir extravaguer sagement, puisqu'en effet toute cette histoire n'est autre chose qu'une extravagance assez ingénieuse, continuée depuis un bout jusqu'à l'autre. Ce que j'en dis n'est seulement que pour vous faire voir qu'aux endroits où il s'est écarté de l'Arioste, bien loin d'avoir fait de nouvelles fautes, il a rectifié celles de cet auteur. Après tout, néanmoins, il faut avouer que c'est à Arioste qu'il doit sa principale invention. Ce n'est pas que les choses qu'il a ajoutées de lui-même ne pussent entrer en parallèle avec tout ce qu'il y a de plus ingénieux dans l'histoire de Joconde. Telle est l'invention du livre blanc que nos deux aventuriers emportèrent pour mettre les noms de celles qui ne seroient pas rebelles à leurs vœux ; car cette badinerie me semble bien aussi agréable que tout le reste du conte. Il n'en faut pas moins dire de cette plaisante contestation qui s'émeut entre Astolfe et Joconde, pour le pucelage de leur commune maîtresse, qui n'étoit pourtant que les restes d'un valet; mais, monsieur, je ne veux point chicaner mal à propos. Donnons, si vous voulez, à Arioste toute la gloire de l'invention; ne lui dénions pas le prix qui lui est justement dû pour l'élégance, la netteté et la brièveté inimitable avec laquelle il dit tant de choses en si peu de mots ; ne rabaissons point malicieusement, en faveur de notre nation, le plus ingénieux auteur des derniers siècles : mais que les grâces et les charmes de son esprit ne nous enchantent pas de telle sorte qu'ils nous empêchent de voir les fautes de jugement qu'il a faites en plusieurs endroits ; et quelque harmonie de vers dont il nous frappe l'oreille, confessons que M. D. L. F. ayant conté plus plaisamment une chose très-plaisante, il a mieux compris l'idée et le caractère de la narration.

Après cela, monsieur, je ne pense pas que vous voulussiez exiger de moi de vous marquer ici exactement tous les défauts qui sont dans la pièce de M. Bouillon. J'aimerois autant être condamné à faire l'analyse exacte d'une chanson du pont Neuf par les règles de la poétique d'Aristote. Jamais style ne fut plus vicieux que le sien, et jamais style ne fut plus éloigné de celui de M. D. L. F. Ce n'est pas, monsieur, que je veuille faire passer ici l'ouvrage de M. D. L. F. pour un ouvrage sans défauts ; je le tiens assez galant homme pour tomber d'accord lui-même des négligences qui s'y peuvent rencontrer : et où ne s'en rencontre-t-il point ? Il suffit, pour moi, que le bon y passe infiniment le mauvais, et c'est assez pour faire un ouvrage excellent :

> Ergo ubi plura nitent in carmine, non ego paucis
> Offendar maculis... [1]

Il n'en est pas ainsi[2] de M. B. : c'est un auteur sec et aride ; toutes ses expressions sont rudes et forcées, il ne dit jamais rien qui ne puisse être mieux dit ; et, bien qu'il bronche à chaque ligne, son ouvrage est moins à blâmer pour les fautes qui y sont, que pour l'esprit et le

---

1. HORACE, *Art poétique*, v. 351-352. Il y a dans Horace *verum ubi...* et non *ergo ubi...*

2. Saint-Marc a corrigé ainsi le texte des éditions de 1735 et 1740 où se lisait : *Il n'en est pas de même.*

génie qui n'y est pas. Je ne doute point que vos sentiments en cela ne soient d'accord avec les miens. Mais s'il vous semble que j'aille trop avant, je veux bien, pour l'amour de vous, faire un effort, et en examiner seulement une page.

> Astolfe, roi de Lombardie,
> A qui son frère plein de vie
> Laissa l'empire glorieux,
> Pour se faire religieux,
> Naquit d'une forme si belle,
> Que Zeuxis et le grand Apelle,
> De leur docte et fameux pinceau,
> N'ont jamais rien fait de si beau. [1]

Que dites-vous de cette longue période ? N'est-ce pas bien entendre la manière de conter, qui doit être simple et coupée, que de commencer une narration en vers par un enchaînement de paroles à peine supportable dans l'exorde d'une oraison ?

> A qui son frère *plein de vie*...

PLEIN DE VIE est une cheville, d'autant plus qu'il n'est pas du texte. M. Bouillon l'a ajouté de sa grâce ; car il n'y a point en cela de beauté qui l'y ait contraint.

> Laissa l'empire *glorieux*...

Ne semble-t-il pas que, selon M. Bouillon, il y a un empire particulier des glorieux, comme il y a un empire des Ottomans et des Romains, et qu'il a dit l'empire glorieux comme un autre diroit l'empire ottoman ? Ou bien il

---

1. Œuvres de Bouillon, p. 3-4.

faut tomber d'accord que le mot de GLORIEUX en cet endroit-là est une cheville, et une cheville grossière et ridicule.

Pour se faire *religieux*...

Cette manière de parler est basse et nullement poétique.

Naquit d'une forme si belle...

Pourquoi NAQUIT? N'y a-t-il pas des gens qui naissent fort beaux et qui deviennent fort laids dans la suite du temps? et au contraire n'en voit-on pas qui viennent fort laids au monde, et que l'âge ensuite embellit?

Que Zeuxis et *le grand* Apelle...

On peut bien dire qu'Apelle étoit un grand peintre, mais qui a jamais dit le grand Apelle? Cette épithète de *grand* tout simple ne se donne jamais qu'à des conquérants et à nos saints. [1] On peut bien appeler Cicéron un grand orateur, mais il seroit ridicule de dire le grand Cicéron, et cela auroit quelque chose d'enflé et de puérile.[2] Mais qu'a fait ici le pauvre Zeuxis pour demeurer sans épithète, tandis

---

1. Quand notre auteur écrivit toute l'observation critique qu'il fait ici sur l'emploi de l'adjectif *grand*, joint à des noms propres, il était jeune et ne prévoyait pas qu'on dirait dans la suite par un usage général : le *grand Corneille*, le *grand Bossuet*, et que lui-même un jour il devait dire avec tout le monde le *grand Arnauld*, comme en effet il l'a dit dans sa X⁰ épitre, vers 122 :

Arnauld, le grand Arnauld, fit mon apologie.

2. On écrit aujourd'hui *puéril*. Vaugelas et Bouhours avaient déjà établi cette façon d'écrire au masculin ; mais l'Académie, loin d'approuver Bouhours et Vaugelas, avait mis d'abord *puérile* pour les deux genres. Boileau ne faisait donc pas de faute. La règle proposée par Vaugelas ne fut consacrée par l'usage que vers la fin du XVIII⁰ siècle. J.-J. Rousseau a écrit *puérile* au masculin.

qu'Apelle est le *grand* Apelle? Sans mentir, il est bien malheureux que la mesure du vers ne l'ait pas permis, car il auroit été du moins le brave Zeuxis.

> De leur docte et fameux pinceau
> N'ont jamais rien fait de si beau.

Il a voulu exprimer ici la pensée de l'Arioste, que quand Zeuxis et Apelle auroient épuisé tous leurs efforts pour peindre une beauté douée de toutes les perfections, cette beauté n'auroit pas égalé celle d'Astolfe. Mais qu'il y a mal réussi! et que cette façon de parler est grossière! « N'ont jamais rien fait de si beau de leur pinceau. »

> Mais si sa grâce *sans pareille*...

Sans pareille est là une cheville; et le poëte n'a pas pu dire cela d'Astolfe, puisqu'il déclare dans la suite qu'il y avoit un homme au monde plus beau que lui, c'est à savoir Joconde.

> Étoit *du monde la merveille*...

Cette transposition ne se peut souffrir.[1]

> Ni les avantages que *donne*
> Le royal éclat de son sang...

Ne diriez-vous pas que le sang des Astolfes de Lombardie est ce qui donne ordinairement de l'éclat? Il falloit dire:

---

[1]. Boileau a, depuis, été moins difficile. Un des plus beaux morceaux de poésie que nous ayons, le début d'*Athalie,* est plein de transpositions du même genre, mais elles y sont *sauvées* avec un art extrême, et Clément reproche à Voltaire d'avoir trop peu fait usage des transpositions. (B.-S.-P.)

« Ni les avantages que lui donnoit le royal éclat de son sang. »

Dans les *italiques* provinces...

Cette manière de parler sent le poëme épique, où même elle ne seroit pas fort bonne, et ne vaut rien du tout dans un conte, où les façons de parler doivent être simples et naturelles.

Élevoient *au-dessus des anges*...

Pour parler françois il falloit dire : « Élevoient au-dessus de ceux des anges. »

Au prix des charmes *de son corps*.

DE SON CORPS est dit bassement, et pour rimer. Il falloit dire DE SA BEAUTÉ.

Si jamais il avoit vu *naître*...

NAITRE est maintenant aussi peu nécessaire qu'il l'étoit tantôt.

Rien qui fût comparable à lui.

Ne voilà-t-il pas un joli vers ?

>Sire, je crois que le soleil
>Ne voit rien qui vous soit pareil
>Si ce n'est mon frère Joconde
>Qui n'a point de pareil au monde

Le pauvre Bouillon s'est terriblement embarrassé dans ces termes de PAREIL et de SANS PAREIL. Il a dit là-bas que la beauté d'Astolfe n'a point de pareille ; ici il dit que c'est la beauté de Joconde qui est sans pareille : de là il conclut que la beauté sans pareille du roi n'a de pareille que la beauté sans pareille de Joconde. Mais, sauf l'honneur de l'Arioste que M. Bouillon a suivi en cet endroit, je trouve ce compliment fort impertinent, puisqu'il n'est pas vraisemblable qu'un courtisan aille de but en blanc dire à un roi qui se pique d'être le plus bel homme de son siècle : « J'ai un frère plus beau que vous. » M. D. L. F. a bien fait d'éviter cela, et de dire simplement que ce courtisan prit cette occasion de louer la beauté de son frère, sans l'élever néanmoins au-dessus de celle du roi.

Comme vous voyez, monsieur, il n'y a pas un vers où il n'y ait quelque chose à reprendre, et que Quintilius n'envoyât rebattre sur l'enclume.[1]

Mais en voilà assez, et quelque résolution que j'aie prise d'examiner la page entière, vous trouverez bon que je me fasse grâce à moi-même, et que je ne passe pas plus avant. Et que seroit-ce, bon Dieu ! si j'allois rechercher toutes les impertinences de cet ouvrage, les mauvaises façons de parler, les rudesses, les incongruités, les choses froides et platement dites qui s'y rencontrent partout? Que dirions-nous de *ces murailles dont les ouvertures bâillent*, de *ces errements qu'Astolfe et Joconde suivent dans les pays flamands?*[2] Suivre des erre-

---

1. Quintilio si quid recitares : Corrige, sodes,
Hoc, aiebat, et hoc. Melius te posse negares
Bis terque expertum frustra : delere jubebat,
Et male tornatos incudi reddere versus.
(Horace, *Art poétique*, v. 438-441.)

2. Dans l'obscurité d'un recoin,
Il considère avec soin
Que le plancher et la muraille
Font une ouverture qui *bâille*.

ments![1] juste ciel! quelle langue est-ce là! Sans mentir, je suis honteux pour M. D. L. F. de voir qu'il ait pu être mis en parallèle avec un tel auteur, mais je suis encore plus honteux pour votre ami. Je le trouve bien hardi, sans doute, d'oser ainsi hasarder cent pistoles sur la foi de son jugement. S'il n'a point de meilleure caution, et qu'il fasse souvent de semblables gageures, il est au hasard de se ruiner.

Voilà, monsieur, la manière d'agir ordinaire des demi-critiques, de ces gens, dis-je, qui, sous ombre d'un sens commun tourné pourtant à leur mode, prétendent avoir

> Et qui donne passage aux yeux...
> Après suivant leurs *errements*,
> Ils vont au *pays des Flamands*:
> Puis ils passent en Angleterre,
> Et partout ils portent la guerre
> Au sexe amoureux et charmant,
> Dont ils triomphent aisément.
>
> BOUILLON, OEuvres, p. 14 et 19.

1. Boileau avait déjà oublié la langue du barreau où cette expression tudesque était, et, il faut l'avouer, est encore en usage. (Code de procédure, articles 349 et 365.) (B.-S.-P.)

Voltaire dit dans sa lettre à M. l'abbé d'Olivet : « Quand Bossuet, Fénelon, Pélisson, voulaient exprimer qu'on suivait ses anciennes idées, ses projets, ses engagements, qu'on travaillait sur un plan proposé, qu'on remplissait ses promesses, qu'on reprenait une affaire, etc., ils ne disaient point : *J'ai suivi mes errements*. *Errement* a été substitué par les procureurs au mot *erres* que le peuple emploie au lieu d'arrhes : arrhes signifie gage. Vous trouvez ce mot dans la tragi-comédie de P. Corneille, intitulée *Don Sanche d'Aragon* :

> Ce présent donc renferme un tissu de cheveux
> Que reçut don Fernand pour arrhes de mes vœux.

« Le peuple de Paris a changé *arrhes* en *erres* : des erres au coche : *donnez-moi des erres*. De là *errements* ; et aujourd'hui je vois que, dans les discours les plus graves, le roi a suivi les *derniers errements vis-à-vis des rentiers*. » Voltaire se trompe sur l'étymologie d'*errements*, ce mot vient d'*erre*, train, allure ; étym. lat. *iter*; ce que montre l'ancienne orthographe *eire*.

droit de juger souverainement de toutes choses, corrigent, disposent, réforment, louent, approuvent, condamnent tout au hasard. J'ai peur que votre ami ne soit un peu de ce nombre. Je lui pardonne cette haute estime qu'il fait de la pièce de M. Bouillon, je lui pardonne même d'avoir chargé sa mémoire de toutes les sottises de cet ouvrage ; mais je ne lui pardonne pas la confiance avec laquelle il se persuade que tout le monde confirmera son sentiment. Pense-t-il donc que trois des plus galants hommes de France aillent, de gaieté de cœur, se perdre d'estime dans l'esprit des habiles gens, pour lui faire gagner cent pistoles ? Et depuis Midas, d'impertinente mémoire, s'est-il trouvé personne qui ait rendu un jugement aussi absurde que celui qu'il attend d'eux ?

Mais, monsieur, il me semble qu'il y a assez longtemps que je vous entretiens, et ma lettre pourroit à la fin passer pour une dissertation préméditée. Que voulez-vous ! c'est que votre gageure me tient au cœur, et j'ai été bien aise de vous justifier à vous-même le droit que vous avez sur les cent pistoles de votre ami. J'espère que cela servira à vous faire voir avec combien de passion je suis,[1] etc.

---

1. *Publication...* Suivant Saint-Marc (III, 81), elle eut lieu d'abord dans l'édition des Contes de La Fontaine de 1665 ; c'est une erreur comme le remarque M. Walckenaer (p. 379, 380 et 387), qui renvoie seulement cette publication à une édition des Contes donnée chez Sambix, à Leyde, en 1668, tandis que nous pensons qu'elle n'eut lieu que dans l'édition donnée chez le même Sambix, en 1669. Ajoutons la citation d'un passage curieux de l'*Avis* de cette édition de 1669, qu'on n'avait point remarqué, peut-être parce qu'il est supprimé dans les suivantes ; le voici :

« Pour la perfection du livre, j'y ai ajouté une Dissertation de l'un des plus beaux esprits de ce temps, et, comme elle regarde la défense de l'une de ces nouvelles, intitulée *Joconde,* elle ne fait point un corps d'ouvrage différent. Au reste, on remarquera dans cette dissertation une manière de critiquer fine et spirituelle ; tout y porte coup, et la raillerie y est agréablement mêlée parmi une érudition curieuse, et d'honnête homme. »

Ce passage est une nouvelle preuve que la publication de la Disserta-

DISSERTATION SUR LA JOCONDE.

tion est plus récente que ne le dit Saint-Marc. La qualification de *bel esprit* étoit fort honorable au xviie siècle. On ne pouvait dire de Boileau qu'il était un des plus beaux esprits du temps, en 1665, époque où il n'avait rien publié, tandis qu'en 1669, il y avait déjà une vingtaine d'éditions ou de réimpressions de ses satires.

Quoi qu'il en soit, nous avons examiné avec soin et cette édition et les suivantes du xviie siècle, et nous avons été surpris de voir que Brossette, qui, le premier, a inséré la Dissertation dans les œuvres de Boileau, n'en avait consulté aucune ; et cependant son texte paraît avoir servi de type aux éditeurs suivants et même à Saint-Marc, car les fautes que Saint-Marc reprend dans Souchay (à l'exception d'une seule que le simple bon sens indiquait) n'existent point dans le texte de Brossette, et il n'a aperçu aucune de celles du même texte.

Il en est cependant d'assez graves, et entre autres deux changements de mots grossiers dont l'emploi a peut-être contribué à détourner Boileau d'avouer l'ouvrage où il s'était servi d'expressions qui lui étaient si peu ordinaires.

Composition. D'après quelques-unes des observations précédentes, on voit que l'opinion de Saint-Marc ne peut guère servir d'autorité pour déterminer l'époque à laquelle fut composée la Dissertation. Il la fixe à 1662 au plus tard, et cette date a été adoptée par MM. Daunou et Viollet-le-Duc, tandis que MM. Walckenaer et de Saint-Surin pensent qu'il faut la reporter au plus tôt en 1665. Le principal argument de Saint-Marc est qu'on n'y parle point de Bouillon, mort en 1662, comme d'un auteur qui fût vivant... L'expression *feu* n'y est pas jointe, il est vrai, à son nom ; mais, en premier lieu, on s'y sert quelquefois envers lui d'autres expressions (VALET timide... auteur *sec*... traducteur *décharné... le* PAUVRE *Bouillon*... un TEL auteur...) que Boileau à l'âge qu'il avait, en 1662 (vingt-cinq ans), n'eût probablement pas osé employer envers un homme qu'il venait de voir *secrétaire* de l'oncle du roi, poste un peu plus relevé que celui de *valet de garde-robe,* dont se contentait un des frères du poëte... En second lieu, selon la remarque de M. Walckenaer, la phrase : « Votre ami va, *le livre à la main,* défendre la *Joconde* de M. Bouillon, » indique évidemment et le recueil de Bouillon et la *Joconde* de La Fontaine publiés en 1663 et 1664, un et deux ans après la mort de Bouillon, et il nous paraît impossible qu'on eût employé une pareille expression pour désigner un manuscrit.

Au reste, voici une observation qui nous semble tout à fait décisive en faveur du système de MM. Walckenaer et de Saint-Surin. Boileau dit (voy. le texte) : *Votre gageure est plaisante... Votre ami* SOUTIENT... Il suppose donc que la gageure vient d'être faite, et elle n'a pu se faire qu'après la publication du conte de La Fontaine, ou après 1664, et par conséquent encore longtemps après la mort de Bouillon... et c'est ce qui concorde d'ailleurs avec les expressions des rédacteurs du *Journal des Savants,* du 26 janvier 1665. Après avoir dit, en effet, que La Fontaine, dont ils annoncent le conte, a changé beaucoup à celui de l'Arioste, ils ajoutent : « M. de Bouillon avoit déjà traduit cet épisode, mais il s'étoit entièrement attaché à son texte, et n'avoit pas abandonné d'un pas l'Arioste... Ces deux manières différentes ont donné lieu à beaucoup de disputes : les uns prétendant que le conte étoit devenu meilleur par le changement qu'on y a fait ; et les autres, au contraire, soutenant qu'il en étoit tellement défiguré, qu'il n'étoit pas connoissable. Beaucoup de gens ont pris parti dans cette contestation : et elle s'est tellement échauffée qu'il s'est fait des gageures considérables en faveur de l'un et de l'autre. »

Si la gageure s'était faite du vivant de Bouillon, ou trois années auparavant, ils auraient assurément dit... des gens *avoient* pris parti... il *s'étoit* fait des gageures, etc. (Berriat-Saint-Prix.)

Voici le jugement de Voltaire sur l'appréciation de Boileau : « Dans les Contes qu'il a imités de l'Arioste, il (La Fontaine) n'a pas son élégance et sa pureté ; il n'est pas, à beaucoup près, si grand peintre, et c'est ce que Boileau n'a pas aperçu dans sa dissertation sur Joconde, parce que Despréaux ne savait presque pas l'italien... » (*Siècle de Louis XIV*, t. I, *Écrivains du siècle*, etc.)

DISCOURS

SUR LE DIALOGUE SUIVANT.[1]

Le dialogue qu'on donne ici au public a été composé à l'occasion de cette prodigieuse multitude de romans qui parurent vers le milieu du siècle précédent,[2] et dont voici en peu de mots l'origine. Honoré d'Urfé,[3] homme de fort grande qualité dans le Lyonnois, et très-enclin à l'amour, voulant faire valoir un grand nombre de vers qu'il avoit composés pour ses maîtresses, et rassembler en un corps plusieurs aventures amoureuses qui lui étoient arrivées, s'avisa d'une invention très-agréable. Il feignit que dans le Forez, petit pays contigu à la Limagne d'Auvergne, il y avoit eu, du temps de nos premiers rois, une troupe de bergers et de bergères qui habitoient sur les bords de la rivière du Lignon, et qui, assez accommodés des biens de la fortune, ne laissoient pas néanmoins, par un simple amusement, et pour

---

1. Ce discours a été composé en 1710, et par conséquent interrompt ici l'ordre chronologique, mais on ne pouvait le séparer du Dialogue auquel il sert d'introduction et qui avait été fait plus de quarante ans auparavant. (B.-S.-P.)

2. C'est-à-dire vers le milieu du XVIIe siècle.

3. Honoré d'Urfé, comte de Châteauneuf et marquis de Valromey, né à Marseille en 1567, mort en Piémont en 1625. Il a composé des épîtres morales, la *Savoisiade*, poëme, etc.; mais il est surtout fameux par son roman de l'*Astrée*. Il avait épousé Diane de Long de Chevillac, baronne de Château-Morand, qui fut pendant vingt ans la femme de son frère et dont le premier mariage fut cassé pour cause d'impuissance. Ce frère aîné, Anne d'Urfé, qui, après la rupture de son mariage, embrassa l'état ecclésiastique, a laissé des sonnets et une imitation de la *Jérusalem délivrée*, du Tasse. Cf. Auguste Bernard, les *d'Urfé*, Paris, 1839, in-8°. (M. Chéron.)

leur seul plaisir, de mener paître eux-mêmes leurs troupeaux. Tous ces bergers et toutes ces bergères étant d'un fort grand loisir, l'amour, comme on le peut penser, et comme il le raconte lui-même, ne tarda guère à les y venir troubler, et produisit quantité d'événements considérables. D'Urfé y fit arriver toutes ses aventures, parmi lesquelles il en mêla beaucoup d'autres, et enchâssa les vers dont j'ai parlé, qui, tout méchants qu'ils étoient, ne laissèrent pas d'être soufferts et de passer à la faveur de l'art avec lequel il les mit en œuvre : car il soutint tout cela d'une narration également vive et fleurie, de fictions très-ingénieuses et de caractères aussi finement imaginés qu'agréablement variés et bien suivis. Il composa ainsi un roman qui lui acquit beaucoup de réputation, et qui fut fort estimé, même des gens du goût le plus exquis, bien que la morale en fût fort vicieuse, ne prêchant que l'amour et la mollesse, et allant quelquefois jusqu'à blesser un peu la pudeur. Il en fit quatre volumes[1] qu'il intitula ASTRÉE, du nom de la plus belle de ses bergères ; et sur ces entrefaites étant mort, Baro, son ami, et, selon quelques-uns, son domestique,[2] en composa sur ses mémoires un cinquième tome qui en formoit la conclusion, et qui ne fut guère moins bien reçu que les quatre autres volumes. Le grand succès de ce roman échauffa si bien les beaux esprits d'alors, qu'ils en firent à son imitation quantité de semblables, dont il y en avoit même de dix et de douze volumes ; et ce fut quelque temps comme une espèce de débordement sur le Parnasse. On vantoit surtout ceux de Gomberville, de La Calprenède, de Desmarets et de Scudéri.[3]

---

1. Il publia les deux premiers volumes, en 1612, in-4°; en 1618, il les réimprima avec deux autres volumes, in-4° et in-8°. En 1624, il en a paru une édition en 5 vol. in-8° dont Boileau a parlé. Cf. Auguste Bernard, ouvrage cité, et *Bulletin du Bibliophile*, août 1859. (M. CHÉRON.)

2. Non pas son serviteur, mais faisant partie de sa maison ; il était son secrétaire. Balthasar Baro, de l'Académie française, né à Valence en 1600, mort en 1650. Après avoir été le secrétaire de d'Urfé, il devint procureur du roi au présidial de Valence et trésorier de France à Montpellier. On a de lui : *Célinde*, poëme héroï-tragi-comique, en cinq actes et en prose, 1629, in-4°; *Parthénie*, 1642, in-8°; *Clorise*, pastorale, 1632, in-4°; *Clarimonde*, tragédie, 1643, in-4°; le *Prince fugitif*, et *Saint Eustache, martyr*, poëmes dramatiques, 1649, in-4°; *Rosemonde*, tragédie, 1651, in-4°; d'autres poëmes dramatiques, des odes, etc., etc.

3. Marin Leroi de Gomberville, de l'Académie française, né en 1600, mort en 1674, entre autres écrits en vers et en prose, a laissé des romans : *Polexandre*, 1637, 8 vol. in-8°; la *Jeune Alcidiane* (suite de Polexandre), 1651, in-8°; la *Cithérée*, 1655,

DISCOURS SUR LE DIALOGUE SUIVANT. 175

Mais ces imitateurs s'efforçant mal à propos d'enchérir sur leur original, et prétendant ennoblir ses caractères, tombèrent, à mon avis, dans une très-grande puérilité ; car, au lieu de prendre comme lui, pour leurs héros, des bergers occupés du seul soin de gagner le cœur de leurs maîtresses, ils prirent, pour leur donner cette étrange occupation, non-seulement des princes et des rois, mais les plus fameux capitaines de l'antiquité, qu'ils peignirent pleins du même esprit que ces bergers, ayant, à leur exemple, fait comme une espèce de vœu de ne parler jamais et de n'entendre jamais parler que d'amour. De sorte qu'au lieu que d'Urfé, dans son *Astrée,* de bergers très-frivoles avoit fait des héros de roman considérables, ces auteurs, au contraire, des héros les plus considérables de l'histoire firent des bergers très-frivoles, et quelquefois même des bourgeois, [1] encore plus frivoles que ces bergers. Leurs ouvrages néanmoins ne laissèrent pas de trouver un nombre infini d'admirateurs, et eurent longtemps une fort grande vogue. Mais ceux qui s'attirèrent le plus d'applaudissements, ce furent le *Cyrus* et la *Clélie* de mademoiselle de Scudéri, sœur de l'auteur du même nom. Cependant non-seulement elle tomba dans la même puérilité, mais elle la poussa encore à un plus grand excès. Si bien qu'au lieu de représenter, comme elle le devoit, dans la personne de Cyrus, un roi promis par les prophètes, tel qu'il est exprimé dans la Bible, ou, comme le peint Hérodote, le plus grand conquérant que l'on eût encore vu, ou enfin tel qu'il est figuré dans Xénophon qui a fait aussi bien qu'elle un roman de la vie de ce prince; au lieu, dis-je, d'en

---

4 vol. in-8°. — De La Calprenède, on a *Cassandre,* en 10 vol.; *Cléopâtre,* en 12 vol. in-12, ou 24 tomes; *Faramond* (achevé par Vaumorière), en 12 vol. ou 24 tomes. — Desmarets de Saint-Sorlin a fait, entre autres œuvres, *Ariane,* 3 vol. in-12. — Mlle de Scudéri a fait *Cyrus, Clélie, Almahide, Ibrahim, Mathilde,* d'*Aguilar, Célanire,* etc. (M. Chéron.)

1. Les auteurs de ces romans, sous le nom de ces héros, peignoient quelquefois le caractère de leurs amis particuliers, gens de peu de conséquence. (Boileau, 1713.)

C'est ce qu'a démontré M. Victor Cousin dans son ouvrage en deux volumes : *La Société française au* XVIIe *siècle.* On y voit comment Cyrus est le prince de Condé. Les autres personnages y représentent la reine de Suède, la comtesse de Maure, Mlle de Vandy, le comte de Fiesque, Mlle de Vertus, la marquise de Courbon, la marquise de Rambouillet, Julie et Angélique d'Angennes; voilà pour les personnages du *Grand Cyrus.* La *Clélie,* consacrée à une société plus bourgeoise, nous offre sous des noms romanesques les portraits de Godeau, de Chapelain, de Conrart, de Mme Cornuel, de Marie Legendre, de Mlle Robineau, de Mlle Boquet, etc., etc.

faire un modèle de toute perfection, elle en composa un Artamène plus fou que tous les Céladons et tous les Sylvandres; qui n'est occupé que du seul soin de sa Mandane, qui ne sait du matin au soir que lamenter, gémir et filer le parfait amour. Elle a encore fait pis dans son autre roman intitulé CLÉLIE, où elle représente tous les héros de la république romaine naissante, les Horatius Coclès, les Mutius Scévola, les Clélie, les Lucrèce, les Brutus, encore plus amoureux qu'Artamène, ne s'occupant qu'à tracer des cartes géographiques d'amour, [1] qu'à se proposer les uns aux autres des questions et des énigmes galantes; en un mot, qu'à faire tout ce qui paroît le plus opposé au caractère et à la gravité héroïque de ces premiers Romains.

Comme j'étois fort jeune dans le temps que tous ces romans, tant ceux de mademoiselle de Scudéri, que ceux de La Calprenède et de tous les autres, faisoient le plus d'éclat, je les lus, ainsi que les lisoit tout le monde, [2] avec beaucoup d'admiration; et je les regardai comme des chefs-d'œuvre de notre langue. [3] Mais enfin mes années étant accrues, et la raison m'ayant ouvert les

---

1. Carte du pays de Tendre. Voyez *Clélie*, part. I; et Boileau, satire X, vers 161.
Cette fameuse *Carte du Tendre*, dont Boileau va esquisser les contours, est de 1654, elle prit naissance dans les badinages des Samedis de Mlle de Scudéri. — Voir M. Victor Cousin, ouvrage cité plus haut, t. II, p. 205. Il renvoie aux *Manuscrits de Conrart*, t. V, in-f°, où se trouve *La Gazette du Tendre*.

2. Il n'est pas sans intérêt de voir quel était le goût de Mme de Sévigné pour ces lectures: « Mon fils fait lire *Cléopâtre* à La Mousse, et malgré moi je l'écoute et j'y trouve encore quelque amusement. » 28 juin 1671. « Je reviens à nos lectures, et sans préjudice de *Cléopâtre*, que j'ai gagé d'achever : vous savez comme je soutiens mes gageures. Je songe quelquefois d'où vient la folie que j'ai pour ces sottises-là ; j'ai peine à la comprendre. Vous vous souvenez peut-être assez de moi pour savoir que je suis assez blessée des méchants styles; j'ai quelques lumières pour les bons, et personne n'est plus touché que moi des charmes de l'éloquence. Le style de La Calprenède est maudit en mille endroits : de grandes périodes de roman, de méchants mots, je sens tout cela. J'écrivis l'autre jour une lettre à mon fils de ce style, qui étoit fort plaisante. Je trouve donc qu'il est détestable, et je ne laisse pas de m'y prendre comme à de la glu. La beauté des sentiments, la violence des passions, la grandeur des événements, et le succès miraculeux de leur redoutable épée, tout cela m'entraîne comme une petite fille, j'entre dans leurs affaires... » 12 juillet 1671. « ...Cette *morale* de Nicole est admirable, et *Cléopâtre* va son train, sans empressement toutefois, c'est aux heures perdues. C'est ordinairement sur cette lecture que je m'endors; le caractère m'en plaît beaucoup plus que le style. Pour les sentiments, j'avoue qu'ils me plaisent aussi, et qu'ils sont d'une perfection qui remplit mon idée sur les belles âmes. Vous savez aussi que je ne hais pas les grands coups d'épée, tellement que voilà qui va bien, pourvu qu'on m'en garde le secret. » 15 juillet 1671.

3. Dans le nombre, malheureusement trop petit, des ouvrages indiqués par l'inventaire de Boileau, on trouve l'*Astrée*, *Cléopâtre* et *Cyrus*. (B.-S.-P.)

yeux, je reconnus la puérilité de ces ouvrages. Si bien que l'esprit satirique commençant à dominer en moi, je ne me donnai point de repos que je n'eusse fait contre ces romans un dialogue à la manière de Lucien, où j'attaquois non-seulement leur peu de solidité, mais leur afféterie précieuse de langage, leurs conversations vagues et frivoles, les portraits avantageux faits à chaque bout de champ de personnes de très-médiocre beauté et quelquefois même laides par excès, et tout ce long verbiage d'amour qui n'a point de fin. Cependant, comme mademoiselle de Scudéri étoit alors vivante, je me contentai de composer ce dialogue dans ma tête; et bien loin de le faire imprimer, je gagnai même sur moi de ne point l'écrire, et de ne point le laisser voir sur le papier, ne voulant pas donner ce chagrin à une fille qui, après tout, avoit beaucoup de mérite, et qui, s'il en faut croire tous ceux qui l'ont connue, nonobstant la mauvaise morale enseignée dans ses romans, avoit encore plus de probité et d'honneur que d'esprit. Mais aujourd'hui qu'enfin la mort *l'a rayée du nombre des humains,* [1] elle et tous les autres compositeurs de romans, je crois qu'on ne trouvera pas mauvais que je donne au public mon dialogue, tel que je l'ai retrouvé dans ma mémoire. Cela me paroît d'autant plus nécessaire, qu'en ma jeunesse l'ayant récité plusieurs fois dans des compagnies où il se trouvoit des gens qui avoient beaucoup de mémoire, ces personnes en ont retenu plusieurs lambeaux, dont elles ont ensuite composé un ouvrage, qu'on a distribué sous le nom de DIALOGUE DE M. DESPRÉAUX, et qui a été imprimé plusieurs fois dans les pays étrangers. [2] Mais enfin le voici donné de ma main. Je ne sais s'il s'attirera les mêmes applaudissements qu'il s'attiroit autrefois dans les fréquents récits que j'étois obligé d'en faire; car, outre qu'en le récitant je donnois à tous les personnages que j'y introduisois le ton qui leur convenoit, ces romans étant alors lus de tout le monde, on

---

1. Boileau a dit de Molière, épître VII, vers 33-34 :

    Mais sitôt que, d'un trait de ses fatales mains,
    La Parque l'eût rayé du nombre des humains.

2. Ce dialogue parut en 1688 dans un recueil de pièces choisies, et en 1704 et 1708 avec les œuvres de Saint-Évremond. Boileau soupçonnoit le marquis de Sévigné d'en être le principal auteur : « Car c'est lui, dit Despréaux à Brossette, lettre du 27 mars 1704, qui a retenu le plus de choses. »

concevoit aisément la finesse des railleries qui y sont : mais maintenant que les voilà tombés dans l'oubli, et qu'on ne les lit presque plus, je doute que mon dialogue fasse le même effet. Ce que je sais pourtant, à n'en point douter, c'est que tous les gens d'esprit et de véritable vertu me rendront justice, et reconnoîtront sans peine que, sous le voile d'une fiction en apparence extrêmement badine, folle, outrée, où il n'arrive rien qui soit dans la vérité et dans la vraisemblance, je leur donne peut-être ici le moins frivole ouvrage qui soit encore sorti de ma plume.[1]

[1]. C'était une leçon de goût fort utile au moment où elle parut, la preuve en est dans l'émotion qu'elle causa aux amis et admirateurs de Mlle de Scudéry. On le verra dans le passage suivant : « ...Malgré tout, le foible de Huet étoit encore pour Mlle de Scudéry, pour l'*illustre Sapho*, comme il l'appeloit. Les injures qu'elle reçut de Boileau et de ce jeune monde lui furent à lui très-sensibles; il les ressentit en ami et en chevalier. Je ne sais trop à quelle première attaque il est fait allusion dans le passage de lettre que voici : « Les vers que vous m'avez envoyés, écrivoit Huet à Ménage « (4 février 1660), m'ont charmé et particulièrement la première épigramme, où vous « vengez si ingénieusement l'injure faite à Mlle de Scudéry. Si j'osois, je lui offrirois « ma plume pour soutenir ses intérêts et pour vous servir de second, et je répandrois « très-volontiers pour un si juste et si digne sujet jusqu'à la dernière goutte de mon « encre et de mon sang. » (Sainte-Beuve, *Causeries du lundi*, t. II.)

LES HÉROS DE ROMAN

DIALOGUE A LA MANIÈRE DE LUCIEN.[1]

MINOS, sortant du lieu où il rend la justice, proche du palais de Pluton.

Maudit soit l'impertinent harangueur qui m'a tenu toute la matinée ! il s'agissoit d'un méchant drap qu'on a dérobé à un savetier, en passant le fleuve ; et jamais je n'ai tant ouï parler d'Aristote. Il n'y a point de loi qu'il ne m'ait citée.

PLUTON.

Vous voilà bien en colère, Minos.

MINOS.

Ah ! c'est vous, roi des enfers. Qui vous amène ?

---

1. L'autographe de ce dialogue est parmi les papiers de Brossette. Il diffère, dans un assez grand nombre de points, de l'édition de 1713, la première où le dialogue ait été publié. Il est probable, et on peut d'ailleurs l'induire de l'état du papier, que l'impression en aura été faite sur une copie et que les nouvelles leçons y auront été insérées par Boileau lui-même, ou peut-être par les éditeurs de 1713. Dans l'impossibilité où nous sommes de distinguer ce qui appartient à ceux-ci et à celui-là, nous sommes forcés de considérer comme des premières compositions les leçons de l'autographe, excepté pour les passages où l'édition de 1713 est évidemment fautive ; mais lorsque le texte de cette édition s'accordera avec celui de l'autographe, nous n'hésiterons pas à le préférer à celui de Brossette ou des autres commentateurs. (BERRIAT-SAINT-PRIX.)

PLUTON.

Je viens ici pour vous en instruire ; mais auparavant peut-on savoir quel est cet avocat qui vous a si doctement ennuyé ce matin? Est-ce que Huot et Martinet sont morts ?[1]

MINOS.

Non, grâce au ciel; mais c'est un jeune mort qui a été sans doute à leur école. Bien qu'il n'ait dit que des sottises, il n'en a avancé pas une qu'il n'ait appuyée de l'autorité de tous les anciens; et quoiqu'il les fît parler de la plus mauvaise grâce du monde, il leur a donné à tous, en les citant, de la galanterie, de la gentillesse et de la bonne grâce. « Platon dit galamment dans son *Timée*. Sénèque est joli dans son *Traité des bienfaits*. Ésope a bonne grâce dans un de ses apologues.[2] »

PLUTON.

Vous me peignez là un maître impertinent; mais pourquoi le laissiez-vous parler si longtemps? Que ne lui imposiez-vous silence?

MINOS.

Silence, lui ! c'est bien un homme qu'on puisse faire taire quand il a commencé à parler? J'ai eu beau faire semblant vingt fois de me vouloir lever de mon siége; j'ai eu beau lui crier : Avocat, concluez, de grâce ; concluez, avocat. Il a été jusqu'au bout, et a tenu à lui seul toute l'audience. Pour moi, je ne vis jamais une telle fureur de parler ; et si ce désordre-là continue, je crois que je serai obligé de quitter la charge.

---

1. Deux avocats. Sur Huot, voyez satire I, vers 123.
2. Manières de parler de ce temps-là, fort communes dans le barreau. (BOILEAU, 1713, et *manuscrit*.)

PLUTON.

Il est vrai que les morts n'ont jamais été si sots qu'aujourd'hui. Il n'est pas venu ici depuis longtemps une ombre qui eût le sens commun : et, sans parler des gens de palais, je ne vois rien de si impertinent que ceux qu'ils nomment gens du monde. Ils parlent tous un certain langage qu'ils appellent galanterie ; et quand nous leur témoignons, Proserpine et moi, que cela nous choque, ils nous traitent de bourgeois et disent que nous ne sommes pas galants.[1] On m'a assuré même que cette pestilente galanterie avoit infecté tous les pays infernaux, et même les champs Élysées ; de sorte que les héros et surtout les héroïnes qui les habitent sont aujourd'hui les plus sottes gens du monde, grâce à certains auteurs qui leur ont appris, dit-on, ce beau langage, et qui en ont fait des amoureux transis. A vous dire le vrai, j'ai bien de la peine à le croire. J'ai bien de la peine, dis-je, à m'imaginer que les Cyrus et les Alexandre soient devenus tout à coup, comme on me le veut faire entendre, des Thyrsis et des Céladons. Pour m'en éclaircir donc moi-même par mes propres yeux, j'ai donné ordre qu'on fît venir ici aujourd'hui des champs Élysées, et de toutes les autres régions de l'enfer, les plus célèbres d'entre ces héros ; et j'ai fait préparer pour les recevoir ce grand salon, où vous voyez que sont postés mes gardes. Mais où est Rhadamante ?

MINOS.

Qui ? Rhadamante ? Il est allé dans le Tartare pour y voir entrer un lieutenant criminel[2] nouvellement arrivé

---

1. Voyez plus loin ce que Sapho dit à Pluton.
2. Le lieutenant criminel Tardieu et sa femme avoient été assassinés à

de l'autre monde, où il a, dit-on, été, tant qu'il a vécu, aussi célèbre par sa grande capacité dans les affaires de judicature, que diffamé pour son excessive avarice.

PLUTON.

N'est-ce pas celui qui pensa se faire tuer une seconde fois, pour une obole qu'il ne voulut pas payer à Caron en passant le fleuve ?

MINOS.

C'est celui-là même. Avez-vous vu sa femme ? C'étoit une chose à peindre que l'entrée qu'elle fit ici. Elle étoit couverte d'un linceul de satin.

PLUTON.

Comment ! de satin ? Voilà une grande magnificence !

MINOS.

Au contraire, c'est une épargne : car tout cet accoutrement n'étoit autre chose que trois thèses cousues ensemble, dont on avoit fait présent à son mari en l'autre monde.[1] O la vilaine ombre ! Je crains qu'elle n'empeste tout l'enfer. J'ai tous les jours les oreilles rebattues de ses larcins. Elle vola avant-hier la quenouille de Clothon ; et c'est elle qui avoit dérobé ce drap, dont on m'a tant étourdi ce matin, à un savetier qu'elle attendoit au passage. De quoi vous êtes-vous avisé de charger les enfers d'une si dangereuse créature ?

PLUTON.

Il falloit bien qu'elle suivît son mari ; il n'auroit pas été bien damné sans elle. Mais, à propos de Rhadamante,

---

Paris, la même année que je fis ce dialogue (le 24 d'août 1665). (BOILEAU, 1713, et *manuscrit*.) — Voyez satire X, vers 253-340.

1. Voyez satire X, vers 323-328. — Dans Saint-Évremond, p. 3, on donne à Tardieu lui-même des caleçons de satin faits de trois thèses. (B.-S.-P.)

le voici lui-même, si je ne me trompe, qui vient à nous. Qu'a-t-il? Il paroît tout effrayé.

RHADAMANTE.

Puissant roi des enfers, je viens vous avertir qu'il faut songer tout de bon à vous défendre, vous et votre royaume. Il y a un grand parti formé contre vous dans le Tartare. Tous les criminels, résolus de ne plus vous obéir, ont pris les armes. J'ai rencontré là-bas Prométhée avec son vautour sur le poing. Tantale est ivre comme une soupe; Ixion a violé une furie, et Sisyphe, assis sur son rocher, exhorte tous ses voisins à secouer le joug de votre domination.

MINOS.

O les scélérats! Il y a longtemps que je prévoyois ce malheur.

PLUTON.

Ne craignez rien, Minos; je sais bien le moyen de les réduire. Mais ne perdons point de temps. Qu'on fortifie les avenues; qu'on redouble la garde de mes furies; qu'on arme toutes les milices de l'enfer ; qu'on lâche Cerbère. Vous, Rhadamante, allez-vous-en dire à Mercure qu'il nous fasse venir l'artillerie de mon frère Jupiter. Cependant, vous, Minos, demeurez avec moi. Voyons nos héros, s'ils sont en état de nous aider. J'ai été bien inspiré de les mander aujourd'hui. Mais quel est ce bonhomme qui vient à nous avec son bâton et sa besace ? Ha! c'est ce fou de Diogène. Que viens-tu chercher ici?

DIOGÈNE.

J'ai appris la nécessité de vos affaires, et, comme votre fidèle sujet, je viens vous offrir mon bâton.

PLUTON.

Nous voilà bien forts avec ton bâton !

DIOGÈNE.

Ne pensez pas vous moquer. Je ne serai peut-être pas le plus inutile de tous ceux que vous avez envoyé chercher.

PLUTON.

Eh quoi! nos héros ne viennent-ils pas?

DIOGÈNE.

Oui, je viens de rencontrer une troupe de fous là-bas, je crois que ce sont eux. Est-ce que vous avez envie de donner le bal?

PLUTON.

Pourquoi le bal?

DIOGÈNE.

C'est qu'ils sont en fort bon équipage pour danser. Ils sont jolis, ma foi; je n'ai jamais rien vu de si dameret ni de si galant.[1]

PLUTON.

Tout beau, Diogène. Tu te mêles toujours de railler. Je n'aime point les satiriques. Et puis ce sont des héros pour lesquels on doit avoir du respect.

DIOGÈNE.

Vous en allez juger vous-même tout à l'heure, car je les vois déjà qui paroissent. Approchez, fameux héros, et vous aussi, héroïnes encore plus fameuses, autrefois l'ad-

---

1.   Peindre Caton galant et Brutus dameret.
(*Art poétique*, ch. III, v. 118.)

Dameret, homme dont la toilette et la galanterie ont de l'affectation.
« Il estoit fort dameret, s'habillant toujours fort bien. » (BRANTOME, Gouast.)
« Que ce ne soit pas un beau garson et dameret, mais un garson vert et vigoreux. » (MONTAIGNE, I, 183.)

Un vieillard insensé
Qui fait le dameret dans un corps tout cassé.
(MOLIÈRE, *École des Maris*, I, 4.)

miration de toute la terre. Voici une belle occasion de vous signaler. Venez ici tous en foule.

PLUTON.

Tais-toi. Je veux que chacun vienne l'un après l'autre, accompagné tout au plus de quelqu'un de ses confidents. Mais avant tout, Minos, passons, vous et moi, dans ce salon que j'ai fait, comme je vous ai dit, préparer pour les recevoir, et où j'ai ordonné qu'on mît nos siéges, avec une balustrade qui nous sépare du reste de l'assemblée. Entrons. Bon. Voilà tout disposé ainsi que je le souhaitois. Suis-nous, Diogène : j'ai besoin de toi pour nous dire le nom des héros qui vont arriver. Car de la manière dont je vois que tu as fait connoissance avec eux, personne ne me peut mieux rendre ce service que toi.

DIOGÈNE.

Je ferai de mon mieux.

PLUTON.

Tiens-toi donc ici près de moi. Vous, gardes, au moment que j'aurai interrogé ceux qui seront entrés, qu'on les fasse passer dans les longues et ténébreuses galeries qui sont adossées à ce salon, et qu'on leur dise d'y aller attendre mes ordres. Asseyons-nous. Qui est celui-ci qui vient le premier de tous, nonchalamment appuyé sur son écuyer ?

DIOGÈNE.

C'est le grand Cyrus.

PLUTON.

Quoi ! ce grand roi qui transféra l'empire des Mèdes aux Perses, qui a tant gagné de batailles? De son temps les hommes venoient ici tous les jours par trente et quarante mille. Jamais personne n'y en a tant envoyé.

DIOGÈNE.

Au moins ne l'allez pas appeler Cyrus.

PLUTON.

Pourquoi?

DIOGÈNE.

Ce n'est plus son nom. Il s'appelle maintenant Artamène.

PLUTON.

Artamène ! et où a-t-il pêché ce nom-là ?[1] Je ne me souviens point de l'avoir jamais lu.

DIOGÈNE.

Je vois bien que vous ne savez pas son histoire.

PLUTON.

Qui? moi? Je sais aussi bien mon Hérodote qu'un autre.

DIOGÈNE.

Oui ; mais avec tout cela, diriez-vous bien pourquoi Cyrus a tant conquis de provinces, traversé l'Asie, la

---

1. N'allez pas d'un Cyrus nous faire un Artamène.
(*Art poétique,* ch. III, v. 100.)

Artamène ou *le Grand Cyrus,* roman de Mlle de Scudéry, Paris, 1650, 10 vol. petit in-8°, de douze à treize cents pages chacun.

On lit dans M. V. Cousin, t. I, ch. II, p. 72 : « Cyrus, dit notre clef, est « M. le Prince, comme la description d'une partie de ses grandes actions le « fait voir dans la suite de l'ouvrage, lorsqu'il étoit général des armées du roi « de France. » Prenez garde aussi à ce titre : *Artamène* ou *le Grand Cyrus ?* Assurément, l'histoire ne dément pas le titre donné ici au guerrier persan ; mais elle ne l'imposait pas. Il est l'ouvrage de Mlle de Scudéry, et semble inventé pour rappeler celui que, de bonne heure, l'admiration des contemporains décerna spontanément à Condé comme à Corneille. Et puis cette distinction d'Artamène et de Cyrus n'est pas indifférente. Cyrus commence à se faire connaître sous le nom d'Artamène, comme Condé s'illustra plusieurs années sous le nom de duc d'Enghien, avant que la mort de son père lui permît de l'appeler M. le Prince. »

Médie, l'Hyrcanie, la Perse, et ravagé enfin plus de la moitié du monde?

PLUTON.

Belle demande! C'est que c'étoit un prince ambitieux, qui vouloit que toute la terre lui fût soumise.

DIOGÈNE.

Point du tout. C'est qu'il vouloit délivrer sa princesse, qui avoit été enlevée.

PLUTON.

Quelle princesse?

DIOGÈNE.

Mandane.

PLUTON.

Mandane?

DIOGÈNE.

Oui, et savez-vous combien elle a été enlevée de fois?

PLUTON.

Où veux-tu que je l'aille chercher?

DIOGÈNE.

Huit fois.

MINOS.

Voilà une beauté qui a passé par bien des mains.

DIOGÈNE.

Cela est vrai; mais tous ses ravisseurs étoient les scélérats du monde les plus vertueux. Assurément ils n'ont pas osé lui toucher.[1]

PLUTON.

J'en doute. Mais laissons là ce fou de Diogène. Il faut

---

1. On lit dans Saint-Évremond, p. 6 : « Ne vous mettez point en peine de son honneur; elle avoit affaire aux plus respectueux scélérats du monde; et ils l'ont rendue comme ils l'avoient prise. » (B.-S.-P.)

parler à Cyrus lui-même. Eh bien! Cyrus, il faut combattre. Je vous ai envoyé chercher pour vous donner le commandement de mes troupes. Il ne répond rien! Qu'a-t-il? Vous diriez qu'il ne sait où il est.

CYRUS.

Eh! divine princesse!

PLUTON.

Quoi?

CYRUS.

Ah! injuste Mandane!

PLUTON.

Plaît-il?

CYRUS.

Tu me flattes, trop complaisant Féraulas. Es-tu si peu sage que de penser que Mandane, l'illustre Mandane puisse jamais tourner les yeux sur l'infortuné Artamène? Aimons-la, toutefois, mais aimerons-nous une cruelle? servirons-nous une insensible? adorerons-nous une inexorable? Oui, Cyrus, il faut aimer une cruelle. Oui, Artamène, il faut servir une insensible. Oui, fils de Cambyse, il faut adorer l'inexorable fille de Cyaxare.[1]

PLUTON.

Il est fou. Je crois que Diogène a dit vrai.

DIOGÈNE.

Vous voyez bien que vous ne saviez pas son histoire. Mais faites approcher son écuyer Féraulas; il ne demande pas mieux que de vous la conter; il sait par cœur tout ce qui s'est passé dans l'esprit de son maître et a tenu un registre exact de toutes les paroles que son maître a dites en lui-même depuis qu'il est au monde, avec un rouleau

---

1. Affectation de Cyrus imitée. (BOILEAU, 1713, et *manuscrit*.)

de ses lettres qu'il a toujours dans sa poche. A la vérité, vous êtes en danger de bâiller un peu, car ses narrations ne sont pas fort courtes.

PLUTON.

Oh! j'ai bien le temps de cela!

CYRUS.

Mais, trop engageante personne....

PLUTON.

Quel langage! A-t-on jamais parlé de la sorte? Mais dites-moi, vous, trop pleurant Artamène, est-ce que vous n'avez pas envie de combattre?

CYRUS.

Eh! de grâce, généreux Pluton, souffrez que j'aille entendre l'histoire d'Aglatidas et d'Amestris, qu'on me va conter. Rendons ce devoir à deux illustres malheureux. Cependant voici le fidèle Féraulas, que je vous laisse, qui vous instruira positivement de l'histoire de ma vie et de l'impossibilité de mon bonheur.

PLUTON.

Je n'en veux point être instruit, moi. Qu'on me chasse ce grand pleureur.[1]

CYRUS.

Eh! de grâce!

PLUTON.

Si tu ne sors....

CYRUS.

En effet....

PLUTON.

Si tu ne t'en vas....

---

1. On lit très-distinctement dans le manuscrit *pleureur* et non pas *pleureux*, comme dans l'édition de 1713.

CYRUS.

En mon particulier....

PLUTON.

Si tu ne te retires.... A la fin le voilà dehors. A-t-on jamais vu tant pleurer ?

DIOGÈNE.

Vraiment, il n'est pas au bout, puisqu'il n'en est qu'à l'histoire d'Aglatidas et d'Amestris. Il a encore neuf gros tomes à faire ce joli métier.

PLUTON.

Hé bien ! qu'il remplisse, s'il veut, cent volumes de ses folies. J'ai d'autres affaires présentement qu'à l'entendre.[1] Mais quelle est cette femme que je vois qui arrive ?

DIOGÈNE.

Ne reconnoissez-vous pas Tomyris ?[2]

PLUTON.

Quoi ! cette reine sauvage des Massagètes, qui fit plonger la tête de Cyrus dans un vaisseau de sang humain ? Celle-ci ne pleurera pas, j'en réponds. Qu'est-ce qu'elle cherche ?

TOMYRIS.

« Que l'on cherche partout mes tablettes perdues ;
Et que sans les ouvrir elles me soient rendues. [3] »

---

1. « Cette phrase n'est plus d'usage. Nous disons avoir *affaire de,* devant un verbe, et non avoir affaire à... (SAINT-MARC.)

2. On avoit omis ces mots dans l'édition de 1713, et l'on faisoit dire mal à propos à Diogène ce que Pluton dit ensuite ici, suivant le manuscrit de l'auteur. (BROSSETTE.)

3. Ce sont les deux premiers vers de la tragédie de *Cyrus,* faite par Quinault, et c'est Tomyris qui ouvre le théâtre par ces deux vers. (BOILEAU, 1713.) — Ce sont les deux premiers vers de la scène v de l'acte I. (BROSSETTE.)

DIOGÈNE.

Des tablettes! Je ne les ai pas au moins. Ce n'est pas un meuble pour moi que des tablettes; et l'on prend assez de soin de retenir mes bons mots, sans que j'aie besoin de les recueillir moi-même dans des tablettes.

PLUTON.

Je pense qu'elle ne fera que chercher. Elle a tantôt visité tous les coins et recoins de cette salle. Qu'y avoit-il donc de si précieux dans vos tablettes, grande reine?

TOMYRIS.

Un madrigal que j'ai fait ce matin pour le charmant ennemi que j'aime.

MINOS.

Hélas! qu'elle est doucereuse!

DIOGÈNE.

Je suis fâché que ses tablettes soient perdues. Je serois curieux de voir un madrigal massagète.

PLUTON.

Mais qui est donc ce charmant ennemi qu'elle aime?

DIOGÈNE.

C'est ce même Cyrus qui vient de sortir tout à l'heure.

PLUTON.

Bon! auroit-elle fait égorger l'objet de sa passion?

DIOGÈNE.

Égorgé! C'est une erreur dont on a été abusé seulement durant vingt et cinq siècles; et cela par la faute du gazetier de Scythie, qui répandit mal à propos la nouvelle de sa mort sur un faux bruit. On en est détrompé depuis quatorze ou quinze ans.

PLUTON.

Vraiment, je le croyois encore. Cependant, soit que le gazetier de Scythie se soit trompé ou non, qu'elle s'en aille dans ces galeries chercher, si elle veut, son charmant ennemi, et qu'elle ne s'opiniâtre pas davantage à retrouver des tablettes que vraisemblablement elle a perdues par sa négligence, et que sûrement aucun de nous n'a volées. Mais quelle est cette voix robuste que j'entends là-bas qui fredonne un air ?

DIOGÈNE.

C'est ce grand borgne d'Horatius Coclès qui chante ici proche, comme m'a dit un de vos gardes, à un écho[1] qu'il a trouvé, une chanson qu'il a faite pour Clélie.

PLUTON.

Qu'a donc ce fou de Minos, qu'il crève de rire ?

MINOS.

Et qui ne riroit ? Horatius Coclès chantant à l'écho !

PLUTON.

Il est vrai que la chose est assez nouvelle. Cela est à voir. Qu'on le fasse entrer, et qu'il n'interrompe point pour cela sa chanson, que Minos vraisemblablement sera bien aise d'entendre de plus près.

MINOS.

Assurément.

HORATIUS COCLÈS, chantant la reprise de la chanson qu'il chante dans *Clélie*.

« Et Phénisse même publie
Qu'il n'est rien si beau que Clélie.[2] »

---

1. Voyez le premier tome de *Clélie*, p. 18. (BROSSETTE.)
2. Chanson du Savoyard, alors à la mode. (BOILEAU, 1713, et *manuscrit*.) — Voyez satire IX.

DIOGÈNE.

Je pense reconnoître l'air. C'est sur le chant de *Toinon la belle jardinière*.

« Ce n'étoit pas de l'eau de rose,
Mais de l'eau de quelque autre chose. [1] »

HORATIUS COCLÈS.

« Et Phénisse même publie
Qu'il n'est rien si beau que Clélie. »

PLUTON.

Quelle est donc cette Phénisse ?

DIOGÈNE.

C'est une dame des plus galantes et des plus spirituelles de la ville de Capoue, mais qui a une trop grande opinion de sa beauté, et qu'Horatius Coclès raille dans cet impromptu de sa façon, dont il a composé aussi le chant, en lui faisant avouer à elle-même que tout cède en beauté à Clélie.

MINOS.

Je n'eusse jamais cru que cet illustre Romain fût si excellent musicien, et si habile faiseur d'impromptus.[2] Cependant je vois bien par celui-ci qu'il y est maître passé.

PLUTON.

Et moi, je vois bien que, pour s'amuser à de semblables petitesses, il faut qu'il ait entièrement perdu le sens.

---

1. C'est là le refrain de cette chanson du Savoyard. On peut en lire les paroles dans une note de Brossette : mais le goût nous défend de les rapporter ici. Beaucoup d'éditions avaient à tort supprimé ce refrain.

2. Faiseur d'*impromptus,* c'est le texte de 1713. On a mis, sans avis, *impromptu* au singulier, dans l'édition de Paris, 1750. (B.-S.-P.)

Hé! Horatius Coclès, vous qui étiez autrefois si déterminé soldat, et qui avez défendu vous seul un pont contre toute une armée, de quoi vous êtes vous avisé de vous faire berger après votre mort? et qui est le fou ou la folle qui vous ont appris à chanter?

HORATIUS COCLÈS.

« Et Phénisse même publie
Qu'il n'est rien si beau que Clélie. »

MINOS.

Il se ravit dans son chant.

PLUTON.

Oh! qu'il s'en aille dans mes galeries chercher, s'il veut, un nouvel écho. Qu'on l'emmène!

HORATIUS COCLÈS, s'en allant et toujours chantant.

« Et Phénisse même publie
Qu'il n'est rien si beau que Clélie. »

PLUTON.

Le fou! le fou! Ne viendra-t-il point à la fin une personne raisonnable?

DIOGÈNE.

Vous allez avoir bien de la satisfaction; car je vois entrer la plus illustre de toutes les dames romaines, cette Clélie qui passa le Tibre à la nage, pour se dérober du camp de Porsenna, et dont Horatius Coclès, comme vous venez de le voir, est amoureux.

PLUTON.

J'ai cent fois admiré l'audace de cette fille dans Tite-Live; mais je meurs de peur que Tite-Live n'ait encore menti. Qu'en dis-tu, Diogène?

DIOGÈNE.

Écoutez ce qu'elle vous va dire.

CLÉLIE.

Est-il vrai, sage roi des enfers, qu'une troupe de mutins ait osé se soulever contre Pluton, le vertueux Pluton?

PLUTON.

Ah! à la fin nous avons trouvé une personne raisonnable. Oui, ma fille, il est vrai que les criminels dans le Tartare ont pris les armes, et que nous avons envoyé chercher les héros dans les champs Élysées et ailleurs pour nous secourir.

CLÉLIE.

Mais, de grâce, seigneur, les rebelles ne songent-ils point à exciter quelque trouble dans le royaume de Tendre? car je serois au désespoir s'ils étoient seulement postés dans le village de Petits-Soins. N'ont-ils point pris Billets-Doux ou Billets-Galants?[1]

PLUTON.

De quel pays parle-t-elle là? Je ne me souviens point de l'avoir vu dans la carte.

DIOGÈNE.

Il est vrai que Ptolomée n'en a point parlé; mais on a fait depuis peu de nouvelles découvertes. Et puis ne voyez-vous pas que c'est du pays de galanterie qu'elle vous parle?

PLUTON.

C'est un pays que je ne connois point.

CLÉLIE.

En effet, l'illustre Diogène raisonne tout à fait juste.

1. Voyez *Clélie*, part. 1, p. 308, et satire X, v. 161.

Car il y a trois sortes de Tendre : Tendre sur Estime, Tendre sur Inclination et Tendre sur Reconnoissance. Lorsque l'on veut arriver à Tendre sur Estime, il faut aller d'abord au village de Petits-Soins, et...

PLUTON.

Je vois bien, la belle fille, que vous savez parfaitement la géographie du royaume de Tendre, et qu'à un homme qui vous aimera, vous ferez voir bien du pays dans ce royaume. Mais pour moi, qui ne le connois point, et qui ne le veux point connoître, je vous dirai franchement que je ne sais si ces trois villages et ces trois fleuves mènent à Tendre, mais qu'il me paroît que c'est le grand chemin des Petites-Maisons.[1]

MINOS.

Ce ne seroit pas trop mal fait, non, d'ajouter ce village-là dans la carte de Tendre. Je crois que ce sont ces terres inconnues dont on y veut parler.

PLUTON.

Mais vous, tendre mignonne, vous êtes donc aussi amoureuse, à ce que je vois?

CLÉLIE.

Oui, seigneur ; je vous concède que j'ai pour Aronce une amitié qui tient de l'amour véritable : aussi faut-il avouer que cet admirable fils du roi de Clusium a en toute sa personne je ne sais quoi de si extraordinaire et de si peu imaginable, qu'à moins que d'avoir une dureté de cœur inconcevable, on ne peut pas s'empêcher d'avoir pour lui une passion tout à fait raisonnable. Car enfin....

PLUTON.

Car enfin, car enfin..... Je vous dis, moi, que j'ai pour

---

1. Voyez satire VIII.

toutes les folles une aversion inexplicable ; et que quand le fils du roi de Clusium auroit un charme inimaginable, avec votre langage inconcevable, vous me feriez plaisir de vous en aller, vous et votre galant, au diable. A la fin la voilà partie ! Quoi ! toujours des amoureux ! Personne ne s'en sauvera ;[1] et un de ces jours nous verrons Lucrèce galante.

DIOGÈNE.

Vous en allez avoir le plaisir tout à l'heure ; car voici Lucrèce en personne.

PLUTON.

Ce que j'en disois n'est que pour rire : à Dieu ne plaise que j'aie une si basse pensée de la plus vertueuse personne du monde !

DIOGÈNE.

Ne vous y fiez pas. Je lui trouve l'air bien coquet. Elle a, ma foi, les yeux fripons.

PLUTON.

Je vois bien, Diogène, que tu ne connois pas Lucrèce. Je voudrois que tu l'eusses vue, la première fois qu'elle entra ici, toute sanglante et tout échevelée. Elle tenoit un poignard à la main : elle avoit le regard farouche, et la

---

1. Molière peint aussi dans ce passage de *Sganarelle* l'influence des romans sur toutes les têtes :

> Voilà, voilà le fruit de ces empressements
> Qu'on vous voit nuit et jour à lire vos romans ;
> De quolibets d'amour votre tête est remplie,
> Et vous parlez de Dieu bien moins que de *Clélie*.
> Jetez-moi dans le feu tous ces méchants écrits
> Qui gâtent tous les jours tant de jeunes esprits.
> (Scène I.)

Et dans les *Précieuses ridicules :* « Et vous, qui êtes cause de leur folie, sottes billevesées, pernicieux amusements des esprits oisifs, romans, vers, chansons, sonnets et sonnettes, puissiez-vous être à tous les diables. » (Scène XIX.)

colère étoit encore peinte sur son visage, malgré les pâleurs de la mort. Jamais personne n'a porté la chasteté plus loin qu'elle. Mais pour t'en convaincre, il ne faut que lui demander à elle-même ce qu'elle pense de l'amour. Tu verras. Dites-nous donc, Lucrèce, mais expliquez-vous clairement : croyez-vous qu'on doive aimer?

LUCRÈCE, tenant des tablettes à la main.

Faut-il absolument sur cela vous rendre une réponse exacte et décisive?

PLUTON.

Oui.

LUCRÈCE.

Tenez, la voilà clairement énoncée dans ces tablettes. Lisez.

PLUTON, lisant.

« Toujours. l'on. si. mais. aimoit. d'éternelles. hélas. amours. d'aimer. doux. il. point. seroit. n'est. qu'il.[1] » Que veut dire tout ce galimatias?

LUCRÈCE.

Je vous assure, Pluton, que je n'ai jamais rien dit de mieux ni de plus clair.

PLUTON.

Je vois bien que vous avez accoutumé de parler fort clairement. Peste soit de la folle! Où a-t-on jamais parlé comme cela? POINT. MAIS. SI. D'ÉTERNELLES. Et où veut-elle que j'aille chercher un Œdipe pour m'expliquer cette énigme?

DIOGÈNE.

Il ne faut pas aller fort loin. En voici un qui entre et qui est fort propre à vous rendre cet office.

---

1. Voyez *Clélie*, part. II, p. 348. (BROSSETTE.)

PLUTON.

Qui est-il?

DIOGÈNE.

C'est Brutus, celui qui délivra Rome de la tyrannie des Tarquins.

PLUTON.

Quoi! cet austère Romain qui fit mourir ses enfants pour avoir conspiré contre leur patrie? Lui, expliquer des énigmes? Tu es bien fou, Diogène.

DIOGÈNE.

Je ne suis point fou. Mais Brutus n'est point non plus cet austère personnage que vous vous imaginez. C'est un esprit naturellement tendre et passionné, qui fait de fort jolis vers, et les billets du monde les plus galants.

MINOS.

Il faudroit donc que les paroles de l'énigme fussent écrites, pour les lui montrer.

DIOGÈNE.

Que cela ne vous embarrasse point. Il y a longtemps que ces paroles sont écrites sur les tablettes de Brutus. Des héros comme lui sont toujours fournis de tablettes.

PLUTON.

Hé bien! Brutus, nous donnerez-vous l'explication des paroles qui sont sur vos tablettes?

BRUTUS.

Volontiers. Regardez bien. Ne les sont-ce pas là? « Toujours. l'on. si. mais, etc. »

PLUTON.

Ce les sont-là elles-mêmes.

BRUTUS.

Continuez donc de lire. Les paroles suivantes non-seulement vous feront voir que j'ai d'abord conçu la finesse des paroles embrouillées de Lucrèce; mais elles contiennent la réponse précise que j'y ai faite:

« Moi. nos. verrez. vous. de. permettez. d'éternelles. jours. qu'on. merveille. peut. amours. d'aimer. voir. »

PLUTON.

Je ne sais pas si ces paroles se répondent juste les unes aux autres; mais je sais bien que ni les unes ni les autres ne s'entendent, et que je ne suis pas d'humeur à faire le moindre effort d'esprit pour les concevoir.

DIOGÈNE.

Je vois bien que c'est à moi de vous expliquer tout ce mystère. Le mystère est que ce sont des paroles transposées. Lucrèce, qui est amoureuse et aimée de Brutus, lui dit en mots transposés:

> Qu'il seroit doux d'aimer, si l'on aimoit toujours!
> Mais, hélas! il n'est point d'éternelles amours.

Et Brutus, pour la rassurer, lui dit en d'autres termes transposés:

> Permettez-moi d'aimer, merveille de nos jours;
> Vous verrez qu'on peut voir d'éternelles amours.

PLUTON.

Voilà une grosse finesse! Il s'ensuit de là que tout ce qui se peut dire de beau est dans les dictionnaires; il n'y a que les paroles qui sont transposées. Mais est-il possible que des personnes du mérite de Brutus et de Lucrèce en soient venues à cet excès d'extravagance, de composer de semblables bagatelles?

DIOGÈNE.

C'est pourtant par ces bagatelles qu'ils ont fait connoître l'un et l'autre qu'ils avoient infiniment d'esprit.

PLUTON.

Et c'est par ces bagatelles, moi, que je reconnois qu'ils ont infiniment de folie. Qu'on les chasse. Pour moi, je ne sais tantôt plus où j'en suis. Lucrèce amoureuse ! Lucrèce coquette ! Et Brutus son galant ! Je ne désespère pas un de ces jours, de voir Diogène lui-même galant.

DIOGÈNE.

Pourquoi non ? Pythagore l'étoit bien.

PLUTON.

Pythagore étoit galant ?

DIOGÈNE.

Oui, et ce fut de Théano sa fille, formée par lui à la galanterie, ainsi que le raconte le généreux Herminius, dans l'histoire de la vie de Brutus ; ce fut, dis-je, de Théano que cet illustre Romain apprit ce beau symbole, qu'on a oublié d'ajouter aux autres symboles de Pythagore : « Que c'est à pousser les beaux sentiments pour

---

1. Pellisson.
Dans le *Grand Cyrus,* Pellisson paraît sous le nom de Phaon ; dans la *Clélie,* on le revoit sous le nom d'Herminius. Voici le portrait qu'en fait Mlle de Scudéry : « Herminius avoit toutes les inclinations nobles, le cœur libéral, tendre, passionné, généreux, l'humeur douce, civile, officieuse, complaisante, l'esprit propre à tout et heureux à inventer cent agréables et innocentes tromperies pour divertir ses amis et ses amies. De plus, quoiqu'il fût infiniment sage et même assez sérieux pour ceux avec qui il n'étoit pas accoutumé, il avoit pourtant, quand il le vouloit, un enjouement dans l'humeur tout à fait galant et tout à fait spirituel ; mais il en faisoit un secret à tous ceux qu'il n'aimoit pas, et l'on pouvoit hardiment prendre sa gaieté pour une marque de son estime et de son affection. Il écrivoit même si galamment des billets de toute espèce, et il faisoit si bien des vers et si facilement, qu'Amilcar (Sarazin) étoit persuadé que la Grèce n'avoit point d'esprit plus universel, plus galant, ni mieux tourné que celui d'Herminius. Aussi disoit-il quelquefois qu'il eût volontiers changé son esprit pour celui de cet illustre Romain, et que Phocylide de Milet, qui vivoit encore, n'avoit jamais fait de vers plus beaux que les siens, ni Sapho de plus amoureux. » (*Clélie,* IIe partie, liv. I, p. 99.) Voir M. Victor Cousin, *la Société française au* XVIIe *siècle,* t. II, p. 233.

une maîtresse, et à faire l'amour, que se perfectionne le grand philosophe. »

PLUTON.

J'entends. Ce fut de Théano qu'il sut que c'est la folie qui fait la perfection de la sagesse. Oh! l'admirable précepte! Mais laissons là Théano. Quelle est cette précieuse renforcée[1] que je vois qui vient à nous?

DIOGÈNE.

C'est Sapho,[2] cette fameuse Lesbienne qui a inventé les vers saphiques.

PLUTON.

On me l'avoit dépeinte si belle! Je la trouve bien laide![3]

---

1. Nous trouvons ici, dans Saint-Évremond, p. 15, le passage suivant qui nous paraît évidemment une première composition. On conçoit en effet que Boileau n'ait pas osé reproduire, en 1710, époque où Mme de Maintenon était reine, ce qu'il s'était permis sur son premier mari, en 1665, époque où elle était tout à fait dans l'obscurité. (B.-S.-P.)

« PLUTON. Qui est ce petit bon homme qui descend là-haut dans une machine? Ah! c'est toi, *Scarron;* que fais-tu là avec ton habit doré?

« SCARRON. Je ne m'appelle plus *Scarron;* je m'appelle *Scaurus,* et on m'a habillé à la romaine, quoique ma taille n'y soit pas autrement propre; et je viens présentement de consulter les *sibylles* avec *Horace* et *Scévola.*

« PLUTON. Crois-moi, mon pauvre *Scarron,* tu es bien mieux avec *Ragotin* qu'avec *Horace* et *Scévola.* Mets-toi dans ta chaire auprès de moi.

« SCARRON. Je le veux; je vous servirai à vous faire connoître le reste des héros et des héroïnes que vous avez à voir. En voici déjà une de ma connoissance.

« PLUTON. Qui? cette grande décharnée?

« SCARRON. C'est SAPHO. »

2. Mlle de Scudéry.

3. A propos de son portrait fait au pastel par Nanteuil, elle avait dit elle-même:

Nanteuil en faisant mon image
A de son art divin signalé le pouvoir:
Je hais mes yeux dans mon miroir,
Je les aime dans son ouvrage.

« Mlle de Scudéry, dit M. Victor Cousin, était laide, son teint surtout, tirant

DIOGÈNE.

Il est vrai qu'elle n'a pas le teint fort uni, ni les traits du monde les plus réguliers : mais prenez garde qu'il y a une grande opposition du blanc et du noir de ses yeux, comme elle le dit elle-même dans l'histoire de sa vie.

PLUTON.

Elle se donne là un bizarre agrément; et Cerbère,

au noir, ôtait à sa figure toute prétention à la beauté. » (*La Société française au* XVIIe *siècle*, t. II, 133.)

Nous donnons ici le portrait de Sapho peint par elle-même : « Quoique Sapho ait été charmante dès le berceau, je ne veux vous faire la peinture de sa personne et de son esprit qu'en l'état où elle est présentement, afin que vous la connoissiez mieux. Je vous dirai donc qu'encore que vous m'entendiez parler de Sapho comme de la plus charmante personne de toute la Grèce, il ne faut pourtant pas vous imaginer que sa beauté soit une de ces grandes beautés en qui l'envie même ne sauroit trouver aucun défaut; mais il faut néanmoins que vous compreniez qu'encore que la sienne ne soit pas de celles que je dis, elle est pourtant capable d'inspirer de plus grandes passions que les plus grandes beautés de la terre. Mais enfin, pour vous dépeindre Sapho, il faut que je vous die qu'encore qu'elle se dise petite lorsqu'elle veut médire d'elle-même, elle est pourtant de taille médiocre, mais si noble et si bien faite qu'on ne peut y rien désirer. Pour le teint, elle ne l'a pas de la dernière blancheur ; il a toutefois un si bel éclat qu'on peut dire qu'elle l'a beau. Mais ce que Sapho a de souverainement agréable, c'est qu'elle a les yeux si beaux, si vifs, si amoureux et si pleins d'esprit, qu'on ne peut ni en soutenir l'éclat, ni en détacher ses regards. En effet ils brillent d'un feu si pénétrant, et ils ont pourtant une douceur si passionnée, que la vivacité et la langueur ne sont pas des choses incompatibles dans les beaux yeux de Sapho. Ce qui fait leur plus grand éclat, c'est que jamais il n'y a eu une opposition plus grande que celle du blanc et du noir de ses yeux. Cependant cette grande opposition n'y cause nulle rudesse, et il y a un certain esprit amoureux qui les adoucit d'une si charmante manière, que je ne crois pas qu'il y ait jamais eu personne dont les regards aient été plus redoutables. De plus, elle a des choses qui ne se trouvent pas toujours ensemble, car elle a la physionomie fine et modeste, et elle ne laisse pas aussi d'avoir je ne sais quoi de grand et de relevé dans la mine. Sapho a, de plus, le visage ovale, la bouche petite et incarnate, et les mains si admirables que ce sont en effet des mains à prendre des cœurs, ou, si on la veut considérer comme une fille chèrement aimée des Muses, ce sont des mains dignes de cueillir les plus belles fleurs du Parnasse. » (*Ibid.*, t. II, p. 134.)

selon elle, doit donc passer aussi pour beau, puisqu'il a dans les yeux la même opposition.

DIOGÈNE.

Je vois qu'elle vient à vous. Elle a sûrement quelque question à vous faire.

SAPHO.

Je vous supplie, sage Pluton, de m'expliquer fort au long ce que vous pensez de l'amitié, et si vous croyez qu'elle soit capable de tendresse aussi bien que l'amour; car ce fut le sujet d'une généreuse conversation que nous eûmes l'autre jour avec le sage Démocède[1] et l'agréable Phaon. De grâce, oubliez donc pour quelque temps le soin de votre personne et de votre état; et au lieu de cela, songez à me bien définir ce que c'est que cœur tendre, tendresse d'amitié, tendresse d'amour, tendresse d'inclination et tendresse de passion.[2]

1. C'était le nom d'un médecin fameux sous le règne de Darius, fils d'Hystaspe. (DAUNOU.)

2. On lit dans le *Grand Cyrus*, t. X, p. 700 : « Je ne suis nullement, dit Sapho, dans le sentiment de ceux qui parlent de l'amour comme d'une chose qui ne peut être innocente, si l'on a le dessein de s'épouser. — Vous voulez donc, répliqua Cydnon, qu'on vous aime sans espérance ? — Je veux qu'on espère d'être aimé, dit Sapho, mais je ne veux pas qu'on espère rien davantage... — Mais encore, reprit Cydnon, dites-moi un peu plus précisément comment vous voulez qu'on vous aime et comment vous entendez aimer ? — J'entends, dit-elle, qu'on m'aime ardemment, qu'on n'aime que moi et qu'on m'aime avec respect. Je veux même que cette amour soit une amour tendre et sensible, qui se fasse de grands plaisirs de fort petites choses, qui ait la solidité de l'amitié et qui soit fondée sur l'estime et sur l'inclination. Je veux, de plus, que cet amant soit fidèle et sincère; je veux encore qu'il n'ait ni confident, ni confidente de sa passion et qu'il renferme si bien dans son cœur tous les sentiments de son amour que je puisse me vanter d'être seule à le savoir... Enfin, ma chère Cydnon, je veux un amant qui, se contentant de la possession de mon cœur, m'aime jusques à la mort; car si je n'en trouve un de cette sorte, je n'en veux point. — Mais, après m'avoir dit comment vous voulez être aimée, répliqua Cydnon, il faut me dire encore comment vous voulez aimer. — En vous disant l'un, répliqua Sapho, je vous ai dit l'autre ; car en matière d'amour innocente,

MINOS.

Oh! celle-ci est la plus folle de toutes. Elle a la mine d'avoir gâté toutes les autres.

PLUTON.

Mais regardez cette impertinente! c'est bien le temps de résoudre des questions d'amour, que le jour d'une révolte!

DIOGÈNE.

Vous avez pourtant autorité pour le faire; et tous les jours les héros que vous venez de voir, sur le point de donner une bataille où il s'agit du tout pour eux, au lieu d'employer le temps à encourager les soldats, et à ranger leurs armées, s'occupent à entendre l'histoire de Timarète ou de Bérélise, dont la plus haute aventure est quelquefois un billet perdu ou un bracelet égaré.

PLUTON.

Ho bien! s'ils sont fous, je ne veux pas leur ressembler, et principalement à cette précieuse ridicule.

SAPHO.

Eh! de grâce, seigneur, défaites-vous de cet air grossier et provincial de l'enfer, et songez à prendre l'air de la belle galanterie de Carthage et de Capoue. A vous dire le vrai, pour décider un point aussi important que celui

---

à parler sincèrement, il ne doit y avoir d'autre différence dans les sentiments du cœur que ceux que l'usage a établis, qui veut que l'amant soit plus complaisant, plus soigneux et plus soumis; car, pour la tendresse et la confiance, elles doivent sans doute être égales; et, s'il y a quelque différence à faire, c'est que l'amant doit toujours témoigner tout son amour, et que l'amante doit se contenter de lui permettre de deviner toute la sienne... De la manière dont j'ai le cœur fait, si j'aimois, j'aimerois si tendrement et si fortement qu'il seroit difficile qu'on me rendît l'amour avec usure. Cependant, je suis persuadée que, pour être heureuse en aimant, il faut croire qu'on est pour le moins autant aimée qu'on aime, car autrement on a de la honte de sa propre foiblesse, et du dépit de la tiédeur des autres. » (*La Société française au* XVIIe *siècle*, t. II, p. 145.)

que je vous propose, je souhaiterois fort que toutes nos généreuses amies et nos illustres amis fussent ici. Mais, en leur absence, le sage Minos représentera le discret Phaon, et l'enjoué Diogène le galant Ésope.

PLUTON.

Attends, attends, je m'en vais te faire venir ici une personne avec qui lier conversation. Qu'on m'appelle Tisiphone.

SAPHO.

Qui? Tisiphone? Je la connois, et vous ne serez peut-être pas fâché que je vous en fasse voir le portrait, que j'ai déjà composé par précaution, dans le dessein où je suis de l'insérer dans quelqu'une des histoires que nous autres faiseurs et faiseuses de romans sommes obligés de raconter à chaque livre de notre roman.

PLUTON.

Le portrait d'une furie ! Voilà un étrange projet.

DIOGÈNE.

Il n'est pas si étrange que vous pensez. En effet, cette même Sapho, que vous voyez, a peint dans ses ouvrages beaucoup de ses généreuses amies, qui ne surpassent guère en beauté Tisiphone, et qui néanmoins, à la faveur des mots galants et des façons de parler élégantes et précieuses qu'elle jette dans leurs peintures, ne laissent pas de passer pour de dignes héroïnes de roman.

MINOS.

Je ne sais si c'est curiosité ou folie ; mais je vous avoue que je meurs d'envie de voir un si bizarre portrait.

PLUTON.

Hé bien donc, qu'elle vous le montre, j'y consens. Il faut bien vous contenter. Nous allons voir comment elle s'y prendra pour rendre la plus effroyable des Euménides agréable et gracieuse.

DIOGÈNE.

Ce n'est pas une affaire pour elle, et elle a déjà fait un pareil chef-d'œuvre en peignant la vertueuse Aricidie. Écoutons donc ; car je la vois qui tire le portrait de sa poche.

SAPHO, lisant.

L'illustre fille[1] dont j'ai à vous entretenir a en toute sa personne je ne sais quoi de si furieusement extraordinaire et de si terriblement merveilleux, que je ne suis pas médiocrement embarrassée quand je songe à vous en tracer le portrait.

MINOS.

Voilà les adverbes FURIEUSEMENT et TERRIBLEMENT qui sont, à mon avis, bien placés et tout à fait en leur lieu.

SAPHO continue de lire.

Tisiphone a naturellement la taille fort haute, et passant de beaucoup la mesure des personnes de son sexe ; mais pourtant si dégagée, si libre et si bien proportionnée en toutes ses parties, que son énormité même lui sied admirablement bien. Elle a les yeux petits, mais pleins de feu, vifs, perçants et bordés d'un certain vermillon qui en relève prodigieusement l'éclat. Ses cheveux sont naturellement bouclés et annelés, et l'on peut dire que ce sont autant de serpents qui s'entortillent les uns dans les autres et se jouent nonchalamment autour de son visage. Son teint n'a point cette couleur fade et blanchâtre des

---

1. Portrait de Mlle de Scudéry elle-même. (BROSSETTE.) C'est là une très-grosse erreur. Nous venons de donner l'image de Mlle de Scudéry, peinte par elle-même. Tisiphone n'est là que pour faire ressortir la fadeur ridicule des portraits qu'on rencontre à chaque page dans les romans de Mlle de Scudéry.

femmes de Scythie, mais il tient beaucoup de ce brun mâle et noble que donne le soleil aux Africaines qu'il favorise le plus près de ses regards. Son sein est composé de deux demi-globes brûlés par le bout comme ceux des Amazones, et qui, s'éloignant le plus qu'ils peuvent de sa gorge, se vont négligemment et languissamment perdre sous ses deux bras. Tout le reste de son corps est presque composé de la même sorte. Sa démarche est extrêmement noble et fière. Quand il faut se hâter, elle vole plutôt qu'elle ne marche, et je doute qu'Atalante la pût devancer à la course. Au reste, cette vertueuse fille est naturellement ennemie du vice et surtout des grands crimes, qu'elle poursuit partout, un flambeau à la main, et qu'elle ne laisse jamais en repos, secondée en cela par ses deux illustres sœurs, Alecto et Mégère, qui n'en sont pas moins ennemies qu'elle ; et l'on peut dire de toutes ces trois sœurs que c'est une morale vivante.

DIOGÈNE.

Hé bien ! n'est-ce pas là un portrait merveilleux ?

PLUTON.

Sans doute, et la laideur y est peinte dans toute sa perfection, pour ne pas dire dans toute sa beauté ; mais c'est assez écouter cette extravagante. Continuons la revue de nos héros, et sans plus nous donner la peine, comme nous avons fait jusqu'ici, de les interroger l'un après l'autre, puisque les voilà tous reconnus véritablement insensés, contentons-nous de les voir passer devant cette balustrade et de les conduire exactement de l'œil dans mes galeries, afin que je sois sûr qu'ils y sont ; car je défends d'en laisser sortir aucun, que je n'aie précisément déterminé ce que je veux qu'on en fasse. Qu'on les laisse donc entrer, et qu'ils viennent maintenant tous en foule.

En voilà bien, Diogène. Tous ces héros sont-ils connus dans l'histoire ?

DIOGÈNE.

Non ; il y en a beaucoup de chimériques mêlés parmi eux.

PLUTON.

Des héros chimériques! et sont-ce des héros?

DIOGÈNE.

Comment! si ce sont des héros! Ce sont eux qui ont toujours le haut bout dans les livres et qui battent infailliblement les autres.

PLUTON.

Nomme-m'en par plaisir quelques-uns.

DIOGÈNE.

Volontiers. Orondate, Spitridate, Alcamène, Mélinte, Britomare, Mérindor, Artaxandre, etc.[1]

PLUTON.

Et tous ces héros-là ont-ils fait vœu, comme les autres, de ne jamais s'entretenir que d'amour?

DIOGÈNE.

Cela seroit beau, qu'ils ne l'eussent pas fait! Et de quel droit se diroient-ils héros, s'ils n'étoient point amoureux? N'est-ce pas l'amour qui fait aujourd'hui la vertu héroïque?

PLUTON.

Quel est ce grand innocent qui s'en va des derniers, et qui a la mollesse peinte sur le visage? Comment t'appelles-tu?

[1]. Personnages des romans de La Calprenède et de Mlle de Scudéry.

ASTRATE.

Je m'appelle Astrate.[1]

PLUTON.

Que viens-tu chercher ici?

ASTRATE.

Je veux voir la reine.

PLUTON.

Mais admirez cet impertinent. Ne diriez-vous pas que j'ai une reine que je garde ici dans une boîte, et que je montre à tous ceux qui la veulent voir? Qu'es-tu, toi? As-tu jamais été?

ASTRATE.

Oui-da, j'ai été, et il y a un historien latin qui dit de moi en propres termes: ASTRATUS VIXIT, Astrate a vécu.

PLUTON.

Est-ce là tout ce qu'on trouve de toi dans l'histoire?

ASTRATE.

Oui; et c'est sur ce bel argument qu'on a composé une tragédie intitulée du nom d'ASTRATE, où les passions tragiques sont maniées si adroitement, que les spectateurs y rient à gorge déployée depuis le commencement jusqu'à la fin, tandis que moi j'y pleure toujours, ne pouvant obtenir que l'on m'y montre une reine dont je suis passionnément épris.

PLUTON.

Ho bien! va-t'en dans ces galeries voir si cette reine y est. Mais quel est ce grand malbâti de Romain qui vient après ce chaud amoureux? Peut-on savoir son nom?

---

1. On jouoit à l'Hôtel de Bourgogne, dans le temps que je fis ce Dialogue, l'*Astrate* de M. Quinault et l'*Ostorius* de l'abbé de Pure. (BOILEAU, 1713.) — Voyez satire III.

LES HÉROS DE ROMAN.

OSTORIUS.

Mon nom est Ostorius.

PLUTON.

Je ne me souviens point d'avoir jamais nulle part lu ce nom-là dans l'histoire.

OSTORIUS.

Il y est pourtant. L'abbé de Pure assure qu'il l'y a lu.

PLUTON.

Voilà un merveilleux garant! Mais, dis-moi, appuyé de l'abbé de Pure, comme tu es, as-tu fait quelque figure dans le monde? T'y a-t-on jamais vu?

OSTORIUS.

Oui-da; et, à la faveur d'une pièce de théâtre que cet abbé a faite de moi, on m'a vu à l'Hôtel de Bourgogne.[1]

PLUTON.

Combien de fois?

OSTORIUS.

Eh! une fois.

PLUTON.

Retourne-t'y-en.[2]

OSTORIUS.

Les comédiens ne veulent plus de moi.

PLUTON.

Crois-tu que je m'accommode mieux de toi qu'eux? Allons, déloge d'ici au plus vite, et va te confiner dans mes galeries. Voici encore une héroïne qui ne se hâte pas

---

1. Théâtre où l'on jouoit autrefois. (BOILEAU, 1713.)
2. Barbarisme inexcusable, mais il est dans toutes les éditions. (DAUNOU.) — L'éditeur d'Amsterdam, 1772, avait le premier relevé cette expression, employée pour *retournes-y*. — On lit dans Saint-Évremond, p. 21 : « Oh! retourne-t'en à l'Hôtel de Bourgogne. »

trop, ce me semble, de s'en aller. Mais je lui pardonne, car elle me paroît si lourde de sa personne, et si pesamment armée, que je vois bien que c'est la difficulté de marcher, plutôt que la répugnance à m'obéir, qui l'empêche d'aller plus vite. Qui est-elle?

DIOGÈNE.

Pouvez-vous ne pas reconnoître la Pucelle d'Orléans?

PLUTON.

C'est donc là cette vaillante fille qui délivra la France du joug des Anglois?

DIOGÈNE.

C'est elle-même.

PLUTON.

Je lui trouve la physionomie bien plate et bien peu digne de tout ce qu'on dit d'elle.

DIOGÈNE.

Elle tousse et s'approche de la balustrade. Écoutons. C'est assurément une harangue qu'elle vous vient faire, et une harangue en vers, car elle ne parle plus qu'en vers.

PLUTON.

A-t-elle en effet du talent pour la poésie?

DIOGÈNE.

Vous l'allez voir.

LA PUCELLE.

« O grand prince, que grand dès cette heure j'appelle,
Il est vrai, le respect sert de bride à mon zèle ;
Mais ton illustre aspect me redouble le cœur,
Et me le redoublant, me redouble la peur.
A ton illustre aspect mon cœur se sollicite,
Et grimpant contre mont, la dure terre quitte.
Oh! que n'ai-je le ton désormais assez fort

Pour aspirer à toi sans te faire de tort !
Pour toi puissé-je avoir une mortelle pointe
Vers où l'épaule gauche à la gorge est conjointe !
Que le coup brisât l'os, et fît pleuvoir le sang
De *la temple,* du dos, de l'épaule et du flanc ! [1] »

PLUTON.

Quelle langue vient-elle de parler ?

DIOGÈNE.

Belle demande ! françoise.

PLUTON.

Quoi ! c'est du françois qu'elle a dit ? je croyois que ce fût du bas-breton ou de l'allemand. Qui lui a appris cet étrange françois-là ?

DIOGÈNE.

C'est un poëte chez qui elle a été en pension quarante ans durant.

---

1. Vers extraits de la *Pucelle,* suivant une note de l'édition de 1713, t. II, p. 9 (elle n'est pas dans le manuscrit). Selon Vigneul de Marville (dans Saint-Marc, t. V, p. 166), c'est seulement un centon composé de vers épars dans le poëme. (B.-S.-P.) — Au xviie siècle on disait indifféremment *temple* ou *tempe.* (M. Chéron.)

Voici ce que dit Vigneul de Marville : « Les vers que M. Despréaux débite dans les *Héros de roman,* comme extraits d'une harangue de la Pucelle au roi Charles VII, et qui commencent par ces mots :

O grand prince, que grand dès cette heure j'appelle, etc.,

ne sont point ainsi dans le poëme de M. Chapelain ; c'est un centon composé de plusieurs vers répandus dans cet ouvrage ; cependant un auteur qui a feint de justifier Chapelain dans une critique imprimée à la suite du *Mathanasius,* a cité ces mêmes vers sur la foi de M. Despréaux. Il faut rendre justice à tout le monde, on trompe le public en lui donnant comme une harangue suivie et tirée du poëme de la *Pucelle,* un centon composé de plusieurs hémistiches ramassés en différents endroits. On peut ainsi faire les plus mauvais vers du monde tirés des ouvrages du meilleur poëte, comme on en a fait de très-obscènes du très-chaste Virgile. (*Mélanges d'histoire et de littérature,* par M. de Vigneul-Marville, IIe volume, p. 9.)

PLUTON.

Voilà un poëte qui l'a bien mal élevée !

DIOGÈNE.

Ce n'est pas manque d'avoir été bien payé, et d'avoir exactement touché ses pensions.

PLUTON.

Voilà de l'argent bien mal employé. Eh ! Pucelle d'Orléans, pourquoi vous êtes-vous chargé la mémoire de ces grands vilains mots, vous qui ne songiez autrefois qu'à délivrer votre patrie, et qui n'aviez d'objet que la gloire ?

LA PUCELLE.

La gloire ?

« Un seul endroit y mène, et de ce seul endroit [1]
Droite et roide... »

PLUTON.

Ah ! elle m'écorche les oreilles.

LA PUCELLE.

« Droite et roide est la côte et le sentier étroit. »

PLUTON.

Quels vers, juste ciel ! je n'en puis pas entendre prononcer un que ma tête ne soit prête à se fendre.

LA PUCELLE.

« De flèches toutefois aucune ne l'atteint ;
Ou pourtant l'atteignant, de son sang ne se teint. »

PLUTON.

Encore ! j'avoue que de toutes les héroïnes qui ont paru

1. *La Pucelle*, liv. V.

en ce lieu, celle-ci me paroît beaucoup la plus insupportable. Vraiment, elle ne prêche pas la tendresse. Tout en elle n'est que dureté et sécheresse, et elle me paroît plus propre à glacer l'âme qu'à inspirer l'amour.

DIOGÈNE.

Elle en a pourtant inspiré au vaillant Dunois.

PLUTON.

Elle! inspirer de l'amour au cœur de Dunois!

DIOGÈNE.

Oui assurément :

Au grand cœur de Dunois, le plus grand de la terre,
Grand cœur qui dans lui seul deux grands amours enserre.[1]

Mais il faut savoir quel amour. Dunois s'en explique ainsi lui-même en un endroit du poëme fait pour cette merveilleuse fille :

Pour ces célestes yeux, pour ce front magnanime,
Je n'ai que du respect, je n'ai que de l'estime ;
Je n'en souhaite rien ; et si j'en suis amant,
D'un amour sans désir je l'aime seulement.
Et soit. Consumons-nous d'une flamme si belle :
Brûlons en holocauste aux yeux de la Pucelle.[2]

Ne voilà-t-il pas une passion bien exprimée? et le mot d'holocauste n'est-il pas tout à fait bien placé dans la bouche d'un guerrier comme Dunois?

PLUTON.

Sans doute ; et cette vertueuse guerrière peut innocemment, avec de tels vers, aller tout de ce pas, si elle

---

1. Voici le vers tel qu'il est dans la *Pucelle :*

Qui sans peine à lui seul deux grands amours enserre.

2. *La Pucelle,* liv. II.

vent, inspirer un pareil amour à tous les héros qui sont dans ces galeries. Je ne crains pas que cela leur amollisse l'âme. Mais du reste, qu'elle s'en aille; car je tremble qu'elle ne me veuille encore réciter quelques-uns de ses vers, et je ne suis pas résolu de les entendre. La voilà enfin partie. Je ne vois plus ici aucun héros, ce me semble. Mais non, je me trompe : en voici encore un qui demeure immobile derrière cette porte. Vraisemblablement il n'a pas entendu que je voulois que tout le monde sortît. Le connois-tu, Diogène?

DIOGÈNE.

C'est Pharamond,[1] le premier roi des François.

PLUTON.

Que dit-il? il parle en lui-même.

PHARAMOND.

Vous le savez bien, divine Rosemonde, que pour vous aimer je n'attendis pas que j'eusse le bonheur de vous connoître, et que c'est sur le seul récit de vos charmes, fait par un de mes rivaux, que je devins si ardemment épris de vous.

PLUTON.

Il semble que celui-ci soit devenu amoureux avant que de voir sa maîtresse.

DIOGÈNE.

Assurément il ne l'avoit point vue.

PLUTON.

Quoi! il est devenu amoureux d'elle sur son portrait?

DIOGÈNE.

Il n'avoit pas même vu son portrait.

---

1. Roman de La Calprenède.

PLUTON.

Si ce n'est là une vraie folie, je ne sais pas ce qui peut l'être. Mais, dites-moi, vous, amoureux Pharamond, n'êtes-vous pas content d'avoir fondé le plus florissant royaume de l'Europe, et de pouvoir compter au rang de vos successeurs le roi qui y règne aujourd'hui? Pourquoi vous êtes-vous allé mal à propos embarrasser l'esprit de la princesse Rosemonde?

PHARAMOND.

Il est vrai, seigneur. Mais l'amour...

PLUTON.

Ho! l'amour! l'amour! Va exagérer, si tu veux, les injustices de l'amour dans mes galeries. Mais pour moi, le premier qui m'en viendra encore parler, je lui donnerai de mon sceptre tout au travers du visage. En voilà un qui entre. Il faut que je lui casse la tête.

MINOS.

Prenez garde à ce que vous allez faire. Ne voyez-vous pas que c'est Mercure?

PLUTON.

Ah! Mercure, je vous demande pardon. Mais ne venez-vous point aussi me parler d'amour?

MERCURE.

Vous savez bien que je n'ai jamais fait l'amour pour moi-même. La vérité est que je l'ai fait quelquefois pour mon père Jupiter, et qu'en sa faveur autrefois j'endormis si bien le bon Argus, qu'il ne s'est jamais réveillé. Mais je viens vous apporter une bonne nouvelle. C'est qu'à peine l'artillerie que je vous amène a paru, que vos ennemis se sont rangés dans le devoir. Vous n'avez jamais été roi plus paisible de l'enfer que vous l'êtes.

PLUTON.

Divin messager de Jupiter, vous m'avez rendu la vie. Mais, au nom de notre proche parenté, dites-moi, vous qui êtes le dieu de l'éloquence, comment vous avez souffert qu'il se soit glissé dans l'un ou dans l'autre monde une si impertinente manière de parler que celle qui règne aujourd'hui, surtout en ces livres que l'on appelle romans; et comment vous avez permis que les plus grands héros de l'antiquité parlassent ce langage.

MERCURE.

Hélas! Apollon et moi, nous sommes des dieux qu'on n'invoque presque plus : et la plupart des écrivains d'aujourd'hui ne connoissent pour leur véritable patron qu'un certain Phébus, qui est bien le plus impertinent personnage qu'on puisse voir. Du reste, je viens vous avertir qu'on vous a joué une pièce.

PLUTON.

Une pièce à moi! Comment?

MERCURE.

Vous croyez que les vrais héros sont venus ici?

PLUTON.

Assurément, je le crois, et j'en ai de bonnes preuves, puisque je les tiens encore ici tous renfermés dans les galeries de mon palais.

MERCURE.

Vous sortirez d'erreur, quand je vous dirai que c'est une troupe de faquins ou plutôt de fantômes chimériques, qui, n'étant que de fades copies de beaucoup de personnages modernes, ont eu pourtant l'audace de prendre le nom des plus grands héros de l'antiquité, mais dont la vie a été fort courte, et qui errent mainte-

nant sur les bords du Cocyte et du Styx. Je m'étonne
que vous y ayez été trompé. Ne voyez-vous pas que ces
gens-là n'ont nul caractère des héros? Tout ce qui les
soutient aux yeux des hommes, c'est un certain oripeau
et un faux clinquant de paroles, dont les ont habillés
ceux qui ont écrit leur vie, et qu'il n'y a qu'à leur ôter
pour les faire paroître tels qu'ils sont. J'ai même amené
des champs Élysées en venant ici, un François, pour les
reconnoître quand ils seront dépouillés; car je me persuade que vous consentirez sans peine qu'ils le soient.

PLUTON.

J'y consens si bien que je veux que sur-le-champ la
chose ici soit exécutée. Et pour ne point perdre de
temps, gardes, qu'on les fasse de ce pas sortir tous de
mes galeries par les portes dérobées, et qu'on les amène
tous dans la grande place. Pour nous, allons nous mettre
sur le balcon de cette fenêtre basse, d'où nous pourrons
les contempler et leur parler tout à notre aise. Qu'on y
porte nos siéges. Mercure, mettez-vous à ma droite; et
vous, Minos, à ma gauche; et que Diogène se tienne
derrière nous.

MINOS.

Les voilà qui arrivent en foule.

PLUTON.

Y sont-ils tous?

UN GARDE.

On n'en a laissé aucun dans les galeries.

PLUTON.

Accourez donc, vous tous, fidèles exécuteurs de mes
volontés, spectres, larves, démons, furies, milices infernales que j'ai fait assembler. Qu'on m'entoure tous ces
prétendus héros, et qu'on me les dépouille.

CYRUS.

Quoi! vous ferez dépouiller un conquérant comme moi?

PLUTON.

Hé! de grâce, généreux Cyrus, il faut que vous passiez le pas.

HORATIUS COCLÈS.

Quoi! un Romain comme moi, qui a défendu lui seul un pont contre toutes les forces de Porsenna, vous ne le considérerez pas plus qu'un coupeur de bourses?

PLUTON.

Je m'en vais te faire chanter.

ASTRATE.

Quoi! un galant aussi tendre et aussi passionné que moi, vous le ferez maltraiter?

PLUTON.

Je m'en vais te faire voir la reine. Ah! les voilà dépouillés.

MERCURE.

Où est le François que j'ai amené?

LE FRANÇOIS.

Me voilà, seigneur, que souhaitez-vous?

MERCURE.

Tiens, regarde bien tous ces gens-là; les connois-tu?

LE FRANÇOIS.

Si je les connois? Hé! ce sont tous la plupart des bourgeois de mon quartier. Bonjour, madame Lucrèce. Bonjour, monsieur Brutus. Bonjour, mademoiselle Clélie. Bonjour, monsieur Horatius Coclès.[1]

---

1. Au lieu de ceci et des lignes suivantes, on lit dans Saint-Évremond (p. 23) :

« SCARRON *qui se lève*. Je vous demande grâce pour eux; je les reconnois tous :

PLUTON.

Tu vas voir accommoder tes bourgeois de toutes pièces. Allons, qu'on ne les épargne point, et qu'après qu'ils auront été abondamment fustigés, on me les conduise tous, sans différer, droit aux bords du fleuve de Léthé;[1] puis, lorsqu'ils y seront arrivés, qu'on me les jette tous, la tête la première, dans l'endroit du fleuve le plus profond, eux, leurs billets doux, leurs lettres galantes, leurs vers passionnés, avec tous les nombreux volumes, ou, pour mieux dire, les monceaux de ridicule papier où sont écrites leurs histoires. Marchez donc, faquins, autrefois si grands héros. Vous voilà arrivés à votre fin, ou, pour mieux dire, au dernier acte de la comédie que vous avez jouée si peu de temps.

CHOEUR DE HÉROS, s'en allant chargés d'escourgées.[2]

Ah! La Calprenède! Ah! Scudéri!

PLUTON.

Eh! que ne les tiens-je! que ne les tiens-je! Ce n'est pas tout, Minos. Il faut que vous vous en alliez tout de ce pas donner ordre que la même justice se fasse sur tous leurs pareils dans les autres provinces de mon royaume.

MINOS.

Je me charge avec plaisir de cette commission.

ce sont de bons bourgeois de notre quartier, mes bons voisins et mes bonnes voisines. Bonjour, monsieur *Horace*; bonjour, mademoiselle *Sapho*, et bonjour, ma belle *Lucrèce*. » (B.-S.-P.)

1. Fleuve de l'oubli. (BOILEAU, 1713.)
2. Fouet composé de plusieurs brins de cordes ou de plusieurs lanières de cuir. Coups donnés avec ce fouet. Il est un peu vieux et peu en usage. (FURETIÈRE, 1704.) — *Scoria* ou *Scoriata, flagellum ex scorto seu corio.* (DUCANGE.) Italien, *scorreggia, scorregiata.* — *Escorgie*, xII[e] siècle; xIII[e], *corgies; escourgiées*, xV[e] siècle.

MERCURE.

Mais voici les véritables héros qui arrivent et qui demandent à vous entretenir. Ne voulez-vous pas qu'on les introduise?

PLUTON.

Je serai ravi de les voir; mais je suis si fatigué des sottises que m'ont dites tous ces impertinents usurpateurs de leurs noms, que vous trouverez bon qu'avant tout j'aille faire un somme.

DISCOURS SUR LA SATIRE.[1]

Quand je donnai la première fois mes satires au public, je m'étois bien préparé au tumulte que l'impression de mon livre a excité sur le Parnasse. Je savois que la nation des poëtes, et surtout des mauvais poëtes,[2] est une nation farouche qui prend feu aisément, et que ces esprits avides de louanges ne digéreroient pas facilement une raillerie, quelque douce qu'elle pût être. Aussi oserai-je dire, à mon avantage, que j'ai regardé avec des yeux assez stoïques les libelles diffamatoires qu'on a publiés contre moi.[3] Quelques calomnies dont on ait voulu me noircir, quelques

1. De 1668 à 1685 Boileau avait placé le *Discours sur la satire* après la neuvième satire qui était alors la dernière ; mais de 1694 à 1713, il le renvoya aux œuvres en prose, et nous l'y laissons, quoique tous les éditeurs l'aient placé entre le *Discours au roi* et la première satire.
M. Geruzez, à qui appartiennent les annotations des six premières satires, a cru devoir placer ce Discours au tome premier ; nous le répétons néanmoins ici avec des notes nouvelles.

2. Ceci regarde particulièrement Cotin qui avoit publié une satire contre l'auteur. (BOILEAU, 1713.) — Voyez satire III, satire VIII, et satire IX.
Desmarets faisait là-dessus l'observation suivante : « On doit dire *le genre* et non pas *la nation* des poëtes, puisque Horace dit : *Genus irritabile vatum...* »

3. Il couroit dès ce temps-là, contre notre auteur, un libelle en prose (de Cotin), intitulé : *la Critique désintéressée sur les satires du temps*. (BROSSETTE.)

faux bruits qu'on ait semés de ma personne, j'ai pardonné sans peine ces petites vengeances au déplaisir d'un auteur irrité, qui se voyoit attaqué par l'endroit le plus sensible d'un poëte, je veux dire par ses ouvrages.

Mais j'avoue que j'ai été un peu surpris du chagrin bizarre de certains lecteurs,[1] qui, au lieu de se divertir d'une querelle du Parnasse dont ils pouvoient être spectateurs indifférents, ont mieux aimé prendre parti et s'affliger avec les ridicules,[2] que de se réjouir avec les honnêtes gens. C'est pour les consoler que j'ai composé ma neuvième satire, où je pense avoir montré assez clairement que, sans blesser l'État ni sa conscience, on peut trouver de méchants vers méchants, et s'ennuyer de plein droit à la lecture d'un sot livre. Mais puisque ces messieurs ont parlé de la liberté que je me suis donnée de nommer, comme d'un attentat inouï et sans exemples, et que des

---

1. En 1668 et 69, il y a : certains *auteurs*...; en 1672 : certains *lecteurs*...; de 1674 à 1682 : certains *auteurs*...; de 1683 à 1713 : certains *lecteurs*...

On voit dans ces variations les essais timides d'un bourgeois qui craint de blesser un grand. Nous voulons parler du duc de Montausier, qu'on eût pu croire désigné par le mot *lecteurs*. Il passait pour un des hommes de la cour qui avaient le plus de vertu, mais sa vertu était fort peu tolérante, excepté toutefois, si l'on en croit plusieurs contemporains, pour les plaisirs du maître. Ce seigneur, qui aurait voulu envoyer aux galères les poëtes satiriques, trouvait fort mauvais, selon Mme de Motteville, qu'on blâmât les dames qui avaient de la *complaisance* pour le roi. (B.-S.-P.) — Voyez satire IX, épître VI, et à la *Correspondance*, la lettre à Brossette du 3 de juillet 1703.

N'oublions pas que La Bruyère a dit : « Un homme né chrétien et François se trouve contraint dans la satire, les grands sujets lui sont défendus; il les entame quelquefois, et se détourne ensuite sur de petites choses, qu'il relève par la beauté de son génie et de son style. » *Des Ouvrages de l'esprit.*

2. *Ridicules* s'employait alors comme substantif aussi bien qu'adjectif.

> Parbleu! je viens du Louvre, où Cléonte, au levé,
> Madame, a bien paru ridicule achevé.
>   (*Le Misanthrope*, acte II, scène v.)

exemples ne se peuvent pas mettre en rimes, il est bon d'en dire ici un mot pour les instruire d'une chose qu'eux seuls veulent ignorer, et leur faire voir qu'en comparaison de tous mes confrères les satiriques j'ai été un poëte fort retenu.

Et pour commencer par Lucilius,[1] inventeur de la satire, quelle liberté, ou plutôt quelle licence ne s'est-il point donnée dans ses ouvrages? Ce n'étoit pas seulement des poëtes et des auteurs qu'il attaquoit, c'étoit des gens de la première qualité de Rome; c'étoit des personnes consulaires. Cependant Scipion et Lélius ne jugèrent pas ce poëte, tout déterminé rieur qu'il étoit, indigne de leur amitié, et vraisemblablement, dans les occasions ils ne lui refusèrent pas leurs conseils sur ses écrits, non plus qu'à Térence.[2] Ils ne s'avisèrent point de prendre le parti de Lupus et de Métellus qu'il avoit joués dans ses satires, et ils ne crurent pas lui donner rien du leur en lui abandonnant tous les ridicules de la république :

. . . . . . Num Lælius, aut qui
Duxit ob oppressa meritum Carthagine nomen,
Ingenio offensi, aut læso doluere Metello,
Famosisve Lupo cooperto versibus?[3]

En effet, Lucilius n'épargnoit ni petits ni grands, et souvent des nobles et des patriciens il descendoit jusqu'à la lie du peuple :

Primores populi arripuit, populumque tributim.[4]

1. Voyez satire IX.
2. Voir les stances à Molière, VIII.
3. Horace, liv. II, satire I. (BOILEAU, 1668.) — Vers 65-68.
4. Horace, liv. II, satire I. (BOILEAU, 1668.) — Vers 69.

On me dira que Lucilius vivoit dans une république, où ces sortes de libertés peuvent être permises. Voyons donc Horace, qui vivoit sous un empereur, dans les commencements d'une monarchie, où il est bien plus dangereux de rire qu'en un autre temps. Qui ne nomme-t-il point dans ses satires? Et Fabius le grand causeur, et Tigellius le fantasque, et Nasidienus le ridicule, [1] et Nomentanus le débauché, et tout ce qui vient au bout de sa plume. On me répondra que ce sont des noms supposés. Oh! la belle réponse! comme si ceux qu'il attaque n'étoient pas des gens connus d'ailleurs! comme si l'on ne savoit pas que Fabius étoit un chevalier romain qui avoit composé un livre de droit; que Tigellius fut en son temps un musicien chéri d'Auguste; que Nasidienus Rufus étoit un ridicule célèbre dans Rome; [2] que Cassius Nomentanus étoit un des plus fameux débauchés de l'Italie! Certainement il faut que ceux qui parlent de la sorte n'aient pas fort lu les anciens, et ne soient pas fort instruits des affaires de la cour d'Auguste. Horace ne se contente pas d'appeler les gens par leur nom; il a si peur qu'on ne les méconnoisse, qu'il a soin de rapporter jusqu'à leur surnom, jusqu'au métier qu'ils faisoient, jusqu'aux charges qu'ils avoient exercées. Voyez, par exemple, comme il parle d'Aufidius Luscus, préteur de Fondi:

> Fundos, Aufidio Lusco prætore, libenter
> Linquimus, insani ridentes præmia scribæ,
> Prætextam, et latum clavum, [3] etc.

1. De 1668 à 1682 : ...le ridicule, et Tanaïs le châtré, et tout ce qui...
2. De 1668 à 1682 il y a : dans Rome; que Tanaïs étoit un affranchi de Mécenas! Certainement... En 1668, il y a en marge : *Voy. Acr., Porph.* et *Suét., vie d'Aug.* C'est-à-dire, Acron et Porphyrion, commentateurs d'Horace, et Suétone, vie d'Auguste.
3. Horace, liv. I, satire v, vers 35. (BOILEAU, 1713.) — Vers 34-36.

« Nous abandonnâmes, dit-il, avec joie le bourg de Fondi, dont étoit préteur un certain Aufidius Luscus; mais ce ne fut pas sans avoir bien ri de la folie de ce préteur, auparavant commis, qui faisoit le sénateur et l'homme de qualité. »

Peut-on désigner un homme plus précisément? et les circonstances seules ne suffisoient-elles pas pour le faire reconnoître? On me dira peut-être qu'Aufidius étoit mort alors; mais Horace parle là d'un voyage fait depuis peu. Et puis, comment mes censeurs répondront-ils à cet autre passage :

> Turgidus Alpinus jugulat dum Memnona, dumque
> Diffingit Rheni luteum caput, hæc ego ludo.[1]

« Pendant, dit Horace, que ce poëte enflé d'Alpinus égorge Memnon dans son poëme, et s'embourbe dans la description du Rhin, je me joue en ces satires. »

Alpinus vivoit donc du temps qu'Horace se jouoit en ces satires; et si Alpinus en cet endroit est un nom supposé, l'auteur du poëme de Memnon pouvoit-il s'y méconnoître? Horace, dira-t-on, vivoit sous le règne du plus poli de tous les empereurs; mais vivons-nous sous un règne moins poli? et veut-on qu'un prince qui a tant de qualités communes avec Auguste soit moins dégoûté que lui des méchants livres, et plus rigoureux envers ceux qui les blâment?

Examinons pourtant Perse,[2] qui écrivoit sous le règne de Néron. Il ne raille pas simplement les ouvrages des

---

1. Horace, liv. I, satire x, vers 36. (BOILEAU, 1713.) — Vers 36-37.
2. Aulus Persius Flaccus, né l'an 34 de l'ère vulgaire à Volterra, en Toscane, mourut à vingt-huit ans, laissant six satires.

poëtes de son temps, il attaque les vers de Néron même. Car enfin tout le monde sait, et toute la cour de Néron le savoit, que ces quatre vers, *Torva Mimalloneis*, etc., dont Perse fait une raillerie si amère dans sa première satire, étoient des vers de Néron.[1] Cependant on ne remarque point que Néron, tout Néron qu'il étoit, ait fait punir Perse;[2] et ce tyran, ennemi de la raison, et amoureux, comme on sait, de ses ouvrages, fut assez galant homme pour entendre raillerie sur ses vers, et ne crut pas que l'empereur, en cette occasion, dût prendre les intérêts du poëte.

Pour Juvénal,[3] qui florissoit sous Trajan, il est un peu plus respectueux envers les grands seigneurs de son siècle. Il se contente de répandre l'amertume de ses satires sur ceux du règne précédent; mais, à l'égard des auteurs, il ne les va point chercher hors de son siècle. A peine est-il entré en matière, que le voilà en mauvaise humeur contre tous les écrivains de son temps. Demandez à Juvénal ce qui l'oblige de prendre la plume. C'est qu'il est las d'entendre et la *Théséide* de Codrus, et l'*Oreste* de celui-ci, et

---

1. Bayle combat cette opinion. Voyez son Dictionnaire, article *Perse*, note D. Mais il avoue que beaucoup de critiques étaient du sentiment de Boileau. Voici ces vers :

> Torva Mimalloneis implerunt cornua bombis,
> Et raptum vitulo caput ablatura superbo
> Bassaris, et Lyncem Mænas flexura Corymbis
> Enion ingeminat : reparabilis adsonat Echo.
> (V. 99.)

2. En 1668, il y a :... ait envoyé Perse aux galères, et ce tyran... Allusion à un mot du duc de Montausier, qui, entendant louer Boileau comme poëte, vouloit l'envoyer aux galères couronné de lauriers. (BROSSETTE.) Cette allusion disparut dès l'an 1668; la réconciliation avec Montausier n'eut lieu pourtant qu'en 1683, après la publication de l'épître VII.

3. Decimus ou Decius Junius Juvenalis, avait été avocat avant de composer des vers et vécut, dit-on, sous douze empereurs. Il vivait vers la fin du premier siècle de l'ère vulgaire et mourut exilé en Égypte. (M. CHÉRON.)

le *Télèphe* de cet autre, et de tous les poëtes enfin, comme il dit ailleurs, qui récitoient leurs vers au mois d'août :

...... Et augusto recitantes mense poetas.[1]

Tant il est vrai que le droit de blâmer les auteurs est un droit ancien, passé en coutume parmi tous les satiriques, et souffert dans tous les siècles!

Que s'il faut venir des anciens aux modernes, Regnier,[2] qui est presque notre seul poëte satirique, a été véritablement un peu plus discret que les autres. Cela n'empêche pas néanmoins qu'il ne parle hardiment de Gallet,[3] ce célèbre joueur, *qui assignoit ses créanciers sur sept et quatorze,* et du sieur de Provins, *qui avoit changé son balandran*[4] *en manteau court*; et du Cousin, *qui abandonnoit sa*

---

1.   Semper ego auditor tantum? Nunquamne reponam,
   Vexatus toties rauci Theseide Codri?
   Impune ergo mihi recitaverit ille togatas,
   Hic elegos? Impune diem consumpserit ingens
   Telephus, aut summi plena jam margine libri
   Scriptus, et in tergo, necdum finitus Orestes?
                                       (V. 1.)

Ce fragment de vers : ...Et augusto recitantes, etc., etc., se lit au vers 9 de la satire III.

2. Voyez *Art poétique*, chant II.

3. Voyez satire VIII.

   Gallet a sa raison, et qui croira son dire,
   Le hazard pour le moins luy promet un empire;
   Toutefois, au contraire, étant léger et net,
   N'ayant que l'espérance et trois dez au cornet,
   Comme sur un bon fond de rente et de receptes,
   Dessus sept ou quatorze il assigne ses dettes...
                                       (Satire XIV.)

4. Casaque de campagne. (BOILEAU, 1713.) — Regnier (satire XIV, vers 134) dit au contraire que Provins changea son manteau en balandran ; mais le sens de sa phrase est assez obscur pour justifier la méprise de

maison de peur de la réparer; ¹ et de Pierre du Puis ² et de plusieurs autres.

Que répondront à cela mes censeurs? Pour peu qu'on les presse, ils chasseront de la république des lettres tous les poëtes satiriques, comme autant de perturbateurs du repos public. Mais que diront-ils de Virgile, le sage, le discret Virgile, qui, dans une églogue, où il n'est pas question de satire, tourne d'un seul vers deux poëtes de son temps en ridicule?

Qui Bavium non odit, amet tua carmina, Mævi.³

Boileau. (B.-S.-P.) Le sens de la phrase de Regnier n'est pas obscur, seulement la construction est toute latine.

> Pensez-vous, sans avoir ses raisons toutes prêtes,
> Que le sieur de Provins persiste en ses requêtes,
> Et qu'il ait, sans espoir d'être mieux à la court,
> A son long balandran changé son manteau court :
> Bien que depuis vingt ans, sa grimace importune
> Ait à sa défaveur obstiné la fortune.
>
> (Satire XIV.)

Le sieur de Provins, pour se donner l'air d'un homme d'épée, avait changé son manteau court en un long balandran, tel que les gens de guerre en portaient : « Car ce badandran était une espèce de manteau ou de surtout. Boileau en citant cet endroit dans son *Discours sur la satire*, a pris le sens de Regnier à rebours. » (Viollet-le-Duc.)

1. Il n'est pas de Cousin qui n'ait quelque raison ;
De peur de réparer, il laisse sa maison :
Que son lit ne défonce, il dort dessus la dure ;
Et n'a crainte de chaud, que l'air pour couverture ;
Ne se pouvant munir encontre tant de maux, etc...
(*Ibid.*)

C'était un fou ainsi nommé parce que, parlant d'Henri IV, il disait *le roi mon cousin*.

2. Comme de faire entendre à chacun que je suis
Aussi perclus d'esprit comme Pierre du Puis.

C'était un fou courant les rues, qui portait un chapeau à un pied en guise de soulier.

3. Églogue III. (Boileau, 1713.) — Vers 90.

dit un berger satirique dans cette églogue. Et qu'on ne me dise point que Bavius et Mævius en cet endroit sont des noms supposés, puisque ce seroit donner un trop cruel démenti au docte Servius,[1] qui assure positivement le contraire. En un mot, qu'ordonneront mes censeurs de Catulle, de Martial,[2] et de tous les poëtes de l'antiquité, qui n'en ont pas usé avec plus de discrétion que Virgile? Que penseront-ils de Voiture[3] qui n'a point fait conscience de rire aux dépens du célèbre Neuf-Germain,[4] quoique également recommandable par l'antiquité de sa barbe et par la nouveauté de sa poésie? Le banniront-ils du Parnasse, lui et tous les poëtes de l'antiquité, pour établir la sûreté des sots et des ridicules? Si cela est, je me consolerai aisément de mon exil : il y aura du plaisir à être relégué en si bonne compagnie. Raillerie à part, ces messieurs veulent-ils être plus sages que Scipion et Lælius, plus délicats qu'Auguste, plus cruels que Néron? Mais eux qui sont si rigoureux envers les critiques, d'où vient cette clémence qu'ils affectent pour les méchants auteurs? Je vois bien ce qui les afflige; ils ne veulent pas être détrompés. Il leur fâche[5] d'avoir admiré sérieusement des ouvrages

---

1. Honoratus-Maurus Servius, grammairien du ve siècle qui a commenté Virgile. Son commentaire a été imprimé à Venise en 1475, in-folio. (M. CHÉRON.)

2. Martial vante l'innocence de ses épigrammes : « Elles badinent, dit-il. Salva infimarum quoque personarum reverentia, quæ adeo antiquis auctoribus defuit, ut nominibus non tantum veris abusi sint, verum etiam magnis. » (I, 4.)

3. Voyez satire III.

4. Voyez satire IX.

5. Selon M. de Saint-Surin, dans l'édition in-16, publiée séparément en 1668, au lieu de *il leur fâche...* jusqu'à *asile inviolable*, il y a : « Il leur fâche d'avoir estimé des choses que mes satires font mépriser, et d'avoir récité en bonne compagnie des vers que j'ai fait passer pour ridicules; mais à la fin ils m'en sauront bon gré, ils me seront obligés de leur avoir

que mes satires exposent à la risée de tout le monde, et de se voir condamnés à oublier dans leur vieillesse ces mêmes vers qu'ils ont autrefois appris par cœur comme des chefs-d'œuvre de l'art. Je les plains sans doute; mais quel remède? Faudra-t-il, pour s'accommoder à leur goût particulier, renoncer au sens commun? Faudra-t-il applaudir indifféremment à toutes les impertinences qu'un ridicule aura répandues sur le papier? Et au lieu qu'en certains pays on condamnoit les méchants poëtes à effacer leurs écrits avec la langue,[1] les livres deviendront-ils désormais un asile inviolable où toutes les sottises auront droit de bourgeoisie, où[2] l'on n'osera toucher sans profanation?

---

ouvert les yeux et d'avoir démasqué des singes qui n'étoient beaux que sous des visages empruntés. Doit-on trouver mauvais que j'examine les auteurs avec rigueur? Un livre sera-t-il un asile inviolable?... »

C'est à peu près ce que dit Horace dans la première épître du second livre :

> ... Clament periisse pudorem
> Cuncti pæne patres. . . . .
> . . . .
> Vel quia nil rectum, nisi quod placuit sibi, ducunt,
> Vel quia turpe putant parere minoribus et quæ
> Imberbes didicere, senes perdenda fateri.

1. Dans le temple qui est aujourd'hui l'abbaye d'Ainay, à Lyon. (BOILEAU, 1713.)

C'est à Lyon, dans un temple dédié à Auguste, que Caligula établit des combats d'éloquence, avec la condition, pour ceux dont les ouvrages seraient mauvais, de les effacer avec la langue, ou d'être battus de verges, ou même d'être jetés dans le Rhône. L'église Saint-Martin d'Ainay a été construite sur l'emplacement de ce temple au XIe siècle, et on y voit encore deux des colonnes de l'ancien édifice, colonnes qui, aujourd'hui, en font quatre. (M. CHÉRON.)

Juvénal y fait allusion :

> et sic
> Palleat, ut nudis pressit qui calcibus anguem,
> Aut Lugdunensem rhetor dicturus ad aram.
> (I, 4.)

2. *Où*, avec un nom pour antécédent, remplace le pronom relatif *lequel*

J'aurois bien d'autres choses à dire sur ce sujet ; mais, comme j'ai déjà traité de cette matière dans ma neuvième satire, il est bon d'y renvoyer le lecteur.

complément d'une préposition et la préposition elle-même qui la gouvernerait, quand il s'agit de temps ou de lieu : « la *maison où je demeure.* » Par extension il se dit en tous les cas possibles, en parlant des choses, pour *auquel, dans lequel, chez lequel, dont,* etc. *Où* se rapporte ici à *sottises.*

FRAGMENT D'UN DIALOGUE

CONTRE

LES MODERNES QUI FONT DES VERS LATINS.[1]

APOLLON, HORACE, DES MUSES
ET DES POËTES.

HORACE.

Tout le monde est surpris, grand Apollon, des abus que vous laissez régner sur le Parnasse.

APOLLON.

Et depuis quand, Horace, vous avisez-vous de parler françois?

---

1. « M. Despréaux, dans sa préface de son édition de 1674, après avoir parlé de ce qu'il y avoit ajouté, dit : « J'avois dessein d'y joindre aussi « quelques dialogues en prose que j'ai composés. » A quoi M. Brossette ajoute dans ses remarques sur cette préface : « Il n'a donné dans la suite « que le dialogue sur les romans. Il en avoit composé un autre, pour « montrer qu'on ne sauroit bien parler, ou du moins s'assurer qu'on parle « bien une langue morte. Mais il ne l'a jamais voulu publier, de peur « d'offenser plusieurs de nos poëtes latins, qui étoient ses amis et ses tra- « ducteurs. Il ne l'a pas même confié au papier. Cependant, il m'en récita « un jour ce que sa mémoire lui put fournir, et j'allai sur le champ écrire « ce que j'en avois retenu. Quoique je n'aie conservé ni les grâces de sa « diction, ni toute la suite de ses pensées, peut-être ne sera-t-on pas fâché « de voir mon extrait, pour juger du tour qu'il avoit imaginé. » (SAINT-MARC.)

HORACE.

Les François se mêlent bien de parler latin. Ils estropient quelques-uns de mes vers; ils en font de même à mon ami Virgile; et quand ils ont accroché, je ne sais comment, *Disjecti membra poetæ*,[1] ainsi que je parlois autrefois, ils veulent figurer avec nous.

APOLLON.

Je ne comprends rien à vos plaintes. De qui donc me parlez-vous?

HORACE.

Leurs noms me sont inconnus. C'est aux Muses de nous les apprendre.

APOLLON.

Calliope, dites-moi, qui sont ces gens-là? C'est une chose étrange, que vous les inspiriez, et que je n'en sache rien.

CALLIOPE.

Je vous jure que je n'en ai aucune connoissance. Ma sœur Érato sera peut-être mieux instruite que moi.

ÉRATO.

Toutes les nouvelles que j'en ai, c'est par un pauvre libraire, qui faisoit dernièrement retentir notre vallon de cris affreux. Il s'étoit ruiné à imprimer quelques ouvrages de ces plagiaires, et il venoit se plaindre ici de vous et de nous, comme si nous devions répondre de leurs actions, sous prétexte qu'ils se tiennent au pied du Parnasse!

APOLLON.

Le bonhomme croit-il que nous sachions ce qui se passe hors de notre enceinte? Mais nous voilà bien embar-

---

1. Horace, liv. I, sat. IV, v. 62:

    Invenias etiam disjecti membra poetæ.

rassés pour savoir leurs noms. Puisqu'ils ne sont pas loin de nous, faisons-les monter pour un moment. Horace, allez leur ouvrir une des portes.

CALLIOPE.

Si je ne me trompe, leur figure sera réjouissante, ils nous donneront la comédie.

HORACE.

Quelle troupe! nous allons être accablés, s'ils entrent tous. Messieurs, doucement : les uns après les autres.

UN POËTE, s'adressant à Apollon.

Da, Tymbræe, loqui....

AUTRE POËTE, à Calliope.

Dic mihi, musa, virum....

TROISIÈME POËTE, à Érato.

Nunc age, qui reges, Erato....

APOLLON.

Laissez vos compliments, et dites-nous d'abord vos noms.

UN POËTE.

Menagius.

AUTRE POËTE.

Pererius.

TROISIÈME POËTE.

Santolius.[1]

APOLLON.

Et ce vieux bouquin que je vois parmi vous, comment s'appelle-t-il?

TEXTOR.

Je me nomme *Ravisius Textor.*[2] Quoique je sois en la

1. Ménage, Du Perrier et Santeul, poëtes latins modernes. Voyez satire IV, vers 92; *Art poétique,* chant IV, et épigramme XIX.

2. Jean Teissier, seigneur de Ravisi, dans le Nivernois, étoit un professeur de l'Université de Paris, qui a fait un livre intitulé *Delectus epithe-*

compagnie de ces messieurs, je n'ai pas l'honneur d'être poëte ; mais ils veulent m'avoir avec eux, pour leur fournir des épithètes au besoin.

UN POÈTE.

Latonæ proles divina, Jovisque... Jovisque... Jovisque... Heus tu, Textor! Jovisque...

TEXTOR.

Magni...

LE POËTE.

Non.

TEXTOR.

Omnipotentis.

LE POËTE.

Non, non.

TEXTOR.

Bicornis.

LE POËTE.

Bicornis : optime. Jovisque bicornis.
Latonæ proles divina, Jovisque bicornis.

APOLLON.

Vous avez donc perdu l'esprit? Vous donnez des cornes à mon père?

LE POËTE.

C'est pour finir le vers. J'ai pris la première épithète que Textor m'a donnée.

APOLLON.

Pour finir le vers falloit-il dire une énorme sottise? Mais vous, Horace, faites aussi des vers françois.

---

torum. Quoiqu'il ne paroisse ici que comme auteur de cet ouvrage, il en a fait plusieurs autres, et même une assez grande quantité de vers latins qui ne sont point à mépriser. (SAINT-MARC.)

HORACE.

C'est-à-dire qu'il faut que je vous donne aussi une scène à mes dépens et aux dépens du sens commun.

APOLLON.

Ce ne sera qu'aux dépens de ces étrangers. Rimez toujours.

HORACE.

Sur quel sujet? Qu'importe? Rimons, puisque Apollon l'ordonne. Le sujet viendra après.

Sur la rive du fleuve amassant de l'arène...

UN POËTE.

Halte-là. On ne dit point en notre langue : sur *la rive* du fleuve, mais sur *le bord* de la rivière. Amasser *de l'arène* ne se dit pas non plus; il faut dire *du sable*.

HORACE.

Vous êtes plaisant. Est-ce que *rive* et *bord* ne sont pas des mots synonymes aussi bien que *fleuve* et *rivière?* Comme si je ne savois pas que dans votre cité de Paris la Seine passe sous le pont Nouveau! Je sais tout cela sur l'extrémité du doigt.

UN POËTE.

Quelle pitié! Je ne conteste pas que toutes vos expressions ne soient françoises; mais je dis que vous les employez mal. Par exemple, quoique le mot de *cité* soit bon en soi, il ne vaut rien où vous le placez : on dit *la ville de Paris*. De même on dit *le Pont Neuf*, et non pas *le pont Nouveau*; savoir une chose *sur le bout du doigt*, et non pas *sur l'extrémité du doigt*.

HORACE.

Puisque je parle si mal votre langue, croyez-vous,

messieurs les faiseurs de vers latins, que vous soyez plus habiles dans la nôtre?[1] Pour vous dire nettement ma pensée, Apollon devroit vous défendre aujourd'hui pour jamais de toucher plume ni papier.

APOLLON.

Comme ils ont fait des vers sans ma permission, ils en feroient encore malgré ma défense. Mais, puisque dans les grands abus il faut des remèdes violents, punissons-les de la manière la plus terrible. Je crois l'avoir trouvée. C'est qu'ils soient obligés désormais à lire exactement les vers les uns des autres. Horace, faites-leur savoir ma volonté.

HORACE.

De la part d'Apollon, il est ordonné, etc.

SANTEUL.

Que je lise le galimatias de Dupérier! Moi! je n'en ferai rien. C'est à lui de lire mes vers.

DUPÉRIER.

Je veux que Santeul commence par me reconnoître pour son maître, et après cela je verrai si je puis me résoudre à lire quelque chose de son phébus.

Ces poëtes continuent à se quereller; ils s'accablent réciproquement d'injures, et Apollon les fait chasser honteusement du Parnasse.

---

1. « C'est une étrange entreprise que d'écrire une langue étrangère, quand nous n'avons point fréquenté avec les naturels du pays; et je suis assuré que si Térence et Cicéron revenoient au monde, ils riroient à gorge déployée des ouvrages latins des Fernels, des Sannazars et des Murets... Vous me ferez plaisir de parler de cela dans votre Académie, et d'y agiter la question : *Si on peut bien écrire une langue morte.* » Correspondance avec Brossette, 6 octobre 1701.

ARRÊT BURLESQUE.

OBSERVATIONS PRÉLIMINAIRES.

I. — Cet opuscule porte la date du 12 d'août 1671 dans un manuscrit ancien communiqué par Goujet à Saint-Marc. On en fit dans ce temps beaucoup de copies. Dès le 6 de septembre, madame de Sévigné, alors en Bretagne, en reçut une (*Lettres*, II, 239 et 255).[1] Il fut imprimé, 1º la même année, en Hollande, à la suite de la *Guerre des auteurs*, de Gueret; 2º en 1674, sur une feuille volante, édition que Brossette croyait, mal à propos, être la première; 3º en 1677, dans une relation faite à Angers. Réimprimé dans le *Menagiana*, également en Hollande, en 1695 (tome II), il fut joint aux œuvres de Boileau dès 1697, et les auteurs qui reculent cette annexe à 1701 auraient dû seulement faire observer que Boileau le publiait alors lui-même pour la première fois.

II. — Il est facile de concevoir que toutes ces éditions, excepté celle de 1701, ayant été faites sur des copies, doivent offrir bien des différences, et nous en avons la preuve dans un autre manuscrit d'un temps rapproché de la composition primitive, puisqu'il est de la main de Lamarre, conseiller à Dijon, mort en 1687. (Mss. id., nº 409, f. 61, B. R.)

---

[1] « Voilà une pièce que M. de Chaulnes vous envoie : je la crois de Pellisson ; d'autres disent de Despréaux ; dites-m'en votre avis. Pour moi, je vous avoue que je la trouve parfaitement belle ; lisez-la avec attention, et voyez combien il y a d'esprit. » (6 septembre 1671.)

Saint-Marc a recueilli les variantes du manuscrit Goujet, de l'édition de 1674 (d'après Brossette) et de la relation d'Angers. M. de Saint-Surin s'est borné à celle de 1674, parce qu'il regarde le manuscrit et la relation comme des copies inexactes de 1671 (il la reproduit tout entière). Mais cette édition, ayant dû elle-même être faite sur une copie, n'offre pas plus d'authenticité que les manuscrits Goujet et Lamarre, ni que ceux qui ont dû servir aux éditeurs, soit du *Menagiana,* soit de la relation, soit d'un recueil publié en 1702, que M. Barbier a indiqué, et que nous avons examiné.

Saint-Marc et M. Daunou ont fait précéder l'arrêt de notices historiques très-curieuses à consulter. Nous nous bornerons à en extraire les faits suivants.

En 1209, 1215, 1231 et 1265,[1] un concile, deux légats et un pape défendirent, sous peine d'excommunication, la lecture des livres philosophiques d'Aristote. Mais, dès 1366, deux cardinaux, délégués d'Urbain V, ordonnèrent qu'on interrogerait les aspirants aux grades sur tous les livres du même auteur.

En 1547, un ouvrage où Ramus reprochait des fautes à ces livres fut supprimé par le roi, et en 1624,[2] le parlement de

---

1. 1209. — On lisoit publiquement à Paris les livres de la Métaphysique d'Aristote apportés depuis peu de Constantinople et traduits de grec en latin; et comme par les subtilités qu'ils contiennent ils avoient donné occasion à cette hérésie (celle d'Amaury et de ses disciples), et la pouvoient encore donner à d'autres, le concile ordonna de les brûler tous, et défendit, sous peine d'excommunication, de les transcrire, les lire ou les retenir. Quant aux livres de la Physique générale d'Aristote, que l'on lisoit aussi à Paris depuis quelques années, on en défendit seulement la lecture pendant trois ans.

1215. — Le cardinal légat Robert de Courçon étoit toujours à Paris, où, par ordre du pape, il fit un règlement pour réformer les écoles... On expliquera ordinairement dans les écoles les livres d'Aristote de la dialectique tant vieille que nouvelle ;... on ne lira point les livres d'Aristote de métaphysique ou de physique, n leur abrégé, ni rien de David de Dinant...

1231. — Les maîtres ne se serviront point à Paris de ces livres de physique qui ont été défendus pour cause au concile provincial : jusques à ce qu'ils aient été examinés et purgés de tout soupçon d'erreur. C'est la Physique d'Aristote défendue généralement par le règlement que fit, en 1215, le légat Robert de Courçon, et nous apprenons ici qu'il le fit en un concile. Or le pape adoucit par cette bulle la défense du légat. (FLEURY, *Hist. ecclés.*, t. XVI et XVII.)

1265. — Un légat du Siége apostolique, nommé Simon, défendit de nouveau la lecture des livres d'Aristote, de la Métaphysique et de la Physique. (SAINT-MARC.)

2. En 1624, il y eut une *censure* et un arrêt contre quelques opinions contraires à Aristote, qui étoient enseignées par *des Claves,* chimiste, et un soldat (Antonius de Billon, alias Miles Philosophus, et in Universitate Parisiensi professor Peripateticus), professeur en philosophie, qu'on appeloit *Philosophus Miles.* (SAINT-MARC.)

Paris condamna au bannissement trois auteurs qui en avaient contredit la doctrine. (M. Daunou, III, 101, donne ces deux arrêts.)

Sur ces entrefaites, Descartes et Gassendi publièrent leurs ouvrages philosophiques, où, peu d'accord entre eux, ils attaquaient également les doctrines aristotéliques. Ils eurent beaucoup de partisans. L'Université, suivant l'opinion la plus commune, ou seulement une partie de l'Université, suivant Saint-Marc, voulut empêcher l'expansion de la philosophie nouvelle. Elle s'occupa d'une requête au parlement, et elle l'avait même, dit-on, rédigée, lorsque la publication de l'Arrêt burlesque la détourna de la présenter.

D'après le manuscrit Goujet, Boileau composa cette facétie sur la demande du premier président Lamoignon pour le délivrer, par la crainte du ridicule, des importunités universitaires. Selon le *Menagiana* (1694, II, 9), Despréaux agit de lui-même et *Boileau, le greffier,* glissa l'arrêt parmi d'autres qu'il présentait à signer à Lamoignon ; mais celui-ci s'aperçut de la ruse, et dit au greffier : « Ah ! voilà un tour de *ton* ONCLE. »

Malheureusement pour l'auteur de cette historiette, Jérôme Boileau, le greffier, était *frère* et non pas *neveu* du poëte, et son fils ne fut greffier qu'en 1679, huit ans après l'Arrêt.

Cette circonstance, qui montrait la fausseté de l'anecdote, n'a pas rebuté Brossette ; il eût été trop dur pour lui d'abandonner l'occasion de faire une longue note. Il a pris le parti de rectifier le récit primitif en substituant Dongois à Jérôme Boileau. Par malheur aussi, dans sa rectification, il a, à son tour, commis une bévue peu propre à lui mériter de la confiance. Il avance, en effet, que Dongois mêla l'Arrêt parmi les expéditions qu'il avait à présenter à la signature de Lamoignon, et qu'il avait à dessein laissé accumuler. Or les premiers présidents signaient, il est vrai, les minutes, mais non point les expéditions des arrêts.
(BERRIAT-SAINT-PRIX.)

ARRÊT BURLESQUE

DONNÉ EN LA GRAND'CHAMBRE DU PARNASSE,
EN FAVEUR DES MAITRES ÈS ARTS,
MÉDECINS ET PROFESSEURS DE L'UNIVERSITÉ DE STAGIRE,[1]
AU PAYS DES CHIMÈRES,
POUR LE MAINTIEN DE LA DOCTRINE D'ARISTOTE.

Vu par la cour la requête présentée[2] par les régents, maîtres ès arts, docteurs et professeurs de l'Université, tant en leurs noms que comme tuteurs et défenseurs de la doctrine de maître *en blanc*,[3] Aristote, ancien professeur royal en grec dans le collége du Lycée, et précepteur du feu roi de querelleuse mémoire, Alexandre dit le Grand, acquéreur de l'Asie, Europe, Afrique et autres lieux; contenant que, depuis quelques années, une inconnue, nommée la Raison, auroit entrepris d'entrer par force dans les écoles de ladite Université, et pour cet effet, à l'aide de certains quidams factieux, prenant les surnoms de Gassendistes, Cartésiens, Malebranchistes et Pourcho-

---

1. Ville de Macédoine, sur la mer Égée, et patrie d'Aristote. (BOILEAU, 1713.)
2. L'Université avoit présenté requête au parlement pour empêcher qu'on n'enseignât la philosophie de Descartes. La requête fut supprimée, et Bernier en fit imprimer une de sa façon. (BOILEAU, 1713.)
3. Ces mots *maître en blanc* sont pour suppléer au nom de baptême qui se met au-devant des noms des maîtres ès arts. (BROSSETTE.)

tistes,[1] gens sans aveu, se seroit mise en état d'en expulser ledit Aristote, ancien et paisible possesseur desdites écoles, contre lequel elle et ses consorts auroient déjà publié plusieurs livres, traités, dissertations et raisonnemens diffamatoires, voulant assujettir ledit Aristote à subir devant elle l'examen de sa doctrine, ce qui seroit directement opposé aux lois, us et coutumes de ladite Université, où ledit Aristote auroit toujours été reconnu pour juge sans appel et non comptable de ses opinions. Que même, sans l'aveu d'icelui, elle auroit changé et innové plusieurs choses en et au dedans de la nature, ayant ôté au cœur la prérogative d'être le principe des nerfs, que ce philosophe lui avoit accordée libéralement et de son bon gré, et laquelle elle auroit cédée et transportée au cerveau. Et ensuite, par une procédure nulle de toute nullité, auroit attribué audit cœur la charge de recevoir le chyle, appartenant ci-devant au foie, comme aussi de faire voiturer le sang par tout le corps, avec plein pouvoir audit sang d'y vaguer, errer et circuler impunément par les veines et artères, n'ayant autre droit ni titre, pour faire lesdites vexations, que la seule expérience, dont le témoignage n'a jamais été reçu dans lesdites écoles. Auroit aussi attenté ladite Raison, par une entreprise inouïe, de déloger le feu de la plus haute région du ciel, et prétendu qu'il n'avoit là aucun domicile, nonobstant les certificats dudit

---

1. Gassendi, né près de Digne, en Provence, 22 janvier 1592, mort à Paris, 14 octobre 1655. Lecteur de mathématiques au collége royal de France. — Descartes, né à La Haye, en Touraine, en 1596, mort à Stockholm, en 1650. — Malebranche, né à Paris en 1638, mort le 13 octobre 1715. — Edme Pourchot, né près d'Auxerre, en 1651, enseigna la philosophie pendant vingt-six ans avec éclat, d'abord au collége des Grassins, ensuite à celui des Quatre-Nations. Il fut nommé sept fois recteur de l'Université et mourut en 1724.

philosophe, et les visites et descentes faites par lui sur les lieux. Plus, par un attentat et voie de fait énorme contre la Faculté de médecine, se seroit ingérée de guérir, et auroit réellement et de fait guéri quantité de fièvres intermittentes, comme tierces, doubles-tierces, quartes, triples-quartes, et même continues, avec vin pur, poudre, écorce de quinquina et autres drogues inconnues audit Aristote et à Hippocrate son devancier, et ce sans saignée, purgation ni évacuation précédentes; ce qui est non-seulement irrégulier, mais tortionnaire et abusif; ladite Raison n'ayant jamais été admise ni agrégée au corps de ladite Faculté, et ne pouvant par conséquent consulter avec les docteurs d'icelle, ni être consultée par eux, comme elle ne l'a en effet jamais été. Nonobstant quoi, et malgré les plaintes et oppositions réitérées des sieurs Blondel, Courtois, Denyau[1] et autres défenseurs de la bonne doctrine, elle n'auroit pas laissé de se servir toujours desdites drogues, ayant eu la hardiesse de les employer sur les médecins mêmes de ladite Faculté, dont plusieurs, au grand scandale des règles, ont été guéris par lesdits remèdes : ce qui est d'un exemple très-dangereux, et ne peut avoir été fait que par mauvaises voies, sortiléges et pactes avec le diable. Et non contente de ce, auroit entrepris de diffamer et de bannir des écoles de philosophie les formalités, matérialités, entités, identités, virtualités, eccéités, pétréités, polycarpéités et autres êtres imaginaires, tous enfants et ayants cause de défunt maître Jean Scot,[2] leur père; ce qui por-

---

1. Blondel a écrit que le bon effet du quinquina venoit des pactes que les Américains avoient faits avec le diable. Courtois, médecin, aimoit fort la saignée. Denyau, autre médecin, nioit la circulation du sang. (BOILEAU, 1713.) — Voyez satire X.

2. Jean Duns, dit le Scot, c'est-à-dire l'Écossais, naquit vers la fin du XIIIe siècle (vers 1275) et mourut à Cologne en 1308.

teroit un préjudice notable et causeroit la totale subversion de la philosophie scolastique, dont elles font tout le mystère, et qui tire d'elles toute sa subsistance, s'il n'y étoit par la cour pourvu.[1] Vu les libelles intitulés *Physique de Rohault*,[2] *Logique de Port-Royal, Traités du Quinquina*, même l'ADVERSUS ARISTOTELEOS de Gassendi, et autres pièces attachées à ladite requête, signée CHICANEAU, procureur de ladite Université : Ouï le rapport du conseiller commis, tout considéré :

La COUR, ayant égard à ladite requête, a maintenu et gardé, maintient et garde ledit Aristote en la pleine et paisible possession et jouissance desdites écoles. Ordonne qu'il sera toujours suivi et enseigné par les régents, docteurs, maîtres ès arts et professeurs de ladite Université, sans que pour cela ils soient obligés de le lire, ni de savoir sa langue et ses sentiments. Et sur le fond de sa doctrine, les renvoie à leurs cahiers. Enjoint au cœur de continuer d'être le principe des nerfs, et à toutes personnes, de quelque condition et profession qu'elles soient, de le croire tel, nonobstant toute expérience à ce contraire. Ordonne pareillement au chyle d'aller droit au foie, sans plus passer par le cœur, et au foie de le recevoir. Fait défenses au sang d'être plus vagabond, errer ni circuler dans le corps, sous peine d'être entièrement livré et abandonné à la Faculté de médecine. Défend à la Raison et à ses adhérens

---

1. L'édition de 1702 ajoute : « auroit de plus fait des railleries contre les craintes du vide, les amours d'union, les sympathies et les antipéristases, par le moyen desquelles Aristote explique tous les changements de la nature ; et au lieu de mettre à couvert sous ces grands mots l'ignorance des philosophes, se seroit fait forte de rendre raison de tout par le mouvement et la figure des parties matérielles, ce qui est manifestement avilir la philosophie en la rendant par trop sensible. »
2. Voyez épître V.

de plus s'ingérer à l'avenir de guérir les fièvres tierces, doubles-tierces, quartes, triples-quartes ni continues, par mauvais moyens et voies de sortiléges, comme vin pur, poudre, écorce de quinquina et autres drogues non approuvées ni connues des anciens.[1] Et en cas de guérisons irrégulières par icelles drogues, permet aux médecins de ladite Faculté de rendre, suivant leur méthode ordinaire, la fièvre aux malades, avec casse, séné, sirops, juleps et autres remèdes propres à ce, et de remettre lesdits malades en tel et semblable état qu'ils étoient auparavant, pour être ensuite traités selon les règles, et, s'ils n'en réchappent, conduits du moins en l'autre monde suffisamment purgés et évacués. Remet les entités, identités, virtualités, eccéités et autres pareilles formules scotistes, en leur bonne fame et renommée. A donné acte aux sieurs Blondel, Courtois et Denyau de leur opposition au bon sens.[2] A réintégré le feu dans la plus haute région du ciel, suivant et conformément aux descentes faites sur les

---

1. Le quinquina (écorce des plantes du genre *Cinchona*, de la famille des Rubiacées) fut importé en Europe en 1648, par la comtesse de Cinchon, femme du vice-roi de Lima. Les mots « autres drogues non approuvées » doivent s'appliquer à l'émétique, c'est-à-dire au tartrate double de potasse et d'antimoine, sel contre lequel Guy-Patin a si spirituellement et si inutilement guerroyé. (M. Chéron.) Voir les lettres de Guy-Patin, un poëme de La Fontaine sur le quinquina, les comédies de Molière où il se moque des médecins.

2. L'édition de 1702 ajoute : « défend expressément à tous philosophes d'expliquer les changements naturels par d'autres termes que par la crainte du vide, l'amour d'union, la sympathie et l'antipéristase. »

Voici dans un sujet qui les admet davantage un exemple de ces sympathies fameuses au XVIIe siècle : c'est Rodogune qui parle de son penchant pour Antiochus :

> Il est des nœuds secrets, il est des sympathies,
> Dont par le doux rapport les âmes assorties
> S'attachent l'une à l'autre, et se laissent piquer
> Par ces je ne sais quoi qu'on ne peut expliquer.
> (CORNEILLE, *Rodogune*, acte I, scène VII.)

lieux.[1] Enjoint à tous régents, maîtres ès arts et professeurs d'enseigner comme ils ont accoutumé, et de se servir, pour raison de ce, de tel raisonnement qu'ils aviseront bon être, et aux répétiteurs hibernois et autres leurs suppôts de leur prêter main-forte, et de courir sus aux contrevenants, à peine d'être privés du droit de disputer sur les prolégomènes de la logique. Et afin qu'à l'avenir il n'y soit contrevenu, a banni à perpétuité la Raison des écoles de ladite Université ;[2] lui fait défenses

---

1. En 1671, 1697, 1702, il y a : « a relégué les comètes aux cerceaux de la lune, avec défense de ne jamais sortir, pour aller espionner ce qui se fait dans les cieux. » — 1702 ajoute : « et surtout fait ladite cour très-étroite inhibition et défense auxdits professeurs de faire dorénavant aucune expérience dans leurs écoles, même secrètement et à huis clos, à peine de passer pour savants et éclairés dans la prétendue belle philosophie ; chose notoirement contraire et dérogeante aux droits dudit Aristote. » — 1671, 1697 et 1702 ajoutent : « Défend à tous libraires et colporteurs de vendre et débiter à l'avenir le *Journal des Savants* et autres libelles contenant de nouvelles découvertes, à moins qu'elles ne servent pour faire entendre la matière première, la forme substantielle et autres pareilles définitions d'Aristote, qu'il n'a pas entendues lui-même. »

Ce n'est pas que Boileau voulût refuser à Aristote les éloges que l'on doit à son admirable génie, mais il combattait avec esprit un respect ridicule des anciens et posait nettement la loi du progrès qui régit les sciences humaines. C'est dans le même esprit que Pascal, dans un fragment d'un *Traité du vide*, dit ce qui suit : « De là vient que par une prérogative particulière, non-seulement chacun des hommes s'avance de jour en jour dans les sciences, mais que tous les hommes ensemble y font un continuel progrès à mesure que l'univers vieillit, parce que la même chose arrive dans la succession des hommes, que dans les âges différents d'un particulier. De sorte que toute la suite des hommes, pendant le cours des siècles, doit être considérée comme un même homme qui subsiste toujours, et qui apprend continuellement : d'où l'on voit avec combien d'injustice nous respectons l'antiquité dans ses philosophes ; car comme la vieillesse est l'âge le plus distant de l'enfance, qui ne voit que la vieillesse dans cet homme universel ne doit pas être cherchée dans les temps proches de la naissance, mais dans ceux qui en sont les plus éloignés ? »

2. 1671-1697 : « *la condamne en tous les dépens, dommages et intérêts envers les suppliants.* » Saint-Marc blâme Boileau d'avoir supprimé ce passage, en 1701, attendu, dit-il, que tout jugement définitif entre parties,

d'y entrer, troubler ni inquiéter ledit Aristote en la possession et jouissance d'icelles, à peine d'être déclarée janséniste et amie des nouveautés. Et à cet effet sera le présent arrêt lu et publié aux Mathurins de Stagire, à la première assemblée qui sera faite pour la procession du recteur,[1] et affiché aux portes de tous les collèges du Parnasse et partout où besoin sera. Fait ce trente-huitième jour d'août onze mil six cent soixante et quinze.

Collationné avec paraphe.[2]

statue sur les dépens, dommages et intérêts. C'est, comme le dit Berriat-Saint-Prix, une chicane de procureur à laquelle il répond par un argument de procureur ; les régents, maîtres ès arts, docteurs et professeurs n'ayant pas demandé condamnation à des dépens et à des dommages-intérêts, il n'y avait pas lieu de statuer sur ce point. On voit par là quelle exactitude Boileau mettait à tout ce qu'il faisait.

1. Quand le recteur faisoit ses processions, l'Université de Paris s'assembloit aux Mathurins. (Brossette.)

2. Il y a dans toutes les éditions, et à chaque ligne, des variantes de mots que nous avons cru inutile de mentionner, nous en tenant, comme nous l'avons dit, au texte critique de M. Berriat-Saint-Prix. (M. Chéron.)

REMERCIEMENT

A MESSIEURS

DE L'ACADÉMIE FRANÇOISE.[1]

Messieurs,

L'honneur que je reçois aujourd'hui est quelque chose pour moi de si grand, de si extraordinaire, de si peu attendu, et tant de sortes de raisons sembloient devoir pour jamais m'en exclure,[2] que, dans le moment même où je vous en fais mes remerciemens, je ne sais encore ce que je dois croire. Est-il possible, est-il bien vrai que vous

---

1. Boileau a été élu à l'Académie française, en 1684, en remplacement de M. de Bezons, conseiller d'État, et à l'unanimité des suffrages, sans avoir fait aucune démarche.

D'après les registres de l'Académie, la réception de Boileau eut lieu le 1er de juillet 1683 et le Discours fut publié en 1685.

Voir, au tome Ier, notre *Étude sur la vie de Boileau*, p. 308 et suivantes.

2. L'auteur avoit écrit contre plusieurs académiciens. (*Note de* 1713.)

Bayle, en rendant compte de ce discours, dit : « L'endroit où il dit que *l'entrée de l'Académie lui devoit être fermée pour tant de raisons* a renouvelé le souvenir de cette multitude d'académiciens morts et vivants qu'il a maltraités dans ses *satires*. Les Chapelain, les Cassagne, les Cotin, les Desmarest, les Scudéri, les Quinault, se sont présentés d'abord à l'esprit de tout le monde, et on croit que si le roi, qui est au-dessus des lois, ne se fût pas mêlé de la chose, l'Académie s'en fût tenue à ses statuts, qui l'obligent, dit-on, à avoir un sentiment d'exclusion pour tous ceux qui la diffament en la personne de ses membres. » (*Étude sur la vie de Boileau*, 312.)

m'ayez en effet jugé digne d'être admis dans cette illustre compagnie, dont le fameux établissement ne fait guère moins d'honneur à la mémoire du cardinal de Richelieu, que tant de choses merveilleuses qui ont été exécutées sous son ministère? Et que penseroit ce grand homme, que penseroit ce sage chancelier, qui a possédé après lui la dignité de votre protecteur,[1] et après lequel vous avez jugé ne pouvoir choisir que le roi même; que penseroient-ils, dis-je, s'ils me voyoient aujourd'hui entrer dans ce corps si célèbre, l'objet de leurs soins et de leur estime et où, par les lois qu'ils ont établies, par les maximes qu'ils ont maintenues, personne ne doit être reçu qu'il ne soit d'un mérite sans reproche, d'un esprit hors du commun, en un mot, semblable à vous? Mais à qui est-ce encore que je succède dans la place que vous m'y donnez? N'est-ce pas à un homme[2] également considérable et par ses grands exploits[3] et par sa profonde capacité dans les affaires; qui tenoit une des premières places dans le conseil; et qui en tant d'importantes occasions a été honoré de la plus étroite confiance de son prince; à un magistrat non moins sage qu'éclairé, vigilant, laborieux, et avec lequel, plus je m'examine, moins je me trouve de proportion?[4]

1. Le chancelier Séguier, mort en 1672. Les séances se tenaient dans son hôtel, et lorsqu'à sa mort Louis XIV se déclara protecteur de l'Académie, il lui permit de s'assembler au Louvre. (M. Chéron.)

2. M. de Bezons, conseiller d'État. (Boileau, 1713.) — Claude Basin de Bezons a laissé deux discours, l'un de sept pages, l'autre de dix, prononcés aux états de Carcassonne, comme intendant du Languedoc. (M. Chéron.) L'on croit qu'il est l'auteur d'une traduction du traité fait à Prague entre l'empereur et le duc de Saxe, 1635. (De Saint-Surin.)

3. Il faut convenir que *ces grands exploits* viennent ici de la manière la plus bizarre et la plus inattendue.

4. On voit que Boileau ne songe pas à varier la forme déjà devenue banale de ce remercîment obligé. La Bruyère en a pu dire avec malice :

Je sais bien, messieurs, et personne ne l'ignore, que, dans le choix que vous faites des hommes propres à remplir les places vacantes de votre savante assemblée, vous n'avez égard ni au rang ni à la dignité, que la politesse, le savoir, la connoissance des belles-lettres ouvrent chez vous l'entrée aux honnêtes gens, et que vous ne croyez point remplacer indignement un magistrat du premier ordre, un ministre de la plus haute élévation, en lui substituant un poëte célèbre, un écrivain illustre par ses ouvrages, et qui n'a souvent d'autre dignité que celle que son mérite lui donne sur le Parnasse. Mais, en qualité même d'homme de lettres, que puis-je vous offrir qui soit digne de la grâce dont vous m'honorez? Seroit-ce un foible recueil de poésies, qu'une témérité heureuse et quelque adroite imitation des anciens ont fait valoir, plutôt que la beauté des pensées, ni la richesse des expressions? Seroit-ce une traduction si éloignée de ces grands chefs-d'œuvre [1] que vous nous donnez tous les jours, et où vous faites si glorieusement revivre les Thucydide, les Xénophon, les Tacite, et tous ces autres

« Je veux en convenir, et que j'ai pris soin de m'écarter des lieux communs et des phrases proverbiales usées depuis si longtemps, pour avoir servi à un nombre infini de petits discours depuis la naissance de l'Académie françoise...: « être au comble de ses vœux de se voir académicien; protester que « ce jour où l'on jouit pour la première fois d'un si rare bonheur est le « plus beau jour de sa vie; douter si cet honneur qu'on vient de recevoir « est une chose vraie ou qu'on ait songée; espérer de puiser désormais à « la source les plus pures eaux de l'éloquence françoise; n'avoir accepté, « n'avoir désiré une telle place que pour profiter des lumières de tant de « personnes si éclairées, promettre que, tout indigne de leur choix qu'on « se reconnoît, on s'efforcera de s'en rendre digne. » Cent autres formules de pareils compliments sont-elles si rares et si peu connues que je n'eusse pu les trouver, les placer, et en mériter des applaudissements? » Préface du discours prononcé dans l'Académie française, le lundi 15 juin 1693.

1. Boileau avait écrit de 1685 à 1698 *chef-d'œuvres*, le texte de Berriat-Saint-Prix donne *chefs-d'œuvres*. Saint-Marc a relevé cette faute.

célèbres héros de la savante antiquité? Non, messieurs, vous connoissez trop bien la juste valeur des choses, pour payer d'un si grand prix des ouvrages aussi médiocres que les miens, et pour m'offrir de vous-mêmes, s'il faut ainsi dire, sur un si léger fondement, un honneur que la connoissance de mon peu de mérite ne m'a pas laissé seulement la hardiesse de demander.

Quelle est donc la raison qui vous a pu inspirer si heureusement pour moi en cette rencontre? Je commence à l'entrevoir, et j'ose me flatter que je ne vous ferai point souffrir en la publiant. La bonté qu'a eue le plus grand prince du monde, en voulant bien que je m'employasse avec un de vos plus illustres écrivains [1] à ramasser en un corps le nombre infini de ses actions immortelles; cette permission, dis-je, qu'il m'a donnée, m'a tenu lieu auprès de vous de toutes les qualités qui me manquent. Elle vous a entièrement déterminés en ma faveur. Oui, messieurs, quelque juste sujet qui dût pour jamais m'interdire

---

1. Racine et Boileau avaient été nommés historiographes en 1677.

« C'était Pellisson, jusque-là, qui était l'historiographe du roi : mais Pellisson, tout bon courtisan qu'il était, avait eu le malheur de déplaire à Mme de Montespan. Le roi avait accordé à sa maîtresse, la plus dépensière des femmes, je ne sais quel droit sur les boucheries de Paris; les bouchers réclamèrent devant le conseil du roi, et Pellisson, chargé du rapport comme maître des requêtes, donna raison aux bouchers. Mme de Montespan trouva que quelqu'un qui donnait tort à Mme de Montespan n'avait plus les qualités convenables à l'historien de Louis XIV, et elle fit nommer historiographes Racine et Despréaux. Pellisson avait peut-être aussi auprès de Mme de Montespan un autre tort que celui d'être un rapporteur équitable : il était un peu de la vieille cour, non pas de la Fronde, mais des premiers amis du roi, d'un temps antérieur à Mme de Montespan. Elle trouvait donc que son style avait vieilli, qu'il était trop périodique et trop lourd. Le style de Racine lui semblait plus vif et plus élégant : en quoi elle avait raison. Du style de Boileau en prose, personne ne savait rien; mais on le jugeait sur ses vers. » M. Saint-Marc Girardin, *Vie de Racine*, t. II, p. 466. Édit. Garnier frères.

l'entrée de votre Académie, vous n'avez pas cru qu'il fût de votre équité de souffrir qu'un homme destiné à parler de si grandes choses fût privé de l'utilité de vos leçons, ni instruit en d'autre école qu'en la vôtre. Et en cela vous avez bien fait voir que, lorsqu'il s'agit de votre auguste protecteur, quelque autre considération qui vous pût retenir d'ailleurs, votre zèle ne vous laisse plus voir que le seul intérêt de sa gloire.

Permettez pourtant que je vous désabuse, si vous vous êtes persuadés que ce grand prince, en m'accordant cette grâce, ait cru rencontrer en moi un écrivain capable de soutenir en quelque sorte, par la beauté du style et par la magnificence des paroles, la grandeur de ses exploits. C'est à vous, messieurs, c'est à des plumes comme les vôtres, qu'il appartient de faire de tels chefs-d'œuvre; [1] et il n'a jamais conçu de moi une si avantageuse pensée. Mais comme tout ce qui s'est fait sous son règne tient beaucoup du miracle et du prodige, il n'a pas trouvé mauvais qu'au milieu de tant d'écrivains célèbres qui s'apprêtent à l'envi à peindre ses actions dans tout leur éclat et avec tous les ornements de l'éloquence la plus sublime, un homme sans fard, et accusé plutôt de trop de sincérité que de flatterie, contribuât de son travail et de ses conseils à bien mettre en jour, [2] et dans toute la naïveté du style le plus simple, la vérité de ses actions, qui, étant si peu vrai-

---

1. Voir la note sur ce mot à la page précédente.
2. C'est la pensée qu'il avait exprimée dans ces vers de l'épître I ; il dit en parlant des exploits du roi :

> Si quelque esprit malin les veut traiter de fables,
> On dira quelque jour pour les rendre croyables :
> Boileau, qui, dans ses vers pleins de sincérité,
> Jadis à tout son siècle a dit la vérité,
> Qui mit à tout blâmer son étude et sa gloire,
> A pourtant de ce roi parlé comme l'histoire.

semblables d'elles-mêmes, ont bien plus besoin d'être fidèlement écrites que fortement exprimées.

En effet, messieurs, lorsque des orateurs et des poëtes, ou des historiens même aussi entreprenants quelquefois que les poëtes et les orateurs, viendront à déployer sur une matière si heureuse toutes les hardiesses de leur art, toute la force de leurs expressions; quand ils diront de Louis le Grand, à meilleur titre qu'on ne l'a dit d'un fameux capitaine de l'antiquité, qu'il a lui seul plus fait d'exploits que les autres n'en ont lu, qu'il a pris plus de villes que les autres rois n'ont souhaité d'en prendre;[1] quand ils assureront qu'il n'y a point de potentat sur la terre, quelque ambitieux qu'il puisse être, qui, dans les vœux secrets qu'il fait au ciel, ose lui demander autant de prospérités et de gloire que le ciel en a accordé libéralement à ce prince; quand ils écriront que sa conduite est maîtresse des événemens, que la fortune n'oseroit contredire ses desseins; quand ils le peindront à la tête de ses armées, marchant à pas de géant au travers des fleuves et des montagnes, foudroyant les remparts, brisant les rocs, terrassant tout ce qui s'oppose à sa rencontre : ces expressions paroîtront sans doute grandes, riches, nobles, accommodées au sujet; mais, en les admirant, on ne se croira point obligé d'y ajouter foi, et la vérité sous ces ornemens pompeux pourra aisément être désavouée ou méconnue.

Mais lorsque des écrivains sans artifice, se contentant de rapporter fidèlement les choses, et avec toute la simplicité de témoins qui déposent, plutôt même que d'histo-

---

1. Mot fameux de Cicéron en parlant de Pompée : *Plura bella gessit quam cæteri legerunt.* (Boileau, 1713.)

riens qui racontent, exposeront bien tout ce qui s'est passé
en France depuis la fameuse paix des Pyrénées,[1] tout ce
que le roi a fait pour rétablir dans ses États l'ordre, les
lois, la discipline;[2] quand ils compteront bien toutes les
provinces que dans les guerres suivantes il a ajoutées à
son royaume, toutes les villes qu'il a conquises, tous les
avantages qu'il a eus, toutes les victoires qu'il a remportées
sur ses ennemis, l'Espagne, la Hollande, l'Allemagne,
l'Europe entière trop foible contre lui seul, une guerre
toujours féconde en prospérités, une paix encore plus glorieuse; quand, dis-je, des plumes sincères et plus soi-
gneuses de dire vrai que de se faire admirer articuleront
bien tous ces faits disposés dans l'ordre des temps, et
accompagnés de leurs véritables circonstances : qui est-ce
qui en pourra disconvenir, je ne dis pas de nos voisins, je
ne dis pas de nos alliés, je dis de nos ennemis mêmes? Et
quand ils n'en voudroient pas tomber d'accord, leurs puis-
sances diminuées, leurs États resserrés dans des bornes
plus étroites, leurs plaintes, leurs jalousies, leurs fureurs,
leurs invectives mêmes, ne les en convaincront-ils pas
malgré eux? Pourront-ils nier que, l'année même où je
parle, ce prince voulant les contraindre d'accepter la paix,
qu'il leur offroit pour le bien de la chrétienté, il a tout à
coup, et lorsqu'ils le publioient entièrement épuisé d'argent
et de forces, il a, dis-je, tout à coup fait sortir comme de
terre, dans les Pays-Bas, deux armées de quarante mille
hommes chacune, et les y a fait subsister abondamment,
malgré la disette des fourrages et la sécheresse de la saison? Pourront-ils nier que, tandis qu'avec une de ses

1. La paix signée le 7 de novembre 1659, dans l'île des Faisans.
2. Voir dans la première épître de Boileau un tableau raccourci de ces
réformes.

armées il faisoit assiéger Luxembourg, lui-même avec l'autre, tenant toutes les villes du Hainaut et du Brabant comme bloquées, par cette conduite toute merveilleuse, ou plutôt par une espèce d'enchantement semblable à celui de cette tête si célèbre dans les fables, dont l'aspect convertissoit les hommes en rochers, il a rendu les Espagnols immobiles spectateurs de la prise de cette place si importante, où ils avoient mis leur dernière ressource; que, par un effet non moins admirable d'un enchantement si prodigieux, cet opiniâtre ennemi de sa gloire, cet industrieux artisan de ligues et de querelles,[1] qui travailloit depuis si longtemps à remuer contre lui toute l'Europe, s'est trouvé lui-même dans l'impuissance, pour ainsi dire, de se mouvoir, lié de tous côtés, et réduit pour toute vengeance à semer des libelles, à pousser des cris et des injures? Nos ennemis, je le répète, pourront-ils nier toutes ces choses? Pourront-ils ne pas avouer qu'au même temps que ces merveilles s'exécutoient dans les Pays-Bas, notre armée navale sur la mer Méditerranée, après avoir forcé Alger à demander la paix, faisoit sentir à Gênes, par un exemple à jamais terrible, la juste punition de ses insolences et de ses perfidies, ensevelissoit sous les ruines de ses palais et de ses maisons cette superbe ville, plus aisée à détruire qu'à humilier? Non, sans doute, nos ennemis n'oseroient démentir des vérités si reconnues, surtout

---

1. Guillaume de Nassau, prince d'Orange, qui était en 1684 stathouder de Hollande et qui devint roi d'Angleterre en 1688.

La Bruyère a dit de ce prince : « Vous avez surtout un homme pâle et livide, qui n'a pas sur soi dix onces de chair, et que l'on croiroit jeter à terre du moindre souffle, il fait néanmoins plus de bruit que les autres, et met tout en combustion, il vient de pêcher en eau trouble une île tout entière; ailleurs, à la vérité, il est battu et poursuivi, mais il se sauve par *les marais*, et ne veut écouter ni paix ni trêve. » (*Des Jugements.*)

lorsqu'ils les verront écrites avec cet air simple et naïf, et dans ce caractère de sincérité et de vraisemblance, qu'au défaut des autres choses je ne désespère pas absolument de pouvoir, au moins en partie, fournir à l'histoire.

Mais comme cette simplicité même, tout ennemie qu'elle est de l'ostentation et du faste, a pourtant son art, sa méthode, ses agréments, où pourrois-je mieux puiser cet art et ces agréments que dans la source même de toutes les délicatesses, dans cette Académie qui tient depuis si longtemps en sa possession tous les trésors, toutes les richesses de notre langue? C'est donc, messieurs, ce que j'espère aujourd'hui trouver parmi vous, c'est ce que j'y viens étudier, c'est ce que j'y viens apprendre. Heureux si, par mon assiduité[1] à vous cultiver, par mon adresse à vous faire parler sur ces matières, je puis vous engager à ne me rien cacher de vos connoissances et de vos secrets! Plus heureux encore si, par mes respects et par mes sincères soumissions, je puis parfaitement vous convaincre de l'extrême reconnoissance que j'aurai toute ma vie de l'honneur inespéré que vous m'avez fait!

---

1. « Boileau, entré si tard à l'Académie, n'y fut jamais complétement chez lui. Il ne fut jamais content d'elle; il n'avait guère que des épigrammes à la bouche, quand il en parlait; il était presque de l'avis de Mme de Maintenon, à qui l'on reprochait de ne pas la regarder comme un corps sérieux. Les confrères de Boileau, de leur côté, ne le virent jamais que comme un ennemi introduit de force dans leur camp. Ils ne goûtaient ni ses avis ni ses sentiments. » — Voir, au tome Ier, la *Vie de Boileau*, p. 314.

DISCOURS

SUR

LE STYLE DES INSCRIPTIONS.[1]

M[r] [2] Charpentier, de l'Académie françoise, ayant composé des inscriptions pleines d'emphase, qui furent mises par ordre du roi au bas des tableaux des victoires de ce prince, peints dans la grande galerie de Versailles par monsieur Le Brun, monsieur de Louvois, qui succéda à monsieur Colbert dans la charge de surintendant des bâtiments, fit entendre à Sa Majesté que ces inscriptions déplaisoient fort à tout le monde; et, pour mieux lui montrer que c'étoit avec raison, me pria de faire sur cela un mot d'écrit qu'il pût montrer au roi. Ce que je fis aussitôt. Sa Majesté lut cet écrit avec plaisir, et l'approuva : de sorte que la saison l'appelant à Fontainebleau, il ordonna qu'en son absence on ôtât toutes ces pompeuses déclamations de Mr Charpentier, [3] et qu'on

1. Publié pour la première fois en 1713.
2. Dans les éditions de 1713 et dans toutes les suivantes, du XVIIIe siècle, on a placé cet avis, comme il l'est ici, en le distinguant du texte par des caractères particuliers. La plupart des éditeurs modernes l'ont mis en note; quelques-uns en ont fait un article séparé sous le titre d'Avertissement. (B.-S.-P.)
3. Cette abréviation, pour désigner Charpentier, est assez singulière, lorsque Boileau emploie le *monsieur* tout au long pour Le Brun et Racine. (B.-S.-P.)

Boileau était particulièrement hostile à Charpentier. On voit qu'il le

y mit les inscriptions simples qui y sont, que nous composâmes presque sur-le-champ, monsieur Racine et moi, et qui furent approuvées de tout le monde. [1] C'est cet écrit, fait à la prière de monsieur de Louvois, que je donne ici au public. [2]

Les inscriptions doivent être simples, courtes et familières. La pompe ni la multitude des paroles n'y valent

désigne sous le nom du *gros Charpentier* dans la XLIVe épigramme. Il lui trouvait le style *écolier;* il ne lui pardonnait pas d'être du parti de Perrault. Si nous en croyons Furetière, ce Charpentier n'était guère aimable. Il dit de lui dans son *Second factum :* « Le sieur Charpentier, à cause qu'il sait quelque peu de grec, passe pour savant devant ceux qui n'en savent point du tout. Il a lu quelques livres de l'histoire de Perse, mais le public ne lui a pas rendu la réciproque et n'a guère lu les siens, qui n'ont par conséquent aucune autorité en françois. » Ailleurs, dans la même pièce, il nous donne une idée peu favorable du caractère de Charpentier : « On aura de la peine à croire que ces messieurs, qui se piquent de si grande politesse pour la langue, en aient si peu dans leur manière de vivre. Ils décident en souverains, et s'injurient en crocheteurs. Il n'y a eu personne exempt de grosses paroles, surtout quand il y a été directeur; et j'admirai un jour la patience de M. Quinault en cette place, qui souffrit en bon chrétien l'insulte que lui fit M. Charpentier, en lui disant qu'on devoit s'étonner qu'avec si peu de mérite et une si basse naissance, il eût fait une si grande fortune. » Il continue et rapporte comment l'abbé Tallemant et Charpentier se prirent un jour de paroles, et comment, après quelque gradation d'injures, Charpentier reprocha à l'abbé Tallemant qu'il était fils d'un marchand banqueroutier de La Rochelle : « Tallemant répliqua à Charpentier qu'il étoit fils d'un cabaretier de Paris. En même temps Charpentier jeta à la tête de Tallemant un dictionnaire de Nicot. Tallemant jeta à la tête de Charpentier un dictionnaire de Mouet. Ils se répliquèrent même par d'autres volumes avant qu'on eût le loisir de se mettre entre deux. »

1. Furetière dit dans son *Second factum,* en parlant de l'abbé François Tallemant des Réaux : « Je ne le blâmerois pas d'avoir cherché tous les moyens de se faire paroître par l'achat d'une petite charge abandonnée de faiseur de devises et inscriptions, s'il en eût été capable; mais le malheur a voulu qu'ayant fait des inscriptions pour des tableaux de la galerie de Versailles, elles ont été trouvées si mauvaises, qu'il y a eu ordre de les effacer, et le sieur Charpentier en a fait d'autres, qui seront effacées à leur tour dans quelque temps. Cette prédiction a été accomplie plus tôt que je ne pensois, et le sieur Racine a fait de nouvelles inscriptions qui ont effacé toutes les autres. »

2. Boileau avait été nommé à l'*Académie des médailles,* depuis Académie des inscriptions, peu de temps après son entrée à l'Académie française,

rien, et ne sont point propres au style grave, qui est le vrai style des inscriptions. Il est absurde de faire une déclamation autour d'une médaille ou au bas d'un tableau, surtout lorsqu'il s'agit d'actions comme celles du roi, qui, étant d'elles-mêmes toutes grandes et toutes merveilleuses, n'ont pas besoin d'être exagérées.

Il suffit d'énoncer simplement les choses pour les faire admirer. « Le passage du Rhin » dit beaucoup plus que « le merveilleux passage du Rhin. » l'épithète de MER-VEILLEUX en cet endroit, bien loin d'augmenter l'action, la diminue, et sent son déclamateur qui veut grossir de petites choses. C'est à l'inscription à dire : « Voilà le passage du Rhin, » et celui qui lit saura bien dire sans elle : « Le passage du Rhin est une des plus merveilleuses actions qui aient jamais été faites dans la guerre. » Il le dira même d'autant plus volontiers que l'inscription ne l'aura pas dit avant lui, les hommes naturellement ne pouvant souffrir qu'on prévienne leur jugement, ni qu'on

en 1684, et il fut toujours beaucoup plus assidu aux séances de la première qu'à celles de la seconde. (M. CHÉRON.)

Cette académie, fondée en 1663 par Colbert, se composa de membres présentés par Perrault : « c'étoient, dit Furetière, ce qu'il y avoit de plus foible dans la littérature : un Cassagne, un Charpentier, un jeune Tallemant, un Quinault, tous ses amis et ses semblables.

« Ils ont bien fait voir qu'il ne falloit pas juger de leur habileté par le titre de leurs pensions. Depuis quinze ou vingt ans que cette fausse académie s'assemble, on ne lui a rien vu produire qui ait mérité quelque estime... Cependant les devises et inscriptions ont le privilége des bons mots, qui ont cet avantage sur les autres productions de l'esprit que leur brièveté, leur vivacité et leur justesse leur font trouver place aisément dans la mémoire, et se répandent facilement dans le public, parce qu'ils sont en la bouche de tout le monde.

« Mais ces messieurs n'en ont pas fait une seule qui ait valu la peine d'être retenue ; elles sont toutes demeurées dans l'obscurité ; elles ont déshonoré les riches matières qui en ont été chargées, et on a été contraint de les effacer dans les lieux éminents où elles avoient été peintes. »

leur impose la nécessité d'admirer ce qu'ils admireront assez d'eux-mêmes.

D'ailleurs, comme les tableaux de la galerie de Versailles sont des espèces d'emblèmes héroïques des actions du roi, il ne faut, dans les règles, que mettre au bas du tableau le fait historique qui a donné occasion à l'emblème. Le tableau doit dire le reste, et s'expliquer tout seul. Ainsi, par exemple, lorsqu'on aura mis au bas du premier tableau : « Le roi prend lui-même la conduite de son royaume, et se donne tout entier aux affaires, 1661, » il sera aisé de concevoir le dessein du tableau, où l'on voit le roi, fort jeune, qui s'éveille au milieu d'une foule de plaisirs dont il est environné, et qui, tenant de la main un timon, s'apprête à suivre la gloire qui l'appelle, etc.

Au reste, cette simplicité d'inscriptions est extrêmement du goût des anciens, comme on le peut voir dans les médailles, où ils se contentoient souvent de mettre pour toute explication la date de l'action qui est figurée, ou le consulat sous lequel elle a été faite, ou tout au plus deux mots qui apprennent le sujet de la médaille.

Il est vrai que la langue latine, dans cette simplicité, a une noblesse et une énergie[1] qu'il est difficile d'attraper en notre langue ; mais si l'on n'y peut atteindre, il faut s'efforcer d'en approcher, et tout du moins ne pas charger nos inscriptions d'un verbiage et d'une enflure de paroles qui, étant fort mauvaise partout ailleurs, devient surtout insupportable en ces endroits.

Ajoutez à tout cela que ces tableaux étant dans l'appartement du roi, et ayant été faits par son ordre, c'est en

---

1. Voyez, dans la *Correspondance*, une lettre à Brossette du 15 de mai 1705.

quelque sorte le roi lui-même qui parle à ceux qui viennent voir sa galerie. C'est pour ces raisons qu'on a cherché une grande simplicité dans les nouvelles inscriptions, où l'on ne met proprement que le titre et la date, et où l'on a surtout évité le faste et l'ostentation.[1]

---

[1]. Ce discours sur le style des inscriptions, et le remercîment à l'Académie française, sont les seuls ouvrages académiques de Boileau. Il n'y a rien de lui dans les Mémoires de l'Académie des inscriptions et belles-lettres. (DAUNOU.)

DESCRIPTIONS

ou

EXPLICATIONS DE MÉDAILLES.[1]

I.

LA MORT DE LOUIS XIII.

Au mois de février, le roi Louis XIII tomba malade d'une fièvre lente qui le consuma peu à peu, de sorte que vers la fin du mois d'avril on désespéra entièrement de sa guérison. Il vit bien lui-même qu'il n'avoit pas encore

---

1. L'Académie des médailles, ou petite académie, avait été chargée d'imaginer et de faire exécuter des médailles sur les principaux événements du règne de Louis XIV. Les projets, soit pour les types, soit pour les légendes, en étaient discutés dans ses assemblées, et les dessins faits par Noël Coypel. Lorsqu'il les rapportait, un des académiciens se chargeait de rédiger la *description* de la médaille, description qui, lorsqu'elle obtenait l'approbation de l'Académie, était transcrite sur ses registres. Toutes ces descriptions, au nombre de deux cent quatre-vingt-six, ont été réunies et publiées par ordre chronologique des faits, dans l'ouvrage intitulé *Médailles sur les principaux événements du règne de Louis le Grand, avec des explications historiques, par l'Académie royale des médailles et des inscriptions.* Paris, 1702, in-folio et in-4°.

On conçoit, d'après ce titre, que les rédacteurs des descriptions ou explications ne soient point nommés dans l'ouvrage; mais ils le sont souvent dans les registres, et c'est là que nous avons découvert que Boileau

longtemps à vivre, et songea à prévenir les désordres que sa mort pourroit causer. Sa Majesté pourvut à tous les besoins de ses armées, nomma à toutes les charges et à toutes les places vacantes, et par une déclaration expresse, qu'il fit lire en présence de tous les grands du royaume, assemblés par son ordre dans la chambre où il étoit malade, il établit la reine sa femme régente après sa mort ; ensuite il ne pensa plus qu'à bien mourir. Il avoit été, durant sa maladie, en de continuels exercices de piété ; il les redoubla encore dans les derniers jours de sa vie, montra une entière résignation à la volonté de Dieu, reçut les sacrements avec une ferveur singulière, et le quatorzième jour de mai il mourut à Saint-Germain-en-Laye, regretté de tous ses sujets, dont il étoit tendrement aimé. Il s'est fait sous son règne un nombre infini d'actions à jamais mémorables, et on peut dire que c'est lui qui a jeté les premiers fondements de cette grandeur où l'on voit aujourd'hui la France sous le roi son fils. C'étoit un prince plein de valeur, modéré, vertueux, et si ami de la justice, qu'on lui donna par excellence le surnom de *Juste.* [1]

C'est le sujet de cette médaille. On y voit sur un pié-

est l'auteur des onze que nous donnons ici (c'est la première fois qu'elles sont jointes à ses OEuvres) d'après le même ouvrage, et en indiquant la séance d'approbation.

Il a même, selon toute apparence, rédigé plusieurs des descriptions dont les auteurs ne sont pas nommés ; mais nous avons dû nous restreindre à celles sur lesquelles il ne pouvait s'élever aucun doute. (BERRIAT-SAINT-PRIX.)

On lit dans les *Mélanges curieux* des meilleures pièces attribuées à Saint-Évremond, t. I, p. 207, la préface de cet ouvrage (*Médailles sur les principaux événements, etc., etc.*) ; elle est intéressante à consulter.

1. Selon Vittorio Siri (*Mercure*, 1652, III, 628), on lui donna le surnom de *juste* parce qu'il était né sous le signe de la Balance, symbole de la justice, et que, dès son enfance, il avait montré une inclination naturelle pour l'exercice de cette vertu. — Comme il était fort adroit à la chasse, un plaisant disait de lui : *juste à tirer de l'arquebuse*. (B.-S.-P.)

destal la Justice debout, qui couronne ce prince. Les mots de la légende, Ludovico Justo Parenti optime merito, signifient que le roi a fait frapper cette médaille *à l'honneur de Louis le Juste, par un sentiment de reconnoissance pour un si bon père.* On lit à l'exergue : Obiit xiv. maii. m. dc. xliii. *Il mourut le 14 mai* 1643. (*Médailles,* etc., p. 3. *Séance du* 16 *mars* 1697.)

II.

LA RÉGENCE DE LA REINE MÈRE.

Louis XIII, en mourant, avoit déclaré la reine, sa femme, régente, et lui avoit nommé un conseil, dont le duc d'Orléans, oncle du roi, seroit le chef, et sans lequel elle ne pourroit agir. Quatre jours après, le roi tint, pour la première fois, son lit de justice au parlement, où il entra porté par son grand chambellan et par l'un de ses capitaines des gardes, et fut mis sur un trône qu'on lui avoit préparé. La reine sa mère étoit assise à la droite sous le dais. Le roi dit qu'il étoit venu pour témoigner sa bonne volonté à la compagnie, et que son chancelier expliqueroit le reste. Ensuite la reine recommanda au parlement de donner au roi son fils les conseils les plus convenables. Le duc d'Orléans dit qu'il ne vouloit point se prévaloir de la disposition du feu roi, et qu'il ne prétendoit d'autre part au gouvernement que celle que voudroit bien lui donner la reine, qui méritoit d'avoir seule la régence sans aucun partage. Le prince de Condé ajouta qu'une autorité partagée ne pouvoit que préjudicier à l'État. Le chancelier, ayant demandé au roi l'ordre de parler, appuya ce sentiment, et l'avocat général Talon donna des conclusions conformes. Après quoi le chancelier, ayant de nouveau reçu l'ordre de Sa Majesté, et la reine témoignant que son intention étoit de s'en remettre à la résolution de la compagnie, il alla aux opinions. Elles se trouvèrent uniformes,[1] et le chancelier prononça l'arrêt par lequel le roi déclaroit la reine seule régente, avec plein pouvoir de se choisir tels ministres qu'il lui plairoit.

C'est le sujet de cette médaille. On y voit le roi sur son trône, et la reine sa mère à ses côtés, soutenant la main dont il tient son sceptre. Les mots de la légende, ANNÆ AUSTRIACÆ REGIS ET REGNI CURA DATA, signifient *le soin du roi et du royaume confié à Anne d'Autriche.* L'exergue marque la date 1643. (*Médailles*, etc., p. 5. *Séance du 20 juillet* 1697.)

III.

LA PRISE DE PIOMBINO ET DE PORTOLONGONE.

Cette campagne, fort glorieuse dans les Pays-Bas et en Catalogne,[2] n'avoit pas eu le même succès en Italie,

---

1. « Anne d'Autriche s'adressa au parlement parce que Marie de Médicis s'était servie du même tribunal après la mort de Henri IV ; et Marie de Médicis avait donné cet exemple, parce que toute autre voie eût été longue et incertaine ; que le parlement, entouré de ses gardes, ne pouvait résister à ses volontés, et qu'un arrêt rendu au parlement et par les pairs semblait assurer un droit incontestable. » (VOLTAIRE, *Siècle de Louis XIV*, ch. III.)

D'ailleurs, Anne d'Autriche avait commencé par gagner, en leur donnant des gouvernements, le duc d'Orléans et le prince de Condé, et détourné par ses intrigues quelques membres du parlement de faire des représentations. Voir Larrey, I, 35 et suiv. ; Reboulet, I, 27 et suiv. (B.-S.-P.)

2. Erreur... Si la campagne de 1646 avait été, en effet, fort glorieuse

où la levée du siége d'Orbitelle avoit déjà ébranlé les alliés de la France. Une si légère disgrâce fut presque aussitôt réparée par la prise de Piombino et de Portolongone, situées, la première sur la côte de Toscane, et l'autre tout proche, dans l'île d'Elbe. Le maréchal de La Meilleraye et le maréchal du Plessis [1] y étant arrivés sur la fin de septembre avec une flotte considérable, qui, quelques jours après, fut suivie de quinze galères, et ayant débarqué leurs troupes, assiégèrent successivement ces deux places par terre et par mer, sans que les Espagnols, à qui il importoit extrêmement de les conserver, osassent tenter d'y envoyer du secours. Piombino fut prise en deux jours, mais Portolongone fit une plus longue résistance; elle ne se rendit que le dix-huitième jour de tranchée ouverte, après avoir soutenu un grand assaut sur la brèche du bastion. [2] Ces deux conquêtes rassurèrent les alliés du roi, et ils demeurèrent fermes dans son alliance.

C'est le sujet de cette médaille. L'Italie y est représentée à l'antique, et la Victoire lui montre deux couronnes murales. Les mots de la légende, FIRMATA SOCIORUM FIDES, signifient *la fidélité des alliés affermie.* Ceux de l'exergue,

---

dans les Pays-Bas, par la prise de Courtray, de Bergues, de Mardick, de Furnes, de Dunkerque et de Longwy, et par la victoire de Courtray (31 octobre), elle avait été désastreuse en Catalogne, où le comté d'Harcourt avait été forcé de lever le siége de Lérida. Riencourt, I, 177 et 196; Larrey, I, 267 et 269. L'Académie et Boileau ont confondu la campagne de 1646 avec celle de 1645, où l'armée française s'était emparée de Roses et de Balaguer, et avait remporté la victoire de Llorens. Riencourt, I, 161; Larrey, I, 139; Reboulet, I, 100. (B.-S.-P.)

1. Charles de La Porte de La Meilleraie, maréchal de France depuis 1639, fait duc et pair en 1663, mort en 1664, père du duc de Mazarin. — César de Choiseul, comte du Plessis-Praslin, maréchal de France depuis 1645. Moréri et *Gazette de France.* (B.-S.-P.)

2. Piombino fut pris le 8, et Portolongone, le 28 d'octobre. *Gazette de France.*

Piumbino et Portulongo expugnatis m. dc. xlvi, veulent dire *la prise de Piombino et de Portolongone*, 1646. (*Médailles*, etc., p. 22. *Séance du* 20 *décembre* 1695.)

IV.

LA BATAILLE DE RÉTEL.

Le maréchal du Plessis, avec le peu de troupes qu'il avoit, ne se trouvant pas en état de faire tête aux Espagnols, s'étoit enfermé dans Reims. Mais au commencement de décembre, il reçut un gros détachement de l'armée qui avoit accompagné le roi en Guyenne, où les désordres étoient enfin apaisés. Avec ce renfort, malgré l'hiver, il alla mettre le siége devant Rétel, dont les ennemis s'étoient emparés, et d'où ils pouvoient faire des courses jusqu'à Paris. Il pressa si vivement le siége, que le maréchal de Turenne, qui étoit alors dans leur parti, et qu'ils avoient laissé dans la Champagne avec un corps d'armée de treize à quatorze mille hommes, s'avança inutilement pour secourir la place. Il la trouva prise,[1] et se retira en diligence. Mais le maréchal du Plessis, qui vouloit l'empêcher d'hiverner dans cette province, le suivit aussitôt; et quoique plus foible de moitié en cavalerie, il résolut, à quelque prix que ce fût, de le combattre. Les deux armées marchèrent quelque temps à la vue l'une de l'autre sur deux hauteurs opposées, et seulement séparées

---

1. Le 13 de décembre 1650 (le dixième jour du siége). *Gazette de France.* (B.-S.-P.)

par un vallon. Le maréchal du Plessis, pour ne les pas laisser échapper, se préparoit à descendre, lorsqu'il s'aperçut que les ennemis eux-mêmes descendoient et venoient à lui. Il rangea son armée en bataille sur la colline qu'il occupoit, et, se servant de l'avantage que lui donnoit la hauteur, il fondit sur eux avec tant de succès, qu'après un combat fort opiniâtre,[1] il les rompit, leur tua deux mille hommes, prit leur canon et leur bagage, et fit trois mille prisonniers.

C'est le sujet de cette médaille. La Victoire, tenant un javelot et un bouclier, foule aux pieds la Discorde. Les mots de la légende, VICTORIA RETELENSIS, signifient *la victoire de Rétel*. On lit sur le bouclier : DE HISPANIS, c'est-à-dire, *Victoire remportée sur les Espagnols*. A l'exergue est la date 1650... (*Médailles*, etc., p. 31... *Séance du 26 mars* 1697.)

V.

LA MAJORITÉ DU ROI.

Dès que le roi fut entré dans sa quatorzième année, qui est l'âge que la loi prescrit en France pour la majorité des rois, la reine mère crut qu'il falloit déclarer au plus tôt le roi son fils majeur. Le roi partit du Palais-Royal sur les neuf heures du matin ; il étoit à cheval, précédé de toutes les troupes et de tous les officiers de sa maison, et accompagné des seigneurs de sa cour, qui

1. Le 15 de décembre 1650. *Gazette de France*. (B.-S.-P.)

étoient aussi à cheval, et tous superbement vêtus. Une multitude incroyable de peuple étoit dans les rues, aux fenêtres, et jusque sur les toits. Sa Majesté alla au parlement, et, assis sur son lit de justice, il exposa en peu de mots le sujet de sa venue, qui fut expliqué plus au long par le chancelier. La reine sa mère, assise à sa droite, un peu au-dessous, lui dit que, les lois du royaume l'appelant au gouvernement de l'État, elle lui remettoit avec joie la puissance dont elle avoit été dépositaire durant sa minorité. Le roi se leva, l'embrassa, et, s'étant remis à sa place, la remercia en des termes pleins de majesté et de tendresse. Aussitôt le duc d'Anjou son frère, le duc d'Orléans son oncle, et le prince de Conti [1] le saluèrent avec un profond respect; tous les seigneurs de la cour firent de même. Le premier président et les présidents le saluèrent aussi, mais un genou à terre, [2] et le premier président l'assura du zèle et de la fidélité de la compagnie. Alors on ouvrit les portes, et Sa Majesté, après avoir fait enregistrer un édit contre les duels, et une déclaration contre les blasphémateurs, [3] s'en retourna au milieu des acclamations du peuple.

C'est le sujet de cette médaille. La reine mère y pré-

1. Le prince de Condé refusa d'y paraître, et se retira bientôt de la cour pour s'allier avec l'Espagne contre Louis XIV. Riencourt, II, 21; Reboulet, II, 120; Larrey, II, 230. (B.-S.-P.)

2. On pourrait induire de cette tournure que les magistrats seuls mirent un genou à terre, tandis que, d'après le récit de Riencourt (II, 20) et de Larrey (II, 232), les trois princes, même le frère du roi, firent aussi une génuflexion. (B.-S.-P.)

3. Elle confirme une ordonnance de Louis XII, qui les punit pour la première fois d'une amende arbitraire, laquelle sera toujours doublée jusqu'à la quatrième... A la cinquième fois, le carcan ; à la sixième, amputation de la lèvre supérieure; à la septième, amputation de la lèvre inférieure. Louis XIV ajoute qu'un tiers de l'amende sera pour le dénonciateur. *Répertoire de jurisprudence*, mot *Blasphème*. (B.-S.-P.)

sente au roi un gouvernail orné de fleurs de lis. La légende, Rege legitimam ætatem adepto, signifie *le roi parvenu à l'âge de majorité.* A l'exergue est la date, *le* vii *de septembre* 1651... (*Médailles,* etc., p. 32... *Séance du* 16 *juillet* 1695.)

VI.

LA BATAILLE DES DUNES.

L'armée de France, commandée par le maréchal de Turenne, et grossie du secours des Anglois, assiégeoit Dunkerque, et il y avoit déjà dix jours que la tranchée étoit ouverte, lorsque don Juan d'Autriche, gouverneur des Pays-Bas, et le prince de Condé, s'avancèrent à la tête de vingt mille hommes pour secourir la place. Ils vinrent d'abord se camper aux Dunes : on appelle ainsi de petites montagnes de sable qui s'élèvent près de cette ville et en quelques autres endroits le long des côtes de la mer. Ils étoient résolus d'attaquer les assiégeants dans leurs lignes. Le maréchal de Turenne, après avoir assuré les postes de la tranchée, fit sortir ses troupes dès le grand matin, et marcha en bataille aux ennemis. Il ne leur donna pas le temps d'attendre leur canon, et les ayant ébranlés avec le sien, il les chargea tout à coup si à propos qu'il les fit plier.[1] Leur aile gauche, que commandoit le prince de Condé, se rallia plusieurs fois et fit plusieurs charges, soutenue du nom et de la valeur de ce général. Mais enfin tout prit la fuite, et ce prince lui-même eut assez de peine

---

1. Le 14 de juin 1658. Riencourt, II, 233; *Gazette de France.* (B.-S.-P.)

à se sauver avec quelque reste de cavalerie. Toute l'infanterie fut prise ou taillée en pièces, et la défaite fut si entière, qu'elle fît perdre aux Espagnols l'espérance de se remettre, et les détermina à la paix, qui se fit l'année suivante.

C'est le sujet de cette médaille, où l'on voit la Victoire qui, un caducée à la main, marche sur des ennemis terrassés. Les mots de la légende, VICTORIA PACIFERA, signifient *la Victoire apportant la paix*. Ceux de l'exergue, HISPANIS CÆSIS AD DUNKERCAM. M. DC. LVIII, *les Espagnols défaits près de Dunkerque,* 1658...(*Médailles*, etc., p. 48... *Séance du* 17 *août* 1694.)

VII.

LA PRISE DE L'ISLE.[1]

Le roi étoit allé camper devant Dendermonde, dans le dessein de l'assiéger. Les habitants ayant aussitôt lâché leurs écluses, Sa Majesté tourna ses armes ailleurs; et, quoique la saison fût déjà fort avancée, et son armée diminuée considérablement, il alla mettre le siége devant l'Isle, ancienne capitale de la Flandre françoise. Elle étoit dès lors extrêmement forte, et il y avoit une garnison de six mille hommes[2] de vieilles troupes, qui, secondés des

---

1. On écrit à présent *Lille*. (B.-S.-P.)

2. C'est aussi l'évaluation de Voltaire (chap. VIII), tandis que, selon Riencourt (II, 391) et Larrey (VI, 491), il y avait seulement deux mille hommes de pied et cinq cents chevaux; selon Reboulet (III, 383), trois mille hommes de pied et douze cents chevaux; et selon Legendre (*Essai du règne de Louis XIV*, in-4º, p. 66), quatre mille hommes (sans distinction d'armes). (B.-S.-P.)

habitants, firent une belle résistance. Cependant la présence du roi, et l'activité avec laquelle, à la tête de toutes les attaques, il hâtoit sans cesse les travaux, encouragèrent si bien les soldats que cette grande ville, après neuf jours de tranchée ouverte, fut réduite à capituler. Il y entra le 28 août, d'autant plus satisfait, qu'il s'étoit engagé à ce siége contre le sentiment de la plupart des principaux officiers de son armée, qui jugeoient l'entreprise trop hasardeuse. Sa Majesté, non-seulement accorda à la ville la continuation de tous ses priviléges; mais dans la suite, par les grâces qu'il lui a faites, et par le soin qu'il a pris d'y attirer et d'y maintenir le commerce, il l'a rendue une des plus riches villes de l'Europe.

C'est le sujet de cette médaille. La ville de l'Isle, sous la figure d'une femme suppliante, présente ses clefs à la Victoire, qui les reçoit, et qui tient une corne d'abondance à la main. Les mots de la légende, REX VICTOR ET LOCUPLETATOR, signifient *le roi vainqueur et bienfaiteur.* L'exergue, INSULA CAPTA. M. DC. LXVII, *Prise de l'Isle,* 1667... (*Médailles,* etc., p. 99... *Séance du* 26 *mars* 1695.)

VIII.

LE ROI PROTECTEUR DE L'ACADÉMIE FRANÇOISE.

Lorsque Louis XIII établit l'Académie françoise par des lettres patentes qui lui accordent de grands priviléges, il déclara le cardinal de Richelieu protecteur de cette illustre compagnie, et le cardinal, toute sa vie, lui accorda une singulière protection. L'Académie, après l'avoir perdu, élut à sa place le chancelier de Séguier, personnage d'un mérite extraordinaire, et l'un des quarante qui la composoient. Mais le chancelier étant mort, tous les académiciens, d'un commun consentement, résolurent de ne plus reconnoître d'autre protecteur que le roi même, et Sa Majesté ne dédaigna pas d'agréer leur résolution. Cette insigne faveur fut également utile et glorieuse à la compagnie. Le roi la combla aussitôt de ses grâces, et ordonna qu'elle tiendroit désormais ses séances dans le Louvre, où il lui donna un appartement magnifique, et tout ce qu'elle pouvoit désirer pour la commodité de ses assemblées. Les bontés de Sa Majesté pour elle ont toujours augmenté depuis, et l'ont enfin portée au degré de splendeur où on la voit aujourd'hui.[1]

C'est le sujet de cette médaille. Apollon tient sa lyre appuyée sur le trépied d'où sortoient ses oracles. Dans le fond paroît la principale face du Louvre. La légende, APOLLO PALATINUS, signifie *Apollon dans le palais d'Auguste*, et fait allusion au temple d'Apollon bâti dans l'enceinte du palais de cet empereur. L'exergue, ACADEMIA GALLICA INTRA REGIAM EXCEPTA M. DC. LXXII, *l'Académie françoise dans le Louvre*, 1672... (*Médailles*, etc., p. 119... *Séance du 2 juillet* 1697.)

---

1. Il est à présumer que Boileau exprime ici les sentiments de l'Académie des médailles, plutôt que les siens propres, puisque, en 1700, trois ans après la rédaction de cette inscription (voyez dans la *Correspondance* la lettre à Brossette du 2 de juin 1700), il ne comptait dans l'Académie française que deux ou trois hommes de mérite, et que dans cet intervalle elle n'avait perdu que trois membres, Chaumont, Boyer et Racine. (B.-S.-P.)

IX.

L'ARMÉE ALLEMANDE CHASSÉE DE L'ALSACE, ET OBLIGÉE A REPASSER LE RHIN.

Les Allemands n'eurent pas plutôt reçu le gros renfort que l'électeur de Brandebourg et quelques autres princes de l'Empire leur amenoient, qu'ils marchèrent vers la haute Alsace, où ils se répandirent et prirent des quartiers d'hiver. Le maréchal de Turenne, considérablement affoibli par les trois batailles qu'il avoit gagnées, [1] s'établit à Detwiller, fit fortifier Saverne et Haguenau, et ayant semé le bruit qu'il avoit ordre d'aller couvrir la Lorraine et les Trois-Évêchés, il partit au mois de décembre et entra en Lorraine. Mais, au lieu de continuer sa marche de ce côté-là, il sépara ses troupes par petits corps, et leur marqua un rendez-vous où elles devoient l'attendre. Aussitôt il prit les devants avec quelque cavalerie, joignit le détachement que le roi lui envoyoit de Flandre, et rentra brusquement en Alsace par Beffort. En arrivant, il défit à Mulhausen six mille chevaux et deux mille cinq cents hommes d'infanterie, [2] reprit divers postes qu'ils occupoient, et fit prisonniers de guerre des régiments entiers. Les ennemis, surpris de le voir au milieu de leurs quartiers, lorsqu'ils le croyoient en Lorraine, rassemblèrent leur armée derrière la rivière de Turkeim, où le maréchal de Turenne les atta-

---

1. Sentzheim, Ladenbourg et Ensheim, 16 de juin, 5 de juillet et 4 d'octobre 1674. *Médailles,* etc., p. 136, 137 et 141. (B.-S.-P.)
2. Le 29 de décembre 1674. *Gazette de France.* (B.-S.-P.)

qua et les défit.¹ La nuit survint et favorisa leur retraite ; ils se sauvèrent du côté de Strasbourg. Enfin cette armée si nombreuse, commandée par tant de princes de l'empire, qui ne se proposoient pas moins que d'envahir les provinces du royaume, repassa le Rhin et alla hiverner en Allemagne.

C'est le sujet de cette médaille. On voit un trophée que deux soldats qui fuient regardent avec effroi. La légende, SEXAGINTA MILLIA GERMANORUM ULTRA RHENUM PULSA, signifie, *Soixante mille Allemands obligés à repasser le Rhin.*² L'exergue marque la date 1675. (*Médailles*, etc., p. 143... *Séance du* 13 *mars* 1696.)

X.

PRISE DU PORT DE TABAGO.

Quoique le comte d'Estrées eût remporté une victoire entière sur les Hollandois dans le port de Tabago, et qu'il eût brûlé tous leurs vaisseaux,³ il n'osa néanmoins, avec le peu de troupes qu'il avoit, entreprendre le siége du fort.⁴ Mais, au mois d'octobre de cette même année, étant

---

1. Le 5 de janvier 1675 (le 6, selon Riencourt). *Gazette de France.* (B.-S.-P.)

2. Le récit de Reboulet (IV, 238) ne s'accorde pas avec cette légende, et est d'ailleurs plus vraisemblable. Ils repassèrent le Rhin, dit-il, avec vingt mille hommes restant d'une armée de soixante mille..., le surplus ayant été tué, dissipé ou fait prisonnier. (B.-S.-P.)

3. Le 3 de mars 1677. *Médailles*, etc., p. 159; Larrey, IV, 358 et suiv. (B.-S.-P.)

4. Pourquoi dénaturer ainsi les faits? Les Français donnèrent au contraire l'assaut à ce fort, et furent repoussés à trois reprises différentes... Enfin, leur vaisseau amiral coula à fond, et d'Estrées, blessé à la tête et à

reparti de Brest mieux accompagné, il mouilla à la rade de l'île de Tabago, au commencement de décembre, fit sa descente, s'approcha de la place et la fit attaquer. Il y avoit une garnison assez considérable, et on ne doutoit point que le siége ne fût long. Heureusement, le second jour du siége, la troisième bombe que l'on tira tomba sur le magasin à poudre, y mit le feu, et fit un débris horrible. Bink, vice-amiral hollandois, quinze officiers et plus de trois cents soldats périrent dans l'embrasement.[1] Le reste de la garnison, tout effrayé, s'enfuit dans les bois. Les François, qui n'entendirent plus tirer, s'avancèrent vers le fort, l'escaladèrent, n'y trouvèrent personne, et en demeurèrent les maîtres.[2] Quatre vaisseaux, qui étoient dans le port, se rendirent en même temps.

C'est le sujet de cette médaille. On voit l'élévation du fort et la bombe tombant au milieu. Au bas est la flotte du roi rangée en bataille. Les mots de la légende, TABAGUM EXPUGNATUM, signifient *prise de Tabago*. L'exergue marque la date 1677. (*Médailles*, etc., p. 167. *Séance du 19 juin 1696.*)

---

la jambe, se retira, à la faveur de la nuit, avec le reste de son escadre et fit voile pour la France. Larrey, IV, 358 et suiv. (B.-S.-P.)

1. Le 11 de décembre 1677. Larrey, IV, 358. (B.-S.-P.)

2. On serait tenté d'induire de cette expression qu'ils conservèrent la place et l'île : loin de là, d'Estrées fit « démolir le fort et ruiner toutes les habitations » et repartit le 27 pour la France. Larrey, IV, 358 et suiv. (B.-S.-P.)

XI.

COMBAT DE SAINT-DENIS.

L'armée françoise attendoit, aux portes de Bruxelles, la conclusion de la paix. Le maréchal de Luxembourg, qui la commandoit, fut averti que les troupes confédérées s'assembloient, au-dessus de cette place, pour tomber sur le comte de Montal et sur le baron de Quincy, qui, depuis deux mois, tenoient la ville de Mons bloquée. Il se rapprocha d'eux et se posta fort avantageusement. Le prince d'Orange, avec cinquante mille hommes et quarante pièces de canon, parut le 14 d'août dans la plaine d'Havré, fort près de la droite de l'armée françoise. Comme le maréchal se disposoit au combat, il reçut le traité de paix signé le 11 à Nimègue,[1] et, ne doutant point que le prince d'Orange ne l'eût reçu avant lui, il demeuroit tranquille dans son camp. Mais, sur l'avis que les ennemis paroissoient déjà sur la hauteur de l'abbaye Saint-Denis, il jugea d'abord que, la paix s'étant faite malgré ce prince, il avoit pris le parti de la tenir secrète et de tenter un combat, dans la pensée que, s'il le gagnoit, il trouveroit le moyen de la rompre, et que, s'il le perdoit, il n'auroit, pour arrêter les progrès du vainqueur, qu'à la publier. On se mit promptement en bataille. L'armée ennemie passa

---

1. Selon Larrey, IV, 411, Luxembourg avait reçu le traité de paix et, supposant avec raison que le prince d'Orange, placé plus près de Nimègue, devait le connaître, dinait tranquillement lorsqu'on sonna l'alarme. (B.-S.-P.)

les défilés sur les onze heures et commença le combat. Il fut des plus sanglants et des plus terribles. Les ennemis enfin furent repoussés avec perte, et le lendemain, dès la pointe du jour, [1] le prince d'Orange envoya communiquer au maréchal de Luxembourg le traité de paix, pour convenir avec lui d'une suspension d'armes jusqu'à la ratification.

C'est le sujet de cette médaille. On y voit Mars, qui d'une main porte un trophée, et de l'autre une branche d'olivier. Les mots de la légende, MARS PACIS VINDEX, signifient *Mars vengeur de la paix;* ceux de l'exergue, PUGNA AD FANUM SANCTI DIONYSII, XIV. AUG. M. DC. LXXVIII, *le combat de Saint-Denys, le 14 d'août 1678.* (*Médailles*, etc., p. 176. *Séance du 10 mai 1698.*) [2]

1. Il assura qu'il n'en avait reçu la nouvelle que la nuit, mais on ajouta peu de confiance à cette assertion. Larrey, IV, 358 et suiv. (B.-S.-P.)

2. Si l'on jette un coup d'œil sur les remarques précédentes, on sera forcé d'avouer que les médailles ne sont pas toujours des guides bien sûrs pour l'histoire, et qu'il en est de même des explications qu'on y joint ; du moins la plupart de celles que l'Académie a données dans l'ouvrage où nous avons puisé les articles précédents ont-elles été critiquées par un écrivain comme contenant des récits faux ou exagérés (voyez La Hode, *Histoire d Louis XIV*, in-4°, V, 9, 15, 61, 71, 149, etc.). (B.-S.-P.)

ÉPITAPHE DE J. RACINE.[1]

D. O. M.

Hic jacet nobilis[2] vir JOANNES[3] RACINE, Franciæ thesauris præfectus, Regi[4] a secretis atque a cubiculo, necnon unus e quadraginta gallicanæ Academiæ viris; qui

---

1. Cette épitaphe et la seconde des traductions suivantes, publiées, en 1723, dans le Nécrologe de Port-Royal, furent jointes par Souchay à son édition de 1735, où il assura qu'elles étaient de Boileau, ce qui fut confirmé, d'après diverses recherches, par Saint-Marc (III, 199), en 1747, mais nié presque aussitôt, quant à la traduction, par Louis Racine (p. 314), qui donna, avec l'épitaphe, une autre traduction (la première) comme étant seule de notre poëte. Presque tous les éditeurs de Boileau suivirent l'exemple de Souchay, jusques à M. de Saint-Surin qui a publié les deux épitaphes (car le texte de Louis Racine offre quelques différences) et les deux traductions. Enfin M. Daunou a donné, en 1825, et les traductions, et le texte de l'épitaphe, mais celui-ci, d'après le monument lui-même (il est à Saint-Étienne-du-Mont, où nous l'avons examiné), en y joignant des variantes. C'est aussi ce que nous allons faire, et nous indiquerons, en outre, par les signes suivants, les ouvrages où elles se trouvent... D., pour l'édition de M. Daunou (elle a quelques fautes)... S., pour celle de M. de Saint-Surin... N., pour le Nécrologe et les éditions qui en ont suivi le texte, telles que celles de Souchay, de Saint-Marc, de Didot (1788, 1789 et 1800) et de Ménard... R., pour les Mémoires de Louis Racine et les éditions qui en ont également suivi le texte, telles que celles de MM. Amar, Froment, Auger (1825), Martin et de la Bibliothèque choisie..., en observant que les éditeurs qui ont suivi le texte, soit du Nécrologe, soit des Mémoires de Racine, se sont écartés une ou deux fois de leurs modèles. — *N. B.* Toutes les notes de l'*épitaphe* sont de M. Berriat-Saint-Prix.

2. R. *Vir nobilis.*

3. D. *Johannes.*

4. Louis Racine seul. *Regis.*

postquam profana[1] tragœdiarum argumenta diu cum ingenti hominum admiratione tractasset, musas tandem suas uni Deo consecravit, omnemque ingenii vim in eo laudando contulit, qui solus laude dignus.[2] Cum eum vitæ negotiorumque rationes multis nominibus[3] aulæ tenerent addictum, tamen in frequenti hominum consortio[4] omnia pietatis ac religionis officia coluit. A christianissimo[5] rege Ludovico Magno selectus, una cum familiari ipsius amico fuerat, qui res, eo regnante, præclare ac mirabiliter gestas perscriberet. Huic intentus operi repente in gravem æque et[6] diuturnum morbum implicitus est : tandem[7] ab hac sede miseriarum in melius domicilium translatus, anno ætatis suæ LIX,[8] qui mortem longiori[9] adhuc intervallo remotam valde horruerat, ejusdem præsentis aspectum[10] placida fronte sustinuit, obiitque spe multo[11] magis et pia in Deum fiducia erectus, quam fractus metu. Ea jactura omnes[12] illius amicos, e quibus[13] nonnulli inter regni primores eminebant, acerbissimo dolore perculit. Manavit etiam ad ipsum regem tanti viri desiderium. Fecit[14] modestia ejus singularis, et præcipua in hanc Portus Regii

1. N. omet *profana*.
2. R. *Dignus est.* — S. (p. 150). *Dignus est cum,* sans point ni capitale.
3. R. *Nobilibus*.
4. R. *Commercio*.
5. R. *Christiano*.
6. N. *Atque...* R. *ac*.
7. N. et R. *Tandemque*.
8. D. *Quinquagesimo nono*.
9. R. *Longo*.
10. S. *Adspectum*.
11. N. omet *multo*.
12. S. (p. 150). *Omnis*.
13. R. *Quorum*.
14. On a retranché cette phrase (depuis *fecit* j'usqu'à *humaretur*) dans le Boileau de la jeunesse (sans doute pour ne pas parler de Port-Royal).

domum benevolentia, ut in isto cœmeterio pie magis quam magnifice[1] sepeliri vellet, adeoque[2] testamento cavit, ut corpus suum, juxta piorum hominum, qui hic jacent,[3] corpora humaretur.

Tu vero, quicumque es, quem in hanc domum pietas adducit, tuæ ipse[4] mortalitatis ad hunc aspectum[5] recordare, et clarissimam tanti viri memoriam precibus potius quam elogiis prosequere.[6]

1. S. et D. *Cœmeterio...* R. *Ut in ea sepeliri.*
2. R. *Ideoque.*
3. R. *Sunt.*

Son testament portait :

Au nom du Père et du Fils et du Saint-Esprit :

Je désire qu'après ma mort mon corps soit porté à Port-Royal des Champs, et qu'il y soit inhumé dans le cimetière, au pied de la fosse de M. Hamon. Je supplie très-humblement la Mère abbesse et les religieuses de vouloir bien m'accorder cet honneur, quoique je m'en reconnoisse très-indigne, et par les scandales de ma vie passée et par le peu d'usage que j'ai fait de l'excellente éducation que j'ai reçue autrefois dans cette maison, et des grands exemples de piété et de pénitence que j'y ai vus, et dont je n'ai été qu'un stérile admirateur. Mais plus j'ai offensé Dieu, plus j'ai besoin des prières d'une si sainte communauté pour attirer sa miséricorde sur moi. Je prie aussi la Mère abbesse et les religieuses de vouloir accepter une somme de huit cents livres.

Fait à Paris, dans mon cabinet, le 10 octobre 1698.

Il fallut une permission du roi pour que le testament eût son exécution et pour que le corps du défunt pût être transféré de Saint-Sulpice, sa paroisse, au monastère des Champs. Il y fut porté pendant la nuit et enterré le 23, non *au-dessous* de M. Hamon comme il l'avait désiré, mais au-dessus, parce qu'il ne se trouva pas de place au-dessous. (SAINTE-BEUVE, *Port-Royal,* t. V, p. 512.)

4. N. *Ipsius.*
5. R. *Adspectum.*
6. L'inscription a quelques fautes de gravure, comme l'omission de l'*h* à *christianissimo...*, *mutu* pour *metu...*, *hunc* pour *hanc* (domum).

ADDITION MODERNE.

« Epitaphium quod Nicolaus Boileau ad amici memoriam recolendam monumento ejus in Portus Regii ecclesia inscripserat ex illarum ædium

PREMIÈRE TRADUCTION.[1]

Ici repose le corps de messire JEAN RACINE, trésorier de France, secrétaire du roi, gentilhomme ordinaire de sa chambre, et l'un des quarante de l'Académie françoise, qui, après avoir longtemps charmé la France par ses excellentes[2] poésies profanes, consacra ses muses à Dieu, et les employa uniquement à louer le seul objet digne de louange. Les raisons[3] indispensables qui l'attachoient à

---

ruderibus anno MDCCCVIII effossum, G. J. C. comes Chabrol de Volvic præfectus urbi hic ubi summi viri reliquiæ denuo depositæ sunt instauratum transferri et locari curavit. A. R. S. MDCCCXVIII. »

D'après cette rédaction, l'on serait porté à croire : 1° que l'apport du corps de Racine venait d'être fait depuis peu, tandis qu'il avait eu lieu plus d'un siècle auparavant (V. Louis Racine, p. 314);

2° Que ses cendres sont auprès de l'inscription précédente, tandis qu'elles doivent être derrière le maitre-autel (le même, p. 314) et au-dessous de l'inscription funéraire d'un curé, sans doute très-vénérable, mais qui enfin n'a fait ni *Iphigénie*, ni *Athalie*... Ce n'est que vers 1821 à 1824 qu'on fit quelques réparations à une chapelle voisine, à la suite desquelles on déplaça l'inscription de Racine et on la fixa (ainsi que celle de Pascal) contre le mur de l'une des portes d'entrée, à l'extrémité opposée de l'église. (B.-S.-P.)

1. MM. de Saint-Surin et Daunou ont publié cette traduction et la suivante : nous croyons devoir suivre leur exemple, quoiqu'il nous paraisse fort douteux que Boileau soit auteur de la seconde, tandis qu'il est bien certain que la première lui appartient. On la trouve, en effet, dans les manuscrits de Brossette, écrite en entier : 1° de sa main avec quelques corrections; 2° de celle de son frère, l'abbé, avec d'autres corrections faites également par le poëte. C'est même sur une copie de cette dernière version que Louis Racine a publié cette traduction, mais avec quelques changements inconnus jusques à ce jour (nous indiquons et ces changements et les premières compositions effacées dans le texte écrit par Despréaux lui-même, et qui étaient également inconnus).

2. *Longtemps* brillé aux yeux des hommes *par ses...*

3. *Poésies profanes*, renonça à cette vaine gloire et employa uniquement ses vers à célébrer les louanges de Dieu. *Les raisons...*

la cour l'empêchèrent de quitter le monde; mais elles ne l'empêchèrent pas de s'acquitter exactement,[1] au milieu du monde, de tous les devoirs de la piété et de la religion. Il fut choisi avec un de ses amis[2] par le roi Louis le Grand pour rassembler en un corps d'histoire les merveilles de son règne, et il étoit occupé à ce grand ouvrage, lorsque tout à coup il fut attaqué d'une longue et cruelle maladie qui à la fin l'enleva de ce séjour de misères, en sa cinquante-neuvième[3] année. Bien qu'il eût extrêmement redouté la mort, lorsqu'elle étoit encore loin de lui, il la vit de près sans s'étonner, et mourut beaucoup plus rempli d'espérance que de crainte, dans une entière résignation à la volonté de Dieu. Sa perte affligea[4] sensiblement ses amis, entre lesquels il pouvoit compter les plus considérables[5] personnes du royaume, et il fut regretté du roi même. Son humilité et l'affection particulière qu'il eut toujours[6] pour cette maison de Port-Royal des Champs, « où il avoit reçu dans sa jeunesse les premières instructions du christianisme,[7] » lui firent souhaiter d'être

1. Autographe et copie de l'abbé Boileau. Il est singulier que le janséniste Louis Racine ait omis le mot *exactement*.
2. C'étoit l'auteur (Boileau). *Note de l'autographe* (voyez ci-après la note 7).
3. Boileau avait mis d'abord *cinquante-huitième*.
4. Texte de l'autographe et de la copie de l'abbé Boileau, et non pas *toucha*, comme met Louis Racine.
5. Mêmes textes, au lieu de *les* premières *personnes*...
6. Autographe. On lit dans la copie de l'abbé Boileau : *qu'il avoit pour*.
7. La ligne guillemetée qui est dans l'autographe et dans la copie de l'abbé Boileau a été supprimée par Louis Racine et ne correspond à aucun passage du texte latin. On pourrait induire de là que ce texte n'est pas l'original, mais la traduction de l'épitaphe, d'autant plus que, soit dans l'autographe, soit dans la copie de l'abbé Boileau, cette pièce ne porte point pour titre *Traduction*, mais *Épitaphe de M. Racine*. Si, comme l'assurent Louis Racine et Saint-Marc, Boileau est l'auteur du texte latin, il put, en le rédigeant, ne pas y traduire la même ligne parce qu'il s'aperçut qu'elle

enterré sans aucune pompe dans ce cimetière[1] avec les humbles serviteurs de Dieu qui y reposent, et auprès desquels il a été mis, selon qu'il l'avoit ordonné par son testament.[2] O toi, qui que tu sois, que la piété attire en ce saint lieu, plains dans un si excellent homme la triste destinée de tous les mortels, et quelque grande idée que te puisse donner[3] de lui sa réputation, souviens-toi que ce sont des prières, et non pas de vains éloges[4] qu'il te demande.

énonçait un fait peu exact. Jean Racine en effet ayant atteint l'âge de quinze ans lorsqu'il entra à Port-Royal (Louis Racine, p. 16 et 18), ce n'est pas dans ce monastère qu'il avait pu recevoir les premières instructions du christianisme.

Mais, dès que cette différence entre le texte latin et la traduction s'explique facilement comme on le voit, on ne saurait en induire que Boileau n'est pas l'auteur de ce texte. Germain Garnier prétend, il est vrai (Œuvres de Racine, 1, 47), que c'est l'œuvre d'un chanoine nommé Tronchon; mais, outre qu'il ne cite aucune autorité, on pressent qu'il est à peu près impossible que Tronchon se fût rencontré avec Boileau dans toutes les idées et, du moins à peu de chose près, dans toutes les expressions d'une épitaphe de plus de trente lignes... Si d'ailleurs notre poëte n'eût été qu'un simple traducteur de Tronchon, se serait-il qualifié *auteur* comme on l'a vu ci-dessus?

1. Autographe et même sujet : *dans le cimetière*. Le changement fait ici dans le texte latin (*in hoc cœmeterio*) fortifie la conjecture précédente.

2. Louis Racine (p. 294) le rapporte et ajoute, ainsi que presque tous les annotateurs de notre poëte, que le transport de Saint-Sulpice à Port-Royal eut lieu le 22 d'avril 1699; en quoi il se trompe; mais l'éditeur du Boileau de la jeunesse n'a pu tomber dans cette erreur, car il a supprimé toute la phrase précédente.

3. Même autographe et même copie, au lieu de *que puisse te...*

4. Texte des mêmes et de Louis Racine (p. 319). On a mis simplement *et non pas des éloges* dans plusieurs éditions modernes. On s'est sans doute déterminé à supprimer le mots *vains*, parce que dans l'épitaphe latine il n'a point de correspondant... Cette dernière circonstance vient encore à l'appui de la conjecture proposée plus haut.

SECONDE TRADUCTION

A LA GLOIRE DE DIEU TRÈS-BON ET TRÈS-GRAND.

Ci-gît messire Jean Racine, trésorier de France, secrétaire du roi, gentilhomme de la chambre, l'un des quarante de l'Académie françoise. Il s'appliqua longtemps à composer des tragédies, qui firent l'admiration de tout le monde ; mais enfin il quitta ces sujets profanes, pour ne plus employer son esprit et sa plume qu'à louer celui qui seul mérite nos louanges. Les engagemens de son état et la situation de ses affaires le tinrent attaché à la cour ; mais, au milieu du commerce des hommes, il sut remplir tous les devoirs de la piété et de la religion chrétienne. Le roi Louis le Grand le choisit, lui et un de ses intimes amis, pour écrire l'histoire et les événements admirables de son règne. Pendant qu'il travailloit à cet ouvrage, il tomba dans une longue et grave[1] maladie qui le retira de ce lieu de misères pour l'établir dans un séjour plus heureux, la cinquante-neuvième année de son âge. Quoiqu'il eût eu autrefois des frayeurs horribles de la mort, il l'envisagea alors avec beaucoup de tranquillité, et il mourut, non abattu par la crainte, mais soutenu par une ferme espérance et une grande confiance en Dieu. Tous ses amis, entre lesquels il comptoit plusieurs grands seigneurs, furent extrêmement sensibles à la perte de ce grand homme. Le roi même témoigna le regret qu'il en

---

1. On lit *grande* dans l'édition de Souchay, de 1735 (copiée par les suivantes) ; mais c'est évidemment une faute d'impression.

avoit. Sa grande modestie et son affection singulière pour cette maison de Port-Royal lui firent choisir une sépulture pauvre, mais sainte, dans ce cimetière, et il ordonna par son testament qu'on enterrât son corps auprès des gens de bien qui y reposent. Qui que vous soyez, qui venez ici par un motif de piété, souvenez-vous, en voyant le lieu de sa sépulture, que vous êtes mortel, et pensez plutôt à prier Dieu pour cet homme illustre, qu'à lui donner des éloges.

RÉFLEXIONS CRITIQUES

SUR QUELQUES PASSAGES

DU RHÉTEUR LONGIN

OU, PAR OCCASION,
ON RÉPOND A PLUSIEURS OBJECTIONS DE MONSIEUR P...
CONTRE HOMÈRE ET CONTRE PINDARE,
ET TOUT NOUVELLEMENT
A LA DISSERTATION DE MONSIEUR LECLERC CONTRE LONGIN,
ET A QUELQUES CRITIQUES
FAITES CONTRE MONSIEUR RACINE.

AVIS AUX LECTEURS.

On a jugé à propos de mettre ces Réflexions avant la traduction du *Sublime* de Longin, parce qu'elles n'en sont point une suite, faisant elles-mêmes un corps de critique à part, qui n'a souvent aucun rapport avec cette traduction, et que d'ailleurs, si on les avoit mises à la suite de Longin, on les auroit pu confondre avec les notes grammaticales qui y sont, et qu'il n'y a ordinairement que les savants qui lisent, au lieu que ces réflexions sont propres à être lues de tout le monde et même des femmes ; témoin plusieurs dames de mérite qui les ont lues avec un grand plaisir, ainsi qu'elles me l'ont assuré elles-mêmes. (BOILEAU, 1713.)

RÉFLEXION PREMIÈRE.[1]

Mais c'est à la charge, mon cher Térentianus, que nous reverrons ensemble exactement mon ouvrage, et que vous m'en direz votre sentiment avec cette sincérité que nous devons naturellement à nos amis. (Paroles de Longin, ch. 1.)

Longin nous donne ici, par son exemple, un des plus importants préceptes de la rhétorique, qui est de consulter nos amis sur nos ouvrages, et de les accoutumer de bonne

---

1. La traduction de Longin est de 1674.

Les neuf premières réflexions ont été composées vers 1693 et publiées en 1694. On sait que ce qui y donna lieu fut d'abord le poëme du *Siècle de Louis le Grand*, lu par Perrault à l'Académie, le 27 janvier 1687, et où, au rapport de Monchesnay (*Bolœana*, p. 23), il débutait ainsi :

> La docte antiquité fut toujours vénérable,
> Je ne la trouve pas cependant adorable ;

ou, suivant les éditions que nous avons vues :

> Mais je ne crus jamais qu'elle fût adorable,

ce qui est tout aussi poétique ; et ensuite ses *Parallèles,* où les anciens étaient sacrifiés aux modernes, et en général à ce qu'il y a de plus médiocre parmi les modernes. (B.-S.-P.)

« A proprement parler, *les Réflexions sur Longin* sont un répertoire des bévues de Perrault. Boileau n'y aborde aucune question, il n'y soutient aucune doctrine : il y relève les contre-sens, les fautes de style, et même les fautes d'orthographe... On a critiqué le style de Boileau dans les réflexions sur Longin. Il est lourd, a-t-on dit, grand défaut dans la polémique ; ce n'est pas la pesanteur que j'y reprendrai : même quand l'expression de Boileau manque de légèreté, sa pensée est assez vive pour aiguillonner l'attention. Ce qui m'y paraît regrettable, c'est l'accent dédaigneux, c'est la dureté des termes, bévue, ignorance, ineptie ridicule, que Boileau prodigue en parlant de Perrault. » (H. RIGAULT, *Histoire de la querelle des Anciens et des Modernes*, ch. xv.)

heure à ne nous point flatter. Horace et Quintilien nous donnent le même conseil en plusieurs endroits, et Vaugelas,[1] le plus sage, à mon avis, des écrivains de notre langue, confesse que c'est à cette salutaire pratique qu'il doit ce qu'il a de meilleur dans ses écrits. Nous avons beau être éclairés par nous-mêmes, les yeux d'autrui voient toujours plus loin que nous dans nos défauts, et un esprit médiocre fera quelquefois apercevoir le plus habile homme d'une méprise qu'il ne voyoit pas. On dit que Malherbe consultoit sur ses vers jusqu'à l'oreille de sa servante; et je me souviens que Molière m'a montré aussi plusieurs fois une vieille servante[2] qu'il avoit chez lui, à qui il lisoit, disoit-il, quelquefois ses comédies, et il m'assuroit que lorsque des endroits de plaisanterie ne l'avoient point frappée, il les corrigeoit, parce qu'il avoit plusieurs fois éprouvé sur son théâtre que ces endroits n'y réussissoient point. Ces exemples sont un peu singuliers, et je ne voudrois pas conseiller à tout le monde de les imiter. Ce qui est de certain, c'est que nous ne saurions trop consulter nos amis.

Il paroît néanmoins que M. P... n'est pas de ce sentiment. S'il croyoit ses amis, on ne les verroit pas tous les jours dans le monde nous dire comme ils font : « M. P...

---

1. Claude Favre, sieur de Vaugelas, de l'Académie française, né à Bourg-en-Bresse en 1585, mort à Paris en 1649. Il a traduit Quinte-Curce, mais il est surtout célèbre par ses *Remarques sur la grammaire,* Paris 1647, in-4°. (M. Chéron.)

2. Elle s'appeloit *La Forest.* Un jour Molière, pour éprouver le goût de cette servante, lui lut quelques scènes d'une comédie, qu'il disoit être de lui, mais qui étoit de Brécourt, comédien. La servante ne prit point le change, et après en avoir ouï quelques mots, elle soutint que son maître n'avoit pas fait cette pièce. (Brossette.)

On dit que Claude de l'Estoile, fils de Pierre de l'Estoile, consultait aussi sa servante sur ses vers. Voir Saint-Marc.

est de mes amis, et c'est un fort honnête homme; je ne sais pas comment il s'est allé mettre en tête de heurter si lourdement la raison, en attaquant dans ses *Parallèles* tout ce qu'il y a de livres anciens estimés et estimables. Veut-il persuader à tous les hommes que depuis deux mille ans ils n'ont pas eu le sens commun?[1] Cela fait pitié. Aussi se garde-t-il bien de nous montrer ses ouvrages. Je souhaiterois qu'il se trouvât quelque honnête homme qui lui voulût sur cela charitablement ouvrir les yeux. »

Je veux bien être cet homme charitable. M. P... m'a prié de si bonne grâce lui-même de lui montrer ses erreurs,[2] qu'en vérité je ferois conscience de ne lui pas donner sur cela quelque satisfaction. J'espère donc de lui en faire voir plus d'une dans le cours de ces remarques. C'est la moindre chose que je lui dois, pour reconnoître les grands services que feu monsieur son frère[3] le médecin m'a, dit-il, rendus en me guérissant de deux grandes maladies. Il est certain pourtant que monsieur son frère ne fut jamais mon médecin. Il est vrai que lorsque j'étois encore tout jeune, étant tombé malade d'une fièvre assez peu dangereuse, une de mes parentes chez qui je logeois, et dont il étoit médecin, me l'amena, et qu'il fut appelé deux ou trois fois en consultation par le médecin qui avoit soin de moi. Depuis, c'est-à-dire trois ans après, cette

---

1. Voici le jugement que Saint-Évremond portait sur le livre de Perrault : « Perrault a mieux trouvé les défauts des anciens, qu'il n'a prouvé l'avantage des modernes. A tout prendre, son livre me semble très-bon, curieux, utile, capable de nous guérir de beaucoup d'erreurs. » (La vie de M. de Saint-Évremond par Des Maiseaux, t. I, p. 259.)

2. Perrault, *Lettre en réponse au Discours sur l'ode*, N. XV.

3. Perrault, *Lettre...*, N. XII. Dans l'édition de 1694, il n'est pas question de la première maladie, on y lit : « Il est vrai qu'étant encore tout jeune, une de mes parentes chez qui je logeois, et dont il étoit médecin, me l'amena malgré moi, et me força de le consulter. »

même parente me l'amena une seconde fois, et me força de le consulter sur une difficulté de respirer que j'avois alors, et que j'ai encore ; il me tâta le pouls, et me trouva la fièvre, que sûrement je n'avois point. Cependant il me conseilla de me faire saigner du pied, remède assez bizarre pour l'asthme dont j'étois menacé. Je fus toutefois assez fou pour faire son ordonnance dès le soir même. Ce qui arriva de cela, c'est que ma difficulté de respirer ne diminua point, et que le lendemain, ayant marché mal à propos, le pied m'enfla de telle sorte, que j'en fus trois semaines dans le lit. C'est là toute la cure qu'il m'a jamais faite, que je prie Dieu de lui pardonner en l'autre monde.[1]

Je n'entendis plus parler de lui depuis cette consultation, sinon lorsque mes *Satires* parurent, qu'il me revint de tous côtés que, sans que j'en aie jamais pu savoir la raison, il se déchaînoit à outrance contre moi, ne m'accusant pas simplement d'avoir écrit contre des auteurs, mais d'avoir glissé dans mes ouvrages des choses dangereuses et qui regardoient l'État.[2] Je n'appréhendois guère

1. Claude Perrault était mort six ans auparavant, le 9 d'octobre 1688. (B.-S.-P.) — Voir sur toute cette querelle le tome Ier, *Vie de Boileau*.
2. Cette phrase, surtout rapprochée de la suivante, rappelle le fameux mot de Louis XIV, *l'État, c'est moi*, et en effet, la chose dangereuse qui regardait l'État n'est rien autre qu'une allusion injurieuse à Louis XIV. Cette anecdote, ignorée de tous les commentateurs, est trop curieuse et trop importante d'ailleurs pour ne pas la rapporter. Boileau et Charles Perrault étaient tous les deux admirateurs du patriarche des jansénistes, du grand Arnauld. Perrault lui ayant envoyé son *Apologie des femmes*, qui est au fond une critique de la satire X, Arnauld répondit, le 5 mai 1694, par sa fameuse lettre apologétique de la même satire, que nous donnons dans la *Correspondance*. Mais, avant de la lui envoyer, il la communiqua à quelques jansénistes de Paris. Tous n'en furent pas contents. Quelques-uns même lui demandèrent de la retirer, parce que, selon eux, Despréaux y était trop favorablement traité. Denis Dodart, de l'Académie des sciences, ancien ami du médecin Perrault, fut de ce nombre, prétendant que, dans ses démêlés

ces calomnies, mes satires n'attaquant que les méchants livres, et étant toutes pleines des louanges du roi, et ces louanges mêmes en faisant le plus bel ornement. Je fis néanmoins avertir M. le médecin qu'il prît garde à parler avec un peu plus de retenue ; mais cela ne servit qu'à l'aigrir encore davantage. Je m'en plaignis même alors à monsieur son frère l'académicien, qui ne me jugea pas

avec Boileau, celui-ci avait été l'agresseur. Voici la réponse d'Arnauld, écrite le 10 de juillet 1694, vingt-cinq jours avant sa mort, et tirée de sa correspondance (nous en avons aussi extrait le récit précédent) telle qu'elle a été publiée, non dans la grande édition de ses Œuvres où cette correspondance est rendue avec peu d'exactitude, mais dans le recueil de ses lettres imprimé à Nancy (1727, t. VII, p. 512). Il y convient d'abord que Boileau et Perrault peuvent avoir tort tous les deux; ensuite il ajoute :

« Mais je ne puis convenir que ce soit M. Despréaux qui ait le plus de tort. Votre récit me fait paroître le contraire, pourvu que l'on en corrige deux endroits. Le premier est ce que vous dites avoir été la première cause de leur querelle, car vous prétendez que M. Despréaux n'a pu souffrir que M. Perrault trouvât mauvais ce qu'il avoit dit contre M. Chapelain. Or je sais certainement que ce n'est point cela; mais une autre chose tout autrement outrageuse, et qui alloit à le perdre sans ressource, si on y avoit ajouté quelque foi. M. Despréaux l'a fait assez entendre dans la page 138 (1694) de ses Réflexions, quand il dit qu'il lui étoit revenu de tous côtés que M. Perrault le médecin se déchaînoit à toute outrance contre lui, ne l'accusant pas simplement d'avoir écrit contre des auteurs (voilà ce qui regardoit M. Chapelain), mais d'avoir glissé dans ses ouvrages des choses dangereuses et qui regardoient l'État... « Quoique mes satires, ajoute-t-il, fussent toutes
« pleines des louanges du roi et que ces louanges mêmes en fissent le plus
« bel ornement... » Je sus, dès ce temps-là, que ce qu'il marque par là est que M. Perrault avoit dit que ce vers d'une des satires (sat. IX, vers 224, p. 35, col. 2) :

Midas, le roi Midas, a des oreilles d'âne,

regardoit le roi... Et je ne puis douter que cela ne soit vrai, puisque je vous prie de vous ressouvenir que, vous en ayant parlé en ce temps-là, vous ne me l'avez pas nié. Or peut-on trouver étrange qu'une calomnie si horrible ait produit la métamorphose du médecin en architecte, que vous savez bien cependant que je n'ai jamais approuvée?... »

Ce suffrage est d'autant plus décisif en faveur de Boileau, qu'Arnauld ne dissimulait pas non plus les torts de notre poëte. « Pour moi, écrivait-il deux mois auparavant (10 de mai 1694, voir à la Correspondance), si j'étois à la place de M. Perrault, je me condamnerois à ne faire jamais imprimer

digne de réponse. J'avoue que c'est ce qui me fit faire dans mon *Art poétique* la métamorphose du médecin de Florence en architecte ; vengeance assez médiocre de toutes les infamies que ce médecin avoit dites de moi. Je ne nierai pas cependant qu'il ne fût homme de très-grand mérite et fort savant, surtout dans les matières de physique. Messieurs de l'Académie des sciences, néanmoins, ne conviennent pas tous de l'excellence de sa traduction de Vitruve, ni de toutes les choses avantageuses que monsieur son frère[1] rapporte de lui. Je puis même nommer un des plus célèbres de l'Académie d'architecture,[2] qui s'offre de lui faire voir, quand il voudra, papiers sur table, que c'est le dessin du fameux M. Le Vau[3] qu'on a suivi dans la façade du Louvre, et qu'il n'est point vrai que ni ce grand ouvrage d'architecture, ni l'Observatoire, ni l'Arc de triomphe, soient des ouvrages d'un médecin de la Faculté. C'est une querelle que je leur laisse démêler entre eux, et où je déclare que

la préface de l'*Apologie*; et si j'étois M. Despréaux, je retrancherois, dans une nouvelle édition, ce qui est dit dans les *Reflexions critiques* contre l'honneur du médecin. »

Enfin dans la même lettre du 10 de juillet, il annonce lui avoir fait dire qu'il n'approuvait pas que, dans son ode et la satire X, il eût parlé de l'auteur du *Saint-Paulin*.

On peut juger par là si le seul tort du médecin fut, comme on pourrait l'induire du récit de Condorcet (*Éloge des Académiciens,* 1799, I, 112), d'avoir parlé des satires de Boileau avec mépris... et si les trois frères Perrault (*Éloge des Académiciens,* p. 127) « n'opposèrent jamais qu'une sage modération aux emportements du poëte. » (B.-S.-P.)

1. *Lettre de Perrault*, N. XII.

2. M. Dorbay (Boileau, 1713.) — Il était élève de Le Vau et mourut en 1697.

3. Louis Le Vau premier architecte du roi, a eu la direction des bâtiments royaux depuis l'année 1653 jusqu'en 1670, qu'il mourut âgé de cinquante-huit ans, pendant qu'on travailloit à la façade du Louvre. (Brossette.) — Condorcet, dans son *Éloge de Claude Perrault* (*Éloge des Académiciens,* 1799, I, 113-116) le justifie de cette imputation, émanée d'envieux dont Boileau se fait ici l'écho. (B.-S.-P.)

je ne prends aucun intérêt, mes vœux mêmes, si j'en fais quelques-uns, étant pour le médecin.[1] Ce qu'il y a de vrai, c'est que ce médecin étoit de même goût que monsieur son frère sur les anciens, et qu'il avoit pris en haine, aussi bien que lui, tout ce qu'il y a de grands personnages dans l'antiquité. On assure que ce fut lui qui composa cette belle *Défense de l'opéra d'Alceste* où, voulant tourner Euripide en ridicule, il fit ces étranges bévues que M. Racine a si bien relevées dans la préface de son *Iphigénie*. C'est donc de lui et d'un autre frère[2] encore qu'ils avoient, grand ennemi comme eux de Pla-

---

1. Depuis *et où* jusqu'à *médecin*, c'est une addition de 1701. Ce changement avait été fait avant l'impression de l'édition in-4° de 1701, tandis que plusieurs des précédents qui, comme celui-ci, avaient pour but d'adoucir ce que Boileau avait dit, en 1694, de trop dur pour les Perrault, ne le furent qu'après le tirage (ils sont sur un carton). (B.-S.-P.)

2. Pierre Perrault, receveur général des finances de la généralité de Paris, donna sa traduction de la *Secchia rapita* du Tassoni en 1678. C'est lui, et non son frère Claude Perrault, qui est l'auteur de la *Défense de l'opéra d'Alceste*. Dans la préface de sa traduction il professe sur les anciens et les modernes toutes les opinions que Charles Perrault, son autre frère, a développées douze ans plus tard. (DE S.-SURIN.) — Voici quelques passages de la préface d'*Iphigénie* de Racine : « Je m'étonne... que des modernes aient témoigné depuis peu tant de dégoût pour ce grand poëte dans le jugement qu'ils ont fait de son *Alceste*. Il ne s'agit point ici de l'*Alceste*; mais en vérité j'ai trop d'obligation à Euripide pour ne pas prendre quelque soin de sa mémoire, et pour laisser échapper l'occasion de le réconcilier avec ces messieurs : je m'assure qu'il n'est si mal dans leur esprit que parce qu'ils n'ont pas bien lu l'ouvrage sur lequel ils l'ont condamné... Tout le reste de leurs critiques est à peu près de la force de celle-ci ;... mais je crois qu'en voilà assez pour la défense de mon auteur. Je conseille à ces messieurs de ne plus décider si légèrement sur les ouvrages des anciens. Un homme tel qu'Euripide méritoit au moins qu'ils l'examinassent, puisqu'ils avoient envie de le condamner, ils devoient se souvenir de ces sages paroles de Quintilien : « Il faut être extrêmement circonspect et très-retenu à pro- « noncer sur les ouvrages de ces grands hommes, de peur qu'il ne nous « arrive, comme à plusieurs, de condamner ce que nous n'entendons pas; « et s'il faut tomber dans quelques excès, encore vaut-il mieux pécher en « admirant tout dans leurs écrits qu'en y blâmant beaucoup de choses. »

ton, d'Euripide et de tous les autres bons auteurs, que j'ai voulu parler, quand j'ai dit qu'il y avoit de la bizarrerie d'esprit dans leur famille, que je reconnois d'ailleurs pour une famille pleine d'honnêtes gens,[1] et où il y en a même plusieurs, je crois, qui souffrent Homère et Virgile.

On me pardonnera, si je prends encore ici l'occasion de désabuser le public d'une autre fausseté que M. P... a avancée dans la Lettre bourgeoise[2] qu'il m'a écrite, et qu'il a fait imprimer, où il prétend qu'il a autrefois beaucoup servi à un de mes frères[3] auprès de M. Colbert, pour lui faire avoir l'agrément de la charge de contrôleur de l'argenterie. Il allègue pour preuve, que mon frère, depuis qu'il eut cette charge, venoit tous les ans lui rendre une visite, qu'il appeloit de devoir, et non pas d'amitié. C'est une vanité dont il est aisé de faire voir le mensonge, puisque mon frère mourut[4] dans l'année qu'il obtint cette charge, qu'il n'a possédée, comme tout le monde sait, que quatre mois, et que même, en considération de ce qu'il n'en avoit point joui, mon autre frère,[5]

---

1. Excuse de ce qu'il avait dit dans la première édition du discours sur l'ode, et adouci dans la deuxième. Arnauld trouve même que la fin du passage ci-dessus met Boileau à l'abri de tout reproche à cet égard. « N'est-ce pas, mande-t-il à Dodart (lettre citée plus haut), n'est-ce pas là un correctif... et n'est-ce pas restreindre ce qu'il reprend dans cette famille au mauvais jugement qu'ils faisoient des anciens, ce que vous reconnoissez vous-même être tout à fait déraisonnable, parce que c'est combattre le goût universel qui est une marque de vérité! » (B.-S.-P.)

2. Perrault, *Lettre en réponse...*, N. XIII. Par ce mot de *bourgeoise*, Boileau reproche à Perrault un ton dépourvu de dignité et d'élévation.

> Est-il de petits corps un plus lourd assemblage,
> Un esprit composé d'atomes plus bourgeois?
> (Molière, *les Femmes savantes*, acte II, scène VII.)

3. Gilles Boileau.
4. Le 22 d'octobre 1669.
5. Pierre Boileau de Puymorin.

pour qui nous obtînmes l'agrément de la même charge, ne paya point le marc d'or,[1] qui montoit à une somme assez considérable. Je suis honteux de conter de si petites choses au public,[2] mais mes amis m'ont fait entendre que ces reproches de M. P... regardant l'honneur, j'étois obligé d'en faire voir la fausseté.

1. Droit que devait payer le nouveau titulaire d'une charge, d'un office, etc. Il était fixé au quarantième des finances excédant cent mille francs (*Encycl. financ.*, h. v.), et telle était probablement celle du contrôle de l'argenterie, puisque, au bout de treize ans, cette charge fut vendue cent quatre-vingt mille francs ; le droit eût donc été, au moins, de deux mille cinq cents livres. (B.-S.-P.)

2. Peut-être le même motif a-t-il engagé Boileau à ne pas relever cette erreur de Perrault : « L'exercice de cette charge, pendant une longue suite d'années, leur fut utile, et n'a point diminué leur succession que vous avez recueillie. » (*Lettre...*, N. XIII.) Il résulte assez clairement de là que Boileau fut l'unique héritier de Gilles et de Puymorin, tandis qu'il ne le fut réellement que pour un cinquième ; encore la succession du premier paraît-elle avoir été peu avantageuse. (B.-S.-P.)

RÉFLEXION II.

Notre esprit, même dans le sublime, a besoin d'une méthode pour lui enseigner à ne dire que ce qu'il faut, et à le dire en son lieu. (*Paroles de Longin*, ch. II.)

Cela est si vrai, que le sublime hors de son lieu, non-seulement n'est pas une belle chose, mais devient quelquefois une grande puérilité. C'est ce qui est arrivé à Scudéri, dès le commencement de son poëme d'*Alaric*, lorsqu'il dit :

Je chante le vainqueur des vainqueurs de la terre.[1]

Ce vers est assez noble, et est peut-être le mieux tourné de tout son ouvrage ; mais il est ridicule de crier si haut et de promettre de si grandes choses dès le premier vers. Virgile auroit bien pu dire, en commençant son Énéide : « Je chante ce fameux héros, fondateur d'un empire qui s'est rendu maître de toute la terre. » On peut croire qu'un aussi grand maître que lui auroit aisément trouvé des expressions pour mettre cette pensée en son jour, mais cela auroit senti son déclamateur. Il s'est contenté de dire : « Je chante cet homme rempli de piété qui, après bien des travaux, aborda en Italie. » Un exorde doit être simple et sans affectation. Cela est aussi vrai dans la poésie que dans les discours oratoires, parce que

---

1. Voyez *Art poétique*, chant III, vers 272.

c'est une règle fondée sur la nature, qui est la même partout; et la comparaison du frontispice d'un palais, que M. P... allègue pour défendre ce vers de l'*Alaric*, n'est point juste.[1] Le frontispice d'un palais doit être orné, je l'avoue; mais l'exorde n'est point le frontispice d'un poëme, c'est plutôt une avenue, une avant-cour qui y conduit, et d'où on le découvre. Le frontispice fait une partie essentielle du palais, et on ne le sauroit ôter qu'on n'en détruise toute la symétrie; mais un poëme subsistera fort bien sans exorde, et même nos romans, qui sont des espèces de poëmes, n'ont point d'exorde.

Il est donc certain qu'un exorde ne doit point trop promettre, et c'est sur quoi j'ai attaqué le vers d'*Alaric*, à l'exemple d'Horace, qui a aussi attaqué dans le même sens le début du poëme d'un Scudéri de son temps, qui commençoit par

Fortunam Priami cantabo, et nobile bellum.[2]

« Je chanterai les diverses fortunes de Priam, et toute la noble guerre de Troie. » Car le poëte, par ce début, promettoit plus que l'Iliade et l'Odyssée ensemble. Il est vrai que, par occasion, Horace se moque aussi fort plaisamment de l'épouvantable ouverture de bouche qui se fait en prononçant ce futur CANTABO; mais, au fond, c'est de trop promettre qu'il accuse ce vers. On voit donc où se réduit la critique de M. P..., qui suppose que j'ai accusé le vers d'*Alaric* d'être mal tourné, et qui n'a

---

1. « A-t-on jamais blâmé le frontispice d'un temple ou d'un palais pour être magnifique? Si le palais n'y répond pas, c'est le palais qu'il faut blâmer. » *Parallèle des anciens et des modernes*, t. III, p. 267.
2. Horace, *Art poétique*, vers 137.

entendu ni Horace ni moi. Au reste, avant que de finir cette remarque, il trouvera bon que je lui apprenne qu'il n'est pas vrai que l'A de CANO, dans ARMA VIRUMQUE CANO, se doive prononcer comme l'A de CANTABO, et que c'est une erreur qu'il a sucée dans le collége, où l'on a cette mauvaise méthode de prononcer les brèves dans les dissyllabes latins, comme si c'étoient des longues. Mais c'est un abus qui n'empêche pas le bon mot d'Horace, car il a écrit pour des Latins qui savoient prononcer leur langue, et non pas pour des François.

RÉFLEXION III.

Il étoit enclin naturellement à reprendre les vices des autres, quoique aveugle pour ses propres défauts. (Paroles de Longin, ch. III.)

Il n'y a rien de plus insupportable qu'un auteur médiocre qui, ne voyant point ses propres défauts, veut trouver des défauts dans tous les plus habiles écrivains; mais c'est encore bien pis lorsque, accusant ces écrivains de fautes qu'ils n'ont point faites, il fait lui-même des fautes, et tombe dans des ignorances grossières. C'est ce qui étoit arrivé quelquefois à Timée, et ce qui arrive toujours à M. P... Il commence la censure qu'il fait d'Homère par la chose du monde la plus fausse,[1] qui est que beaucoup d'excellents critiques soutiennent qu'il n'y a jamais eu au monde un homme nommé Homère, qui ait composé l'Iliade et l'Odyssée; et que ces deux poëmes ne sont qu'une collection de plusieurs petits poëmes de différents auteurs, qu'on a joints ensemble.[2] Il n'est point vrai que

---

1. *Parallèle* de M. P..., t. III, 33 (32). (BOILEAU, 1713.)
2. Voici les paroles et le jugement de Perrault : « Il y a des savants qui ne croient pas à l'existence d'Homère, et qui disent que l'*Iliade* et l'*Odyssée* ne sont qu'un amas de plusieurs petits poëmes de divers auteurs qu'on a joints ensemble. Pour ce qui est du nom d'Homère, qui signifie aveugle, plusieurs de ces poëtes étoient de pauvres gens et la plupart aveugles, qui alloient de maison en maison réciter leurs poëmes pour de l'argent, et à cause de cela, ces sortes de poëmes s'appeloient communément les chansons de l'aveugle. C'est l'avis de très-habiles gens. L'abbé d'Aubignac n'en doutoit pas, il avoit des mémoires tout écrits. On dit d'ailleurs qu'on travaille sur ce sujet en Allemagne, où ces mémoires ont peut-être passé. »
C'est le système qu'a rajeuni, à la fin du siècle dernier, M. F.-A. Wolf

jamais personne ait avancé, au moins sur le papier, une pareille extravagance; et Élien, que M. P... cite pour son garant, dit positivement le contraire, comme nous le ferons voir dans la suite de cette remarque.

Tous ces excellents critiques donc se réduisent à feu M. l'abbé d'Aubignac,[1] qui avoit, à ce que prétend M. P..., préparé des mémoires pour prouver ce beau paradoxe.[2] J'ai connu M. l'abbé d'Aubignac; il étoit homme de beaucoup de mérite, et fort habile en matière de poétique, bien qu'il sût médiocrement le grec. Je suis sûr qu'il n'a jamais conçu un si étrange dessein, à moins qu'il ne l'ait conçu les dernières années de sa vie, où l'on sait qu'il étoit tombé en une espèce d'enfance. Il savoit trop qu'il n'y eut jamais deux poëmes si bien suivis et si bien liés que l'Iliade et l'Odyssée, ni où le même génie éclate davantage partout, comme tous ceux qui les ont lus en conviennent.[3] M. P... prétend néanmoins qu'il y a de

---

dans les prolégomènes de l'édition d'Homère, intitulée *Homeri et Homeridarum opera et reliquiæ*. (DAUNOU.)

1. Voyez *Poésies diverses*, XXVII.

2. On a imprimé en 1715 des *Conjectures académiques, ou Dissertation sur l'Iliade, ouvrage posthume d'un savant*, qui, suivant Goujet, *Bibliothèque françoise*, p. 112, sont de l'abbé d'Aubignac, et où l'on nie l'existence d'Homère.

3. Dugas-Montbel, *Histoire des poésies homériques*, p. 357, dit ceci : « Il paraît précisément par les dernières pages des *Conjectures académiques* que d'Aubignac était vieux et épuisé de fatigues quand il écrivit l'informe pamphlet communiqué plus tard à Perrault et publié en 1715, trente-neuf ans après la mort de son auteur. Boileau avait donc bien deviné, et certes il eût été plus sévère encore, s'il eût pu lire dans tout leur développement les ridicules paradoxes du bon abbé. » Suivant l'abbé d'Aubignac, Homère n'est qu'un nom, le nom supposé d'un personnage dont on ne connaît ni la famille, ni la patrie, ni la vie, ni la mort. Les traditions qui courent sur lui sont apocryphes et contradictoires. Les anciens eux-mêmes ne sont pas d'accord sur le nombre de ses ouvrages. « Faisons donc cette réflexion, dit-il, qu'il est impossible qu'un homme ait vécu parmi les autres sans nom, qu'il soit né sans père ni mère, qu'il ait vécu sur la terre sans naître

fortes conjectures pour appuyer le prétendu paradoxe de cet abbé, et ces fortes conjectures se réduisent à deux, dont l'une est qu'on ne sait point la ville qui a donné naissance à Homère. L'autre est que ses ouvrages s'appellent *rapsodies*, mot qui veut dire un amas de chansons cousues ensemble; d'où il conclut que les ouvrages d'Homère sont des pièces ramassées de différents auteurs, jamais aucun poëte n'ayant intitulé, dit-il, ses ouvrages *rapsodies*. Voilà d'étranges preuves; car, pour le premier point, combien n'avons-nous pas d'écrits fort célèbres qu'on ne soupçonne point d'être faits par plusieurs écrivains différents, bien qu'on ne sache point les villes où sont nés les auteurs, ni même le temps où ils vivoient ! Témoin Quinte-Curce, Pétrone, etc. A l'égard du mot de RAPSODIES, on étonneroit peut-être bien M. P... si on lui faisoit voir que ce mot ne vient point de ῥάπτειν, qui signifie JOINDRE, COUDRE ENSEMBLE, mais de ῥάββδος, qui veut dire UNE BRANCHE; et que les livres de l'Iliade et de

en quelque lieu, qu'il ait passé un nombre d'années assez considérable sans qu'il se trouve, dans la suite des temps, qu'on ne sache point le temps de sa mort et que ses ouvrages aient été si mal connus de tous les plus anciens auteurs, et nous conclurons sans doute que cette poésie s'est faite d'une manière tout extraordinaire. » « Il est constant, poursuit l'abbé d'Aubignac, que le premier emploi de la poésie chez les païens fut la louange de leurs dieux; mais après la guerre de Troie, les poëtes grecs célébrèrent plus souvent des héros qui s'y étoient illustrés que les dieux désormais négligés par leur muse. Troie avoit péri depuis cinquante ans à peine, et déjà retentissoient dans toute la Grèce des chansons épiques en l'honneur des héros que les poëtes chantoient aux festins des grands et que répétoient les *rhapsodes*, appelés ainsi parce qu'ils *recousoient* ensemble des pièces composées sur le même sujet : *La guerre de Troie*. Souvent ces *rhapsodes* étoient de pauvres aveugles qui venoient chanter « aux portes des bourgeois » pour gagner leur vie. De là le nom de Rhapsodies d'Homère, c'est-à dire de l'aveugle, qu'on donna autrefois à ces chants. » Voir Hipp. Rigault, *Histoire de la querelle des anciens et des modernes*, p. 411.

l'Odyssée ont été ainsi appelés, parce qu'il y avoit autrefois des gens qui les chantoient, une branche de laurier à la main, et qu'on appeloit, à cause de cela, les CHANTRES DE LA BRANCHE.[1]

La plus commune opinion pourtant est que ce mot vient de ῥάπτειν ᾠδάς, et que RAPSODIE veut dire un amas de vers d'Homère qu'on chantoit, y ayant des gens qui gagnoient leur vie à les chanter, et non pas à les composer, comme notre censeur se le veut bizarrement persuader. Il n'y a qu'à lire sur cela Eustathius.[2] Il n'est donc pas surprenant qu'aucun autre poëte qu'Homère n'ait intitulé ses vers RAPSODIES, parce qu'il n'y a jamais eu proprement que les vers d'Homère qu'on ait chantés de la sorte. Il paroît néanmoins que ceux qui dans la suite ont fait de ces parodies, qu'on appeloit centons

---

1. Ῥαβδῳδούς. (BOILEAU, 1713.)
Les deux étymologies ont des autorités pour elles parmi les anciens. Ainsi Callimaque :

> Καὶ τὸν ἐπὶ ῥάβδῳ μῦθον ὑποφαινόμενον,
> Ἠνεκὲς ἀείδω δεδεγμένος.

Pindare, *Néméennes*, 2 :

> Ὅθεν περ καὶ Ὁμηρίδαι,
> Ῥαπτῶν ἐπέων τὰ πόλλ' ἀοιδοί,
> Ἄρχονται Διὸς ἐκ προοιμίου.

Pindare, *Isthmiques*, 4 :

> Ἀλλ' Ὅμηρός τοι τετίμακεν δι' ἀνθρώπων, ὅς αὐτοῦ,
> Πᾶσαν ὀρθώσας ἀρετὰν κατὰ ῥάβδον ἔφρασεν,
> Θεσπεσίων ἐπέων ἀθύρειν.

Le Scholiaste de Pindare nous a conservé ce fragment d'Hésiode :

> Ἐν Δήλῳ τότε πρῶτον ἐγὼ καὶ Ὅμηρος ἀοιδοί,
> Μέλπομεν, ἐν νεαροῖς ὕμνοις ῥάψαντες ἀοιδὴν,
> Φοῖβον Ἀπόλλωνα χρυσάορον, ὅν τέκε Λητώ.

2. Archevêque de Thessalonique au XIIe siècle. Il a laissé de volumineuses *scholies* sur l'*Iliade* et l'*Odyssée*.

RÉFLEXION III.

d'Homère,[1] ont aussi nommé ces centons RAPSODIES, et c'est peut-être ce qui a rendu le mot de RAPSODIE odieux en françois, où il veut dire un amas de méchantes pièces recousues. Je viens maintenant au passage d'Élien,[2] que cite M. P..., et afin qu'en faisant voir sa méprise et sa mauvaise foi sur ce passage, il ne m'accuse pas, à son ordinaire, de lui imposer, je vais rapporter ses propres mots. Les voici : « Élien, dont le témoignage n'est pas frivole, dit formellement que l'opinion des anciens critiques étoit qu'Homère n'avoit jamais composé l'Iliade et l'Odyssée que par morceaux, sans unité de dessein, et qu'il n'avoit point donné d'autres noms à ces diverses parties qu'il avoit composées sans ordre et sans arrangement dans la chaleur de son imagination, que les noms des matières dont il traitoit ; qu'il avoit intitulé la Colère d'Achille, le chant qui a depuis été le premier livre de l'Iliade ; le Dénombrement des vaisseaux, celui qui est devenu le second livre ; le Combat de Pâris et de Ménélas, celui dont on a fait le troisième, et ainsi des autres. Il ajoute que Lycurgue de Lacédémone fut le premier qui apporta d'Ionie dans la Grèce ces diverses parties séparées les unes des autres, et que ce fut Pisistrate qui les arrangea, comme je viens de dire, et qui fit les deux

---

1. Ὁμηρόκεντρα. (BOILEAU, 1713.) Voir là-dessus Suidas au mot Ἴππυς ; *Athénée*, livre I, 316, édit. Tauchnitz ; Aristote, *Poétique*, ch. II ; exemples de ces parodies :

Δεῖπνά μοι ἔννεπε, Μοῦσα, πολύτροφα, καὶ μάλα πολλά,
Ἃ Ξενοκλῆς ῥήτωρ ἐν Ἀθήναις δείπνισεν ἡμᾶς....
Παῖς δέ τις ἐκ Σαλαμῖνος ἄγεν τρισκαίδεκα νήσσας,
Λίμνης ἐξ ἱερῆς, μάλα πίονας ἃς ὁ μάγειρος,
Θῆκε φέρων ἵν' Ἀθηναίων κατέκειντο φάλαγγες....

2. Claudius Ælianus, compilateur grec du IIIᵉ siècle, né à Préneste dans le Latium. Outre les *Histoires diverses*, que cite Boileau, on lui attribue une *Histoire des animaux*, et vingt *Lettres rustiques*. (M. CHÉRON.)

poëmes de l'Iliade et de l'Odyssée, en la manière que nous les voyons aujourd'hui, de vingt-quatre livres chacun, en l'honneur des vingt-quatre lettres de l'alphabet.[1] »

A en juger par la hauteur dont M. P... étale ici toute cette belle érudition, pourroit-on soupçonner qu'il n'y a rien de tout cela dans Élien?[2] Cependant il est très-véritable qu'il n'y en a pas un mot, Élien ne disant autre chose, sinon que les œuvres d'Homère, qu'on avoit complètes en Ionie, ayant couru d'abord par pièces détachées dans la Grèce, où on les chantoit sous différents titres, elles furent enfin apportées tout entières d'Ionie par Lycurgue, et données au public par Pisistrate, qui les revit. Mais pour faire voir que je dis vrai, il faut rapporter ici les propres termes d'Élien :[3] « Les poésies d'Homère,

---

1. *Parallèles* de M. P..., t. III. (BOILEAU, 1713.) — C'est à la page 36. M. Perrault a copié ce passage dans Baillet, *Jugements des savants*, t. V, p. 76, et celui-ci l'avoit pris du père Rapin, dans sa *Comparaison d'Homère et de Virgile*, chap. XIV. (BROSSETTE.)

2. Voici ce que dit l'*abbé*, l'un des interlocuteurs des dialogues de Perrault : « Je n'examine point si l'opinion de la pluralité des Homère est vraisemblable ou non; ni même si ce que dit Élien est véritable, quoiqu'il y ait lieu de le croire; mais je dis que le doute légitime où ont été et où sont encore beaucoup d'habiles gens sur cet article est une preuve incontestable du peu de bonté de la fable de l'*Iliade;* car si la construction en étoit, non pas divine, comme on le veut dans le collège, mais un peu supportable, on n'auroit jamais inventé toutes les choses que je viens de dire : que si ces choses-là sont vraies, et non pas inventées, il est encore plus impossible que le hasard ait formé, de divers morceaux rassemblés, une fable et un sujet dont la construction soit admirable. »

3. Livre XIII des *Diverses histoires*, ch. XIV. (BOILEAU, 1713.) — « Τὰ Ὁμήρου ἔπη πρότερον (d'autres éditions donnent πρόπαλαι) διῃρημένα ᾖδον οἱ παλαιοί... Ὀψὲ δὲ Λυκοῦργος, ὁ Λακεδαιμόνιος, ἀθρόαν πρῶτος εἰς τὴν Ἑλλάδα, ἐκόμισε τὴν Ὁμήρου ποίησιν· τὸ δὲ ἀγώγιμον τοῦτο ἐξ Ἰωνίας, ἡνίκα ἀπεδήμησεν, ἤγαγεν. Ὕστερον δὲ Πεισίστρατος συναγαγὼν ἀπέφηνε τὴν Ἰλιάδα καὶ Ὀδύσσειαν. » Scaliger le premier interpréta ces paroles de manière à faire croire qu'il y avait eu plusieurs Homère et forma pour ainsi dire la secte des πολυόμηροι. — Voir l'ouvrage de M. Valettas, publié à Londres en 1867, écrit en grec moderne sous ce titre : Ὁμήρου Βίος καὶ ποιήματα, p. 196.

dit cet auteur, courant d'abord en Grèce par pièces détachées, étoient chantées chez les anciens Grecs sous de certains titres qu'ils leur donnoient. L'une s'appeloit le Combat proche des vaisseaux ; l'autre, Dolon surpris: l'autre, la Valeur d'Agamemnon ; l'autre, le Dénombrement des vaisseaux ; l'autre, la Patroclée ; l'autre, le Corps d'Hector racheté ; l'autre, les Combats faits en l'honneur de Patrocle ; l'autre, les Serments violés. C'est ainsi à peu près que se distribuoit l'Iliade. Il en étoit de même des parties de l'Odyssée : l'une s'appeloit le Voyage à Pyle ; l'autre, le Passage à Lacédémone, l'Antre de Calypso, le Vaisseau, la Fable d'Alcinoüs, le Cyclope, la Descente aux enfers, les Bains de Circé, le Meurtre des amants de Pénélope, la Visite rendue à Laërte dans son champ, etc. Lycurgue, Lacédémonien, fut le premier qui, venant d'Ionie, apporta assez tard en Grèce toutes les œuvres complètes d'Homère ; et Pisistrate, les ayant ramassées ensemble dans un volume, fut celui qui donna au public l'Iliade et l'Odyssée, en l'état que nous les avons. » Y a-t-il là un seul mot dans le sens que lui donne M. P...? Où Élien dit-il formellement que l'opinion des anciens critiques étoit qu'Homère n'avoit composé l'Iliade et l'Odyssée que par morceaux, et qu'il n'avoit point donné d'autres noms à ces diverses parties qu'il avoit composées sans ordre et sans arrangement dans la chaleur de son imagination, que les noms des matières dont il traitoit ? Est-il seulement parlé là de ce qu'a fait ou pensé Homère en composant ses ouvrages, et tout ce qu'Élien avance ne regarde-t-il pas simplement ceux qui chantoient en Grèce les poésies de ce divin poëte, et qui en savoient par cœur beaucoup de pièces détachées, auxquelles ils donnoient les noms qu'il leur plaisoit, ces pièces y étant toutes longtemps même avant l'arrivée de Lycurgue? Où est-il parlé que Pisistrate fit l'Iliade et l'Odyssée? Il est vrai que le traducteur latin a mis CONFECIT; mais outre que CONFECIT en cet endroit ne veut point dire FIT, mais RAMASSA, cela est fort mal traduit; et il y a dans le grec ἀπέφηνε, qui signifie « les montra, les fit voir au public. » Enfin, bien loin de faire tort à la gloire d'Homère, y a-t-il rien de plus honorable pour lui que ce passage d'Élien, où l'on voit que les ouvrages de ce grand poëte avoient d'abord couru en Grèce dans la bouche de tous les hommes, qui en faisoient leurs délices et se les apprenoient les uns aux autres, et qu'ensuite ils furent donnés complets au public par un des plus galants hommes de son siècle, je veux dire par Pisistrate, celui qui se rendit maître d'Athènes? Eustathius cite encore, outre Pisistrate, deux des plus fameux grammairiens[1] d'alors, qui contribuèrent, dit-il, à ce travail; de sorte qu'il n'y a peut-être point d'ouvrages de l'antiquité qu'on soit si sûr d'avoir complets et en bon ordre, que l'Iliade et l'Odys-

1. Aristarque et Zénodote. *Eustath., préf.*, p. 5. (BOILEAU, 1713.)

Il semble que Boileau les fasse contemporains de Pisistrate, tandis qu'ils étoient plus anciens, l'un de deux siècles, et l'autre, de quatre siècles. (SAINT-MARC.)

La rectification de Saint-Marc laisse encore une obscurité. Zénodote vivait au commencement du III siècle avant Jésus-Christ. Il était chargé de la surveillance des bibliothèques d'Alexandrie. Le roi Ptolémée Philadelphe le chargea de corriger les compositions d'Homère et celles des autres poëtes épiques. Suidas dit qu'il fut le premier τοῦ Ὁμήρου διορθωτής. — Aristarque naquit vers l'an 180 avant Jésus-Christ, il fut le précepteur des fils du roi Ptolémée Philométor. Voici ce qu'en dit Suidas : « Ἀρίσταρχος Ἀλεξανδρεὺς θέσει, τῇ δὲ φύσει Σαμόθραξ, πατρὸς Ἀριστάρχου· γέγονε δὲ κατὰ τὴν ρνστ´ Ὀλυμπιάδα ἐπὶ Πτολεμαίου τοῦ φιλομήτορος, οὗ καὶ τὸν υἱὸν ἐπαίδευσεν. Λέγεται δὲ γράψαι ὑπὲρ ώ (800) βιβλία ὑπομνημάτων μόνων.... Οὗτος ἐπεξειργάσατο τὴν τῶν Ὁμηρικῶν ἐπῶν ἔκδοσιν μετ᾽ ἀκριβείας πλείστης, καὶ διήρεσεν αὐτὰς εἰς 24 ῥαψῳδίας, ἐπιγράψας ἑκάστῃ ἕν τῶν ἀλφαβητικῶν γραμμάτων. »

sée. Ainsi, voilà plus de vingt bévues que M. P... a faites sur le seul passage d'Élien. Cependant c'est sur ce passage qu'il fonde toutes les absurdités qu'il dit d'Homère. Prenant de là occasion de traiter de haut en bas l'un des meilleurs livres de poétique qui, du consentement de tous les habiles gens, aient été faits en notre langue, c'est à savoir le *Traité du poëme épique* du père Le Bossu,[1] et où ce savant religieux fait si bien voir l'unité, la beauté et l'admirable construction des poëmes de l'Iliade, de l'Odyssée et de l'Énéide; M. P..., sans se donner la peine de réfuter toutes les choses solides que ce père a écrites sur ce sujet, se contente de le traiter d'homme à chimères et à visions creuses. On me permettra d'interrompre ici ma remarque, pour lui demander de quel droit il parle avec ce mépris d'un auteur approuvé de tout le monde, lui qui trouve si mauvais que je me sois moqué de Chapelain et de Cotin, c'est-à-dire de deux auteurs universellement décriés. Ne se souvient-il point que le père Le Bossu est un auteur moderne et un auteur moderne excellent? Assurément il s'en souvient, et c'est vraisemblablement ce qui le lui rend insupportable; car ce n'est pas simplement aux anciens qu'en veut M. P..., c'est à tout

---

1. *Traité du poëme épique*, Paris, 1675, in-12; il a été réimprimé plusieurs fois. René Le Bossu, génovéfain, né en 1631, mort le 15 de mars 1680, est, en outre, l'auteur d'un *Parallèle des principes de la Physique d'Aristote et de celle de Descartes*, Paris, 1674, in-12; il avait pris la défense de Boileau contre Desmarets de Saint-Sorlin.

Voici ce que disait le *chevalier* dans les *Dialogues* de Perrault : « Comment l'entendoit donc le père Le Bossu, qui a écrit du poëme épique? A voir le respect avec lequel ce bon religieux parle de la construction de la fable de l'*Iliade*, il semble qu'il fasse un commentaire sur l'Écriture sainte. Que de chimères ce bon père s'est imaginées! » Le *chevalier* n'avait que trop raison. Le père Le Bossu se faisait des idées bien fausses des poëmes d'Homère, où il voyait tout un dessein de morale et d'enseignement.

ce qu'il y a jamais eu d'écrivains d'un mérite élevé dans tous les siècles, et même dans le nôtre, n'ayant d'autre but que de placer, s'il lui étoit possible, sur le trône des belles-lettres ses chers amis, les auteurs médiocres, afin d'y trouver sa place [1] avec eux. C'est en cette vue qu'en son dernier dialogue il a fait cette belle apologie de Chapelain, poëte à la vérité un peu dur dans ses expressions, et dont il ne fait point, dit-il, son héros, mais qu'il trouve pourtant beaucoup plus sensé qu'Homère et que Virgile, et qu'il met du moins en même rang que le Tasse, affectant de parler de la *Jérusalem délivrée* et de la *Pucelle* comme de deux ouvrages modernes qui ont la même cause à soutenir contre les poëmes anciens. [2]

Que s'il loue en quelques endroits Malherbe, Racan, Molière et Corneille, et s'il les met au-dessus de tous les anciens, qui ne voit que ce n'est qu'afin de les mieux avilir dans la suite, et pour rendre plus complet le triomphe de M. Quinault, qu'il met beaucoup au-dessus d'eux, et « qui est, dit-il en propres termes, le plus grand poëte que la France ait jamais eu pour le lyrique et pour le dramatique? [3] » Je ne veux point ici offenser la mémoire

---

1. Je suis étonné qu'Arnauld n'ait pas blâmé particulièrement cette allusion injurieuse; plus Boileau sentait, et avait raison de sentir, qu'il était supérieur à Perrault, moins il aurait dû se la permettre. (B.-S.-P.)

2. Tome III du *Parallèle,* publié en 1692; le tome IV n'a paru qu'en 1696.

Perrault fait dire à l'un de ses interlocuteurs « qu'il n'a remarqué aucun défaut dans Homère ni dans Virgile, que l'on puisse trouver dans les modernes, parce que la politesse et le bon goût, qui se sont perfectionnés avec le temps, ont rendu insupportables une infinité de choses, que l'on souffroit, et que l'on louoit même dans les ouvrages des anciens. »

3. Voici tout le passage de Perrault (*Lettre,* N. X) : « Les traits de votre satire ne sont pas aussi mortels que vous le pensez: on en voit un exemple dans M. Quinault, que toute la France regarde présentement, malgré tout

de M. Quinault, qui, malgré tous nos démêlés poétiques, est mort mon ami. Il avoit, je l'avoue, beaucoup d'esprit, et un talent tout particulier pour faire des vers bons à mettre en chant : mais ces vers n'étoient pas d'une grande force, ni d'une grande élévation ; et c'étoit leur foiblesse même qui les rendoit d'autant plus propres pour le musicien, auquel ils doivent leur principale gloire, puisqu'il n'y a en effet de tous ses ouvrages que les opéras qui soient recherchés. Encore est-il bon que les notes de musique les accompagnent : car, pour les autres pièces de théâtre, qu'il a faites en fort grand nombre, il y a longtemps qu'on ne les joue plus,[1] et on ne se souvient pas même qu'elles aient été faites.

Du reste, il est certain que M. Quinault étoit un très-honnête homme, et si modeste, que je suis persuadé que

ce que vous avez dit contre lui, comme le plus excellent poëte lyrique et dramatique tout ensemble, que la France ait jamais eu... »
Saint-Marc, à cette occasion, reproche à Boileau de la mauvaise foi, ou au moins une inattention inexcusable, parce que les mots *tout ensemble*, omis par celui-ci, montrent que son adversaire voulait dire seulement que Quinault était le meilleur de nos poëtes pour le *dramatique-lyrique*... L'inattention nous semble au contraire fort excusable surtout dans un ouvrage, tel que celui-ci, rédigé à la hâte. Comme dans ses satires Boileau n'avait lancé ni pu lancer aucun trait contre les opéras de Quinault, tandis qu'il en avait lancé contre ses autres ouvrages dramatiques et en particulier contre ses tragédies (sat. III, vers 179 à 200), il était naturel de penser que l'éloge de Perrault se rapportait au talent de Quinault pour ces sortes d'ouvrages ; d'autant plus que, comme, à l'époque où Quinault composa pour la scène lyrique, l'opéra ne faisait que de naître en France (d'Olivet, II, 244), l'expression LE PLUS GRAND *de nos poëtes* ne devait paraître avoir aucun sens si on la restreignait aux seuls poëtes dramatico-lyriques. (B.-S.-P.)

1. M. Berriat-Saint-Prix fait remarquer que la *Mère coquette* s'est soutenue au théâtre, et que La Harpe en fait l'éloge dans son *Lycée*.
Voltaire, qui prend si souvent la défense de Quinault contre Boileau, aurait dû avoir devant les yeux ce jugement définitif et fort équitable. La *Mère coquette* ou les *Amants brouillés* fut donnée au théâtre en 1664 ; l'auteur avait vingt-neuf ans.

s'il étoit encore en vie, il ne seroit guère moins choqué des louanges outrées que lui donne ici M. P..., que des traits qui sont contre lui dans mes satires. Mais, pour revenir à Homère, on trouvera bon, puisque je suis en train, qu'avant que de finir cette remarque, je fasse encore voir ici cinq énormes bévues que notre censeur a faites en sept ou huit pages, voulant reprendre ce grand poëte.

La première est à la page 72, où il le raille d'avoir, par une ridicule observation anatomique, écrit, dit-il, dans le quatrième livre de l'Iliade,[1] que Ménélas avoit les talons à l'extrémité des jambes. C'est ainsi qu'avec son agrément ordinaire il traduit un endroit très-sensé et très-naturel d'Homère, où le poëte, à propos du sang qui sortoit de la blessure de Ménélas, ayant apporté la comparaison de l'ivoire qu'une femme de Carie a teint en couleur de pourpre : « De même, dit-il, Ménélas, ta cuisse et ta jambe, jusqu'à l'extrémité du talon, furent alors teintes de ton sang. »

> Τοῖοί τοι, Μενέλαε, μιάνθην αἵματι μηροὶ
> Εὐφυέες, κνῆμαί τ' ἠδὲ σφυρὰ καλ' ὑπένερθε.
>
> Talia tibi, Menelae, fœdata sunt cruore femora
> Solida, tibiæ talique pulchri, infra.

Est-ce là dire anatomiquement que Ménélas avoit les talons à l'extrémité des jambes, et le censeur est-il excusable de n'avoir pas au moins vu dans la version latine que l'adverbe INFRA ne se construisoit pas avec TALUS, mais avec FŒDATA SUNT? Si M. P... veut voir de ces

---

1. Vers 146. (BOILEAU, 1713.)
« Ne trouvez-vous point encore, dit l'abbé, qu'Homère a montré sa science, quand il a dit que les talons de Ménélas étoient à l'extrémité de ses jambes ? »

ridicules observations anatomiques, il ne faut pas qu'il aille feuilleter l'Iliade, il faut qu'il relise la Pucelle. C'est là qu'il en pourra trouver un bon nombre; et entre autres celle-ci, où son cher M. Chapelain met au rang des agréments de la belle Agnès, qu'elle avoit les doigts inégaux; ce qu'il exprime en ces jolis termes :[1]

On voit hors des deux bouts de ses deux courtes manches
Sortir à découvert deux mains longues et blanches,
Dont les doigts inégaux, mais tout ronds et menus,
Imitent l'embonpoint des bras ronds et charnus.

La seconde bévue est à la page suivante,[2] où notre censeur accuse Homère de n'avoir point su les arts; et cela, pour avoir dit, dans le troisième de l'Odyssée,[3] que le fondeur que Nestor fit venir pour dorer les cornes du taureau qu'il vouloit sacrifier vint avec son enclume, son marteau et ses tenailles. A-t-on besoin, dit monsieur P..., d'enclume ni de marteau pour dorer? Il est bon premièrement de lui apprendre qu'il n'est point parlé là d'un fondeur, mais d'un forgeron;[4] et que ce forgeron, qui étoit en même temps et le fondeur et le batteur d'or de

---

1. Citation empruntée à la lettre d'Arnauld. Voir à la *Correspondance*. (B.-S.-P.)

2. C'est quatre pages plus loin, à la page 76. (Saint-Marc.)

L'abbé dit : « Nestor envoie quérir un fondeur pour dorer les cornes d'un bœuf, qu'il vouloit sacrifier. L'ouvrier apporte ses enclumes, ses marteaux et ses tenailles; et Nestor lui donna l'or dont il dora les cornes du bœuf. — *Le chevalier.* On dit qu'Homère savoit toutes choses, et qu'il est le père de tous les arts; mais assurément il ne savoit pas dorer; a-t-on besoin pour cela d'enclumes, de marteaux et de tenailles? — *L'abbé.* Rien n'est moins vrai qu'Homère ait su les arts ou du moins qu'il les ait sus mieux que le commun du monde. Cet endroit commence à me le faire voir. »

3. Vers 425 et suiv. (Boileau, 1713.)

4. Χαλκεύς. (Boileau, 1713.)

la ville de Pyle, ne venoit pas seulement pour dorer les cornes du taureau, mais pour battre l'or dont il les devoit dorer, et que c'est pour cela qu'il avoit apporté ses instruments ; comme le poëte le dit en propres termes : οἵσίν τε χρυσὸν εἰργάζετο, INSTRUMENTA QUIBUS AURUM ELABORABAT.[1] Il paroît même que ce fut Nestor qui lui fournit l'or qu'il battit. Il est vrai qu'il n'avoit pas besoin pour cela d'une fort grosse enclume ; aussi celle qu'il apporta étoit-elle si petite, qu'Homère assure qu'il la tenoit entre ses mains. Ainsi on voit qu'Homère a parfaitement entendu l'art dont il parloit. Mais comment justifierons-nous monsieur P..., cet homme d'un si grand goût, et si habile en toutes sortes d'arts, ainsi qu'il s'en vante lui-même dans la lettre qu'il m'a écrite ;[2] comment, dis-je, l'excuserons-nous d'être encore à apprendre que les feuilles d'or dont on se sert pour dorer ne sont que de l'or extrêmement battu ?

La troisième bévue est encore plus ridicule. Elle est à la même page où il traite notre poëte de grossier, d'avoir fait dire à Ulysse par la princesse Nausicaa, dans l'Odyssée,[3] « qu'elle n'approuvoit point qu'une fille couchât avec un homme avant que de l'avoir épousé. » Si le mot grec, qu'il explique de la sorte, vouloit dire en cet endroit COUCHER, la chose seroit bien encore plus ridicule que ne dit notre critique, puisque ce mot est joint en cet

---

1. 1694-1701, *aurum fabricabat*.

2. Il ne le dit pas formellement; voici le passage : « Comment pouvez-vous m'accuser d'insensibilité sur ce qui touche ordinairement les hommes, moi qui à la vérité ne suis pas fort habile dans toutes les sciences et dans tous les arts que je viens de nommer, mais qui suis connu pour les aimer avec passion, et pour n'avoir point donné sujet de me reprendre toutes les fois que j'ai eu occasion d'en écrire? » (*Lettre...*, N. XIV.) (M. CHÉRON.)

3. Livre Z (VI). (BOILEAU, 1713.)

endroit à un pluriel ; et qu'ainsi la princesse Nausicaa diroit : « qu'elle n'approuve point qu'une fille couche avec plusieurs hommes avant que d'être mariée. » Cependant c'est une chose très-honnête et pleine de pudeur qu'elle dit ici à Ulysse : car, dans le dessein qu'elle a de l'introduire à la cour du roi son père, elle lui fait entendre qu'elle va devant préparer toutes choses ; mais qu'il ne faut pas qu'on la voie entrer avec lui dans la ville, à cause des Phéaques,[1] peuple fort médisant, qui ne manqueroient pas d'en faire de mauvais discours ; ajoutant qu'elle n'approuveroit pas elle-même la conduite d'une fille qui, sans le congé de son père et de sa mère, fréquenteroit des hommes avant que d'être mariée. C'est ainsi que tous les interprètes ont expliqué en cet endroit les mots ἀνδράσι μίσγεσθαι, MISCERI HOMINIBUS, y en ayant même qui ont mis à la marge du texte grec, pour prévenir les P... : « Gardez-vous bien de croire que μίσγεσθαι en cet endroit veuille dire COUCHER. » En effet, ce mot est presque employé partout dans l'Iliade et dans l'Odyssée pour dire FRÉQUENTER ; et il ne veut dire COUCHER AVEC QUELQU'UN que lorsque la suite naturelle du discours, quelque autre mot qu'on y joint, et la qualité de la personne qui parle ou dont on parle, le déterminent infailliblement à cette signification, qu'il ne peut jamais avoir dans la bouche d'une princesse aussi sage et aussi honnête qu'est représentée Nausicaa.

Ajoutez l'étrange absurdité qui s'ensuivroit de son discours, s'il pouvoit être pris ici dans ce sens ; puisqu'elle conviendroit en quelque sorte, par son raisonnement, qu'une femme mariée peut coucher honnêtement avec

---

1. 1694, *Phéaciens.*

tous les hommes qu'il lui plaira. Il en est de même de μίσγεσθαι, en grec, que des mots COGNOSCERE et COMMISCERI dans le langage de l'Écriture, qui ne signifient d'eux-mêmes que CONNOÎTRE et SE MÊLER, et qui ne veulent dire figurément COUCHER que selon l'endroit où on les applique ; si bien que toute la grossièreté prétendue du mot d'Homère appartient entièrement à notre censeur, qui salit tout ce qu'il touche, et qui n'attaque les auteurs anciens que sur des interprétations fausses, qu'il se forge à sa fantaisie, sans savoir leur langue, et que personne ne leur a jamais données.[1]

La quatrième bévue est aussi sur un passage de l'Odyssée. Eumée, dans le quinzième livre[2] de ce poëme, raconte qu'il est né dans une petite île appelée Syros,[3] qui est au couchant de l'île d'Ortygie.[4] Ce qu'il explique par ces mots :

Ὀρτυγίας καθύπερθεν, ὅθι τροπαὶ ἠελίοιο.
Ortygia desuper, qua parte sunt conversiones solis.

« Petite île située au-dessus de l'île d'Ortygie, du côté que le soleil se couche. » Il n'y a jamais eu de difficulté sur ce passage : tous les interprètes l'expliquent de la sorte ; et Eustathius même apporte des exemples où il fait voir que le verbe τρέπεσθαι, d'où vient τροπαί, est

---

1. Voir à la *Correspondance* une lettre de Racine de 1693, à la fin.
Mᵐᵉ Dacier, dit Saint-Marc, traite (sur ce passage) M. Perrault avec sa hauteur ordinaire, elle l'accuse d'avoir été assez impudent pour traiter Homère de *grossier* et qualifie sa *faute* de la plus insigne bévue qui ait jamais été faite, et qui marque la plus parfaite ignorance.
2. 1694-1713, le *neuvième livre,* erreur corrigée par Brossette. Voir la *Correspondance*, lettre du 29 décembre 1701.
3. Ile de l'Archipel, du nombre des Cyclades. (BOILEAU, 1713.)
4. Cyclade, nommée depuis Délos. (BOILEAU, 1713.)

employé dans Homère pour dire que le soleil se couche. Cela est confirmé par Hésychius, [1] qui explique le terme de τροπαί par celui de δύσεις, [2] qui signifie incontestablement le couchant. Il est vrai qu'il y a un vieux commen-

---

1. Grammairien et lexicographe grec. Il florissait au sixième siècle. (B.-S.-P.)

Voici ce qu'on lit dans le dictionnaire d'Homère et des Homérides, ouvrage où l'on a réuni tous les travaux de la critique ancienne et moderne sur ces poëmes : « Τροπή, tour, conversion, retour; τροπαί ἠελίοιο, *Od.* XV, p. 404, ch. x, solstice, tropique; on sait que le soleil parvenu aux zones tropicales paraît faire un mouvement rétrograde. Le vers qui nous occupe est cité et l'on ajoute, ce passage a été diversement expliqué : d'après la plupart des anciens commentateurs (voy. Strab., X, p. 487; et Eustath., *l. c.*), il faut entendre par Συρίη la Cyclade *Syros* et par *Ortygie* l'île de *Délos*; quant à τροπαί ἠελίοιο, Eustathe voit dans ces mots une périphrase poétique pour dire : l'*Occident*; et il compare l'*Odyssée*, XVII, 18; selon Voss et Nitzsch (*Odys.*, I, 22), c'est aussi la région céleste, où le soleil incline vers le couchant, c'est également l'avis de G. F. Grotefend (*Éphém. géogr.*, vol. XLVIII, cah. 3, p. 281) : « Ortygie ou Délos, dit-il, est le centre de la « terre homérique; c'est au-dessus de cette île que le soleil atteint le plus « haut point de sa course; une ligne tirée du nord au sud divise la surface « terrestre en deux moitiés. » D'autres prennent ces mots τροπαί ἠελίοιο pour les tropiques proprement dits : c'est ce qu'indique Eustathe en rapportant qu'on faisait passer la ligne tropicale dans une caverne de cette île. Suivant Ottfr. Müller (c. f. *Orchomenos*, p. 326), ces mots ont été ajoutés par un rapsode et font évidemment allusion au cadran solaire de Phérécyde de Syros; Voss (*Connaiss. du monde ancien*, p. 294) entend par Ortygie la petite île d'Ortygie située devant Syracuse et dit que c'est également là qu'il faut chercher la Συρίη d'Homère. » On voit que la question n'était pas aussi simple que le disait Boileau. — Huet a également blâmé Perrault de sa critique, voici un passage de sa lettre à ce sujet : « D'ailleurs les termes d'Homère, ὅθι τροπαί ἠελίοιο, *où sont les conversions du soleil*, ne signifient nullement ce que vous prétendez, savoir qu'elle est située sous le tropique. Si Homère avoit eu cette pensée, il auroit dit *où est la conversion du soleil*, et non pas *où sont les conversions du soleil*. A moins que vous ne disiez qu'Homère a entendu qu'elle est sous les deux tropiques : ce que je crois que vous ne direz pas... Jugez par tout ceci, monsieur, de quelle sorte votre critique sera traitée par les critiques. Les erreurs où l'on tombe par la démangeaison de reprendre sont bien moins pardonnables que celles qui viennent d'inadvertance. »

2. On lit δρύσεις dans Berriat-Saint-Prix; M. Chéron a reproduit δρύσεις, comme plus haut il avait reproduit une autre faute au mot εἰργάζετο qui se trouve dans Berriat-Saint-Prix sous cette forme ῥιεγάζετο.

tateur [1] qui a mis dans une petite note qu'Homère, par ces mots, a voulu aussi marquer « qu'il y avoit dans cette île un antre où l'on faisoit voir les tours ou conversions du soleil. » On ne sait pas trop bien ce qu'a voulu dire par là ce commentateur, aussi obscur qu'Homère est clair. Mais ce qu'il y a de certain, c'est que ni lui ni pas un autre n'ont jamais prétendu qu'Homère ait voulu dire que l'île de Syros étoit située sous le tropique ; et que l'on n'a jamais attaqué ni défendu ce grand poëte sur cette erreur, parce qu'on ne la lui a jamais imputée. Le seul M. P..., qui, comme je l'ai montré par tant de preuves, ne sait point le grec, et qui sait si peu la géographie, que dans un de ses ouvrages il a mis le fleuve de Méandre,[2] et par conséquent la Phrygie et Troie, dans la Grèce ; le seul M. P..., dis-je, vient, sur l'idée chimérique qu'il s'est mise dans l'esprit, et peut-être sur quelque misérable note d'un pédant, accuser un poëte regardé par tous les anciens géographes comme le père de la géographie, d'avoir mis l'île de Syros et la mer Méditerranée sous le tropique ; faute qu'un petit écolier n'auroit pas faite : et non-seulement il l'en accuse, mais il suppose que c'est une chose reconnue de tout le monde, et que les interprètes ont tâché en vain de sauver, en expliquant, dit-il,

---

1. Didymus. (BROSSETTE.)

Ἔνθα φησὶν εἶναι τὸ ἡλίου σπήλαιον, δι'οὗ, σημειοῦνται τὰς ἡλίου τροπάς.

2. Fleuve dans la Phrygie. (BOILEAU, 1713.)
Perrault avait dit dans son poëme à propos de la circulation du sang, dont les lois étaient inconnues aux anciens :

> Ils ignoroient jusqu'aux routes certaines
> Du Méandre vivant qui coule dans nos veines.

C'était assez heureux ; mais il y avait une note qui gâtait tout : *Méandre fleuve de Grèce.*

ce passage du cadran que Phérécydes, qui vivoit trois cents ans depuis Homère, avoit fait dans l'île de Syros, quoique Eustathius, le seul commentateur qui a bien entendu Homère, ne dise rien de cette interprétation, qui ne peut avoir été donnée à Homère que par quelque commentateur de Diogène Laërce,[1] lequel commentateur je ne connois point.[2] Voilà les belles preuves par où notre censeur prétend faire voir qu'Homère ne savoit point les arts ; et qui ne font voir autre chose sinon que M. P... ne sait point de grec, qu'il entend médiocrement le latin, et ne connoît lui-même en aucune sorte les arts.

Il a fait les autres bévues pour n'avoir pas entendu le grec ; mais il est tombé dans la cinquième erreur pour n'avoir pas entendu le latin. La voici : « Ulysse, dans l'Odyssée,[3] est, dit-il, reconnu par son chien, qui ne l'avoit point vu depuis vingt ans. Cependant Pline assure que les chiens ne passent jamais quinze ans. » M. P... sur cela fait le procès à Homère, comme ayant infailliblement tort d'avoir fait vivre un chien vingt ans, Pline assurant que les chiens n'en peuvent vivre que quinze.[4]

1. Voyez Diogène Laërce de l'édition de M. Ménage, p. 76 du texte, et p. 68 des observations. (BOILEAU, 1713.)
1694-1701, *quelque ridicule commentateur*.
2. C'est Ménage lui-même. (SAINT-MARC.)
Ménage adoptait l'opinion de Huet sur le cadran dans l'île de Syros. Huet disait : Il pourrait bien y en avoir eu un plus ancien que celui de Phérécyde ; ou peut-être Phérécyde ne fit-il que rétablir ou perfectionner l'ancien, et mérita par là d'en être cru l'auteur. Ces héliotropes étaient en usage dans la Palestine et chez les Juifs, témoin celui du roi Achaz, père d'Ézéchias. « Mme Dacier, dit Saint-Marc, dit beaucoup d'injures à M. Perrault au sujet de sa critique, et vante la réfutation que M. Despréaux en a faite. Elle est pourtant fâchée que ce dernier ne soit pas mieux entré dans le véritable sens d'Homère. »
3. Livre XVII, vers 300 et suiv. (BOILEAU, 1713.)
4. *Le chevalier*. Voilà un grand scandale, monsieur le président, de voir deux anciens se contredire de la sorte. On sait bien qu'il faut

Il me permettra de lui dire que c'est condamner un peu légèrement Homère, puisque non-seulement Aristote, ainsi qu'il l'avoue lui-même, mais tous les naturalistes modernes, comme Jonston,[1] Aldroande,[2] etc., assurent qu'il y a des chiens qui vivent vingt années; que même je pourrois lui citer des exemples, dans notre siècle, de chiens qui en ont vécu jusqu'à vingt-deux,[3] et qu'enfin Pline, quoique écrivain admirable, a été convaincu, comme chacun sait, de s'être trompé plus d'une fois sur les choses de la nature, au lieu qu'Homère, avant les Dialogues de M. P..., n'a jamais été même accusé sur ce point d'aucune erreur. Mais quoi! M. P... est résolu de ne croire aujourd'hui que Pline, pour lequel il est, dit-il, prêt à parier. Il faut donc le satisfaire, et lui apporter l'autorité de Pline lui-même, qu'il n'a point lu ou qu'il n'a point entendu, et qui dit positivement la même chose qu'Aristote et tous les autres naturalistes; c'est à savoir, que les chiens ne vivent ordinairement que quinze ans, mais qu'il y en a quelquefois qui vont jusqu'à vingt. Voici ses

qu'Homère ait raison, comme le plus ancien; cependant je ne laisserois pas de parier pour Pline; et je ne trouve point d'inconvénient qu'Homère, qui est mauvais astronome et mauvais géographe, ne soit pas fort bon naturaliste. — *Le président.* Tout beau, monsieur le chevalier. Aristote, dont le témoignage vaut bien celui de Pline, après avoir dit que les chiens vivent ordinairement quatorze ans, ajoute qu'il y en a qui vivent jusqu'à vingt, comme celui d'Ulysse. — *Le chevalier.* Qui ne voit que cette exception n'est ajoutée que pour ne pas contredire Homère?

1. Naturaliste et médecin, né à Sambter près de Lissa (Posnanie), 1603-1675; il a donné à Hambourg, en 1650, deux volumes in-folio en latin sur les *Poissons*, les *Oiseaux*, les *Insectes*, les *Quadrupèdes*, les *Arbres.*

2. Il faut lire Aldrovande, célèbre naturaliste de Bologne, 1527-1505. On a de lui une *Histoire naturelle* en treize volumes in-folio.

3. Voir à la *Correspondance* une lettre à Brossette du 29 de décembre 1701.

« Perrault se trompe, avait dit Louis XIV mis au courant de cette querelle, j'ai eu un chien qui a vécu vingt-trois ans. »

termes : [1] « Cette espèce de chiens, qu'on appelle chiens de Laconie, ne vivent que dix ans. Toutes les autres espèces de chiens vivent ordinairement quinze ans, et vont quelquefois jusqu'à vingt... *Canes laconici vivunt annis denis... cætera genera quindecim annos, aliquando viginti.* » Qui pourroit croire que notre censeur, voulant, sur l'autorité de Pline, accuser d'erreur un aussi grand personnage qu'Homère, ne se donne pas la peine de lire le passage de Pline, ou de se le faire expliquer; et qu'ensuite, de tout ce grand nombre de bévues entassées les unes sur les autres dans un si petit nombre de pages, il ait la hardiesse de conclure, comme il a fait, « qu'il ne trouve point d'inconvénient (ce sont ses termes) qu'Homère, qui est mauvais astronome et mauvais géographe, ne soit pas bon naturaliste?[2] » Y a-t-il un homme sensé qui, lisant ces absurdités, dites avec tant de hauteur dans les dialogues de M. P..., puisse s'empêcher de jeter de colère le livre, et de dire comme Démiphon dans Térence : « *Ipsum gestio dari mi in conspectum?*[3] »

Je ferois un gros volume, si je voulois lui montrer toutes les autres bévues qui sont dans les sept ou huit pages que je viens d'examiner, y en ayant presque encore un aussi grand nombre que je passe, et que peut-être je

---

1. Pline, *Hist. nat.*, l. X (cap. LXIII, sect. LXXIII). (BOILEAU, 1713.)—Voici le passage en entier : *Vivunt laconici (canes) annis denis, fœminæ duodenis : cætera genera quindenos annos, aliquando viginti, nec tota sua ætate generant fere a duodecimo desinentes.* Édition J. Silling, Hamb., 1852, in-8°, t. II, p. 243. (M. CHÉRON.)
On ne sauroit excuser M. Perrault de n'avoir pas pris la peine de lire le passage entier. (SAINT-MARC.)
2. *Parallèles*, t. II. (Lisez : t. III, p. 97.) (BOILEAU, 1713.)
3. Le *Phormion*, acte I, scène V, vers 30. (BOILEAU, 1713.) — Cette scène n'est pas à la même place dans toutes les éditions de Térence.
1694 à 1701, *cuperem mihi dari in conspectum*.

lui ferai voir dans la première édition de mon livre, si je vois que les hommes daignent jeter les yeux sur ces éruditions grecques, et lire des remarques faites sur un livre que personne ne lit.[1]

1. Saint-Marc dit là-dessus : « Le tome III des *Parallèles* parut en 1692, et les deux premiers furent réimprimés en même temps. En 1694, on fit à Amsterdam une édition de ces trois volumes. » — *Éruditions* employé ainsi, au pluriel, désigne des choses érudites, des recherches savantes, curieuses.

> Elle sembloit raser les airs à la manière
> Que les Dieux marchent dans Homère ;
> Ceci n'est-il point trop savant ?
> Des éruditions la 'cour est ennemie,
> Même on les voit assez souvent
> Rebuter par l'Académie.
> (LA FONTAINE, *Poésies mêlées*, LXV.)

C'est une vieille traduction d'un vieil auteur en vieux français, réimprimé, non pour le public, mais pour mes amis amateurs de ces éruditions. (P.-L. COURIER, lett. I, 378 ; E. LITTRÉ, *Dict. de la langue française*.)

RÉFLEXION IV.

C'est ce qu'on peut voir dans la description de la déesse Discorde, qui a, dit-il, la tête dans les cieux et les pieds sur la terre.[1] (*Paroles de Longin*, ch. VII.)

Virgile a traduit ce vers presque mot pour mot dans le quatrième livre de l'Énéide,[2] appliquant à la Renommée ce qu'Homère dit de la Discorde :

Ingrediturque solo, et caput inter nubila condit.[3]

Un si beau vers imité par Virgile, et admiré par Longin, n'a pas été néanmoins à couvert de la critique de M. P..., qui trouve cette hyperbole outrée, et la met au rang des contes de Peau-d'Ane.[4] Il n'a pas pris garde

---

1. *Iliade*, liv. IV, vers 443. (BOILEAU, 1713.)
2. Vers 177.
3. Virgile a répété ce vers dans le dixième livre de l'*Énéide*, vers 767.
4. *Parallèles*, t. III. (BOILEAU, 1713. — Pages 117-118.)

L'abbé. Longin rapporte, comme une chose admirable, l'endroit où Homère dit, dans la description qu'il fait de la Discorde, qu'elle a la tête dans le ciel et les pieds sur la terre; et ce qu'il dit dans un autre endroit, qu'autant qu'un homme assis au rivage de la mer voit d'espace dans les airs, autant les chevaux des dieux en franchissent d'un saut. Longin admire ces deux hyperboles, et il dit sur la première, que la grandeur qui est donnée à la Discorde est moins la mesure de l'élévation de cette déesse, que de la capacité et de l'élévation de l'esprit d'Homère. — *Le chevalier...* La première de ces exagérations ne sauroit faire une image bien nette dans l'esprit. Tant qu'on pourra voir la tête de la Renommée, sa tête ne sera point dans le ciel : et si sa tête est dans le ciel, on ne sait pas bien ce que l'on voit. Pour l'autre hyperbole, elle n'a été imitée que par ceux qui ont

que, même dans le discours ordinaire, il nous échappe tous les jours des hyperboles plus fortes que celle-là, qui ne dit au fond que ce qui est très-véritable ; c'est à savoir que la Discorde règne partout sur la terre, et même dans le ciel entre les dieux, c'est-à-dire entre les dieux d'Homère.[1] Ce n'est donc point la description d'un géant, comme le prétend notre censeur, que fait ici Homère, c'est une allégorie très-juste ; et bien qu'il fasse de la Discorde un personnage, c'est un personnage allégorique qui ne choque point, de quelque taille qu'il le fasse, parce qu'on le regarde comme une idée et une imagination de l'esprit, et non point comme un être matériel subsistant dans la nature. Ainsi cette expression du psaume : « J'ai vu l'impie élevé comme un cèdre du Liban,[2] » ne veut pas dire que l'impie étoit un géant grand comme un cèdre du Liban. Cela signifie que l'impie étoit au faîte des grandeurs humaines ; et monsieur Racine est fort bien entré dans la pensée du psalmiste

---

fait des contes de Peau-d'Ane, où ils introduisent certains hommes cruels qu'on appelle ogres, qui sentent la chair fraîche, et qui mangent les petits enfants. Ils leur donnent ordinairement des bottes de sept lieues pour courir après ceux qui s'enfuient. Il y a quelque esprit dans cette imagination. Car les enfants conçoivent ces bottes de sept lieues comme de grandes échasses, avec lesquelles ces ogres sont en moins de rien partout où ils veulent : au lieu qu'on ne sait comment s'imaginer que les chevaux des dieux passent d'un seul saut une si grande étendue de pays. C'est à trouver de beaux et de grands sentiments que la grandeur d'esprit est nécessaire et se fait voir ; et non pas à se former des corps d'une masse démesurée, ou des mouvements d'une vitesse inconcevable.

1. C'est aussi le sentiment du *président*, que Perrault fait répondre ainsi à l'abbé : « Homère a voulu dire, par là, que la discorde régnoit dans le ciel parmi les dieux, et sur la terre parmi les hommes. Il ne se peut rien de plus beau que ce sentiment-là, ni de plus poétique que la fiction dont il se sert pour l'exprimer. »

2. Ps. xxxvi, v. 35 : « Vidi impium superexaltatum, et elevatum sicut cedros Libani. » (Boileau, 1713.)

par ces deux vers de son *Esther*, qui ont du rapport au vers d'Homère :

> Pareil au cèdre, il cachoit dans les cieux
> Son front audacieux. [1]

Il est donc aisé de justifier les paroles avantageuses que Longin dit du vers d'Homère sur la Discorde. La vérité est pourtant que ces paroles ne sont point de Longin, puisque c'est moi qui, à l'imitation de Gabriel de Pétra, [2] les lui ai en partie prêtées, le grec en cet endroit étant fort défectueux, et même le vers d'Homère n'y étant point rapporté. C'est ce que M. P... n'a eu garde de voir, parce qu'il n'a jamais lu Longin, selon toutes les apparences, que dans ma traduction. Ainsi, pensant contredire Longin, il a fait mieux qu'il ne pensoit, puisque c'est moi qu'il a contredit. Mais, en m'attaquant, il ne sauroit nier qu'il n'ait aussi attaqué Homère, et surtout Virgile, qu'il avoit tellement dans l'esprit quand il a blâmé ce vers sur la Discorde, que dans son discours, au lieu de la Discorde, il a écrit, sans y penser, la Renommée.

C'est donc d'elle qu'il fait cette belle critique : [3] « Que l'exagération du poëte en cet endroit ne sauroit faire une idée bien nette. Pourquoi? C'est, ajoute-t-il, que tant qu'on pourra voir la tête de la Renommée, sa tête ne sera point dans le ciel; et que, si sa tête est dans le ciel, on ne sait pas trop bien ce que l'on voit. » O l'admirable raisonnement ! Mais où est-ce qu'Homère et Virgile disent

---

1. Acte III, scène IX, vers 10 et 11.
2. Traducteur latin du *Traité du sublime*. Voyez plus loin la Préface de la traduction française de Boileau, et les notes.
3. *Parallèles*, t. III, p. 118. (Boileau, 1713.)

qu'on voit la tête de la Discorde ou de la Renommée? Et enfin qu'elle ait la tête dans le ciel, qu'importe qu'on l'y voie ou que l'on ne l'y voie pas? N'est-ce pas ici le poëte qui parle, et qui est supposé voir tout ce qui se passe même dans le ciel, sans que pour cela les yeux des autres hommes le découvrent? En vérité, j'ai peur que les lecteurs ne rougissent pour moi de me voir réfuter de si étranges raisonnemens. Notre censeur attaque ensuite une autre hyperbole d'Homère, à propos des chevaux des dieux.[1] Mais comme ce qu'il dit contre cette hyperbole n'est qu'une fade plaisanterie, le peu que je viens de dire contre l'objection précédente suffira, je crois, pour répondre à toutes les deux.

1. Homère, *Iliade,* liv. V, vers 770-772.

RÉFLEXION V.

Il en est de même de ces compagnons d'Ulysse changés en Pourceaux,[1] que Zoïle appelle des petits cochons larmoyants. (*Paroles de Longin*, ch. vii.)

Il paroît par ce passage de Longin que Zoïle, aussi bien que M. P..., s'étoit égayé à faire des railleries sur Homère : car cette plaisanterie des « petits cochons larmoyants » a assez de rapport avec les « comparaisons à longue queue, » que notre critique moderne reproche à ce grand poëte. Et puisque, dans notre siècle,[2] la liberté que Zoïle s'étoit donnée de parler sans respect des plus grands écrivains de l'antiquité se met aujourd'hui à la mode parmi beaucoup de petits esprits, aussi ignorants qu'orgueilleux et pleins d'eux-mêmes, il ne sera pas hors de propos de leur faire voir ici de quelle manière cette liberté a réussi autrefois à ce rhéteur, homme fort savant, ainsi que le témoigne Denys d'Halicarnasse;[3] et à qui je

1. *Odyssée*, liv. X, vers 239 et suiv. (Boileau, 1713.)
2. *Dans notre siècle* : ces trois mots sont superflus. (Brossette.) — Ils le sont en effet. *Aujourd'hui*, qui vient ensuite, signifie la même chose dans cette phrase. (Saint-Marc.)
3. « Nulle part, dit Saint-Marc, Denys d'Halicarnasse n'appelle Zoïle un homme fort savant. » Cependant, dans sa lettre à Pompée, il dit qu'Aristote, Zoïle et beaucoup d'autres ont critiqué Platon, non par envie ou par inimitié, mais parce qu'ils aimaient et recherchaient la vérité. D'un autre côté, Vitruve, Élien, Suidas, etc., donnent à Zoïle le caractère sous lequel il est le plus connu. Pour mettre les anciens d'accord, Lefebvre a prétendu qu'il avait existé deux Zoïles, hypothèse soutenue depuis par Hardion, dans les *Mémoires de l'Académie des inscriptions et belles-lettres*, t. VIII, p. 178-187. (M. Chéron. Résumé d'une note de Saint-Surin.)

ne vois pas qu'on puisse rien reprocher sur les mœurs, puisqu'il fut toute sa vie très-pauvre, [1] et que, malgré l'animosité que ses critiques sur Homère et sur Platon avoient excitée contre lui, on ne l'a jamais accusé d'autre crime que de ces critiques mêmes, et d'un peu de misanthropie.

Il faut donc premièrement voir ce que dit de lui Vitruve, [2] le célèbre architecte; car c'est lui qui en parle le plus au long; et, afin que M. P... ne m'accuse pas d'altérer le texte de cet auteur, je mettrai ici les mots mêmes de monsieur son frère le médecin, qui nous a donné Vitruve en françois. [3] « Quelques années après (c'est Vitruve qui parle dans la traduction de ce médecin), Zoïle, qui se faisoit appeler le fléau d'Homère, vint de Macédoine à Alexandrie, et présenta au roi les livres qu'il avoit composés contre l'Iliade et contre l'Odyssée. Ptolémée,[4] indigné que l'on attaquât si insolemment le père de tous les poëtes, et que l'on maltraitât ainsi celui que tous les savans reconnoissent pour leur maître, dont toute la terre admiroit les écrits, et qui n'étoit pas là pour se défendre, ne fit point de réponse. Cependant Zoïle ayant longtemps attendu, et étant pressé de la nécessité, fit supplier le roi de lui faire donner quelque chose. A quoi l'on dit qu'il fit cette réponse : Que puisque Homère, depuis mille ans qu'il étoit mort, avoit nourri plusieurs

---

1. Ceci ne veut pas dire, sans doute, que la probité de Zoïle est suffisamment prouvée par le seul fait de sa pauvreté, mais seulement qu'étant pauvre, il n'eût point été ménagé par ses ennemis, s'ils avaient pu lui reprocher autre chose que son humeur satirique et mélancolique. (Daunou.)

2. Marcus Vitruvius Pollio, architecte romain du premier siècle avant l'ère vulgaire, a laissé un traité de Architectura en dix livres, dont malheureusement les dessins originaux ne sont pas venus jusqu'à nous.

3. Voir, Réflexion Ire, la note qui le concerne.

4. Ptolémée-Philadelphe qui, d'après Champollion-Figeac, régna sur l'Égypte de 284 à 246 avant l'ère vulgaire. (M. Chéron.)

milliers de personnes, Zoïle devoit bien avoir l'industrie de se nourrir, non-seulement lui, mais plusieurs autres encore, lui qui faisoit profession d'être beaucoup plus savant qu'Homère. Sa mort se raconte diversement. Les uns disent que Ptolémée le fit mettre en croix; d'autres, qu'il fut lapidé; et d'autres qu'il fut brûlé tout vif à Smyrne. Mais, de quelque façon que cela soit, il est certain qu'il a bien mérité cette punition, puisqu'on ne la peut pas mériter pour un crime plus odieux qu'est celui de reprendre un écrivain qui n'est pas en état de rendre raison de ce qu'il a écrit. »

Je ne conçois pas comment M. P..., le médecin, qni pensoit d'Homère et de Platon à peu près les mêmes choses que monsieur son frère et que Zoïle, a pu aller jusqu'au bout en traduisant ce passage. La vérité est qu'il l'a adouci autant qu'il lui a été possible, tâchant d'insinuer que ce n'étoit que les savants, c'est-à-dire, au langage de MM. P..., les pédants, qui admiroient les ouvrages d'Homère; car dans le texte latin il n'y a pas un seul mot qui revienne au mot de savant; et à l'endroit où monsieur le médecin traduit : « Celui que tous les savants reconnoissent pour leur maître, » il y a, « celui que tous ceux qui aiment les belles-lettres reconnoissent pour leur chef.[1] » En effet, bien qu'Homère ait su beaucoup de choses, il n'a jamais passé pour le maître des savants. Ptolémée ne dit point non plus à Zoïle dans le texte latin : « Qu'il devoit bien avoir l'industrie de se nourrir, lui qui faisoit profession d'être beaucoup plus savant qu'Homère : » il y a, « lui qui se vantoit d'avoir plus d'esprit qu'Homère.[2] » D'ailleurs Vitruve ne dit pas simplement que Zoïle présenta ses livres

---

1. Philologiæ omnis ducem. (BOILEAU, 1713.)
2. Qui meliori ingenio se profiteretur. (BOILEAU, 1713.)

contre Homère à Ptolémée, mais « qu'il les lui récita : [1] » ce qui est bien plus fort, et qui fait voir que ce prince les blâmoit avec connoissance de cause.

M. le médecin ne s'est pas contenté de ces adoucissements : il a fait une note où il s'efforce d'insinuer qu'on a prêté ici beaucoup de choses à Vitruve, et cela fondé sur ce que c'est un raisonnement indigne de Vitruve, de dire qu'on ne puisse reprendre un écrivain qui n'est pas en état de rendre raison de ce qu'il a écrit, et que par cette raison ce seroit un crime digne du feu que de reprendre quelque chose dans les écrits que Zoïle a faits contre Homère, si on les avoit à présent. Je réponds premièrement que dans le latin il n'y a pas simplement reprendre un écrivain, mais citer,[2] appeler en jugement des écrivains, c'est-à-dire les attaquer dans les formes sur tous leurs ouvrages; que d'ailleurs, par ces écrivains, Vitruve n'entend pas des écrivains ordinaires, mais des écrivains qui ont été l'admiration de tous les siècles, tels que Platon et Homère, et dont nous devons présumer, quand nous trouvons quelque chose à redire dans leurs écrits, que, s'ils étoient là présents pour se défendre, nous serions tout étonnés que c'est nous qui nous trompons; qu'ainsi il n'y a point de parité avec Zoïle, homme décrié dans tous les siècles, et dont les ouvrages n'ont pas même eu la gloire que, grâce à mes remarques, vont avoir les écrits de M. P..., qui est qu'on leur ait répondu quelque chose.

Mais, pour achever le portrait de cet homme, il est bon de mettre aussi en cet endroit ce qu'en a écrit l'auteur que M. P... cite le plus volontiers, c'est à savoir Élien.

---

1. Regi recitavit. (BOILEAU, 1713.)
2. Qui citat eos quorum, etc. (BOILEAU, 1713.)

RÉFLEXION V.

C'est au livre XIᵉ de ses *Histoires diverses :* [1] « Zoïle, celui qui a écrit contre Homère, contre Platon et contre plusieurs autres grands personnages, étoit d'Amphipolis [2] et fut disciple de ce Polycrate, [3] qui a fait un discours en forme d'accusation contre Socrate. Il fut appelé le chien de la rhétorique. Voici à peu près sa figure. Il avoit une grande barbe qui lui descendoit sur le menton, mais nul poil à la tête, qu'il se rasoit jusqu'au cuir. Son manteau lui pendoit ordinairement sur les genoux. Il aimoit à mal parler de tout, et ne se plaisoit qu'à contredire. En un mot, il n'y eut jamais d'homme aussi hargneux que ce misérable. Un très-savant homme lui ayant demandé un jour pourquoi il s'acharnoit de la sorte à dire du mal de tous les grands écrivains : C'est, répliqua-t-il, que je voudrois bien leur en faire, mais je n'en puis venir à bout. »

Je n'aurois jamais fait, si je voulois ramasser ici toutes les injures qui lui ont été dites dans l'antiquité, où il étoit partout connu sous le nom du vil « esclave » de Thrace. On prétend que ce fut l'envie qui l'engagea à écrire contre Homère, et que c'est ce qui a fait que tous les envieux

---

1. Chap. x.
2. Ville de Thrace. (Boileau, 1713). — Le lieu de naissance de Zoïle est tout à fait incertain, et ce qu'on croit savoir de sa vie n'est qu'un amas d'hypothèses.
Dans les Scholies de Venise on indique Amphipolis comme sa patrie (p. 14 et 288, édition de Becker); ailleurs (p. 145), on dit qu'il était d'Éphèse. Ce Zoïle écrivit neuf discours sophistiques contre la poésie d'Homère, et un discours *rhétorique,* λόγον ῥητορικὸν, avec ce titre : Ψόγος Ὁμήρου, *blâme* ou *censure d'Homère.* On a diversement jugé Zoïle, les uns ont vu dans ses attaques l'effet d'une noire envie, les autres celui d'une conviction personnelle. (V. Valettas, *Vie d'Homère,* Londres, 1867, in-4ᵉ; ouvrage écrit en grec moderne, p. 225.)
3. C'était, suivant Suidas, un orateur athénien très-pauvre. On croit qu'il a composé la harangue d'Anytus contre Socrate.

ont été depuis appelés du nom de Zoïles, témoin ces deux vers d'Ovide :

> Ingenium magni livor detrectat Homeri :
> Quisquis es, ex illo, Zoïle, nomen habes [1].

Je rapporte ici tout exprès ce passage, afin de faire voir à M. P... qu'il peut fort bien arriver, quoi qu'il en puisse dire, qu'un auteur vivant soit jaloux d'un écrivain mort plusieurs siècles avant lui. Et, en effet, je connois plus d'un demi-savant qui rougit lorsqu'on loue devant lui avec un peu d'excès ou Cicéron ou Démosthène, prétendant qu'on lui fait tort. [2]

1. *De Remed. amor.*, livre I, vers 365-366.
2. M. C... (Charpentier?), de l'Académie françoise, étant un jour chez M. Colbert, et entendant louer Cicéron par M. l'abbé Gallois, ne put l'écouter sans rougir, et se mit à contredire l'éloge que cet abbé en faisoit. (BROSSETTE.)
A la fin de la préface du tome II du *Parallèle*, Perrault disait : « ... Jusqu'ici on avoit cru que l'envie s'acharnoit sur les vivants et épargnoit les morts. Aujourd'hui l'on dit qu'elle fait tout le contraire. Cela n'est guère moins étonnant que d'avoir le cœur au côté droit; et aujourd'hui il faut que ces messieurs aient tout changé dans la *morale*, comme Molière disoit que les médecins avoient tout changé dans l'anatomie. Je voudrois qu'on choisît un homme désintéressé et de bon sens, et qu'on lui dît que, parmi les gens de lettres qui sont à Paris, il y en a de deux espèces : les uns qui trouvent que les anciens auteurs, tout habiles qu'ils étoient, ont fait des fautes où les modernes ne sont pas tombés; qui, dans cette persuasion, louent les ouvrages de leurs confrères, et les proposent comme des modèles aussi beaux et presque toujours plus corrects que la plupart de ceux qui nous restent de l'antiquité; les autres qui prétendent que les anciens sont inimitables et infiniment au-dessus des modernes; et qui, dans cette pensée, méprisent les ouvrages de leurs confrères, les déchirent en toute rencontre et par leurs discours et par leurs écrits. Je voudrois, dis-je, qu'on demandât à cet homme, désintéressé et de bon sens, qui sont les véritables envieux de ces deux espèces de gens de lettres. Je n'aurois pas de peine à me ranger à son avis. Ceux qui nous ont appelés envieux n'ont pas pensé à ce qu'ils disoient; et cela arrive presque toujours, quand on ne songe qu'à dire des injures. On a commencé par nous déclarer nettement que nous étions des gens *sans goût et sans autorité;* on nous reproche aujourd'hui que nous

Mais, pour ne me point écarter de Zoïle, j'ai cherché plusieurs fois en moi-même ce qui a pu attirer contre lui cette animosité et ce déluge d'injures ; car il n'est pas le seul qui ait fait des critiques sur Homère et sur Platon. Longin, dans ce traité même, comme nous le voyons, en a fait plusieurs; et Denys d'Halicarnasse n'a pas plus épargné Platon que lui. [1] Cependant on ne voit point que ces critiques aient excité contre eux l'indignation des hommes. D'où vient cela? En voici la raison, si je ne me trompe : c'est qu'outre que leurs critiques sont fort sensées, il paroît visiblement qu'ils ne les font point pour rabaisser la gloire de ces grands hommes, mais pour établir la vérité de quelque précepte important; qu'au fond, bien loin de disconvenir du mérite de ces héros (c'est ainsi qu'ils les appellent), ils nous font partout comprendre, même en les critiquant, qu'ils les reconnoissent pour leurs maîtres en l'art de parler, et pour les seuls modèles que doit suivre tout homme qui veut écrire; que s'ils nous y découvrent quelques taches, ils nous y font voir en même temps un nombre infini de beautés, tellement qu'on sort de la lecture de leurs critiques convaincu de la justesse d'esprit du censeur, et encore plus de la grandeur du génie de l'écrivain censuré. Ajoutez qu'en faisant ces critiques ils s'énoncent toujours avec tant d'égards, de modestie et de circonspection, qu'il n'est pas possible de leur en vouloir du mal.

sommes des envieux. Peut-être nous dira-t-on demain que nous sommes des entêtés et des opiniâtres.

> L'agréable dispute où nous nous amusons
> Passera, sans finir, jusqu'aux races futures.
> Nous dirons toujours des raisons;
> Ils diront toujours des injures. »

1. Dans sa lettre à Pompée.

Il n'en étoit pas ainsi de Zoïle, homme fort atrabilaire, et extrêmement rempli de la bonne opinion de lui-même; car, autant que nous en pouvons juger par quelques fragments qui nous restent de ses critiques, et par ce que les auteurs nous en disent, il avoit directement entrepris de rabaisser les ouvrages d'Homère et de Platon, en les mettant l'un et l'autre au-dessous des plus vulgaires écrivains. Il traitoit les fables de l'Iliade et de l'Odyssée de contes de vieille, appelant Homère un diseur de sornettes.[1] Il faisoit de fades plaisanteries des plus beaux endroits de ces deux poëmes, et tout cela avec une hauteur si pédantesque, qu'elle révoltoit tout le monde contre lui. Ce fut, à mon avis, ce qui lui attira cette horrible diffamation, et qui lui fit faire une fin si tragique.

Mais, à propos de hauteur pédantesque, peut-être ne sera-t-il pas mauvais d'expliquer ici ce que j'ai voulu dire par là, et ce que c'est proprement qu'un pédant; car il me semble que M. P... ne conçoit pas trop bien toute l'étendue de ce mot. En effet, si l'on en doit juger par tout ce qu'il insinue dans ses *Dialogues*, un pédant, selon lui, est un savant nourri dans un collége, et rempli de grec et de latin; qui admire aveuglément tous les auteurs anciens; qui ne croit pas qu'on puisse faire de nouvelles découvertes dans la nature, ni aller plus loin qu'Aristote, Épicure, Hippocrate, Pline; qui croiroit faire une espèce d'impiété s'il avoit trouvé quelque chose à redire dans Virgile; qui ne trouve pas simplement Térence un joli auteur, mais le comble de toute perfection; qui ne se pique point de politesse; qui non-seulement ne blâme amais aucun auteur ancien, mais qui respecte sur-

---

1. Φιλόμυθον. (Boileau, 1713.)

tout les auteurs que peu de gens lisent, comme Jason,[1] Barthole,[2] Lycophron,[3] Macrobe,[4] etc.[5]

Voilà l'idée du pédant qu'il paroît que M. P... s'est formée. Il seroit donc bien surpris si on lui disoit qu'un pédant est presque tout le contraire de ce tableau; qu'un pédant est un homme plein de lui-même, qui, avec un médiocre savoir, décide hardiment de toutes choses; qui se vante sans cesse d'avoir fait de nouvelles découvertes; qui traite de haut en bas Aristote, Épicure, Hippocrate, Pline; qui blâme tous les auteurs anciens; qui publie que Jason et Barthole étoient deux ignorants, Macrobe un écolier;

---

1. Jason, jurisconsulte, rhéteur et versificateur latin; il étoit de Milan, et mourut vers 1520. (DE SAINT-SURIN.)

2. Célèbre jurisconsulte, né en 1313 à Sasso-Ferrato en Ombrie, il mourut en 1346; il enseigna le droit à Pise et à Pérouse.

3. Lycophron, poëte du IIIe siècle avant Jésus-Christ; il naquit à Chalcis en Eubée et vécut à la cour de Ptolémée Philadelphe.

4. Macrobe, écrivain latin du Ve siècle; il était en 422 grand maître de la garde-robe (*præfectus cubiculi*) de Théodose le Jeune.

5. On ne sera peut-être pas fâché de voir les paroles originales de Perrault, dans la préface du tome I du *Parallèle* : « ... Je veux dire un certain peuple tumultueux de savants qui, entêtés de l'antiquité, n'estiment que le talent d'entendre bien les vieux auteurs; qui ne se récrient que sur l'explication vraisemblable d'un passage obscur, ou sur la restitution heureuse d'un endroit corrompu; et qui, croyant ne devoir employer leurs lumières qu'à pénétrer dans les ténèbres des livres anciens, regardent comme frivole tout ce qui n'est point érudition. Si la soif des applaudissements me pressoit beaucoup, j'aurois pris une route toute contraire et plus aisée. Je me serois attaché à commenter quelque auteur célèbre et difficile : j'aurois été bien maladroit ou bien stupide si, parmi les différents sens que peuvent recevoir les endroits obscurs d'un ouvrage confus et embarrassé, je n'avois pu en trouver quelques-uns qui eussent échappé à tous ces interprètes, ou redresser même ces interprètes dans quelques fausses interprétations. Une douzaine de notes de ma façon, mêlées avec toutes celles des commentateurs précédents, qui appartiennent de droit à celui qui commente le dernier, m'auroient fourni de temps en temps de gros volumes. J'aurois eu la gloire d'être cité par ces savants, et de leur entendre dire du bien de mes notes que je leur aurois données, j'aurois encore eu le plaisir de dire : *Mon Perse, mon Juvénal, mon Horace;* car on peut s'approprier tout auteur qu'on fait imprimer avec des *notes*, quelque inutiles que soient les notes qu'on y ajoute. »

qui trouve à la vérité quelques endroits passables dans Virgile, mais qui y trouve aussi beaucoup d'endroits dignes d'être sifflés ; qui croit à peine Térence digne du nom de joli ; qui, au milieu de tout cela, se pique surtout de politesse ; qui tient que la plupart des anciens n'ont ni ordre ni économie dans leurs discours ; en un mot, qui compte pour rien de heurter sur cela le sentiment de tous les hommes.[1]

M. P... me dira peut-être que ce n'est point là le véritable caractère d'un pédant. Il faut pourtant lui montrer que c'est le portrait qu'en fait le célèbre Régnier, c'est-à-dire le poëte françois qui, du consentement de tout le monde, a le mieux connu, avant Molière, les mœurs et le caractère des hommes. C'est dans sa dixième satire, où, décrivant cet énorme pédant qui, dit-il,[2]

> Faisoit pour son savoir, comme il faisoit entendre,
> La figue sur le nez au pédant d'Alexandre ;

---

[1]. Cette allusion directe à Perrault serait inexcusable, si elle n'avait pas été provoquée. Le portrait du pédant que Boileau, dans l'alinéa précédent, cherche à tirer des *Parallèles* de Perrault est dans un couplet de son *Apologie des femmes*, qui parut quelque temps avant les *Réflexions critiques*, couplet qui contient évidemment une allusion à notre poëte ; le voici :

> Regarde un peu de près celui qui, loup-garou,
> Loin du sexe a vécu renfermé dans son trou,
> Tu le verras crasseux, maladroit et sauvage,
> Farouche dans ses mœurs, rude dans son langage ;
> Ne pouvoir rien penser de fin, d'ingénieux,
> Ni dire jamais rien que de dur ou de vieux.
> S'il joint à ses talents l'amour de l'antiquaille,
> S'il trouve qu'en nos jours on ne fait rien qui vaille,
> Et qu'à tout bon moderne il donne un coup de dent,
> De ces dons rassemblés se forme le pédant,
> Le plus fastidieux, comme le plus immonde,
> De tous les animaux qui rampent dans le monde.
>
> (B.-S.-P.)

On peut voir dans le *Tombeau de Boileau*, par Regnard, un portrait qui ressemble assez à celui-là.

[2]. Régnier, sat. X, vers 119-120. Le portrait du pédant est dans les vers

RÉFLEXION V.

il lui donne ensuite ces sentimens : [1]

> Qu'il a, pour enseigner, une belle manière,
> Qu'en son globe il a vu la matière première ;
> Qu'Épicure est ivrongne, Hippocrate un bourreau ;
> Que Barthole et Jason ignorent le barreau ;
> Que Virgile est passable, encor qu'en quelques pages
> Il méritât au Louvre être chifflé des pages ; [2]
> Que Pline est inégal, Térence un peu joli ;
> Mais surtout il estime un langage poli ;
> Ainsi sur chaque auteur il trouve de quoi mordre :
> L'un n'a point de raison, et l'autre n'a point d'ordre;
> L'autre avorte avant temps des œuvres qu'il conçoit ;
> Or, il vous prend Macrobe et lui donne le fouet ; etc.

Je laisse à M. P... le soin de faire l'application de cette peinture, et de juger qui Régnier a décrit par ces vers : ou un homme de l'Université, qui a un sincère respect pour tous les grands écrivains de l'antiquité, et qui en inspire, autant qu'il peut, l'estime à la jeunesse qu'il instruit ; ou un auteur présomptueux qui traite tous les anciens d'ignorants, de grossiers, de visionnaires, d'insensés, et qui, étant déjà avancé en âge, emploie le reste de ses jours et s'occupe uniquement à contredire le sentiment de tous les hommes.

---

qui suivent. — *Énorme pédant ; énorme,* qui sort des règles, des bornes ; qui est choquant ou révoltant par son excès.

1. Régnier, sat. X, vers 223-234.
2. *Chifler,* v. n., voīcz *sifler.* (RICHELET.)

RÉFLEXION VI.

En effet, de trop s'arrêter aux petites choses, cela gâte tout.
(*Paroles de Longin,* ch. VIII.)

Il n'y a rien de plus vrai, surtout dans les vers, et c'est un des grands défauts de Saint-Amant.[1] Ce poëte avoit assez de génie pour les ouvrages de débauche et de satire outrée, et il a même quelquefois des boutades assez heureuses dans le sérieux ; mais il gâte tout par les basses circonstances qu'il y mêle. C'est ce qu'on peut voir dans son ode intitulée *la Solitude,* qui est son meilleur ouvrage, où, parmi un fort grand nombre d'images très-agréables, il vient présenter mal à propos aux yeux les choses du monde les plus affreuses, des crapauds et des limaçons qui bavent, le squelette d'un pendu, etc.

> Là branle le squelette horrible
> D'un pauvre amant qui se pendit.[2]

---

1. Voyez satire I, vers 97-108.
2. Dans un vieux château ruiné :

> L'orfraye, avec ses cris funèbres,
> Mortels augures des destins,
> Fait rire et danser les lutins
> Dans ces lieux remplis de ténèbres.
> Sous un chevron de bois maudit
> *Y branle le squelette horrible*
> *D'un pauvre amant qui se pendit*
> Pour une bergère insensible
> Qui d'un seul regard de pitié
> Ne daigna voir son amitié.

OEuvres complètes de Saint-Amant, édition Livet. Paris, 1855, 2 vol. in-12, t. I, p. 23-24. (M. Chéron.)

RÉFLEXION VI. 347

Il est surtout bizarrement tombé dans ce défaut en son *Moïse sauvé*, à l'endroit du passage de la mer Rouge ; au lieu de s'étendre sur tant de grandes circonstances qu'un sujet si majestueux lui présentoit, il perd le temps à peindre le petit enfant qui va, saute, revient, et, ramassant une coquille, la va montrer à sa mère, et met en quelque sorte, comme j'ai dit dans ma *Poétique*,[1] les poissons aux fenêtres, par ces deux vers :

> Et là, près des remparts que l'œil peut transpercer,
> Les poissons ébahis le regardent passer.[2]

Il n'y a que M. P... au monde qui puisse ne pas sentir le comique qu'il y a dans ces deux vers, où il semble en effet que les poissons aient loué des fenêtres pour voir passer le peuple hébreu. Cela est d'autant plus ridicule que les poissons ne voient presque rien au travers de l'eau, et ont les yeux placés d'une telle manière, qu'il étoit bien difficile, quand ils auroient eu la tête hors de ces remparts, qu'ils pussent bien découvrir cette marche. M. P... prétend néanmoins justifier ces deux vers ; mais c'est par des raisons si peu sensées,[3] qu'en vérité je croirois abuser

---

1. Voyez *Art poétique*, chant III, vers 264.
2. *Moïse sauvé*, cinquième partie. Édition Livet, t. III, p. 214.
Berriat-Saint-Prix met à tort *les regardent passer*. Il faut *le*, puisqu'il s'agit du *fidèle exercite*. M. Chéron est tombé dans cette faute.
3. *Parallèles*, t. III, p. 262-265.
Le chevalier. Il y a encore un homme de l'Académie que j'ai été fâché de voir traiter comme on a fait. — *L'abbé.* Qui ? — *Le chevalier.* Saint-Amant. C'est à mon gré un des plus aimables poëtes que nous ayons... Est-il rien de plus agréable que sa *Solitude*, que sa *Pluie* et que son *Melon* ? Est-ce que ses pièces satiriques ne sont pas d'un bon goût, et qu'il ne s'y moque pas agréablement des vices et des imperfections des hommes en général, sans offenser personne en particulier ? — *L'abbé.* Il est vrai que je n'ai pu voir sans indignation traiter de fou un homme de ce mérite,

du papier si je l'employois à y répondre. Je me contenterai donc de le renvoyer à la comparaison que Longin rapporte ici d'Homère. Il y pourra voir l'adresse de ce grand poëte à choisir et à ramasser les grandes circonstances. Je doute pourtant qu'il convienne de cette vérité; car il en veut surtout aux comparaisons d'Homère, il en fait le principal objet de ses plaisanteries dans son dernier dialogue. On me demandera peut-être ce que c'est que ces plaisanteries, M. P... n'étant pas en réputation d'être fort plaisant; et comme vraisemblablement on n'ira pas les chercher dans l'original, je veux bien, pour la curiosité des lecteurs, en rapporter ici quelques traits. Mais pour cela il faut commencer par faire entendre ce que c'est que les Dialogues de M. P...

C'est une conversation qui se passe entre trois personnages, dont le premier, grand ennemi des anciens et surtout de Platon, est M. P... lui-même, comme il le déclare dans sa préface. Il s'y donne le nom d'abbé; et je ne sais

---

sur ce qu'on suppose qu'il a mis des *poissons aux fenêtres,* pour voir passer la mer Rouge aux Hébreux, chose à laquelle il n'a jamais songé, ayant dit seulement que les poissons les regardèrent avec étonnement. Il falloit le condamner sur ce qu'il dit, et non pas sur ce qu'on lui fait dire. — *Le président.* On a prétendu que l'étonnement des poissons étoit une circonstance indigne d'un poëme sérieux. — *L'abbé.* On a mal prétendu. Quand David parle de ce même passage des Hébreux, il dit que les montagnes en tressaillirent de joie comme des moutons, et les collines comme des agneaux. — *Le président.* Cela est vrai; mais des montagnes et des collines sont quelque chose de grand. — *L'abbé.* Est-ce que des dauphins et des baleines ne sont pas quelque chose d'aussi grand en leur espèce; et peut-on se persuader qu'il y ait une affectation frivole à dire que les monstres de la mer furent étonnés de voir passer des hommes dans les plus creux de leurs abîmes? — *Le chevalier.* Non, assurément; mais ce qui peut excuser monsieur le président, c'est que dans le même temps que, par le mot de poissons, vous vous figuriez des dauphins et des baleines dans les abîmes de la mer, monsieur le président s'est sans doute figuré des carpes et des goujons dans le baquet d'une harengère.

pas trop pourquoi il a pris ce titre ecclésiastique, puisqu'il n'est parlé dans ce dialogue que de choses très-profanes ; que les romans y sont loués par excès, [1] et que l'opéra y est regardé comme le comble de la perfection où la poésie pouvoit arriver en notre langue. [2] Le second de ces personnages est un chevalier, admirateur de M. l'abbé, qui est là comme son Tabarin pour appuyer ses décisions, et qui le contredit même quelquefois à dessein, pour le faire mieux valoir. M. P... ne s'offensera pas sans doute de ce nom de Tabarin que je donne ici à son chevalier, puisque ce chevalier lui-même déclare en un endroit qu'il estime plus les dialogues de Mondor et de Tabarin que ceux de Platon. [3] Enfin le troisième de ces personnages, qui est beaucoup le plus sot des trois, est un président, protecteur des anciens, qui les entend encore moins que l'abbé ni que le chevalier, qui ne sauroit souvent répondre aux objections du monde les plus frivoles, et qui défend quelquefois si sottement la raison, qu'elle devient plus

---

1. « Nos bons romans, comme l'*Astrée*, où il y a dix fois plus d'invention que dans l'*Iliade*, la *Cléopâtre*, le *Cyrus*, la *Clélie* et plusieurs autres, non-seulement n'ont aucun des défauts que j'ai remarqués dans les anciens poëtes, mais ont, de même que nos poëmes en vers, une infinité de beautés toutes nouvelles. » (*Parallèles*, t. III, p. 149.)

Perrault, suivant Saint-Marc, achève la dissertation sur les romans en faisant observer que nous avons des romans qui plaisent par d'autres endroits, et auxquels l'antiquité n'a rien de la même nature qu'elle puisse opposer. Tels sont *Don Quichotte* et le *Roman comique*, dans lesquels il trouve un sel plus fin et plus piquant que tout celui d'Athènes.

2. Perrault dit seulement (il est vrai, après un grand éloge des opéras) que leur « invention ingénieuse n'est pas un accroissement peu considérable à la belle et grande poésie. » (*Parallèles*, t. III, p. 284.) (B.-S.-P.)

3. « Les dialogues de Mondor et de Tabarin, tout impertinens qu'ils étoient, avoient de ce côté-là plus de raison et plus d'entente. » (*Parallèles*, p. 116 du tome II, et non pas tome III, comme disent les mêmes éditeurs en copiant Saint-Marc et sans le citer.) (B.-S.-P.) — (Voyez, quant à Tabarin, *Art poétique*, chant I, vers 86, et chant III, vers 398.

ridicule dans sa bouche que le mauvais sens. En un mot, il est là comme le faquin de la comédie, pour recevoir toutes les nasardes. Ce sont là les acteurs de la pièce. Il faut maintenant les voir en action.

M. l'abbé, par exemple, déclare en un endroit [1] qu'il n'approuve point ces comparaisons d'Homère où le poëte, non content de dire précisément ce qui sert à la comparaison, s'étend sur quelque circonstance historique de la chose dont il est parlé, comme lorsqu'il compare la cuisse de Ménélas blessé à de l'ivoire teint en pourpre par une femme de Méonie ou de Carie, etc. Cette femme de Méonie ou de Carie déplaît à M. l'abbé, [2] et il ne sauroit souf-

---

1. *Parallèles*, t. III, p. 58.
Voici ce qu'il dit : « Pâris dit à Hector qu'il a le cœur aussi indompté qu'une hache qui, étant maniée par un homme, pénètre le bois dont il fait un navire avec art. On se contente aujourd'hui de dire qu'un homme a le cœur dur comme du fer, comme du marbre; mais on ne dit point si ce fer est une hache, une serpe ou une épée; si ce marbre est blanc ou noir, s'il est d'Égypte ou des Pyrénées. On s'avise encore moins d'examiner quel ouvrage on peut faire avec ce fer, qui ne doit être regardé là que comme une chose extrêmement dure. » (*Iliade*, III, 59, et non 49, comme le dit Saint-Marc.)

Αἰεί τοι κραδίη πέλεκυς ὡς ἐστιν ἀτειρής,
Ὅστ' εἰσιν διὰ δουρὸς ὑπ' ἀνέρος, ὅς ῥά τε τέχνῃ
Νήϊον ἐκτάμνῃσιν, ὀφέλλει δ'ἀδρὸς ἐρωήν.

2. Déplaît au chevalier et non pas à M. l'abbé. (*Parallèles*, t. III, p. 59.)
L'abbé. Il y a une comparaison de la même nature, encore plus étonnante pour la longue digression qu'elle fait. Homère raconte comment Ménélas fut blessé. Aussitôt le sang noir, dit-il, sortit de la plaie, comme quand une femme méonienne ou carienne teint de l'ivoire en pourpre pour en faire des bossettes aux brides des chevaux. Cet ivoire est dans sa chambre, et plusieurs chevaliers voudroient bien l'avoir; mais on garde pour le roi cet ornement, qui doit faire honneur au cheval et à celui qui le monte. Le commencement de la comparaison est admirable; et rien, assurément, ne ressemble mieux à du sang répandu sur une belle chair que du pourpre sur de l'ivoire; mais le surplus est vicieux au dernier point. Cependant c'est par là, et par les épithètes perpétuelles, dont nous parlerons tantôt, qu'Homère s'est acquis la réputation de poëte divin, de poëte fleuri, abondant et majestueux.

frir ces sortes de *comparaisons à longue queue :* mot agréable, qui est d'abord admiré par M. le chevalier, lequel prend de là occasion de raconter quantité de jolies choses qu'il dit aussi à la campagne, l'année dernière, à propos de ces « comparaisons à longue queue.[1] »

Ces plaisanteries étonnent un peu M. le président, qui sent bien la finesse qu'il y a dans ce mot de « longue queue. » Il se met pourtant, à la fin, en devoir de répondre. La chose n'étoit pas sans doute fort malaisée, puisqu'il n'avoit qu'à dire ce que tout homme qui sait les éléments de la rhétorique auroit dit d'abord : Que les comparaisons, dans les odes et dans les poëmes épiques, ne sont pas simplement mises pour éclaircir et pour orner le discours, mais pour amuser et pour délasser l'esprit du lecteur, en le détachant de temps en temps du principal sujet, et le promenant sur d'autres images agréables à l'esprit ; que c'est en cela qu'a principalement excellé Homère, dont non-seulement toutes les comparaisons, mais tous les discours sont pleins d'images de la nature, si vraies et si variées, qu'étant toujours le même, il est néanmoins toujours différent ; instruisant sans cesse le lecteur, et lui faisant observer, dans les objets mêmes qu'il a tous les

---

1. *Le chevalier.* Nous nous avisâmes, l'année dernière, de nous réjouir à la campagne avec ces sortes de comparaisons à longue queue, à l'imitation du divin Homère. L'un disoit : Le teint de ma bergère ressemble aux fleurs d'une prairie, où paissent des vaches bien grasses, qui donnent du lait bien blanc, dont on fait d'excellents fromages. L'autre disoit : Les yeux de ma bergère ressemblent au soleil, qui darde ses rayons sur les montagnes couvertes de forêts, où les nymphes de Diane chassent les sangliers, dont la dent est fort dangereuse. Et un autre disoit : Les yeux de ma bergère sont plus brillants que les étoiles, qui parent les voûtes du firmament pendant la nuit où tous les chats sont gris. — *Le président.* Vous vous divertissiez là à peu de frais ; car il n'est pas fort difficile de faire de ces sortes de galimatias à perte de vue.

jours devant les yeux, des choses qu'il ne s'avisoit pas d'y remarquer; que c'est une vérité universellement reconnue qu'il n'est point nécessaire, en matière de poésie, que les points de la comparaison se répondent si juste les uns aux autres, qu'il suffit d'un rapport général, et qu'une trop grande exactitude sentiroit son rhéteur.

C'est ce qu'un homme sensé auroit pu dire sans peine à M. l'abbé et à M. le chevalier; mais ce n'est pas ainsi que raisonne M. le président. Il commence par avouer sincèrement que nos poëtes se feroient moquer d'eux s'ils mettoient dans leurs poëmes de ces comparaisons étendues, et n'excuse Homère que parce qu'il avoit le goût oriental, qui étoit, dit-il, le goût de sa nation. Là-dessus il explique[1] ce que c'est que le goût des Orientaux, qui, à cause du feu de leur imagination et de la vivacité de leur esprit, veulent toujours, poursuit-il, qu'on leur dise deux choses à la fois, et ne sauroient souffrir un seul sens dans un discours : au lieu que nous autres Européans,[2] nous nous contentons d'un seul sens, et sommes bien aises qu'on ne nous dise qu'une seule chose à la fois. Belles observations que M. le président a faites dans la nature, et qu'il a faites tout seul, puisqu'il est très-faux que les Orientaux aient plus de vivacité d'esprit que les Européans, et surtout que les François, qui sont fameux par tout pays pour leur conception vive et prompte; le style figuré qui règne aujourd'hui dans l'Asie Mineure et dans les pays voisins, et qui n'y régnoit point autrefois, ne venant que de l'irruption des Arabes et des autres nations barbares qui, peu de temps après Héraclius, inondèrent

---

1. *Parallèles*, t. III, p. 62-63.
2. Voltaire disait, comme Boileau, Européans; ce qui, à tous égards, dit M. Daunou, était mieux qu'Européens. (M. Chéron.)

ces pays, et y portèrent, avec leur langue et avec leur religion, ces manières de parler ampoulées. En effet, on ne voit point que les Pères grecs de l'Orient, comme saint Justin, saint Basile, saint Chrysostome, saint Grégoire de Nazianze,[1] et tant d'autres aient jamais pris ce style dans leurs écrits ; et ni Hérodote, ni Denys d'Halicarnasse, ni Lucien, ni Josèphe, ni Philon le juif,[2] ni aucun auteur grec n'a jamais parlé ce langage.

Mais pour revenir aux comparaisons à longue queue, M. le président rappelle toutes ses forces pour renverser ce mot, qui fait tout le fort de l'argument de M. l'abbé, et répond enfin que, comme dans les cérémonies on trouveroit à redire aux queues des princesses si elles ne traînoient jusqu'à terre, de même les comparaisons dans le poëme épique seroient blâmables si elles n'avoient des queues fort traînantes. Voilà peut-être une des plus extravagantes réponses qui aient jamais été faites ; car quel rapport ont les comparaisons à des princesses? Cependant M. le chevalier, qui jusqu'alors n'avoit rien approuvé de tout ce que le président avoit dit, est ébloui de la solidité de cette réponse, et commence à avoir peur pour M. l'abbé, qui, frappé aussi du grand sens de ce discours, s'en tire pourtant, avec assez de peine, en avouant, contre son premier sentiment, qu'à la vérité on peut donner de longues queues aux comparaisons, mais soutenant qu'il faut, ainsi qu'aux robes des princesses, que ces queues soient de même étoffe que la robe ; ce qui manque, dit-il, aux comparaisons d'Homère, où les queues sont de deux étoffes

---

1. Saint Justin, 103-167 après Jésus-Christ. Saint Basile, 329-379. Saint Jean Chrysostome, 344-407. Saint Grégoire de Nazianze, 328-390.
2. Flavius Josèphe, né à Jérusalem l'an 37 de Jésus-Christ. — Philon, écrivain du premier siècle de l'ère chrétienne.

différentes; de sorte que, s'il arrivoit qu'en France, comme cela peut fort bien arriver, la mode vînt de coudre des queues de différente étoffe aux robes des princesses, voilà le président qui auroit entièrement cause gagnée sur les comparaisons. C'est ainsi que ces trois messieurs manient entre eux la raison humaine; l'un faisant toujours l'objection qu'il ne doit point faire; l'autre approuvant ce qu'il ne doit point approuver; et l'autre répondant ce qu'il ne doit point répondre.

Que si le président a eu ici quelque avantage sur l'abbé, celui-ci a bientôt sa revanche, à propos d'un autre endroit d'Homère. Cet endroit est dans le douzième livre de l'Odyssée,[1] où Homère, selon la traduction de M. P..., raconte « qu'Ulysse étant porté sur son mât brisé vers la Charybde, justement dans le temps que l'eau s'élevoit, et craignant de tomber au fond quand l'eau viendroit à redescendre, il se prit à un figuier sauvage qui sortoit du haut du rocher, où il s'attacha comme une chauve-souris, et où il attendit, ainsi suspendu, que son mât, qui étoit allé à fond, revînt sur l'eau; » ajoutant que, « lorsqu'il le vit revenir, il fut aussi aise qu'un juge qui se lève de dessus son siége pour aller dîner, et après avoir jugé plusieurs procès. » M. l'abbé insulte fort[2] à M. le président sur cette comparaison bizarre du juge qui va dîner; et, voyant le président embarrassé, « Est-ce, ajoute-t-il, que je ne traduis pas fidèlement le texte d'Homère? » ce que ce grand défenseur des anciens n'oseroit nier. Aussitôt M. le chevalier revient à la charge, et sur ce que le président répond que le poëte donne à tout cela un tour si agréable, qu'on ne

---

1. Vers 420 et suiv. (BOILEAU, 1713.)
2. Ce n'est pas l'abbé, c'est le chevalier qui raille le défenseur des anciens. (SAINT-MARC.)

peut pas n'en être point charmé : « Vous vous moquez, poursuit le chevalier : dès le moment qu'Homère, tout Homère qu'il est, veut trouver de la ressemblance entre un homme qui se réjouit de voir son mât revenir sur l'eau, et un juge qui se lève pour aller dîner après avoir jugé plusieurs procès, il ne sauroit dire qu'une impertinence. »

Voilà donc le pauvre président fort accablé ; et cela, faute d'avoir su que M. l'abbé fait ici une des plus énormes bévues qui aient jamais été faites, prenant une date [1] pour une comparaison. Car il n'y a en effet aucune comparaison en cet endroit d'Homère. Ulysse raconte que, voyant le mât et la quille de son vaisseau, sur lesquels il s'étoit sauvé, qui s'engloutissoient dans la Charybde, il s'accrocha comme un oiseau de nuit à un grand figuier qui pendoit là d'un rocher, et qu'il y demeura longtemps attaché dans l'espérance que, le reflux venant, la Charybde pourroit enfin revomir les débris de son vaisseau ; qu'en effet ce qu'il avoit prévu arriva ; et qu'environ vers l'heure qu'un magistrat, ayant rendu la justice, quitte sa séance pour aller prendre sa réfection, c'est-à-dire environ sur les trois

---

1. Saint-Marc convient de cette bévue, qui déjà, ainsi que plusieurs autres, avait été relevée par Mme Dacier. (B.-S.-P.)

« Ce n'est pas la seule bévue que cet auteur ait faite sur ce passage, il a encore confondu les marées. Ulysse, dit-il, porté sur son mât brisé, *justement dans le temps que l'eau s'élevoit*. Cela est faux et ne sauroit être. Ce ne fut point dans le temps du flux, mais dans celui du reflux, qu'Ulysse, porté sur ce mât, craignit d'être entraîné dans la Charybde. Le flux, au contraire, l'en éloignoit ; et il ne craignit pas non plus *de tomber au fond quand l'eau viendroit à descendre*. Ce n'est qu'un pur galimatias. Ulysse, pour éviter que le reflux ne l'entraînât dans le gouffre de Charybde, se prit au figuier et, ainsi suspendu, il attendit non que l'eau vînt à redescendre, mais, au contraire, que l'eau vînt à remonter, c'est-à-dire qu'il attendit que Charybde revomît les eaux ; et c'étoit le flux. Je suis fâchée que M. Despréaux n'ait pas relevé ces fautes, et plus encore que lui-même y soit tombé ; car il a pris aussi le flux pour le reflux. » (Mme DACIER, *Remarques sur l'Odyssée*, liv. II, p. 71, édition de 1756.)

heures après midi, ces débris parurent hors de la Charybde, et qu'il se remit dessus. Cette date est d'autant plus juste qu'Eustathius assure que c'est le temps d'un des reflux de la Charybde, qui en a trois en vingt-quatre heures, et qu'autrefois en Grèce on datoit ordinairement les heures de la journée par le temps où les magistrats entroient au conseil, par celui où ils y demeuroient, et par celui où ils en sortoient. Cet endroit n'a jamais été entendu autrement par aucun interprète, et le traducteur latin l'a fort bien rendu. Par là on peut voir à qui appartient l'impertinence de la comparaison prétendue, ou à Homère qui ne l'a point faite, ou à M. l'abbé qui la lui fait faire si mal à propos.

Mais, avant que de quitter la conversation de ces trois messieurs, M. l'abbé trouvera bon que je ne donne pas les mains à la réponse décisive qu'il fait à M. le chevalier, qui lui avoit dit : [1] « Mais, à propos de comparaisons, on dit qu'Homère compare Ulysse qui se tourne dans son lit au boudin qu'on rôtit sur le gril. » A quoi M. l'abbé répond : « Cela est vrai; » et à quoi je réponds : Cela est si faux, que même le mot grec qui veut dire *boudin* n'étoit point encore inventé [2] du temps d'Homère, où il n'y avoit ni boudins ni ragoûts. La vérité est que, dans le vingtième livre de l'Odyssée, [3] il compare Ulysse qui se tourne çà et là dans son lit, brûlant d'impatience de se soûler, comme dit Eustathius, du sang des amants de

1. *Parallèles,* t. III, p. 61.
2. Dans un compte de cuisine, tiré des papyrus égyptiens et illustré par une dissertation de M. Egger, il est question d'un mets appelé σπλαγχνιτιδὲς. On croit qu'il s'agit là du boudin; sur des monuments figurés de l'Égypte on a cru reconnaître une représentation de ce mets qui a la forme de notre boudin. Il s'agit d'une date de 3,000 ans avant Jésus-Christ.
3. Vers 24 et suiv. (Boileau, 1713.)

Pénélope, à un homme affamé qui s'agite pour faire cuire sur un grand feu le ventre sanglant et plein de graisse d'un animal dont il brûle de se rassasier, le tournant sans cesse de côté et d'autre. [1]

En effet, tout le monde sait que le ventre de certains animaux, chez les anciens, étoit un de leurs plus délicieux mets; que le *sumen*, c'est-à-dire le ventre de la truie, parmi les Romains, étoit vanté par excellence, et défendu même par une ancienne loi censorienne, [2] comme trop voluptueux. Ces mots « plein de sang et de graisse, [3] » qu'Homère a mis en parlant du ventre des animaux, et qui sont si vrais de cette partie du corps, ont donné occasion à un misérable traducteur [4] qui a mis autrefois l'Odys-

---

1. ὡς δ'ὅτε γαστέρ' ἀνήρ, πολέος πυρὸς αἰθομένοιο,
Ἐμπλείην κνίσσης τε καὶ αἵματος......

2. Hujus (suis feminæ) sumen optimum, si modo fœtus non hauserit. (PLINE, liv. XI, ch. XXXVII, section 84.)

Hinc censoriarum legum paginæ, interdictaque cœnis abdomina, glandia, testiculi, vulvæ, sincipita verrina, etc. (PLINE, liv. VIII, ch. LI, section 77.) — (Silling, 1852, t. II, pages 307 et 133-134.) (M. CHÉRON.)

3. « Jusque-là M. Despréaux a raison; mais il s'est trompé évidemment lorsqu'il a dit que les mots *plein de sang et de graisse* se doivent entendre de la graisse et du sang qui sont naturellement dans cette partie du corps de l'animal... Il se trompe, dis-je, car ces mots doivent s'entendre de la graisse et du sang dont on farcissoit cette partie. » (Mme DACIER, *Remarques sur l'Odyssée*, liv. XX.)

4. Claude Boitet de Franville, né à Orléans en 1570, mort en 1625. On a de lui : *l'Odyssée d'Homère, traduict de grec en françois*, suivi de l'*Histoire de la prise de Troie, recueillie de plusieurs poëtes grecs;* 1619, in-8°; une traduction des *Dionysiaques* de Nonnus, le *Prince des princes, ou l'Art de régner*; le *Fidelle historien des affaires de France... de décembre 1620 jusqu'en 1623*, etc. (M. CHÉRON.) — Salomon Certon, qui fit paraître en 1604 sa traduction de *l'Odyssée* en vers français, donne ainsi ce passage :

> Comme un qui veut griller sur les charbons ardents
> Un boyau plein de graisse et de sang au dedans,
> Le tourne incessamment et de côté et d'autre,
> Lui tardant qu'il soit cuit : Ulysse ainsi se vautre
> Tantôt çà, tantôt là, rumine dessus tout, etc., etc.

sée en françois, de se figurer qu'Homère parloit là de boudin, parce que le boudin de pourceau se fait communément avec du sang et de la graisse; et il l'a ainsi sottement rendu dans sa traduction.[1] C'est sur la foi de ce traducteur que quelques ignorants, et M. l'abbé du dialogue, ont cru qu'Homère comparoit Ulysse à un boudin; quoique ni le grec ni le latin n'en disent rien, et que jamais aucun commentateur n'ait fait cette ridicule bévue. Cela montre bien les étranges inconvénients qui arrivent à ceux qui veulent parler d'une langue qu'ils ne savent point.

1. « Tout ainsi qu'un homme fait griller un boudin plein de sang et de graisse, le tourne de tous côtés sur le gril, pour le faire cuire; ainsi la fureur et les inquiétudes le viroient et le tournoient çà et là... »

RÉFLEXION VII.

Il faut songer au jugement que toute la postérité fera de nos écrits.
(*Paroles de Longin,* ch. xii.)

Il n'y a en effet que l'approbation de la postérité qui puisse établir le vrai mérite des ouvrages. Quelque éclat qu'ait fait un écrivain durant sa vie, quelques éloges qu'il ait reçus, on ne peut pas pour cela infailliblement conclure que ses ouvrages soient excellents. De faux brillants, la nouveauté du style, un tour d'esprit qui étoit à la mode, peuvent les avoir fait valoir; et il arrivera peut-être que dans le siècle suivant on ouvrira les yeux, et que l'on méprisera ce que l'on a admiré. Nous en avons un bel exemple dans Ronsard[1] et dans ses imitateurs, comme du Bellay, du Bartas, Desportes,[2] qui, dans le siècle précédent, ont été l'admiration de tout le monde, et qui aujourd'hui ne trouvent pas même de lecteurs.[3]

---

1. Voyez *Art poétique,* chant I, vers 123 et suivants.
2. Voyez *Art poétique,* chant I.
3. Cela a pu être vrai pendant la dernière moitié du xviie siècle et pendant tout le xviiie; mais sur la fin de celui-ci, « la nation allemande ayant été vaincue par les armes françaises, » un rhéteur germain nous a bientôt prouvé que Ronsard et du Bartas étaient de grands poëtes, et que les Racine, les Corneille, les Molière, les Boileau, etc., n'étaient pas même des poëtes.

Que l'on ne prenne pas ceci pour une plaisanterie : la ligne guillemetée est tirée d'une réponse faite, en 1825, par un des premiers savants d'outre-Rhin à une lettre où un Français lui avait manifesté sa surprise de l'espèce

La même chose étoit arrivée chez les Romains à Nævius, à Livius et à Ennius, qui, du temps d'Horace, comme nous l'apprenons de ce poëte,[1] trouvoient encore beaucoup de gens qui les admiroient, mais qui à la fin furent entièrement décriés. Et il ne faut point s'imaginer que la chute de ces auteurs, tant les françois que les latins, soit venue de ce que les langues de leur pays ont changé. Elle n'est venue que de ce qu'ils n'avoient point attrapé dans ces langues le point de solidité et de perfection qui est nécessaire pour faire durer et pour faire à jamais priser des ouvrages. En effet, la langue latine, par exemple, qu'ont écrite Cicéron et Virgile, étoit déjà fort changée du temps de Quintilien, et encore plus du temps d'Aulugelle.[2] Cependant Cicéron et Virgile y étoient encore plus estimés que de leur temps même, parce qu'ils avoient comme fixé la langue par leurs écrits, ayant atteint le point de perfection que j'ai dit.

Ce n'est donc point la vieillesse des mots et des expressions dans Ronsard qui a décrié Ronsard; c'est qu'on s'est aperçu tout d'un coup que les beautés qu'on y croyoit voir n'étoient point des beautés; ce que Bertaut, Malherbe, de Lingendes et Racan,[3] qui vinrent après lui, contribuèrent beaucoup à faire connoître, ayant attrapé dans le genre

---

de manie qu'avaient plusieurs de ses compatriotes de rabaisser ce qui s'était fait et pouvait encore se faire de bon en France, et d'exalter ce qui était peu estimé dans ce dernier pays. (B.-S.-P.) Nous sommes aujourd'hui plus justes appréciateurs du mérite et des efforts de ces poëtes.

1. Voir la deuxième épître du second livre.
2. Quintilien vivait à la fin du 1ᵉʳ et Aulu-Gelle dans le IIᵉ siècle de l'ère vulgaire. (B.-S.-P.)
3. Voyez *Art poétique*, chant I, vers 18, et vers 123-142.
Jean de Lingendes naquit à Moulins l'an 1580 et mourut en 1616. Ses vers, insérés dans divers recueils, ont du sentiment et de l'harmonie. La pièce qui lui fait le plus d'honneur est son *Élégie pour Ovide*.

sérieux le vrai génie de la langue françoise, qui, bien loin d'être en son point de maturité du temps de Ronsard, comme Pasquier[1] se l'étoit persuadé faussement, n'étoit pas même encore sortie de sa première enfance. Au contraire, le vrai tour de l'épigramme, du rondeau et des épîtres naïves ayant été trouvé, même avant Ronsard, par Marot, par Saint-Gelais[2] et par d'autres, non-seulement leurs ouvrages en ce genre ne sont point tombés dans le mépris, mais ils sont encore aujourd'hui généralement estimés; jusque-là même que pour trouver l'air naïf en françois, on a encore quelquefois recours à leur style; et c'est ce qui a si bien réussi au célèbre M. de La Fontaine. Concluons donc qu'il n'y a qu'une longue suite d'années qui puisse établir la valeur et le vrai mérite d'un ouvrage.

Mais, lorsque des écrivains ont été admirés durant un fort grand nombre de siècles et n'ont été méprisés que par quelques gens de goût bizarre, car il se trouve toujours des goûts dépravés, alors non-seulement il y a de la témérité, mais il y a de la folie à vouloir douter du mérite de ces écrivains. Que si vous ne voyez point les beautés de leurs écrits, il ne faut pas conclure qu'elles n'y sont point, mais que vous êtes aveugle et que vous n'avez point de goût. Le gros des hommes à la longue ne se trompe point

---

1. Pasquier, né à Paris en 1529, mourut en 1615; il fut nommé avocat général de la Chambre des Comptes par Henri III. Le jugement dont parle Boileau se trouve dans son ouvrage intitulé *Recherches de la France*, liv. VII, ch. vi.

2. Voyez l'*Art poétique*, chant I, vers 96 et 119.

Meslin ou Merlin de Saint-Gelais, natif d'Angoulême, était fils naturel d'Octavien de Saint-Gelais, évêque de cette ville, et poëte très-célèbre en son temps. — Avec une plus grande connaissance du moyen âge, Boileau aurait pu citer des rondeaux du xiiie siècle fort jolis, dus au trouvère Adam de la Halle. Voir l'*Hist. littér. de la France*, t. XX, p. 658.

sur les ouvrages d'esprit. Il n'est plus question, à l'heure qu'il est, de savoir si Homère, Platon, Cicéron, Virgile, sont des hommes merveilleux ; c'est une chose sans contestation, puisque vingt siècles en sont convenus ; il s'agit de savoir en quoi consiste ce merveilleux qui les a fait admirer de tant de siècles, et il faut trouver moyen de le voir, ou renoncer aux belles-lettres, auxquelles vous devez croire que vous n'avez ni goût ni génie, puisque vous ne sentez point ce qu'ont senti tous les hommes.

Quand je dis cela néanmoins, je suppose que vous sachiez la langue de ces auteurs ; car, si vous ne la savez point, et si vous ne vous l'êtes point familiarisée, je ne vous blâmerai pas de n'en point voir les beautés, je vous blâmerai seulement d'en parler. Et c'est en quoi on ne sauroit trop condamner M. P..., qui, ne sachant point la langue d'Homère, vient hardiment lui faire son procès sur les bassesses de ses traducteurs, et dire au genre humain, qui a admiré les ouvrages de ce grand poëte durant tant de siècles : Vous avez admiré des sottises. C'est à peu près la même chose qu'un aveugle-né qui s'en iroit crier par toutes les rues : Messieurs, je sais que le soleil que vous voyez vous paroît fort beau, mais moi, qui ne l'ai jamais vu, je vous déclare qu'il est fort laid.

Mais, pour revenir à ce que je disois, puisque c'est la postérité seule qui met le véritable prix aux ouvrages, il ne faut pas, quelque admirable que vous paroisse un écrivain moderne, le mettre aisément en parallèle avec ces écrivains admirés durant un si grand nombre de siècles, puisqu'il n'est pas même sûr que ses ouvrages passent avec gloire au siècle suivant. En effet, sans aller chercher des exemples éloignés, combien n'avons-nous point vu d'auteurs admirés dans notre siècle, dont la gloire est déchue en très-peu d'années! Dans quelle estime n'ont point été, il y a trente ans, les ouvrages de Balzac! on ne parloit pas de lui simplement comme du plus éloquent homme de son siècle, mais comme du seul éloquent. Il a effectivement des qualités merveilleuses. On peut dire que jamais personne n'a mieux su sa langue que lui, et n'a mieux entendu la propriété des mots et la juste mesure des périodes ; c'est une louange que tout le monde lui donne encore. Mais on s'est aperçu tout d'un coup que l'art où il s'est employé toute sa vie étoit l'art qu'il savoit le moins, je veux dire l'art de faire une lettre ; car, bien que les siennes soient toutes pleines d'esprit et de choses admirablement dites, on y remarque partout les deux vices les plus opposés au genre épistolaire, c'est à savoir l'affectation et l'enflure ; et on ne peut plus lui pardonner ce soin vicieux qu'il a de dire toutes choses autrement que ne le disent les autres hommes. De sorte que tous les jours on rétorque contre lui ce même vers que Maynard a fait autrefois à sa louange :

Il n'est point de mortel qui parle comme lui.

Il y a pourtant encore des gens qui le lisent ; mais il n'y a plus personne qui ose imiter son style, ceux qui l'ont fait s'étant rendus la risée de tout le monde.

Mais, pour chercher un exemple encore plus illustre que celui de Balzac, Corneille est celui de tous nos poëtes qui a fait le plus d'éclat en notre temps ; et on ne croyoit pas qu'il pût jamais y avoir en France un poëte digne de lui être égalé. Il n'y en a point en effet qui ait plus d'élévation de génie, ni qui ait plus composé. Tout son mérite pourtant, à l'heure qu'il est, ayant été mis par le temps comme dans un creuset, se réduit à huit ou neuf pièces de théâtre qu'on admire, et qui sont, s'il faut ainsi parler, comme le midi de sa poésie, dont l'orient et l'occident n'ont rien valu. Encore, dans ce petit nombre de bonnes pièces, outre les fautes de langue qui y sont assez fréquentes, on commence à s'apercevoir de beaucoup d'endroits de déclamation qu'on n'y voyoit point autrefois. Ainsi, non-seulement on ne trouve point mauvais qu'on lui compare aujourd'hui M. Racine, mais il se trouve même quantité de gens qui le lui préfèrent. La postérité jugera qui vaut le mieux des deux; car je suis persuadé que les écrits de l'un et de l'autre passeront aux siècles suivants : mais jusque-là ni l'un ni l'autre ne doit être mis en parallèle avec Euripide [1] et avec Sophocle, puisque leurs ouvrages n'ont point encore le sceau qu'ont les ouvrages d'Euripide et de Sophocle, je veux dire l'approbation de plusieurs siècles.

Au reste, il ne faut pas s'imaginer que, dans ce nombre d'écrivains approuvés de tous les siècles, je veuille ici comprendre ces auteurs, à la vérité anciens, mais qui ne se sont acquis qu'une médiocre estime, comme Lycophron, Nonnus, Silius Italicus [2] l'auteur des tragédies attribuées à Sénèque, et plusieurs autres à qui on peut, non-seulement comparer, mais à qui on peut, à mon avis, justement

---

1. Voyez *Poésies diverses*, XIX et XX.
Ceci confirme ce que rapporte Brossette au sujet de la première leçon de l'épigraphe du portrait de Racine (balancer Euripide et *surpasser Corneille*).
2. Nonnus, né à Panopolis, en Égypte, vivait dans le ve siècle de l'ère vulgaire. On connaît de lui deux ouvrages : 1° une paraphrase de l'Évangile de saint Jean; un poëme intitulé *les Dionysiaques*, en quarante-huit livres. — Caïus Silius Italicus, né l'an 25 de Jésus-Christ, mourut l'an qui termine le premier siècle de l'ère chrétienne. Il a laissé un poëme latin en dix-sept livres sur la seconde guerre punique.

préférer beaucoup d'écrivains modernes. Je n'admets dans ce haut rang que ce petit nombre d'écrivains merveilleux dont le nom seul fait l'éloge, comme Homère, Platon, Cicéron, Virgile, etc. Et je ne règle point l'estime que je fais d'eux par le temps qu'il y a que leurs ouvrages durent, mais par le temps qu'il y a qu'on les admire. C'est de quoi il est bon d'avertir beaucoup de gens qui pourroient mal à propos croire ce que veut insinuer notre censeur, qu'on ne loue les anciens que parce qu'ils sont anciens, et qu'on ne blâme les modernes que parce qu'ils sont modernes; ce qui n'est point du tout véritable, y ayant beaucoup d'anciens qu'on n'admire point, et beaucoup de modernes que tout le monde loue. L'antiquité d'un écrivain n'est pas un titre certain de son mérite; mais l'antique et constante admiration qu'on a toujours eue pour ses ouvrages est une preuve sûre et infaillible qu'on les doit admirer.

RÉFLEXION VIII.[1]

Il n'en est point ainsi de Pindare[2] et de Sophocle; car au milieu de leur plus grande violence, durant qu'ils tonnent et foudroient, pour ainsi dire, souvent leur ardeur vient à s'éteindre,[3] et ils tombent malheureusement. (*Paroles de Longin*, ch. XXVII.)

Longin donne ici assez à entendre qu'il avoit trouvé des choses à redire dans Pindare. Et dans quel auteur n'en trouve-t-on point? Mais en même temps il déclare que ces fautes qu'il y a remarquées ne peuvent point être appelées proprement fautes, et que ce ne sont que de petites négligences où Pindare est tombé à cause de cet esprit divin dont il est entraîné, et qu'il n'étoit pas en sa puissance de régler comme il vouloit. C'est ainsi que le plus grand et le plus sévère de tous les critiques grecs parle de Pindare, même en le censurant.

Ce n'est pas là le langage de M. P..., homme qui sûrement ne sait point le grec.[4] Selon lui, Pindare non-seule-

---

1. C'est la seule à laquelle Perrault ait fait une réponse. Nous en citerons quelques fragments. (B.-S.-P.)

2. En 1694, il y avait seulement *il n'en est pas ainsi de Pindare*, et, en marge, Longin, ch. XVI... Perrault (*Rép.*, p. 6) se récria beaucoup et sur cette citation erronée, qui était évidemment une faute typographique, et sur l'omission du reste du passage de Longin, comme si ce que Boileau dit ensuite ne montre pas qu'il avoue que Longin trouve des fautes dans Pindare... Boileau corrigea, en 1701, la citation (XXVII pour XVI), et rétablit le passage à l'exception d'un mot qu'on va indiquer. (B.-S.-P.)

3. Il faut ici *mal à propos*... Voyez plus loin ce chap. XXVII.

4. « Peut-être sais-je assez de grec pour faire voir à M. D... qu'il n'en sait guère, et qu'il s'est trompé plus d'une fois dans ses critiques.

« Cette grande affectation d'entendre bien le grec m'est suspecte, je ne

ment est plein de véritables fautes, mais c'est un auteur qui n'a aucune beauté ; un diseur de galimatias impénétrable, que jamais personne n'a pu comprendre, et dont Horace s'est moqué quand il a dit que c'étoit un poëte inimitable. En un mot, c'est un écrivain sans mérite, qui n'est estimé que d'un certain nombre de savants, qui le lisent sans le concevoir, et qui ne s'attachent qu'à recueillir quelques misérables sentences dont il a semé ses ouvrages.[1]

vois point que ceux qui savent bien quelque chose en fassent tant de parade, et on remarque qu'aux réceptions des échevins de l'hôtel de ville il n'y a que ceux qui ne savent point le latin qui en mettent dans leurs harangues. »

1. Ces deux phrases, depuis les mots *un diseur*, étaient en italiques dans l'édition de 1694, et il y avait (p. 197) en marge : *Parallèles*, t. I, p. 235, et t. III, p. 163, 183... Boileau eut le tort (peut-être était-ce une pure inadvertance) de mettre en italiques ce qui n'était qu'un résumé et non point une copie littérale des pages indiquées. Aussitôt Perrault (*Rép.*, p. 9 à 11) se récrie vivement contre ce défaut de bonne foi. Il convient, il est vrai, que dans un des passages cités (t. III, p. 184) il a parlé du *galimatias impénétrable* de Pindare, mais il ajoute qu'il a eu raison en cela, parce que, s'il est vrai qu'il y a de belles choses dans Pindare, il est plus vrai encore qu'il y en a d'inintelligibles... Il termine par répéter lui-même, et en italiques (p. 10), ce que contient l'un des autres passages des *Parallèles* (t. III, p. 163) cités par Boileau, et voici comment il le rapporte : « Les savants, en lisant Pindare, passent légèrement sur ce qu'ils n'entendent pas, et ne s'arrêtent qu'aux beaux traits qu'ils transcrivent dans leurs recueils... » Mais ici il ne fait guère preuve, lui-même, de bonne foi, car il a altéré tout le commencement de ce passage, commencement qui, selon toute apparence, avait échauffé la bile de son adversaire. Le voici (t. III, p. 162, 163) : « *Si* les savants *lisoient* Pindare *avec résolution de bien comprendre ce qu'il dit*, ILS S'EN REBUTEROIENT BIEN VITE, *et ils en parleroient* ENCORE PLUS MAL QUE NOUS ; mais ils passent légèrement sur tout ce qu'ils, etc. »

Saint-Marc, qui s'attache ordinairement à chercher des torts ou des fautes à Boileau, s'est bien gardé de parler de cette altération, quoiqu'il eût sous ses yeux les *Parallèles*. A l'égard de presque tous les éditeurs suivants, attachés à la méthode que nous avons déjà remarquée, ils citent les *Parallèles* uniquement d'après Saint-Marc, et sans nommer celui-ci, au risque de prendre ses erreurs sur leur propre compte.

Au reste, Boileau, cédant sans doute à sa paresse, au lieu de relever l'altération, se borna, dans les éditions suivantes (1701 et 1713), à substituer

Voilà ce qu'il juge à propos d'avancer sans preuve dans le dernier de ses Dialogues. Il est vrai que, dans un autre de ses Dialogues, [1] il vient à la preuve devant madame la présidente Morinet, et prétend montrer que le commencement de la première ode de ce grand poëte ne s'entend point. C'est ce qu'il prouve admirablement par la traduction qu'il en a faite; car il faut avouer que si Pindare s'étoit énoncé comme lui, La Serre, [2] ni Richesource, [3] ne l'emporteroient pas sur Pindare pour le galimatias et pour la bassesse.

On sera donc assez surpris ici de voir que cette bassesse et ce galimatias appartiennent entièrement à M. P..., qui, en traduisant Pindare, n'a entendu ni le grec, ni le latin, ni le françois. C'est ce qu'il est aisé de prouver. Mais pour cela il faut savoir que Pindare vivoit peu de temps après Pythagore, Thalès et Anaxagore, fameux philosophes naturalistes, et qui avoient enseigné la physique avec un fort grand succès. L'opinion de Thalès, qui mettoit l'eau pour le principe des choses, étoit surtout célèbre. Empédocle, Sicilien qui vivoit du temps de Pindare même, et

---

des caractères romains aux italiques, et à mettre simplement à sa citation marginale : *Parallèles de M. P****, t. I et t. III. (B.-S.-P.)

1. *Parallèles*, t. I, p. 28. (BROSSETTE.) — Voyez aussi Perrault, *Lettre*, p. 6 à 9. (B.-S.-P.)

2. Voyez satire III, vers 176.

3. Jean de Soudier, sieur de Richesource, modérateur de l'Académie, mourut en 1694. On a de lui : *Conférences académiques et oratoires, accompagnées de leurs résolutions,* Paris, 1661-1665, trois parties, in-4°, et l'*Éloquence de la chaire, ou la Rhétorique des prédicateurs,* Paris, 1673, in-12. (M. CHÉRON.)

Il faisoit des leçons publiques *d'éloquence* dans une chambre qu'il occupoit à la place Dauphine. On raconte que La Serre, après l'avoir entendu, l'embrassa et lui témoigna sa reconnoissance en ces termes : « Ah! monsieur, depuis vingt ans j'ai bien débité du galimatias; mais vous venez d'en dire plus en une heure que je n'en ai écrit en toute ma vie. » (DE SAINT-SURIN.)

qui avoit été disciple d'Anaxagore, avoit encore poussé la chose plus loin qu'eux ; et non-seulement avoit pénétré fort avant dans la connoissance de la nature, mais il avoit fait ce que Lucrèce a fait depuis, à son imitation, je veux dire qu'il avoit mis toute la physique en vers. On a perdu son poëme ; on sait pourtant que ce poëme commençoit par l'éloge des quatre éléments, et vraisemblablement il n'y avoit pas oublié la formation de l'or et des autres métaux. Cet ouvrage s'étoit rendu si fameux dans la Grèce, qu'il y avoit fait regarder son auteur comme une espèce de divinité.

Pindare, venant donc à composer sa première ode olympique à la louange d'Hiéron, roi de Sicile, qui avoit remporté le prix de la course des chevaux, débute par la chose du monde la plus simple et la plus naturelle, qui est que, s'il vouloit chanter les merveilles de la nature, il chanteroit, à l'imitation d'Empédocle, Sicilien, l'eau et l'or, comme les deux plus excellentes choses du monde ; mais que, s'étant consacré à chanter les actions des hommes, il va chanter le combat olympique, puisque c'est en effet ce que les hommes font de plus grand ; et que de dire qu'il y ait quelque autre combat aussi excellent que le combat olympique, c'est prétendre qu'il y a dans le ciel quelque autre astre aussi lumineux que le soleil. Voilà la pensée de Pindare mise dans son ordre naturel, et telle qu'un rhéteur la pourroit dire dans une exacte prose. Voici comme Pindare l'énonce en poëte : « Il n'y a rien de si excellent que l'eau ; il n'y a rien de plus éclatant que l'or, et il se distingue entre toutes les autres superbes richesses comme un feu qui brille dans la nuit. Mais, ô mon esprit ! puisque[1]

---

[1]. La particule εἰ veut aussi bien dire en cet endroit *puisque* et *comme*,

c'est des combats que tu veux chanter, ne va point te figurer ni que dans les vastes déserts du ciel, quand il fait jour, [1] on puisse voir quelque autre astre aussi lumineux que le soleil, ni que sur la terre nous puissions dire qu'il y ait quelque autre combat aussi excellent que le combat olympique. [2] »

Pindare [3] est presque ici traduit mot pour mot, [4] et je ne lui ai prêté que le mot de SUR LA TERRE, que le sens amène si naturellement, qu'en vérité il n'y a qu'un homme qui ne sait ce que c'est que traduire qui puisse me chicaner là-dessus. Je ne prétends donc pas, dans une traduction si littérale, avoir fait sentir toute la force de l'original, dont la beauté consiste principalement dans le nombre, l'arrangement et la magnificence des paroles. Ce-

que *si;* et c'est ce que Benoît a fort bien montré dans l'ode III, où ces mots ἄριστον, etc., sont répétés. (BOILEAU, 1713.)

1. Le traducteur latin n'a pas bien rendu cet endroit, μηκέτι σκόπει ἄλλο φαεινὸν ἄστρον, *ne contempleris aliud visibile astrum*, qui doivent s'expliquer dans mon sens : *Ne puta quod videatur aliud astrum;* ne te figure pas qu'on puisse voir un autre astre, etc. (BOILEAU, 1713.)

2. Voici le texte de Pindare :

Ἄριστον μὲν ὕδωρ, ὁ δὲ χρυσὸς αἰθόμενον πῦρ
Ἅτε διαπρέπει νυκτὶ μεγάνορος ἔξοχα πλούτου.
Εἰ δ'ἄεθλα γαρύεν
Ἔλδεαι, φίλον ἦτορ,
μηκέθ' ἁλίου σκόπει
ἄλλο θαλπνότερον ἐν ἁμέρᾳ φαεινὸν ἄστρον ἐρήμας δι' αἰθέρος.
μηδ' Ὀλυμπίας ἀγῶνα φέρτερον αὐδάσομεν...

M. Poyard le traduit ainsi : « L'eau est le premier des éléments. L'or, comme une vive flamme, brille dans les ténèbres; c'est le roi de l'éclatante richesse. Et toi, ô mon âme, si tu veux célébrer les luttes de l'arène, comme il n'y a pas dans les plaines de l'air un astre plus ardent que ce soleil qui nous éclaire, ainsi ne cherche pas de plus grand sujet que les luttes d'Olympie. »

3. Voyez épigramme XXVIII.

4. Perrault répond à ceci : « Cette traduction de M. Despréaux est si peu littérale qu'il y a plus de la moitié des mots auxquels il n'y en a point dans le grec qui y répondent. »

pendant quelle majesté et quelle noblesse un homme de bon sens n'y peut-il pas remarquer, même dans la sécheresse de ma traduction ! Que de grandes images présentées d'abord, l'eau, l'or, le feu, le soleil ! Que de sublimes figures ensemble, la métaphore, l'apostrophe, la métonymie ! Quel tour et quelle agréable circonduction de paroles ![1] Cette expression : « Les vastes déserts du ciel quand il fait jour, » est peut-être une des plus grandes choses qui aient jamais été dites en poésie. En effet, qui n'a point remarqué de quel nombre infini d'étoiles le ciel paroît peuplé durant la nuit, et quelle vaste solitude c'est au contraire dès que le soleil vient à se montrer ? De sorte que, par le seul début de cette ode, on commence à concevoir tout ce qu'Horace a voulu faire entendre quand il a dit que « Pindare est comme un grand fleuve qui marche à flots bouillonnants, et que de sa bouche, comme d'une source profonde, il sort une immensité de richesses et de belles choses. »

> Fervet, immensusque ruit profundo
> Pindarus ore.[2]

---

1. « Je ne sais ce que c'est qu'une *circonduction* de paroles. Ce mot n'est point dans le *Dictionnaire de l'Académie françoise*, et je ne crois pas qu'il soit dans un autre dictionnaire. *Circumductio*, en latin, signifie tromperie.» (PERRAULT), *Rép.*, p. 22. — Il falloit dire *circonlocution*. (SAINT-MARC). — MM. Daunou, Amar et de Saint-Surin pensent que c'est, en effet, ce que Boileau a voulu dire. Nous serions tentés de croire qu'il a essayé d'introduire dans notre langue le mot *circonduction*, qui, en latin, selon l'observation de Saint-Marc, signifie au propre, *conduire autour*. (B.-S.-P.)

Pour le sens de tromperie, escroquerie, voici un exemple de Plaute : *Nec pueri suppositio, nec argenti circumductio*. Mais le même mot signifiait encore, chez Quintilien seulement, *amplification d'une pensée, période ;* c'est ce que veut dire ici Boileau. M. Littré a négligé de le donner, dans son *Dictionnaire de la langue française*, avec l'acception littéraire et l'exemple de Boileau.

2. Horace, liv. IV, ode I, vers 7 et 8. (B.-S.-P.)

Examinons maintenant la traduction de M. P...[1] La voici : « L'eau est très-bonne à la vérité; et l'or, qui brille comme le feu durant la nuit, éclate merveilleusement parmi les richesses qui rendent l'homme superbe. Mais, mon esprit, si tu désires chanter des combats, ne contemples point d'autre astre plus lumineux que le soleil pendant le jour, dans le vague de l'air; car nous ne saurions chanter des combats plus illustres que les combats olympiques. » Peut-on jamais voir un plus plat galimatias? « L'eau est très-bonne à la vérité, » est une manière de parler familière et comique qui ne répond point à la majesté de Pindare. Le mot d'ἄριστον ne veut pas simplement dire en grec BON, mais MERVEILLEUX, DIVIN, EXCELLENT[3] ENTRE LES CHOSES EXCELLENTES. On dira fort bien en grec qu'Alexandre et Jules César étoient ἄριστοι : traduira-t-on qu'ils étoient de BONNES GENS? D'ailleurs, le mot de BONNE EAU en françois tombe dans le bas, à cause que cette façon de parler s'emploie dans des usages bas et populaires, A L'ENSEIGNE DE LA BONNE EAU, A LA BONNE EAU-DE-VIE. Le mot D'A LA VÉRITÉ en cet endroit est encore plus familier et plus ridicule, et n'est point dans le grec, où le μὲν et le δὲ sont comme des espèces d'enclitiques qui ne servent qu'à soutenir la versification. « Et l'or qui

---

1. *Parallèles*, t. I, p. 28; *Lett.*, p. 6; *Rép.*, p. 43. (B.-S.-P.)

2. « ... Je ne comprends point pourquoi on trouve, dit Perrault, que ce commencement est comique. Si un homme vouloit donner à un autre le conseil de ne pas boire de l'eau toute pure, et lui disoit ces paroles : L'eau est *très-bonne à la vérité*, mais je vous conseille d'y mêler un peu de vin pour fortifier votre estomac, y auroit-il quelque chose de comique dans ce discours? »

3. Dans l'édition de 1694 il y a *excellent par excellence*. — Je ne connois point cette phrase, dit Perrault (*Rép.*, p. 27). — Voilà encore une correction faite sur l'*avis* d'un ennemi. (B.-S.-P.)

brille.[1] » Il n'y a point d'ET dans le grec, et QUI n'y est point non plus. « Éclate merveilleusement parmi les richesses. » MERVEILLEUSEMENT est burlesque en cet endroit. Il n'est point dans le grec, et se sent de l'ironie que M. P... a dans l'esprit, et qu'il tâche de prêter même aux paroles de Pindare en le traduisant.[2] « Qui rendent l'homme superbe. » Cela n'est point dans Pindare, qui donne l'épithète de superbe aux richesses mêmes, ce qui est une figure très-belle; au lieu que dans la traduction, n'y ayant point de figure, il n'y a plus par conséquent de poésie. « Mais, mon esprit, » etc. C'est ici où M. P... achève de perdre la tramontane; et, comme il n'a entendu aucun mot de cet endroit où j'ai fait voir un sens si noble, si majestueux et si clair, on me dispensera d'en faire l'analyse.

Je me contenterai de lui demander dans quel lexicon, dans quel dictionnaire ancien ou moderne, il a jamais trouvé que μηδὲ[3] en grec, ou NE en latin, voulût dire

1. Perrault (*Rép.*, p. 30 à 32) objecte que Boileau a lui-même employé l'expression *qui brille*, mais il oublie, ou feint d'oublier, que c'est après le mot *feu* et non pas après le mot *or*... Quoi qu'il en soit, il paraît que l'objection a déterminé Boileau à mettre dans la seconde édition des Réflexions (1701 et 1713) la note suivante (elle n'est pas dans celle de 1694) :
« S'il y avoit *l'or qui brille*, dans le grec, cela feroit un solécisme; car il faudroit que αἰθόμενον fût l'adjectif de χρυσός. » (B.-S.-P.)
2. « Personne ne se sert moins que moi de l'ironie. Je sais bien que c'étoit la figure favorite de Socrate; mais avec tout cela je ne l'aime point, elle est presque toujours offensante, et je ne veux offenser personne. M. Despréaux ajoute que j'ose prêter l'ironie que j'ai dans l'esprit même aux paroles de Pindare. Ce *même* est réjouissant; ne semble-t-il pas que les paroles de Pindare soient les paroles de l'Écriture sainte? Cela me fait souvenir de ce qu'on lit dans les notes du *Pétrone* de M. Nodot : « Il a paru « depuis peu un poëme en notre langue, où il n'y a pas un vers qui ne soit « un blasphème contre la sacrée antiquité, et même contre Apollon. » O collége! ô collége! que tes impressions demeurent longtemps en de certains esprits! »
3. On avait mis dans l'édition de 1694 μηκέτι au lieu de μηδὲ. Perrault

car. Cependant c'est ce car qui fait ici toute la confusion du raisonnement qu'il veut attribuer à Pindare. Ne sait-il pas qu'en toute langue, mettez un car mal à propos, il n'y a point de raisonnement qui ne devienne absurde? Que je dise, par exemple : « Il n'y a rien de si clair que le commencement de la première ode de Pindare, et M. P... ne l'a point entendu, » voilà parler très-juste. Mais si je dis : « Il n'y a rien de si clair que le commencement de la première ode de Pindare, car M. P... ne l'a point entendu, » c'est fort mal argumenté, parce que d'un fait très-véritable je fais une raison très-fausse,[1] et qu'il est fort indifférent, pour faire qu'une chose soit claire ou obscure, que M. P... l'entende ou ne l'entende point.

Je ne m'étendrai point davantage à lui faire connoître une faute qu'il n'est pas possible que lui-même ne sente. J'oserai seulement l'avertir que, lorsqu'on veut critiquer d'aussi grands hommes qu'Homère et que Pindare, il faut avoir du moins les premières teintures de la grammaire, et

a profité adroitement de cette faute d'impression pour éluder la critique de son hyper-ridicule *car*, qu'il n'était pas possible de défendre. Il supposa que Boileau attaquait ici l'expression ne *contemples point* de sa traduction (colonne 1, ligne 4) et répondit (p. 36) que précisément il avait traduit par *ne* le premier mot grec.

La faute d'impression fut réparée, non pas seulement dans l'édition de 1713, comme le prétend Du Montheil (1729), mais dans l'édition de 1701, ainsi que l'observe avec raison Saint-Marc (nous avons dix exemplaires des deux formats, qui tous ont μηδὲ).

On voit par là que l'indication des variantes n'est pas aussi inutile que le prétend Souchay. (B.-S.-P.)

Il s'était glissé dans cette note une faute au mot μηχέτι, que Berriat-Saint-Prix écrit φμηχέτι ; elle se retrouve chez M. Chéron.

1. Dans l'édition de 1694, au lieu des deux lignes suivantes, l'alinéa finissait ainsi : *et qu'il y a un grand nombre de choses fort claires que M. P. n'entend point...* Cela ne se liait guère avec ce qui précède, aussi Perrault le critiqua (*Rép.*, p. 38) : « C'est, dit-il, le plus profond galimatias qui se soit jamais fait... » et Boileau, toujours docile, y substitua, en 1701, ce qu'on lit ci-dessus. (B.-S.-P.)

RÉFLEXION VIII.   375

qu'il peut fort bien arriver que l'auteur le plus habile devienne un auteur de mauvais sens entre les mains d'un traducteur ignorant, qui ne l'entend point, et qui ne sait pas même quelquefois que NI ne veut pas dire CAR.

Après avoir ainsi convaincu M. Perrault sur le grec et sur le latin, il trouvera bon que je l'avertisse aussi qu'il y a une grossière faute de françois dans ces mots de sa traduction : « Mais, mon esprit, ne contemples point, » etc., et que CONTEMPLE, à l'impératif, n'a point d's. [1] Je lui conseille donc de renvoyer cette s [2] au mot de CASUITE, qu'il écrit toujours ainsi, quoiqu'on doive toujours écrire et prononcer CASUISTE. [3] Cette s, je l'avoue, y est un peu plus nécessaire qu'au pluriel du mot d'OPÉRA : car bien que j'aie toujours entendu prononcer des opéras, [4] comme on dit

---

1. Voici encore une circonstance où Perrault (*Rép.*, p. 39) élude adroitement la critique. Il soutient qu'il y a *contemple* dans ses éditions de Paris, ce qui est vrai, et que la faute aura été commise dans une édition de Hollande (d'où il prend occasion de faire remarquer qu'il est un peu plus lu que Boileau ne voudrait le faire croire); mais il oublie que la faute est dans sa lettre (p. 7), aussi imprimée à Paris. (B.-S.-P.)

2. Texte de 1713, in-4° et in-12, suivi par Brossette, Du Montheil, Souchay, MM. Didot (1800), Thiessé (1828), etc.... Il nous paraît préférable, d'après l'observation suivante, à l'expression *cet s*, qui était dans les éditions de 1694 et 1701, suivies par Saint-Marc et MM. Daunou, de Saint-Surin, Amar et Viollet-Leduc.

« Il faut écrire cette *s* et non pas *cet s*, car *s* est un substantif féminin, » dit Perrault (*Rép.*, p. 41). M. Daunou approuve cette critique, parce qu'au temps de Boileau on disait une *esse*. On vient de voir que Boileau adopta la correction. (B.-S.-P.)

3. Autre circonstance où Perrault élude encore la critique (*Rép.*, p. 42) et cite ses *Parallèles* où il a écrit *casuiste*, tandis qu'il y a *casuite* dans la lettre (p. 5) déjà indiquée. (B.-S.-P.)

4. Perrault dans la même lettre (p. 13) avait critiqué le pluriel donné, par Boileau, à *opéra* dans son discours sur l'ode. Boileau, on le voit, adopte ici la correction, et, en effet, le *Dictionnaire de l'Académie* jusques à la fin du XVIII° siècle a déclaré ce mot indéclinable. Mais, dès le commencement de ce siècle, J.-B. Rousseau (II, 290, lett. du 13 août 1717) et successivement, en 1787, d'Alembert (I, 238; IV, 437) avaient réclamé contre cette

des factums et des totons,[1] je ne voudrois pas assurer qu'on le doive écrire, et je pourrois bien m'être trompé en l'écrivant de la sorte.

décision, et ce dernier annonçait alors qu'elle serait changée dans l'édition suivante de l'Académie, ce qui a eu lieu en effet dans celle de 1798. (B.-S.-P.)

1. Dé traversé d'une petite cheville sur laquelle on le fait tourner. (Féraud.)

RÉFLEXION IX.

Les mots bas sont comme autant de marques honteuses qui flétrissent l'expression. (*Paroles de Longin*, ch. xxxiv.)

Cette remarque est vraie dans toutes les langues. Il n'y a rien qui avilisse davantage un discours que les mots bas. On souffrira plutôt, généralement parlant, une pensée basse exprimée en termes nobles, que la pensée la plus noble exprimée en termes bas. La raison de cela est que tout le monde ne peut pas juger de la justesse et de la force d'une pensée ; mais qu'il n'y a presque personne, surtout dans les langues vivantes, qui ne sente la bassesse des mots. Cependant il y a peu d'écrivains qui ne tombent quelquefois dans ce vice. Longin, comme nous voyons ici, accuse Hérodote, c'est-à-dire le plus poli de tous les historiens grecs, d'avoir laissé échapper des mots bas dans son histoire. On en reproche à Tite-Live, à Salluste et à Virgile.

N'est-ce donc pas une chose fort surprenante qu'on n'ait jamais fait sur cela aucun reproche à Homère, bien qu'il ait composé deux poëmes, chacun plus gros que l'Énéide, et qu'il n'y ait point d'écrivain qui descende quelquefois dans un plus grand détail que lui, ni qui dise si volontiers les petites choses, ne se servant jamais que de termes nobles, ou employant les termes les moins relevés avec tant d'art et d'industrie, comme remarque Denys d'Halicarnasse, qu'il les rend nobles et harmonieux? Et certainement, s'il y avoit eu quelque reproche à lui faire sur la bassesse des mots, Longin ne l'auroit pas vraisemblablement plus épargné ici qu'Hérodote. On voit donc par là le peu de sens de ces critiques modernes, qui veulent juger du grec sans savoir de grec, et qui, ne lisant Homère que dans des traductions latines très-basses, ou dans des traductions françoises encore plus rampantes, imputent à Homère les bassesses de ses traducteurs, et l'accusent de ce qu'en parlant grec il n'a pas assez noblement parlé latin ou françois. Ces messieurs doivent savoir que les mots des langues ne répondent pas toujours juste les uns aux autres, et qu'un terme grec très-noble ne peut souvent être exprimé en françois que par un terme très-bas. Cela se voit par les mots d'ASINUS en latin et d'ANE en françois, qui sont de la dernière bassesse dans l'une et dans l'autre de ces langues, quoique le mot qui signifie cet animal n'ait rien de bas en grec ni en hébreu, où on le voit employé dans les endroits même les plus magnifiques. Il en est de même du mot MULET et de plusieurs autres. [1]

---

1. C'est ainsi qu'Homère, *Iliade*, XI, 556, compare Ajax à un âne :

ὡς Αἴας τότ' ἀπὸ Τρώων τετιημένος ἦτορ
Ἤϊε, πόλλ' ἀέκων· περὶ γὰρ δίε νηυσσὶν Ἀχαιῶν.
Ὡς δ'ὅτ' ὄνος παρ' ἄρουραν ἰὼν ἐβιήσατο παῖδας
Νωθής, ᾧ δὴ πολλὰ περὶ ῥόπαλ' ἀμφὶς ἐάγη,
Κείρει τ' εἰσελθὼν βαθὶ λήϊον· οἱ δέ τε παῖδες
Τύπτουσιν ῥοπάλοισι· βίη δέ τε νηπίη αὐτῶν.
Σπουδῇ τ' ἐξήλασσαν, ἐπεί τ' ἐκορέσσατο φορβῆς.

Cette comparaison excitait la colère et les rires de La Motte et de Fontenelle. Sur cette question de la noblesse des termes dans Homère, c'était Mme Dacier qui avait raison quand elle disait : « J'aime à voir les héros d'Homère faire ce que faisoient les patriarches, plus grands que les rois et les héros. J'aime à voir Junon s'ajuster elle-même, sans cet attirail de toilette, sans coiffeuse et sans dame d'atour. » Hipp. Rigault ajoute : « Ce n'est pas un médiocre honneur pour Mme Dacier d'avoir compris dans

En effet, les langues ont chacune leur bizarrerie : mais la françoise est principalement capricieuse sur les mots ; et, bien qu'elle soit riche en beaux termes sur de certains sujets, il y en a beaucoup où elle est fort pauvre ; et il y a un très-grand nombre de petites choses qu'elle ne sauroit dire noblement : ainsi, par exemple, bien que dans les endroits les plus sublimes elle nomme sans s'avilir un mouton, une chèvre, une brebis, elle ne sauroit, sans se diffamer, dans un style un peu élevé, nommer un veau, une truie, un cochon. Le mot de GÉNISSE en françois est fort beau, surtout dans une églogue ; VACHE ne s'y peut pas souffrir. PASTEUR et BERGER y sont du plus bel usage, GARDEUR DE POURCEAUX OU GARDEUR DE BOEUFS y seroient horribles. Cependant il n'y a peut-être

Homère, à force de l'aimer, les beautés que le xviie siècle estimoit le moins en lui. C'est l'amour d'Homère qui instruit Mme Dacier de ce que le goût ne lui révélerait pas. Qui avait plus de goût que Racine et Boileau ? Et pourtant Boileau découvre dans Homère la *noblesse* qu'Homère n'a jamais cherchée, et Racine invente Arcas, un de ces gentilshommes, comme dit Mme Dacier, qu'Agamemnon n'a jamais eus. Après Fénelon, cette amante d'Homère est l'esprit le plus antique du siècle de Louis XIV. » (*Hist. de la querelle des anciens et des modernes*, p. 360.) Cependant elle n'a pas osé hasarder le nom propre dans sa traduction : « *Comme on voit l'animal patient et robuste, mais lent et paresseux.* » Elle a eu recours à la périphrase, dit M. Egger, « *car il faut toujours*, c'est elle qui parle, *s'accommoder, surtout pour les expressions, aux idées et aux usages de son siècle, même en les condamnant.* »

Sauf les traducteurs Salel et Certon qui traduisent nettement « *un asne paresseux,* » « *un asne par les champs,* » tous les autres sont dans un grand embarras. Bitaubé regrette de ne pouvoir pas nommer l'âne, *la monture des rois, que l'éloquent éloge qu'en a fait Buffon devrait réhabiliter parmi nous.* Lebrun traduit : « *Tel est cet animal utile qu'outragent nos dédains.* » Il faut donner pourtant la palme à Dobremès (1794) :

> Comme on voit cet objet de nos mépris injustes,
> Cet esclave de l'homme, aux accents si robustes,
> Ce quadrupède utile, obstiné, paresseux,
> Compagnon dédaigné de nos coursiers fougueux,
> Que l'avare Cybèle, en des bords aquatiques,
> Nourrit de roseaux verts ou de chardons rustiques.

pas dans le grec deux plus beaux mots que συβώτης et βουκόλος, qui répondent à ces deux mots françois; et c'est pourquoi Virgile a intitulé ses Églogues de ce doux nom de BUCOLIQUES, qui veut pourtant dire en notre langue, à la lettre, les ENTRETIENS DES BOUVIERS OU DES GARDEURS DE BŒUFS.

Je pourrois rapporter encore ici un nombre infini de pareils exemples. Mais, au lieu de plaindre en cela le malheur de notre langue, prendrons-nous le parti d'accuser Homère et Virgile de bassesse, pour n'avoir pas prévu que ces termes, quoique si nobles et si doux à l'oreille en leur langue, seroient bas et grossiers étant traduits un jour en françois? Voilà en effet le principe sur lequel M. P... fait le procès à Homère. Il ne se contente pas de le condamner sur les basses traductions qu'on en a faites en latin : pour plus grande sûreté, il traduit lui-même ce latin en françois; et avec ce beau talent qu'il a de dire bassement toutes choses, il fait si bien, que, racontant le sujet de l'Odyssée, il fait d'un des plus nobles sujets qui ait jamais été traité un ouvrage aussi burlesque que l'OVIDE EN BELLE HUMEUR.[1]

Il change ce sage vieillard[2] qui avoit soin des troupeaux d'Ulysse en un vilain porcher. Aux endroits où Homère dit « que la nuit couvroit la terre de son ombre, et cachoit les chemins aux voyageurs, » il traduit, « que l'on commençoit à ne voir goutte dans les rues.[3] » Au lieu de la magnifique chaussure dont Télémaque lie ses pieds délicats, il lui fait mettre ses BEAUX SOULIERS de

---

1. Voyez *Art poétique*, chant I.
2. *Parallèles*, t. III, p. 73 et suivantes.
3. *Parallèles*, t. III, p. 89 et 90.

parade.¹ A l'endroit où Homère, pour marquer la propreté de la maison de Nestor, dit « que ce fameux vieillard s'assit devant sa porte sur des pierres fort polies, et qui reluisoient comme si on les avoit frottées de quelque huile précieuse, » il met « que Nestor s'alla asseoir sur des pierres luisantes comme de l'onguent. ² » Il explique partout le mot de sus, qui est fort noble en grec, par le mot de « cochon » ou de « pourceau ³ » qui est de la dernière bassesse en françois. Au lieu qu'Agamemnon dit « qu'Égisthe le fit assassiner dans son palais, comme un taureau qu'on égorge dans une étable, » il met dans la bouche d'Agamemnon cette manière de parler basse : « Égisthe me fit assommer comme un bœuf.⁴ » Au lieu de dire, comme porte le grec, « qu'Ulysse voyant son vaisseau fracassé et son mât renversé d'un coup de tonnerre, il lia ensemble, du mieux qu'il put, ce mât avec son reste de vaisseau, et s'assit dessus, » il fait dire à Ulysse « qu'il se mit à cheval sur son mât.⁵ » C'est en cet endroit qu'il fait cette énorme bévue que nous avons remarquée ailleurs dans nos observations. ⁶

Il dit encore sur ce sujet cent autres bassesses de la même force, exprimant en style rampant et bourgeois les mœurs des hommes de cet ancien siècle, qu'Hésiode appelle le siècle des héros, où l'on ne connoissoit point la mollesse et les délices, où l'on se servoit, où l'on

1. *Parallèles*, t. III, p. 74.
2. *Parallèles*, t. III, p. 76.
3. *Parallèles*, t. III, p. 85 et 90.
4. « Agamemnon dit à Ulysse qu'il fut assommé comme un bœuf par Égisthe, et que ceux qui l'accompagnoient furent tués comme des cochons qu'un homme riche fait tuer pour une noce, ou pour un festin où chacun apporte son plat. » *Parallèles*, t. III, p. 85.
5. *Parallèles*, t. III, p. 86.
6. Voyez plus haut, *Réflexion VI*.

s'habilloit soi-même, et qui se sentoit encore par là du siècle d'or. M. P... triomphe à nous faire voir combien cette simplicité est éloignée de notre mollesse et de notre luxe, qu'il regarde comme un des grands présents que Dieu ait faits aux hommes, et qui sont pourtant l'origine de tous les vices, ainsi que Longin le fait voir dans son dernier chapitre, où il traite de la décadence des esprits, qu'il attribue principalement à ce luxe et à cette mollesse.

M. P... ne fait pas réflexion que les dieux et les déesses dans les fables n'en sont pas moins agréables, quoiqu'ils n'aient ni estafiers, ni valets de chambre, ni dames d'atour, et qu'ils aillent souvent tout nus; qu'enfin le luxe est venu d'Asie en Europe, et que c'est des nations barbares qu'il est descendu chez les nations polies, où il a tout perdu; et où, plus dangereux fléau que la peste ni que la guerre, il a, comme dit Juvénal, vengé l'univers vaincu, en pervertissant les vainqueurs :

..... Sævior armis
Luxuria incubuit, victumque ulciscitur orbem.[1]

J'aurois beaucoup de choses à dire sur ce sujet; mais il faut les réserver pour un autre endroit, et je ne veux parler ici que de la bassesse des mots. M. P... en trouve beaucoup dans les épithètes d'Homère, qu'il accuse d'être souvent superflues.[2] Il ne sait pas sans doute ce

---

1. Satire VI, vers 267-268.
2. *Parallèles*, t. III, p. 110.
L'abbé dit : « Supposons que la poésie d'Homère soit très-nombreuse et très-agréable, lui étoit-il malaisé de la faire ainsi avec toutes les licences qu'il s'est données? Ce poëte, pour faciliter sa versification, a commencé par équiper tous les héros, tous les dieux, de plusieurs épithètes de diffé-

que sait tout homme un peu versé dans le grec, que, comme en Grèce autrefois le fils ne portoit point le nom du père, il est rare, même dans la prose, qu'on y nomme un homme sans lui donner une épithète qui le distingue, en disant ou le nom de son père, ou son pays, ou son talent, ou son défaut : Alexandre fils de Philippe, Alcibiade fils de Clinias, Hérodote d'Halicarnasse, Clément Alexandrin, Polyclète le sculpteur, Diogène le cynique, Denys le tyran, etc. Homère donc, écrivant dans le génie de sa langue, ne s'est pas contenté de donner à ses dieux et à ses héros ces noms de distinction qu'on leur donnoit dans la prose, mais il leur en a composé de doux et d'harmonieux qui marquent leur principal caractère. Ainsi, par l'épithète de LÉGER A LA COURSE, qu'il donne à Achille, il a marqué l'impétuosité d'un jeune homme. Voulant exprimer la prudence dans Minerve, il l'appelle la déesse aux yeux fins. Au contraire, pour peindre la majesté dans Junon, il la nomme la déesse aux yeux grands et ouverts; et ainsi des autres.

Il ne faut donc pas regarder ces épithètes qu'il leur

---

rentes longueurs pour finir ses vers pompeusement et commodément. Achille est *divin;* il *est un dieu;* il *est bien botté;* il *est bien coiffé;* il *a les pieds légers;* tout cela, non point selon le cas dont il s'agit, mais selon qu'il reste plus ou moins de place à remplir pour achever le vers. *Junon a des yeux de bœuf,* ou *les bras blancs; est femme de Jupiter,* ou *fille de Saturne,* suivant le besoin de la versification, et nullement par rapport aux aventures où elle intervient. Le plus souvent, ces épithètes, vaines et vagues, non-seulement ne conviennent point au fait qui est raconté, mais y sont directement opposées. Il est dit, par exemple, qu'*Achille aux pieds légers ne bougeoit du fond de son vaisseau;* que *Vénus qui aime à rire pleuroit amèrement.* Il donne à la mère d'Irus, le plus vilain de tous les gueux, l'épithète de *vénérable,* aussi franchement qu'à Thétis, la mère d'Achille, parce que cette épithète orne le vers et, jointe avec le mot de mère, en fait heureusement la fin, qui est la partie de vers la plus malaisée à faire. »

donne comme de simples épithètes, mais comme des espèces de surnoms qui les font connoître. Et on n'a jamais trouvé mauvais qu'on répétât ces épithètes, parce que ce sont, comme je viens de dire, des espèces de surnoms. Virgile est entré dans ce goût grec, quand il a répété tant de fois dans l'Énéide PIUS ÆNEAS et PATER ÆNEAS, qui sont comme les surnoms d'Énée. Et c'est pourquoi on lui a objecté fort mal à propos qu'Énée se loue lui-même, quand il dit, SUM PIUS ÆNEAS, « je suis le pieux Énée; » parce qu'il ne fait proprement que dire son nom. Il ne faut donc pas trouver étrange qu'Homère donne de ces sortes d'épithètes à ses héros, en des occasions qui n'ont aucun rapport à ces épithètes, puisque cela se fait souvent même en françois, où nous donnons le nom de saint à nos saints, en des rencontres où il s'agit de toute autre chose que de leur sainteté; comme quand nous disons que saint Paul gardoit les manteaux de ceux qui lapidoient saint Étienne.

Tous les plus habiles critiques avouent que ces épithètes sont admirables dans Homère, et que c'est une des principales richesses de sa poésie. Notre censeur cependant les trouve basses: et, afin de prouver ce qu'il dit, non-seulement il les traduit bassement, mais il les traduit selon leur racine et leur étymologie; et au lieu, par exemple, de traduire Junon aux yeux grands et ouverts, qui est ce que porte le mot βοῶπις, il le traduit selon sa racine : « Junon aux yeux de bœuf. » Il ne sait pas qu'en françois même il y a des dérivés et des composés qui sont fort beaux, dont le nom primitif est fort bas, comme on le voit dans les mots de PETILLER et de RECULER. Je ne saurois m'empêcher de rapporter, à propos de cela, l'exemple d'un maître de rhétorique¹ sous lequel j'ai étudié, et qui sûrement ne m'a pas inspiré l'admiration d'Homère, puisqu'il en étoit presque aussi grand ennemi que M. P... Il nous faisoit traduire l'oraison pour Milon; et à un endroit ou Cicéron dit OBDURUERAT ET PERCALLUERAT RESPUBLICA, « la république s'étoit endurcie et étoit devenue comme insensible; » les écoliers étant un peu embarrassés sur PERCALLUERAT, qui dit presque la même chose qu'OBDURUERAT, notre régent nous fit attendre quelque temps son explication; et enfin, ayant défié plusieurs fois MM. de l'Académie, et surtout M. d'Ablancourt,² à qui il en vouloit, de venir traduire ce mot : PERCALLERE, dit-il gravement, vient du cal et du durillon que les hommes contractent aux pieds; et de là il conclut qu'il falloit traduire : OBDURUERAT ET PERCALLUERAT RESPUBLICA, « la république s'étoit endurcie et avoit contracté un durillon. » Voilà à peu près la manière de traduire de M. P...; et c'est sur de pareilles traductions qu'il veut qu'on juge de tous les poëtes et de tous les orateurs de l'antiquité; jusque-là qu'il nous avertit qu'il doit donner un de ces jours un nouveau volume de *Parallèles*, où il a, dit-il, mis en prose françoise les plus beaux endroits des poëtes grecs et latins,³ afin de les oppo-

---

1. Élie de La Place, professeur de rhétorique au collége de Beauvais. Il était recteur de l'Université en 1650, et la même année il publia un traité contre la pluralité des bénéfices : *Libri de clericorum sanctimonia, Opusculum primum : De necessaria unius uni clerico ecclesiastici beneficii singularitate*. Parisiis, 1650, in-8°. (M. CHÉRON.)

Quand quelqu'un de ses écoliers le faisoit impatienter : « Petit fripon, lui disoit-il avec une emphase ridicule, tu seras la première victime que j'immolerai à ma sévérité. » Puis en s'applaudissant, il disoit avec la même emphase : « Encore pourroient-ils, même dans ma colère, apprendre de moi la belle locution françoise. » (SAINT-MARC.)

2. Voyez satire IX.
3. M. Perrault a donné dans la suite, en 1696, un quatrième tome de son

ser à d'autres beaux endroits des poëtes modernes, qu'il met aussi en prose : secret admirable qu'il a trouvé pour les rendre ridicules les uns et les autres, et surtout les anciens, quand il les aura habillés des impropriétés et des bassesses de sa traduction.

Parallèle; mais il n'a pas osé y mettre les traductions qu'il avoit promises. (BROSSETTE.) — C'est dans le tome III, p. 124, que M. Perrault avoit annoncé le projet que M. Despréaux lui reproche ici. Mais ces deux illustres adversaires s'étant réconciliés, le premier crut devoir abandonner son projet, « aimant mieux se priver du plaisir de prouver la bonté de sa cause d'une manière qui lui paroissoit invincible... que d'être brouillé plus longtemps avec des hommes d'un aussi grand mérite que ceux qu'il avoit pour adversaires et dont l'amitié ne pouvoit trop s'acheter. » C'est ainsi qu'il s'en explique lui-même dans la *Préface* de son quatrième tome. (SAINT MARC.) — Cf. Hippolyte Rigault, *Histoire de la querelle des anciens et des modernes*, Paris, 1856, in-8°, et Sainte-Beuve, *Causeries du lundi*, t. XIII, p. 109-141. (M. CHÉRON.)

CONCLUSION.[1]

Voilà un léger échantillon du nombre infini de fautes que M. P... a commises, en voulant attaquer les défauts des anciens. Je n'ai mis ici que celles qui regardent Homère et Pindare; encore n'y en ai-je mis qu'une très-petite partie, et selon que les paroles de Longin m'en ont donné l'occasion : car, si je voulois ramasser toutes celles qu'il a faites sur le seul Homère, il faudroit un très-gros volume. Et que seroit-ce donc si j'allois lui faire voir ses puérilités sur la langue grecque et sur la langue latine; ses ignorances sur Platon, sur Démosthène, sur Cicéron, sur Horace, sur Térence, sur Virgile, etc.; les fausses interprétations qu'il leur donne, les solécismes qu'il leur fait faire, les bassesses et le galimatias qu'il leur prête! J'aurois besoin pour cela d'un loisir qui me manque.

Je ne réponds pas néanmoins, comme j'ai déjà dit, que dans les éditions de mon livre qui pourront suivre celle-ci, je ne lui découvre encore quelques-unes de ses erreurs, et que je ne le fasse peut-être repentir de n'avoir pas mieux profité du passage de Quintilien qu'on a allégué autrefois si à propos à un de ses frères,[2] sur un pareil sujet. Le voici : *Modeste tamen et circumspecto*

---

1. Conclusion des neuf réflexions publiées en 1694.
2. Pierre Perrault. Voyez *Réflexion I*. — C'est M. Racine qui, dans la Préface de son *Iphigénie*, cita le passage de Quintilien, liv. X, ch. I. (BROSSETTE.)

judiciode tantis viris pronuntiandum est, ne, quod plerisque accidit, damnent quæ non intelligunt... « Il faut parler avec beaucoup de modestie et de circonspection de ces grands hommes, de peur qu'il ne vous arrive, ce qui est arrivé à plusieurs, de blâmer ce que vous n'entendez pas... [1] » M. P... me répondra peut-être ce qu'il m'a déjà répondu, [2] qu'il a gardé cette modestie, et qu'il n'est point vrai qu'il ait parlé de ces grands hommes avec le mépris que je lui reproche ; mais il n'avance si hardiment cette fausseté que parce qu'il suppose, et avec raison, que personne ne lit ses Dialogues : [3] car de quel front pourroit-il la soutenir à des gens qui auroient seulement lu ce qu'il y dit d'Homère ?

Il est vrai pourtant que, comme il ne se soucie point de se contredire, il commence ses invectives contre ce grand poëte par avouer qu'Homère est peut-être le plus bel esprit qui ait jamais été ; [4] mais on peut dire que ces louanges forcées qu'il lui donne sont comme des fleurs dont il couronne la victime qu'il va immoler à son mauvais sens, n'y ayant point d'infamies qu'il ne lui dise dans la suite, l'accusant d'avoir fait ses deux poëmes sans dessein, sans vue, sans conduite. Il va même jusqu'à cet excès d'absurdité de soutenir qu'il n'y a jamais eu d'Homère ; que ce n'est point un seul homme qui a fait l'Iliade et l'Odyssée, [5] mais plusieurs pauvres

---

1. Voici la traduction de Racine : « Il faut être extrèmement circonspect et très-retenu à prononcer sur les ouvrages de ces grands hommes, de peur qu'il ne nous arrive, comme à plusieurs, de condamner ce que nous n'entendons pas. »
2. Perrault *Rép.*, p. 39.
3. Perrault prétend au contraire « être un peu plus lu que M. Despréaux ne voudroit le faire croire. » (B.-S.-P.) Voyez *Réflexion VIII*.
4. Perrault, *Lettre...*, N. II et N. IX ; et *Parallèles*, t. III, p. 32.
5. *Parallèles*, t. III, p. 25. Voir plus haut, *Réflexion III*.

aveugles qui alloient, dit-il, de maison en maison réciter pour de l'argent de petits poëmes qu'ils composoient au hasard; et que c'est de ces poëmes qu'on a fait ce qu'on appelle les ouvrages d'Homère. C'est ainsi que, de son autorité privée, il métamorphose tout à coup ce vaste et bel esprit en une multitude de misérables gueux. Ensuite il emploie la moitié de son livre à prouver, Dieu sait comment, qu'il n'y a dans les ouvrages de ce grand homme ni ordre, ni raison, ni économie, ni suite, ni bienséance, ni noblesse de mœurs;[1] que tout y est plein de bassesses, de chevilles, d'expressions grossières; qu'il est mauvais géographe, mauvais astronome, mauvais naturaliste; finissant enfin toute cette critique par ces belles paroles qu'il fait dire à son chevalier :[2] « Il faut que Dieu ne fasse pas grand cas de la réputation de bel esprit, puisqu'il permet que ces titres soient donnés, préférablement au reste du genre humain, à deux hommes comme Platon et Homère, à un philosophe qui a des visions si bizarres, et à un poëte qui dit tant de choses si peu sensées. » A quoi M. l'abbé du dialogue donne les mains; en ne contredisant point, et se contentant de passer à la critique de Virgile.

C'est là ce que M. P... appelle parler avec retenue d'Homère, et trouver, comme Horace, que ce grand poëte s'endort quelquefois. Cependant comment peut-il se plaindre que je l'accuse à faux d'avoir dit qu'Homère étoit de mauvais sens? Que signifient donc ces paroles : « Un

---

1. *Parallèles*, t. III, p. 38 : « Si la conduite des ouvrages d'Homère en étoit un peu supportable... » Page 46 : « Je n'y vois point de belle constitution ni de belle économie... » Page 44 : « Quel a donc été le but d'Homère ? Je n'en sais rien. » (B.-S.-P.)

2. *Parallèles*, t. III, p. 125.

poëte qui dit tant de choses si peu sensées? » Croit-il s'être suffisamment justifié de toutes ces absurdités, en soutenant hardiment, comme il a fait, qu'Érasme et le chancelier Bacon ont parlé avec aussi peu de respect que lui des anciens? Ce qui est absolument faux de l'un et de l'autre, et surtout d'Érasme, l'un des plus grands admirateurs de l'antiquité : car, bien que cet excellent homme se soit moqué avec raison de ces scrupuleux grammairiens qui n'admettent d'autre latinité que celle de Cicéron, et qui ne croient pas qu'un mot soit latin s'il n'est dans cet orateur, jamais homme au fond n'a rendu plus de justice aux bons écrivains de l'antiquité, et à Cicéron même, qu'Érasme.

M. P... ne sauroit donc plus s'appuyer que sur le seul exemple de Jules Scaliger.[1] Et il faut avouer qu'il l'allègue avec un peu plus de fondement. En effet, dans le dessein que cet orgueilleux savant s'étoit proposé, comme il le déclare lui-même,[2] de dresser des autels à Virgile, il a parlé d'Homère d'une manière un peu profane; mais, outre que ce n'est que par rapport à Virgile, et dans un livre qu'il appelle Hypercritique,[3] voulant témoigner par là qu'il y passe toutes les bornes de la critique ordinaire, il est certain que ce livre n'a pas fait d'honneur à son auteur, Dieu ayant permis que ce savant homme soit devenu alors un M. P..., et soit tombé dans des ignorances si grossières, qu'elles lui ont attiré la

---

1. Perrault, *Lettre...*, N. III.
2. A la fin de son *Hypercritique*. (Brossette.)
3 C'est dans le cinquième livre de sa Poétique, intitulée la *Critique*, que J. Scaliger rabaisse Homère. (Brossette.) — Jules-César Scaliger, né près de Vérone en 1484, mort à Agen le 21 d'octobre 1558. Outre son *Traité de l'Art poétique*, on a de lui des commentaires sur Aristote, Théophraste, etc. (M. Chéron.)

risée de tous les gens de lettres, et de son propre fils même.[1]

Au reste afin que notre censeur ne s'imagine pas que je sois le seul qui aie trouvé ses Dialogues si étranges, et qui aie paru sérieusement choqué de l'ignorante audace avec laquelle il y décide de tout ce qu'il y a de plus révéré dans les lettres, je ne saurois, ce me semble, mieux finir ces remarques sur les anciens qu'en rapportant le mot d'un très-grand prince d'aujourd'hui,[2] non moins admirable par les lumières de son esprit et par l'étendue de ses connoissances dans les lettres, que par son extrême valeur et par sa prodigieuse capacité dans la guerre, où il s'est rendu le charme des officiers et des soldats, et où, quoique encore fort jeune, il s'est déjà signalé par quantité d'actions dignes des plus expérimentés capitaines. Ce prince, qui, à l'exemple du fameux prince de C...,[3] son oncle paternel, lit tout, jusqu'aux ouvrages de M. P..., ayant en effet lu son dernier dialogue, et en paroissant fort indigné, comme quelqu'un eut pris la liberté de lui demander ce que c'étoit donc que cet ouvrage pour lequel il témoignoit un si grand

---

1. Joseph-Juste Scaliger, fils de Jules-César, était un des érudits les plus estimés de son temps. Il naquit à Agen en 1540 et mourut le 21 de janvier 1609, laissant des commentaires sur la plupart des classiques grecs et latins; ses travaux de chronologie sont surtout très-remarquables. (M. Chénon.)

2. François-Louis de Bourbon, prince de Conti, né à Paris en 1664, mort en 1709.

Cet éloge de la part du poëte qu'on a accusé de flatterie envers Louis XIV est très-remarquable. Nous voyons dans Saint-Simon que Louis ne pouvait souffrir le prince de Conti, surtout depuis l'expédition que celui-ci avait faite en Hongrie; qu'il le tint longtemps en exil, et que s'il consentit, sur la prière du grand Condé mourant, à le rappeler, il ne lui pardonna jamais. (B.-S.-P.)

3. Le grand Condé. Voyez épître VII.

mépris : « C'est un livre, dit-il, où tout ce que vous avez jamais ouï louer au monde est blâmé, et où tout ce que vous avez jamais entendu blâmer est loué.[1] »

1. Voir dans la *Correspondance* la lettre de Boileau à Perrault, 1700.

AVERTISSEMENT [1]

TOUCHANT

LA DIXIÈME RÉFLEXION SUR LONGIN. [2]

Les amis de feu M. Despréaux savent qu'après qu'il eut eu connoissance de la lettre qui fait le sujet de la dixième Réflexion, il fut longtemps sans se déterminer à y répondre. Il ne pouvoit se résoudre à prendre la plume contre un évêque, [3] dont il respectoit la personne et le caractère, quoiqu'il ne fût pas fort frappé de ses raisons. Ce ne fut donc qu'après avoir vu cette lettre publiée par M. Le Clerc, [4] que M. Despréaux ne put résister aux instances de ses amis et de plusieurs personnes distinguées par leur dignité autant que par leur zèle pour la religion, qui le pres-

---

1. Il a été composé par M. l'A. R. (l'abbé Renaudot), de l'Académie françoise. (BROSSETTE.) — Placé au tome Ier de l'édition de 1713, après la Préface et le Discours préliminaire, il a été transporté ici par Brossette et d'autres éditeurs; d'autres l'ont supprimé. (B.-S.-P.)

2. Elle fut composée, ainsi que les deux suivantes, en 1710, et toutes trois ont paru, pour la première fois, dans l'édition posthume de 1713. (M. CHÉRON.)

3. Pierre-Daniel Huet, évêque d'Avranches, de l'Académie française, né à Caen le 8 de février 1630, mort à Paris le 16 de janvier 1731, dans la maison professe des jésuites où il s'était retiré. Ce fut un des hommes les plus érudits de France, et il a laissé de trop nombreux ouvrages pour que nous en puissions donner ici la liste. (M. CHÉRON.)

4. C'est la lettre de Huet au duc de Montausier, insérée dans la *Bibliothèque choisie*, de Jean Le Clerc, t. X, 1706, p. 211-260. En 1710, Le Clerc fit répondre à l'Avertissement de Renaudot, et répondit lui-même à la Réflexion X de Boileau, dans sa *Bibliothèque choisie*, t. XXVI, p. 64 et suivantes.

sèrent de mettre par écrit ce qu'ils lui avoient ouï dire sur ce sujet, lorsqu'ils lui eurent représenté que c'étoit un grand scandale qu'un homme fort décrié sur la religion s'appuyât de l'autorité d'un savant évêque pour soutenir une critique qui paroissoit plutôt contre Moïse que contre Longin. [1]

M. Despréaux se rendit enfin, et ce fut en déclarant qu'il ne vouloit point attaquer M. l'évêque d'Avranches, mais M. Le Clerc; ce qui est religieusement observé dans cette dixième Réflexion. M. d'Avranches étoit informé de tout ce détail, et il avoit témoigné en être content, comme en effet il avoit sujet de l'être.

Après cela, depuis la mort de M. Despréaux, cette lettre a été

---

[1]. Nous donnons à la fin du volume cette lettre de Huet à M. le duc de Montausier. Nous expliquons ici l'intervention du savant évêque : « Huet, en poésie française, tenait décidément pour la littérature d'avant Boileau, pour celle de Segrais, de Conrart, des premiers membres de l'Académie françoise; il ne s'en départit jamais. Les relations de Huet et de Boileau sont assez piquantes à étudier. Il faut entendre Huet parler de la *Pucelle* de Chapelain et des *petits poètes jaloux* (*minutos quosdam et lividos poetas*), de ces roquets qui ne savent que mordre et qui se sont acharnés à la grave renommée de Chapelain.

« En toute occasion, Huet ne parle de Boileau et de sa *clique* que comme le plus vénérable des classiques d'aujourd'hui aurait parlé des insolents qui firent invasion à certains jours dans le temple, et y entrèrent par effraction. Ces mots si vifs de Huet n'ont passé inaperçus que parce qu'ils sont en latin, et que peu de gens les vont chercher. Boileau attaqua, en effet, au début, presque tous les amis de Huet, Ménage, Mlle de Scudéry, Chapelain ; ce monde de l'hôtel de Rambouillet et de M. de Montausier. Un jour Huet, devenu prélat (ceci est une erreur de M. Sainte-Beuve, il ne fut évêque de Soissons qu'en 1685, d'Avranches en 1689, et la lettre est de 1683) et l'oracle de l'érudition, eut affaire à Boileau lui-même. Il s'agissait du mot fameux de Moïse au commencement de la Genèse : *Dieu dit : Que la lumière soit!* et *la lumière fut*. Longin en l'isolant avait trouvé le mot sublime, et Boileau également. Huet, que trop de savoir conduisait, comme il arrive souvent, à moins admirer, tout en reconnaissant dans ce passage le sublime de la chose racontée, se refusait à y voir, pour l'expression et même pour la pensée, rien de plus qu'une manière de dire, une tournure habituelle et presque nécessaire aux langues orientales, avec lesquelles il était si familier. Boileau se fâcha de l'air et du ton qu'il prenait quand le goût lui semblait en cause. Huet répondit par une lettre assez verte adressée à M. le duc de Montausier, à ce juge austère que Boileau, par ses éloges, ne put jamais fléchir qu'à demi.

« Un autre jour, comme Perrault lisait à l'Académie française son poème du *Siècle de Louis le Grand*, où l'antiquité est sacrifiée au présent, et qui commença cette longue guerre des anciens et des modernes, Boileau, outré, ne se pouvait contenir pendant la lecture, et Huet le calmait de son mieux en lui disant, non sans un grain d'ironie : « Monsieur Despréaux, il me semble que cela nous regarde encore plus que vous. » Huet, en parlant ainsi, avait raison et tort. Sans doute il possédait l'antiquité incomparablement plus que Boileau, qui pouvait sembler un ignorant à côté de lui. Mais ce sentiment littéraire plus vif, ce mouvement net et prompt, cette impétuosité de jugement qui ressemble presque à une ardeur de cœur, Huet ne l'avait pas. » (SAINTE-BEUVE, *Causeries du lundi*, t. II, p. 138.)

publiée,[1] dans un recueil de plusieurs pièces, avec une longue préface de M. l'abbé de T...,[2] qui les a ramassées et publiées, à ce qu'il assure, « sans la permission de ceux à qui appartenoit ce trésor. » On ne veut pas entrer dans le détail de ce fait : le public sait assez ce qui en est, et ces sortes de vols faits aux auteurs vivants ne trompent plus personne.

Mais, supposant que M. l'abbé de T..., qui parle dans la préface, en est l'auteur, il ne trouvera pas mauvais qu'on l'avertisse qu'il n'a pas été bien informé sur plusieurs faits qu'elle contient. On ne parlera que de celui qui regarde M. Despréaux, duquel il est assez étonnant qu'il attaque la mémoire, n'ayant jamais reçu de lui que des honnêtetés et des marques d'amitié.

« M. Despréaux, dit-il, fit une sortie sur M. l'évêque d'Avranches avec beaucoup de hauteur et de confiance. Ce prélat se trouva obligé, pour sa justification, de lui répondre, et de faire voir que sa remarque étoit très-juste, et que celle de son adversaire n'étoit pas soutenable. Cet écrit fut adressé par l'auteur à M. le duc de Montausier, en l'année 1683, parce que ce fut chez lui que fut connue d'abord l'insulte qui lui avoit été faite par M. Despréaux ; et ce fut aussi chez ce seigneur qu'on lut cet écrit en bonne compagnie, où les rieurs, suivant ce qui m'en est revenu, ne se trouvèrent pas favorables à un homme dont la principale attention sembloit être de mettre les rieurs de son côté. »

On ne contestera pas que cette lettre ne soit adressée à feu M. le duc de Montausier, ni qu'elle lui ait été lue. Il faut cependant qu'elle ait été lue à petit bruit, puisque ceux qui étoient le plus familiers avec ce seigneur, et qui le voyoient tous les jours, ne l'en ont jamais ouï parler, et qu'on n'en a eu connoissance que plus de vingt ans après, par l'impression qui en a été faite en Hollande. On comprend encore moins quels pouvoient être les *rieurs* qui ne furent pas favorables à M. Despréaux, dans un point de critique aussi sérieux que celui-là. Car si l'on appelle ainsi les

---

1. C'est-à-dire réimprimée.
2. Jean-Marie de La Marque, abbé de Tilladet, de l'Académie des inscriptions, né vers 1650, mort à Paris en 1715. Il a publié un recueil de *Dissertations sur diverses matières de religion et de philologie*; Paris, 1712, 2 vol. in-12. (M. Chéron.)

approbateurs de la pensée contraire à la sienne, ils étoient en si petit nombre, qu'on n'en peut pas nommer un seul de ceux qui de ce temps-là étoient à la cour en quelque réputation d'esprit ou de capacité dans les belles-lettres. Plusieurs personnes se souviennent encore que feu M. l'évêque de Meaux, feu M. l'abbé de Saint-Luc, M. de Court, M. de Labroüe, à présent évêque de Mirepoix, et plusieurs autres se déclarèrent contre cette pensée, dès le temps que parut la *Démonstration évangélique*. On sait certainement, et non pas par des *oui-dire,* que M. de Meaux et M. l'abbé de Saint-Luc en disoient beaucoup plus que n'en a dit M. Despréaux. Si on vouloit parler des personnes aussi distinguées par leur esprit que par leur naissance, outre le grand prince de Condé et les deux princes de Conti, ses neveux, il seroit aisé d'en nommer plusieurs qui n'approuvoient pas moins cette critique de M. Despréaux que ses autres ouvrages. Pour les hommes de lettres, ils ont été si peu persuadés que sa censure n'étoit pas soutenable, qu'il n'avoit paru encore aucun ouvrage sérieux pour soutenir l'avis contraire, sinon les additions de M. Le Clerc à la lettre qu'il a publiée sans la participation de l'auteur. Car Grotius[1] et ceux qui ont le mieux écrit de la vérité de la religion chrétienne, les plus savants commentateurs des livres de Moïse, et ceux qui ont traduit ou commenté Longin ont pensé et parlé comme M. Despréaux. Tollius,[2] qu'on n'accusera pas d'avoir été trop scrupuleux, a réfuté par une note ce qui se trouve sur ce sujet dans la *Démonstration évangélique,* et les Anglois, dans leur dernière édition de Longin, ont adopté cette note. Le public n'en a pas jugé autrement depuis tant d'années, et une autorité telle que celle de M. Le Clerc ne le fera pas apparemment changer d'avis. Quand on est loué par des hommes de ce caractère, on doit penser à cette parole de Phocion, lorsqu'il entendit certains applaudissements : « N'ai-je point dit quelque chose mal à propos ? »

1. Hugues Grotius, né à Delft en 1583, mort en 1645 ; il est l'auteur du livre célèbre intitulé le *Droit de la guerre et de la paix.*
2. Jacques Tollius fit paroître à Utrecht, 1694, in-4°, une édition de Longin, où il donne, avec ses propres notes, toutes celles des éditeurs antérieurs, François Robertal, François Portus, Gabriel de Petra, Gérard Langbaine et Tannegui Lefèvre ; une version latine, la traduction françoise de Boileau, avec les remarques de celui-ci et de Dacier. (SAINT-MARC.)

AVERTISSEMENT.

Les raisons solides de M. Despréaux feront assez voir que, quoique M. Le Clerc se croie si habile dans la critique, qu'il en a osé donner des règles, il n'a pas été plus heureux dans celle qu'il a voulu faire de Longin que dans presque toutes les autres.

C'est aux lecteurs à juger de cette dixième Réflexion de M. Despréaux qui a un préjugé fort avantageux en sa faveur, puisqu'elle appuie l'opinion communément reçue parmi les savants, jusqu'à ce que M. d'Avranches l'eût combattue. Le caractère épiscopal ne donne aucune autorité à la sienne, puisqu'il n'en étoit pas revêtu lorsqu'il la publia.[1] D'autres grands prélats, à qui M. Despréaux a communiqué sa Réflexion, ont été entièrement de son avis, et ils lui ont donné de grandes louanges d'avoir soutenu l'honneur et la dignité de l'Écriture sainte contre un homme qui, sans l'aveu de M. d'Avranches, abusoit de son autorité. Enfin, comme il étoit permis à M. Despréaux d'être d'un avis contraire, on ne croit pas que cela fasse plus de tort à sa mémoire que d'avoir pensé et jugé tout autrement que lui de l'utilité des romans.[2]

---

1. Dans sa *Demonstratio evangelica*, Paris, 1679, in-folio.
2. Allusion à l'ouvrage de Huet intitulé *de l'Origine des romans*, Paris, 1670, in-12.

RÉFLEXION X

OU

RÉFUTATION D'UNE DISSERTATION

DE MONSIEUR LE CLERC CONTRE LONGIN.

Ainsi le législateur des Juifs, qui n'étoit pas un homme ordinaire, ayant fort bien conçu la puissance et la grandeur de Dieu, l'a exprimée dans toute sa dignité, au commencement de ses lois, par ces paroles : *Dieu dit : Que la lumière se fasse, et la lumière se fit; que la terre se fasse; la terre fut faite.* (*Paroles de Longin,* ch. VII.)

Lorsque je fis imprimer pour la première fois, il y a environ trente-six ans, la traduction que j'avois faite du *Traité du Sublime* de Longin, je crus qu'il seroit bon, pour empêcher qu'on ne se méprît sur ce mot de SUBLIME, de mettre dans ma préface ces mots qui y sont encore, et qui, par la suite du temps, ne s'y sont trouvés que trop nécessaires : « Il faut savoir que par sublime Longin n'entend pas ce que les orateurs appellent le style sublime, mais cet extraordinaire et ce merveilleux qui fait qu'un ouvrage enlève, ravit, transporte. Le style sublime veut toujours de grands mots, mais le sublime se peut trouver dans une seule pensée, dans une seule figure, dans un seul tour de paroles. Une chose peut être dans le style sublime et n'être pourtant pas sublime. Par exemple : Le souverain arbitre de la nature d'une seule parole forma la lumière. Voilà qui est dans le style sublime; cela n'est pas néanmoins sublime, parce qu'il n'y a rien là de fort merveilleux, et qu'on ne pût aisément trouver. Mais Dieu dit : Que la lumière se fasse et la lumière se fit : ce tour extraordinaire d'expression, qui marque si bien l'obéissance de la créature aux ordres du Créateur, est véritablement sublime, et a quelque chose de divin. Il faut donc entendre par sublime, dans Longin, l'extraordinaire, le surprenant, et, comme je l'ai traduit, le merveilleux dans le discours. »

Cette précaution prise si à propos fut approuvée de tout le monde, mais principalement des hommes vraiment remplis de l'amour de l'Écriture sainte; et je ne croyois pas que je dusse avoir jamais besoin d'en faire l'apologie. A quelque temps de là ma surprise ne fut pas médiocre, lorsqu'on me montra, dans un livre qui avoit pour titre Démonstraton évangélique,[1] composé par le célèbre M. Huet, alors sous-précepteur de Monseigneur le Dauphin, un endroit où non-seulement il n'étoit pas de mon

---

1. De Saint-Surin donne ainsi le passage de la *Démonstration évangélique* : « Longin, prince des critiques, dans l'excellent livre qu'il a fait touchant le *Sublime,* donne un très-bel éloge à Moïse; car il dit qu'il a connu et exprimé la puissance de Dieu selon sa dignité, ayant écrit au commencement de ses lois que Dieu dit : « Que la lumière soit faite, et elle « fut faite; que la terre soit faite, et elle fut faite. » Néanmoins ce que Longin rapporte ici de Moïse, comme une expression sublime et figurée, pour prouver l'élévation de son discours, me semble très-simple. Il est vrai que Moïse rapporte une chose qui est grande; mais il l'exprime d'une façon qui ne l'est nullement. Et c'est ce qui me persuade que Longin n'avoit pas pris ces paroles dans l'original; car s'il eût puisé à la source, et qu'il eût lu les livres mêmes de Moïse, il eût trouvé partout une grande simplicité : et je crois que Moïse l'a affectée à cause de la dignité de la matière, qui se fait assez sentir étant rapportée nuement, sans avoir besoin d'être relevée par des ornements recherchés. Quoique l'on connoisse bien d'ailleurs, et par ses Cantiques, et par le livre de Job, dont je crois qu'il est l'auteur, qu'il étoit fort entendu dans le *sublime.* »

avis, mais où il soutenoit hautement que Longin s'étoit trompé lorsqu'il s'étoit persuadé qu'il y avoit du sublime dans ces paroles, Dieu dit, etc. J'avoue que j'eus de la peine à digérer qu'on traitât avec cette hauteur le plus fameux et le plus savant critique de l'antiquité. De sorte qu'en une nouvelle édition qui se fit quelques mois après de mes ouvrages, je ne pus m'empêcher d'ajouter dans ma préface[1] ces mots : « J'ai rapporté ces paroles de la Genèse, comme l'expression la plus propre à mettre ma pensée en jour ; et je m'en suis servi d'autant plus volontiers, que cette expression est citée avec éloge par Longin même, qui, au milieu des ténèbres du paganisme, n'a pas laissé de reconnoître le divin qu'il y avoit dans ces paroles de l'Écriture. Mais que dirons-nous d'un des plus savants hommes de notre siècle, qui,[2] éclairé des lumières de l'Évangile, ne s'est pas aperçu de la beauté de cet endroit; qui a osé, dis-je, avancer dans un livre qu'il a fait pour démontrer la religion chrétienne, que Longin s'étoit trompé lorsqu'il avoit cru que ces paroles étoient sublimes? »

Comme ce reproche étoit un peu fort, et, je l'avoue même, un peu trop fort, je m'attendois à voir bientôt paroître une réplique très-vive de la part de M. Huet, nommé environ dans ce temps-là à l'évêché d'Avranches ; et je me préparois à y répondre le moins mal et le plus modestement qu'il me seroit possible. Mais, soit que ce savant prélat eût changé d'avis, soit qu'il dédaignât d'entrer en lice avec un aussi vulgaire antagoniste que moi, il se tint dans le silence. Notre démêlé parut éteint, et

---

1. Préface du *Traité du Sublime*, dans l'édition de 1683.
2. Édit. de 1683 : « qui, quoique éclairé, etc. »

je n'entendis parler de rien jusqu'en 1709, qu'un de mes amis me fit voir dans un dixième tome de la *Bibliothèque choisie* de M. Le Clerc, fameux protestant de Genève, réfugié en Hollande, un chapitre de plus de vingt-cinq pages, où ce protestant nous réfute très-impérieusement, Longin et moi, et nous traite tous deux d'aveugles et de petits esprits, d'avoir cru qu'il y avoit là quelque sublimité. L'occasion qu'il prend pour nous faire après coup cette insulte, c'est une prétendue lettre du savant M. Huet,[1] aujourd'hui ancien évêque d'Avranches, qui lui est, dit-il, tombée entre les mains, et que, pour mieux nous foudroyer, il transcrit tout entière; y joignant néanmoins, afin de la mieux faire valoir, plusieurs remarques de sa façon, presque aussi longues que la lettre même,[2] de sorte que ce sont comme deux espèces de dissertations ramassées ensemble dont il fait un seul ouvrage.

Bien que ces deux dissertations soient écrites avec assez d'amertume et d'aigreur, je fus médiocrement ému en les lisant, parce que les raisons m'en parurent extrêmement foibles; que M. Le Clerc, dans ce long verbiage qu'il étale, n'entame pas, pour ainsi dire, la question; et que tout ce qu'il y avance ne vient que d'une équivoque sur le mot de sublime, qu'il confond avec le style sublime, et qu'il croit entièrement opposé au style simple. J'étois en quelque sorte résolu de n'y rien répondre; cependant mes libraires depuis quelque temps, à force d'importu-

---

1. Elle est bien de Huet, voyez l'Avertissement qui précède, mais Boileau aime mieux s'en prendre à Le Clerc. (M. CHÉRON.)

2. Dans sa réponse, *Bibliothèque choisie*, t. XXVI, Le Clerc dit : « De cinquante pages, mes remarques n'en tiennent qu'environ quatorze. » (SAINT-MARC.)

nités, m'ayant enfin fait consentir à une nouvelle édition de mes ouvrages, il m'a semblé que cette édition seroit défectueuse si je n'y donnois quelque signe de vie sur les attaques d'un si célèbre adversaire. Je me suis donc enfin déterminé à y répondre, et il m'a paru que le meilleur parti que je pouvois prendre, c'étoit d'ajouter aux neuf Réflexions que j'ai déjà faites sur Longin, et où je crois avoir assez bien confondu M. P..., une dixième Réflexion, où je répondrois aux deux dissertations nouvellement publiées contre moi. C'est ce que je vais exécuter ici. Mais, comme ce n'est point M. Huet qui a fait imprimer lui-même la lettre qu'on lui attribue, et que cet illustre prélat ne m'en a point parlé dans l'Académie françoise, où j'ai l'honneur d'être son confrère, et où je le vois quelquefois, M. Le Clerc permettra que je ne me propose d'adversaire que M. Le Clerc, et que par là je m'épargne le chagrin d'avoir à écrire contre un aussi grand prélat que M. Huet, dont, en qualité de chrétien, je respecte fort la dignité, et dont, en qualité d'homme de lettres, j'honore extrêmement le mérite et le grand savoir. Ainsi c'est au seul M. Le Clerc que je vais parler, et il trouvera bon que je le fasse en ces termes :

Vous croyez donc, monsieur, et vous le croyez de bonne foi, qu'il n'y a point de sublime dans ces paroles de la Genèse : « Dieu dit : QUE LA LUMIÈRE SE FASSE ET LA LUMIÈRE SE FIT. » A cela je pourrois vous répondre en général, sans entrer dans une plus grande discussion, que le sublime n'est pas proprement une chose qui se prouve et qui se démontre; mais que c'est un merveilleux qui saisit, qui frappe et qui se fait sentir. Ainsi, personne ne pouvant entendre prononcer un peu majestueusement ces paroles, QUE LA LUMIÈRE SE FASSE, etc., sans que cela excite en lui une certaine élévation d'âme qui lui fait plaisir, il n'est plus question de savoir s'il y a du sublime dans ces paroles, puisqu'il il y en a indubitablement. S'il se trouve quelque homme bizarre qui n'y en trouve point, il ne faut pas chercher des raisons pour lui montrer qu'il y en a, mais se borner à le plaindre de son peu de conception et de son peu de goût, qui l'empêche de sentir ce que tout le monde sent d'abord. C'est là, monsieur, ce que je pourrois me contenter de vous dire ; et je suis persuadé que tout ce qu'il y a de gens sensés avoueroient que par ce peu de mots je vous aurois répondu tout ce qu'il falloit vous répondre.

Mais, puisque l'honnêteté nous oblige de ne pas refuser nos lumières à notre prochain, pour le tirer d'une erreur où il est tombé, je veux bien descendre dans un plus grand détail, et ne point épargner le peu de connoissance que je puis avoir sur le sublime pour vous tirer de l'aveuglement où vous vous êtes jeté vous-même, par trop de confiance en votre grande et hautaine érudition.

Avant que d'aller plus loin, souffrez, monsieur, que je vous demande comment il peut se faire qu'un aussi habile homme que vous, voulant écrire contre un endroit de ma préface aussi considérable que l'est celui que vous attaquez, ne se soit pas donné la peine de lire cet endroit, auquel il ne paroît pas même que vous ayez fait aucune attention ; car, si vous l'aviez lu, si vous l'aviez examiné un peu de près, me diriez-vous, comme vous faites, pour montrer que ces paroles, Dieu dit, etc., n'ont rien de sublime, qu'elles ne sont point dans le style sublime, sur ce qu'il n'y a point de grands mots, et qu'elles sont énoncées avec une très-grande simplicité ? N'avois-je pas prévenu votre objection, en assurant, comme je l'assure dans cette même préface, que par sublime, en cet endroit, Longin n'entend pas ce que nous appelons le style sublime, mais cet extraordinaire et ce merveilleux qui se trouve souvent dans les paroles les plus simples, et dont la simplicité même fait quelquefois la sublimité? Ce que vous avez si peu compris, que même à quelques pages de là, bien loin de convenir qu'il y a du sublime dans les paroles que Moïse fait prononcer à Dieu au commencement de la Genèse, vous prétendez que si Moïse avoit mis là du sublime, il auroit péché contre toutes les règles de l'art, qui veut qu'un commencement soit simple et sans affectation : ce qui est très-véritable, mais ce qui ne dit nullement qu'il ne doit pas y avoir de sublime, le sublime n'étant point opposé au simple, et n'y ayant rien quelquefois de plus sublime que le simple même, ainsi que je vous l'ai déjà fait voir, et dont, si vous doutez encore, je m'en vais vous convaincre par quatre ou cinq exemples, auxquels je vous défie de répondre. Je ne les chercherai pas loin. Longin m'en fournit lui-même d'abord un admirable, dans le chapitre d'où j'ai tiré cette dixième Réflexion. Car y traitant du sublime qui vient de la grandeur de la pensée, après avoir établi qu'il n'y a proprement que les grands hommes à qui il échappe de dire des choses grandes et extraordinaires, « Voyez, par exemple, ajoute-t-il, ce que répondit Alexandre, quand Darius lui offrit la moitié de l'Asie, avec sa fille en mariage. Pour moi, lui disoit Parménion, si j'étois Alexandre, j'accepterois ces offres. — Et moi aussi, répliqua ce prince, si j'étois Parménion. » Sont-ce là de grandes paroles? Peut-on rien dire de plus naturel, de plus simple et de moins affecté que ce mot? Alexandre ouvre-t-il une grande bouche pour le dire? Et cependant ne faut-il pas tomber d'accord que toute la grandeur de l'âme d'Alexandre s'y fait voir? Il faut à cet exemple en joindre un autre de même nature, que j'ai allégué dans la préface de ma dernière édition de Longin,[1] et je le vais rapporter dans les mêmes termes qu'il y est énoncé, afin que l'on voie mieux que je n'ai point parlé en l'air, quand j'ai dit que M. Le Clerc, voulant combattre ma préface, ne s'est pas donné la peine de la lire. Voici en effet mes paroles : Dans la tragédie d'*Horace* du fameux Pierre Corneille, une femme qui avoit été présente au combat des trois Horaces contre les trois Curiaces, mais qui s'étoit retirée trop tôt, et qui n'en avoit pas vu la fin, vient mal à propos annoncer au vieil Horace, leur père, que deux de ses fils ont été tués, et que le troisième, ne se voyant plus en état de résister, s'est enfui. Alors ce vieux Romain, possédé de l'amour de sa patrie, sans s'amuser à pleurer la perte de ses deux fils morts si glorieusement, ne s'afflige que de la fuite honteuse du dernier, qui a, dit-il, par une si lâche action, imprimé un opprobre éternel au nom d'Horace; et leur sœur, qui étoit là présente, lui ayant dit :

Que vouliez-vous qu'il fît contre trois?

il répond brusquement :

Qu'il mourût.[2]

Voilà des termes fort simples, cependant il n'y a personne qui ne sente la grandeur qu'il y a dans ces trois syllabes : QU'IL MOURUT, sentiment d'autant plus sublime qu'il est

---

1. C'est-à-dire dans la Préface de l'édition de 1701 du *Traité du Sublime*.
2. Acte III, scène VI. (BOILEAU, 1713.)

simple et naturel, et que par là on voit que ce héros parle du fond du cœur, et dans les transports d'une colère vraiment romaine. La chose effectivement auroit perdu de sa force, si, au lieu de dire QU'IL MOURUT, il avoit dit : « Qu'il suivît l'exemple de ses deux frères, » ou : « Qu'il sacrifiât sa vie à l'intérêt et à la gloire de son pays. » Ainsi, c'est la simplicité même de ce mot qui en fait voir la grandeur. N'avois-je pas, monsieur, en faisant cette remarque, battu en ruine votre objection, même avant que vous l'eussiez faite, et ne prouvois-je pas visiblement que le sublime se trouve quelquefois dans la manière de parler la plus simple ? Vous me répondrez peut-être que cet exemple est singulier, et qu'on n'en peut pas montrer beaucoup de pareils. En voici pourtant encore un que je trouve, à l'ouverture du livre, dans la *Médée*[1] du même Pierre Corneille, où cette fameuse enchanteresse, se vantant que, seule et abandonnée comme elle est de tout le monde, elle trouvera pourtant bien moyen de se venger de tous ses ennemis, Nérine, sa confidente, lui dit :

> Perdez l'aveugle erreur dont vous êtes séduite
> Pour voir en quel état le sort vous a réduite;
> Votre pays vous hait, votre époux est sans foi :
> Contre tant d'ennemis [2] que vous reste-t-il ?

à quoi Médée répond :

> Moi :
>
> Moi, dis-je, et c'est assez.

---

1. Acte I, scène IV. (BOILEAU, 1713.)
2. « Il paraît que Boileau cite ici de mémoire et qu'il corrige, sans s'en apercevoir, le texte de Corneille, car dans plusieurs éditions anciennes et modernes de celui-ci, telles que 1654, 1664 (revue et corrigée par l'auteur), 1692, 1817, etc., nous lisons au premier vers, *forcez l'aveuglement* dont, etc.; et au quatrième, *dans un si grand revers* que. » (B.-S.-P.)

Peut-on nier qu'il n'y ait du sublime, et du sublime le plus relevé, dans ce monosyllabe, MOI ? Qu'est-ce donc qui frappe dans ce passage, sinon la fierté audacieuse de cette magicienne, et la confiance qu'elle a dans son art ? Vous voyez, monsieur, que ce n'est point le style sublime, ni par conséquent les grands mots, qui font toujours le sublime dans le discours, et que ni Longin ni moi ne l'avons jamais prétendu ; ce qui est si vrai par rapport à lui, qu'en son *Traité du Sublime,* parmi beaucoup de passages qu'il rapporte pour montrer ce que c'est qu'il entend par sublime, il ne s'en trouve pas plus de cinq ou six où les grands mots fassent partie du sublime. Au contraire, il y a un nombre considérable où tout est composé de paroles fort simples et fort ordinaires, comme, par exemple, cet endroit de Démosthène, si estimé et si admiré de tout le monde, où cet orateur gourmande ainsi les Athéniens : « Ne voulez-vous jamais faire autre chose qu'aller par la ville vous demander les uns aux autres : Que dit-on de nouveau ? Et que peut-on vous apprendre de plus nouveau que ce que vous voyez ? Un homme de Macédoine se rend maître des Athéniens, et fait la loi à toute la Grèce. — Philippe est-il mort ? dira l'un. — Non, répondra l'autre, il n'est que malade. Eh ! que vous importe, messieurs, qu'il vive ou qu'il meure ? Quand le ciel vous en auroit délivrés, vous vous feriez bientôt vous-mêmes un autre Philippe. » Y a-t-il rien de plus simple, de plus naturel et de moins enflé que ces demandes et ces interrogations ? Cependant, qui est-ce qui n'en sent point le sublime ? Vous peut-être, monsieur, parce que vous n'y voyez point de grands mots, ni de ces AMBITIOSA ORNAMENTA en quoi vous le faites consister, et en quoi il consiste si peu, qu'il n'y a rien même qui rende le discours plus froid et plus languissant que les grands mots mis hors de leur place. Ne dites donc plus, comme vous faites en plusieurs endroits de votre dissertation, que la preuve qu'il n'y a point de sublime dans le style de la Bible, c'est que tout y est dit sans exagération et avec beaucoup de simplicité, puisque c'est cette simplicité même qui en fait la sublimité. Les grands mots, selon les habiles connoisseurs, font en effet si peu l'essence entière du sublime, qu'il y a même dans les bons écrivains des endroits sublimes dont la grandeur vient de la petitesse énergique des paroles, comme on le peut voir dans ce passage d'Hérodote, qui est cité par Longin : « Cléomène étant devenu furieux, il prit un couteau dont il se hacha la chair en petits morceaux, et, s'étant ainsi déchiqueté lui-même, il mourut ; » car on ne peut guère assembler de mots plus bas et plus petits que ceux-ci, « se hacher le chair en morceaux, et se déchiqueter soi-même. » On y sent toutefois une certaine force énergique qui, marquant l'horreur de la chose qui y est énoncée, a je ne sais quoi de sublime.

Mais voilà assez d'exemples cités, pour vous montrer que le simple et le sublime dans le discours ne sont nullement opposés. Examinons maintenant les paroles qui font le sujet de notre contestation ; et, pour en mieux juger, considérons-les jointes et liées avec celles qui les précèdent. Les voici : « Au commencement, dit Moïse, Dieu créa le ciel et la terre. La terre étoit informe et toute nue. Les ténèbres couvroient la face de l'abime, et l'esprit de Dieu étoit porté sur les eaux.[1] » Peut-on rien voir, dites-vous, de plus simple que ce début? Il est fort

---

[1]. Genèse, ch. i, v. 1 et 2.

simple, je l'avoue, à la réserve pourtant de ces mots, « et l'esprit de Dieu étoit porté sur les eaux, » qui ont quelque chose de magnifique, et dont l'obscurité élégante et majestueuse nous fait concevoir beaucoup de choses au delà de ce qu'elles semblent dire; mais ce n'est pas de quoi il s'agit ici. Passons aux paroles suivantes, puisque ce sont celles dont il est question. Moïse ayant ainsi expliqué dans une narration également courte, simple et noble, les merveilles de la création, songe aussitôt à faire connoître aux hommes l'auteur de ces merveilles. Pour cela donc, ce grand prophète n'ignorant pas que le meilleur moyen de faire connoître les personnages qu'on introduit, c'est de les faire agir, il met d'abord Dieu en action, et le fait parler. Et que lui fait-il dire? Une chose ordinaire, peut-être! Non, mais ce qui s'est jamais dit de plus grand, ce qui se peut de plus grand, et ce qu'il n'y a jamais eu que Dieu seul qui ait pu dire : QUE LA LUMIÈRE SE FASSE. Puis tout à coup, pour montrer qu'afin qu'une chose soit faite, il suffit que Dieu veuille qu'elle se fasse, il ajoute, avec une rapidité qui donne à ses paroles mêmes une âme et une vie, ET LA LUMIÈRE SE FIT,[1] montrant par là qu'au moment que Dieu parle, tout s'agite, tout s'émeut, tout obéit. Vous me répondrez peut-être ce que vous me répondez dans la prétendue lettre de M. Huet, que vous ne voyez pas ce qu'il y a de si sublime dans cette manière de parler, QUE LA LUMIÈRE SE FASSE, etc., puisqu'elle est, dites-vous, très-familière et très-commune dans la langue hébraïque, qui la rebat à chaque bout de champ. En effet, ajoutez-vous, si je disois : « Quand je sortis, je dis à mes gens suivez-moi,

---

1. Genèse, ch. I, v. 3.

et ils me suivirent; je priai mon ami de me prêter son cheval, et il me le prêta : » pourroit-on soutenir que j'ai dit là quelque chose de sublime? Non, sans doute, parce que cela seroit dit dans une occasion très-frivole, à propos de choses très-petites. Mais est-il possible, monsieur, qu'avec tout le savoir que vous avez, vous soyez encore à apprendre ce que n'ignore pas le moindre apprenti rhétoricien, que pour bien juger du beau, du sublime, du merveilleux dans le discours, il ne faut pas simplement regarder la chose qu'on dit, mais la personne qui la dit, la manière dont on la dit, et l'occasion où on la dit; enfin qu'il faut regarder, NON QUID SIT, SED QUO LOCO SIT? Qui est-ce, en effet, qui peut nier qu'une chose dite en un endroit paroîtra basse et petite, et que la même chose dite en un autre endroit deviendra grande, noble, sublime et plus que sublime? Qu'un homme, par exemple, qui montre à danser, dise à un jeune garçon qu'il instruit : Allez par là, revenez, détournez, arrêtez, cela est très-puéril et paroît même ridicule à raconter. Mais que le Soleil, voyant son fils Phaéton qui s'égare dans les cieux sur un char qu'il a eu la folle témérité de vouloir conduire, crie de loin à ce fils à peu près les mêmes ou de semblables paroles, cela devient très-noble et très-sublime, comme on peut le reconnoître dans ces vers d'Euripide rapportés par Longin :

> Le père cependant, plein d'un trouble funeste,
> Le voit rouler de loin sur la plaine céleste;
> Lui montre encor sa route, et du plus haut des cieux,
> Le suit autant qu'il peut de la voix et des yeux :
> Va par là, lui dit-il; reviens : détourne : arrête.

Je pourrois vous citer encore cent autres exemples

pareils, et il s'en présente à moi de tous les côtés. Je ne saurois pourtant, à mon avis, vous en alléguer un plus convaincant ni plus démonstratif que celui même sur lequel nous sommes en dispute. En effet, qu'un maître dise à son valet : « Apportez-moi mon manteau ; » puis qu'on ajoute : « Et son valet lui apporta son manteau ; » cela est très-petit, je ne dis pas seulement en langue hébraïque, où vous prétendez que ces manières de parler sont ordinaires, mais encore en toute langue. Au contraire, que dans une occasion aussi grande qu'est la création du monde, Dieu dise : QUE LA LUMIÈRE SE FASSE ; puis qu'on ajoute : ET LA LUMIÈRE FUT FAITE ; cela est non-seulement sublime, mais d'autant plus sublime que, les termes en étant fort simples et pris du langage ordinaire, ils nous font comprendre admirablement, et mieux que tous les plus grands mots, qu'il ne coûte pas plus à Dieu de faire la lumière, le ciel et la terre, qu'à un maître de dire à son valet : « Apportez-moi mon manteau. » D'où vient donc que cela ne vous frappe point ? Je vais vous le dire. C'est que n'y voyant point de grands mots, ni d'ornements pompeux, et prévenu comme vous l'êtes que le style simple n'est point susceptible de sublime, vous croyez qu'il ne peut y avoir là de vraie sublimité.

Mais c'est assez vous pousser sur cette méprise qu'il n'est pas possible, à l'heure qu'il est, que vous ne reconnoissiez. Venons maintenant à vos autres preuves : car, tout à coup retournant à la charge comme maître passé en l'art oratoire, pour mieux nous confondre, Longin et moi, et nous accabler sans ressource, vous vous mettez en devoir de nous apprendre à l'un et à l'autre ce que c'est que sublime. Il y en a, dites-vous, quatre sortes ; le sublime des termes, le sublime du tour de l'expression, le sublime des pensées, et le sublime des choses. Je pourrois aisément vous embarrasser sur cette division et sur les définitions qu'ensuite vous nous donnez de vos quatre sublimes, cette division et ces définitions n'étant pas si correctes ni si exactes que vous vous le figurez. Je veux bien néanmoins aujourd'hui, pour ne point perdre de temps, les admettre toutes sans aucune restriction. Permettez-moi seulement de vous dire qu'après celle du sublime des choses, vous avancez la proposition du monde la moins soutenable et la plus grossière; car après avoir supposé, comme vous le supposez très-solidement, et comme il n'y a personne qui n'en convienne avec vous, que les grandes choses sont grandes en elles-mêmes et par elles-mêmes, et qu'elles se font admirer indépendamment de l'art oratoire; tout d'un coup, prenant le change, vous soutenez que pour être mises en œuvre dans un discours elles n'ont besoin d'aucun génie ni d'aucune adresse, et qu'un homme, quelque ignorant et quelque grossier qu'il soit, ce sont vos termes, s'il rapporte une grande chose, sans en rien dérober à la connoissance de l'auditeur, pourra avec justice être estimé éloquent et sublime. Il est vrai que vous ajoutez, « non pas de ce sublime dont parle ici Longin. » Je ne sais pas ce que vous voulez dire par ces mots, que vous nous expliquerez quand il vous plaira.

Quoi qu'il en soit, il s'ensuit de votre raisonnement que pour être bon historien (ô la belle découverte!) il ne faut point d'autre talent que celui que Démétrius Phaléréus attribue au peintre Nicias, qui étoit de choisir toujours de grands sujets. Cependant ne paroît-il pas au contraire que pour bien raconter une grande chose, il faut beaucoup plus d'esprit et de talent que pour en raconter une médiocre? En effet, monsieur, de quelle bonne foi que soit votre homme ignorant et grossier, trouvera-t-il pour cela aisément des paroles dignes de son sujet? Saura-t-il même les construire? Je dis construire; car cela n'est pas si aisé qu'on s'imagine.

Cet homme enfin, fût-il bon grammairien, saura-t-il pour cela, racontant un fait merveilleux, jeter dans son discours toute la netteté, la délicatesse, la majesté, et, ce qui est encore plus considérable, toute la simplicité nécessaire à une bonne narration? Saura-t-il choisir les grandes circonstances? Saura-t-il rejeter les superflues? En décrivant le passage de la mer Rouge, ne s'amusera-t-il point, comme le poëte dont je parle dans mon *Art poétique*, à peindre le petit enfant

..... Qui va, saute, revient,
Et, joyeux, à sa mère offre un caillou qu'il tient?[1]

En un mot, saura-t-il comme Moïse, dire tout ce qu'il faut, et ne dire que ce qu'il faut? Je vois que cette objection vous embarrasse. Avec tout cela néanmoins, répondrez-vous, on ne me persuadera jamais que Moïse, en écrivant la Bible, ait songé à tous ces agréments et à toutes ces petites finesses de l'école : car c'est ainsi que vous appelez toutes les grandes figures de l'art oratoire. Assurément Moïse n'y a point pensé; mais l'esprit divin qui l'inspiroit y a pensé pour lui, et les y a mises en œuvre, avec d'autant plus d'art qu'on ne s'aperçoit point qu'il y ait aucun art; car on n'y remarque point de faux ornements, et rien ne s'y sent de l'enflure et de la vaine pompe des déclamateurs, plus opposée quelquefois au

---

1. Saint-Amant. Voyez *Art poétique*, chant III, vers 265-266.

vrai sublime que la bassesse même des mots les plus abjects; mais tout y est plein de sens, de raison et de majesté. De sorte que le livre de Moïse est en même temps le plus éloquent, le plus sublime et le plus simple de tous les livres. Il faut convenir pourtant que ce fut cette simplicité, quoique si admirable, jointe à quelques mots latins un peu barbares de la Vulgate, qui dégoûtèrent saint Augustin, avant sa conversion, de la lecture de ce divin livre, dont néanmoins depuis, l'ayant regardé de plus près, et avec des yeux plus éclairés, il fit le plus grand objet de son admiration et sa perpétuelle lecture.

Mais c'est assez nous arrêter sur la considération de votre nouvel orateur. Reprenons le fil de notre discours, et voyons où vous en voulez venir par la supposition de vos quatre sublimes. Auquel de ces quatre genres, dites-vous, prétend-on attribuer le sublime que Longin a cru voir dans le passage de la Genèse? Est-ce au sublime des mots? Mais sur quoi fonder cette prétention, puisqu'il n'y a pas dans ce passage un seul grand mot? Sera-ce au sublime de l'expression? L'expression en est très-ordinaire, et d'un usage très-commun et très-familier, surtout dans la langue hébraïque, qui la répète sans cesse. Le donnera-t-on au sublime des pensées? Mais bien loin d'y avoir là aucune sublimité de pensée, il n'y a pas même de pensée. On ne peut, concluez-vous, l'attribuer qu'au sublime des choses, auquel Longin ne trouvera pas son compte, puisque l'art ni le discours n'ont aucune part à ce sublime. Voilà donc, par votre belle et savante démonstration, les premières paroles de Dieu dans la Genèse entièrement dépossédées du sublime que tous les hommes jusqu'ici avoient cru y voir; et le commencement de la Bible reconnu froid, sec et sans nulle grandeur. Regardez pourtant comme les manières de juger sont différentes; puisque, si l'on me fait les mêmes interrogations que vous vous faites à vous-même, et si l'on me demande quel genre de sublime se trouve dans le passage dont nous disputons, je ne répondrai pas qu'il y en a un des quatre que vous rapportez ; je dirai que tous les quatre y sont dans leur plus haut degré de perfection.

En effet, pour en venir à la preuve, et pour commencer par le premier genre, bien qu'il n'y ait pas dans le passage de la Genèse des mots grands ni ampoulés, les termes que le prophète y emploie, quoique simples, étant nobles, majestueux, convenables au sujet, ils ne laissent pas d'être sublimes, et si sublimes que vous n'en sauriez suppléer d'autres que le discours n'en soit considérablement affoibli; comme si, par exemple, au lieu de ces mots : Dieu dit : Que la lumière se fasse, et la lumière se fit, vous mettiez : « Le souverain maître de toutes choses commanda à la lumière de se former ; et en même temps ce merveilleux ouvrage, qu'on appelle lumière, se trouva formé. » Quelle petitesse ne sentira-t-on point dans ces grands mots, vis-à-vis de ceux-ci, Dieu dit : Que la lumière se fasse, etc.? A l'égard du second genre, je veux dire du sublime du tour de l'expression, où peut-on voir un tour d'expression plus sublime que celui de ces paroles : Dieu dit : Que la lumière se fasse, et la lumière se fit; dont la douceur majestueuse, même dans les traductions grecques, latines et françoises, frappe si agréablement l'oreille de tout homme qui a quelque délicatesse et quelque goût? Quel effet ne feroient-elles point si elles étoient prononcées dans leur langue originale par une bouche qui les sût prononcer, et écoutées par des oreilles qui les sussent entendre? Pour ce qui est de ce que vous avancez au sujet du sublime des pensées. que bien loin qu'il y ait dans le passage qu'admire Longin aucune sublimité de pensée, il n'y a pas même de pensée : il faut que votre bon sens vous ait abandonné quand vous avez parlé de cette manière. Quoi! monsieur, le dessein que Dieu prend immédiatement après avoir créé le ciel et la terre, car c'est Dieu qui parle en cet endroit; la pensée, dis-je, qu'il conçoit de faire la lumière ne vous paroît pas une pensée! Et qu'est-ce donc que pensée, si ce n'en est là une des plus sublimes qui pouvoient, si en parlant de Dieu il est permis de se servir de ces termes, qui pouvaient, dis-je, venir à Dieu lui-même? [1] pensée qui étoit d'autant plus nécessaire, que, si elle ne fût venue à Dieu, l'ouvrage de la création restoit imparfait, et la terre demeuroit informe et vide, TERRA AUTEM ERAT INANIS ET VACUA. Confessez donc, monsieur, que les trois premiers genres de votre sublime sont excellemment renfermés dans le passage de Moïse. Pour le sublime des choses, je ne vous en dis rien, puisque vous reconnoissez vous-même qu'il s'agit dans ce passage de la plus grande chose qui puisse être faite, et qui ait jamais été faite. Je ne sais si je me trompe, mais il me semble que j'ai assez exactement répondu à toutes vos objections tirées des quatre sublimes.

N'attendez pas, monsieur, que je réponde ici avec la même exactitude à tous les vagues raisonnements et à toutes les vaines déclamations que vous me faites dans la suite de votre long discours, et principalement dans le dernier article de la lettre attribuée à M. l'évêque d'Avranches, où, vous expliquant d'une manière embarrassée,

---

1. C'est ici qu'il faut citer cette définition du sublime donnée par Joubert dans ses *Pensées* : *Le sublime est la cime du grand.*

vous donnez lieu au lecteur de penser que vous êtes persuadé que Moïse et tous les prophètes, en publiant les louanges de Dieu, au lieu de relever sa grandeur, l'ont, ce sont vos propres termes, en quelque sorte avili et déshonoré ; tout cela faute d'avoir assez bien démêlé une équivoque très-grossière, et dont pour être parfaitement éclairci, il ne faut que se ressouvenir d'un principe avoué de tout le monde, qui est qu'une chose sublime aux yeux des hommes n'est pas pour cela sublime aux yeux de Dieu, devant lequel il n'y a de vraiment sublime que Dieu lui-même ; qu'ainsi toutes ces manières figurées que les prophètes et les écrivains sacrés emploient pour l'exalter, lorsqu'ils lui donnent un visage, des yeux, des oreilles, lorsqu'ils le font marcher, courir, s'asseoir, lorsqu'ils le représentent porté sur l'aile des vents, lorsqu'ils lui donnent à lui-même des ailes, lorsqu'ils lui prêtent leurs expressions, leurs actions, leurs passions et mille autres choses semblables ; toutes ces choses sont fort petites devant Dieu, qui les souffre néanmoins et les agrée, parce qu'il sait bien que la foiblesse humaine ne le sauroit louer autrement. En même temps, il faut reconnoître que ces mêmes choses, présentées aux yeux des hommes avec des figures et des paroles telles que celles de Moïse et des autres prophètes, non-seulement ne sont pas basses, mais encore qu'elles deviennent nobles, grandes, merveilleuses et dignes en quelque façon de la majesté divine. D'où il s'ensuit que vos réflexions sur la petitesse de nos idées devant Dieu sont ici très-mal placées, et que votre critique sur les paroles de la Genèse est fort peu raisonnable, puisque c'est de ce sublime, présenté aux yeux des hommes, que Longin a voulu et dû parler, lorsqu'il a dit que Moïse a parfaitement conçu la puissance de Dieu au commencement de ses lois, et qu'il l'a exprimée dans toute sa dignité par ces paroles, Dieu dit, etc.

Croyez-moi donc, monsieur, ouvrez les yeux. Ne vous opiniâtrez pas davantage à défendre contre Moïse, contre Longin et contre toute la terre, une cause aussi odieuse que la vôtre, et qui ne sauroit se soutenir que par des équivoques et par de fausses subtilités. Lisez l'Écriture sainte avec un peu moins de confiance en vos propres lumières, et défaites-vous de cette hauteur calviniste et socicienne,[1] qui vous fait croire qu'il y va de votre honneur d'empêcher qu'on n'admire trop légèrement le début d'un livre dont vous êtes obligé d'avouer vous-même qu'on doit adorer tous les mots et toutes les sylllabes; et qu'on peut bien ne pas assez admirer, mais qu'on ne sauroit trop admirer. Je ne vous en dirai pas davantage. Aussi bien il est temps de finir cette dixième Réflexion, déjà même un peu trop longue, et que je ne croyois pas devoir pousser si loin.

Avant que de la terminer néanmoins, il me semble que je ne dois pas laisser sans réplique une objection assez raisonnable que vous me faites au commencement de votre dissertation, et que j'ai laissée à part pour y répondre à la fin de mon discours. Vous me demandez dans cette objection d'où vient que, dans ma traduction

---

1. Le Clerc répondit sur ce passage : « Je ne suis ni calviniste, ni socinien; mais ni les uns, ni les autres n'ont point d'orgueil qui leur fasse croire qu'il est de leur honneur d'empêcher qu'on n'admire Moïse. Ils n'emploient point, à la vérité, de mauvais artifices pour y trouver une figure de rhétorique qui n'y est pas. Ils s'attachent avec raison plus aux choses qu'aux mots, et surtout ils tâchent, comme je le fais aussi, d'observer exactement les préceptes, en ce qu'ils ont de commun avec l'Évangile. »

du passage de la Genèse cité par Longin, je n'ai point exprimé ce monosyllabe τί, QUOI? puisqu'il est dans le texte de Longin, où il n'y a pas seulement : Dieu dit : Que la lumière se fasse ; mais Dieu dit : Quoi? Que la lumière se fasse. A cela je réponds, en premier lieu, que sûrement ce monosyllabe n'est point de Moïse, et appartient entièrement à Longin, qui, pour préparer la grandeur de la chose que Dieu va exprimer, après ces paroles, Dieu dit, se fait à soi-même cette interrogation, Quoi? puis ajoute tout d'un coup, Que la lumière se fasse. Je dis en second lieu que je n'ai point exprimé ce quoi, parce qu'à mon avis il n'auroit point eu de grâce en françois, et que non-seulement il auroit un peu gâté les paroles de l'Écriture, mais qu'il auroit pu donner occasion à quelques savants, comme vous, de prétendre mal à propos, comme cela est effectivement arrivé, que Longin n'avoit pas lu le passage de la Genèse dans ce qu'on appelle la Bible des Septante, mais dans quelque autre version où le texte étoit corrompu. Je n'ai pas eu le même scrupule pour ces autres paroles que le même Longin insère encore dans le texte, lorsqu'à ces termes, Que la lumière se fasse, il ajoute, Que la terre se fasse ; la terre fut faite ; parce que cela ne gâte rien, et qu'il est dit par une surabondance d'admiration que tout le monde sent. Ce qu'il y a de vrai pourtant, c'est que dans les règles, je devois avoir fait il y a longtemps cette note que je fais aujourd'hui, qui manque, je l'avoue, à ma traduction. Mais enfin la voilà faite.[1]

---

1. Le Clerc ne tarda pas à faire paroître une réponse à l'*Avertissement* et des *Remarques sur la Réflexion X*. La réponse, que l'abbé Renaudot affirme avoir reçue de Paris, est un amas d'injures contre Despréaux. On lui refuse le talent de la critique ; on ne lui accorde que celui de la

versification; enfin, on ne reconnoît en lui qu'un esprit sombre et sec, plaisantant d'une manière chagrine, stérile... qu'une humeur noire, envieuse, outrageuse... qu'une érudition mince et superficielle... (*Bibliothèque choisie*, t. XXVI, part. I, art. 2, p. 64-82, 1713.) Dans ses Remarques, Le Clerc n'imite pas le ton du libelliste anonyme. Il se plaint de ce que Despréaux n'a pas répondu directement à Huet, et de ce qu'il a attaqué les opinions religieuses d'un protestant, lorsqu'il s'agit d'une discussion purement littéraire. Quant au fond de la question, il se borne à répéter que le passage de la Genèse n'est pas éloquent, parce que l'historien sacré n'a pas prétendu le rendre tel; raisonnement auquel a si bien répondu le traducteur de Longin, que l'on est dispensé d'y rien ajouter. (DE SAINT-SURIN.)

Nous donnons plus loin la lettre de Huet au duc de Montausier. Saint-Marc donne dans son édition la réponse à l'Avertissement de l'abbé Renaudot, les Remarques de Le Clerc sur la dixième Réflexion critique; il y ajoute une explication et justification du sentiment de Longin, etc., par Claude Capperonnier, professeur de grec au collége de France. Ce dernier n'hésite pas à prononcer que Despréaux n'a pas mieux saisi l'état de la question que Huet et Le Clerc, le premier, en trouvant dans le passage de Moïse un sublime d'expression, et les deux autres, en refusant d'y voir un sublime de pensée; suivant lui, Longin a seul raison, parce qu'il n'a entendu parler en cet endroit que de ce dernier genre. Nous avons jugé inutile de grossir cette édition de pièces qui ne se recommandent ni par la science, ni par l'intérêt du style.

RÉFLEXION XI.

Néanmoins Aristote et Théophraste, afin d'excuser l'audace de ces figures, pensent qu'il est bon d'y apporter ces adoucissements : *Pour ainsi dire, Si j'ose me servir de ces termes, Pour m'expliquer plus hardiment*, etc. (*Paroles de Longin*, ch. xxvi.)

Le conseil de ces deux philosophes est excellent, mais il n'a d'usage que dans la prose; car ces excuses sont rarement souffertes dans la poésie, où elles auroient quelque chose de sec et de languissant, parce que la poésie porte son excuse avec soi. De sorte qu'à mon avis, pour bien juger si une figure dans les vers n'est point trop hardie, il est bon de la mettre en prose avec quelqu'un de ces adoucissements; puisqu'en effet si, à la faveur de cet adoucissement, elle n'a plus rien qui choque, elle ne doit point choquer dans les vers, destituée même de cet adoucissement.

Monsieur de La Motte, mon confrère à l'Académie françoise, n'a donc pas raison en son *Traité de l'ode*,[1]

---

1. *Odes*, et un *Discours sur la poésie en général et sur l'ode en particulier*. Paris, H. Du Puis, 1707, in-12. Les Œuvres d'Antoine Houdard de La Motte, de l'Académie française, né à Paris en 1672, mort en 1731, ont été publiées en 1754, 10 volumes in-12. (M. Chénon.)

La Motte, comme Fontenelle, est un de ces poëtes géomètres pour qui la poésie n'est que l'art de rimer des raisonnements et de cadencer de la prose. La Motte était un ennemi des anciens. Il prétendait les surpasser en les imitant. Il pensait comme Perrault que l'esprit humain est aussi fécond aujourd'hui qu'autrefois. A la fin de 1713 il publia une traduction en vers de l'*Iliade*. Il ne se contente pas de traduire Homère sur une traduction, il l'abrége : « ... J'ai réduit, dit-il, les vingt-quatre chants de l'*Iliade* en douze,

lorsqu'il accuse l'illustre monsieur Racine de s'être exprimé avec trop de hardiesse dans sa tragédie de *Phèdre,* où le gouverneur d'Hippolyte, faisant la peinture du monstre effroyable que Neptune avoit envoyé pour effrayer les chevaux de ce jeune et malheureux prince, se sert de cette hyperbole :

Le flot qui l'apporta recule épouvanté;

puisqu'il n'y a personne qui ne soit obligé de tomber d'accord que cette hyperbole passeroit même dans la

qui même sont beaucoup plus courts que ceux d'Homère. Le bouclier d'Achille m'a paru défectueux par plus d'un endroit; j'ai donc imaginé un bouclier qui n'eût point ces défauts... J'ai trouvé la mort d'Hector aussi défectueuse que le bouclier d'Achille, et j'ai changé toutes les circonstances de cette mort pour rétablir la gloire des deux héros de l'*Iliade.* » L'allégorie de *Priam,* il la considère comme une de ces *longueurs ennuyeuses* qu'il convient de retrancher. Il remplace la belle peinture d'Homère par cette sentence sèche :

On offense les dieux, mais, par des sacrifices,
De ces dieux irrités on fait des dieux propices.

La belle scène d'Andromaque et d'Hector aux portes Scées, la voici :

Hector parle déjà de rejoindre l'armée :
Quoi ! s'écrie Andromaque, où veut courir Hector?
Tout blessé, tout mourant, va-t-il combattre encor?
Tant de fois en un jour faudra-t-il que je tremble
D'un péril où je vois tous les malheurs ensemble?
Les Grecs vont sur toi seul réunir leur effort.
Que je crains l'intérêt qu'ils ont tous à ta mort!

Avant d'avoir achevé sa traduction de l'*Iliade,* La Motte alla la montrer à Boileau. Sur la simple exposition de son entreprise, raconte La Motte dans ses *Réflexions sur la critique,* Boileau parut d'abord effrayé. « Je lus; dès les premiers vers, M. Despréaux se calma; il approuva bientôt; l'approbation devenoit insensiblement éloge,... et il finit en m'assurant qu'il aimeroit presque autant avoir traduit l'*Iliade,* comme je la traduisois, que d'avoir fait l'*Iliade* même. Ce sont exactement ses propres termes... » La Motte est bien naïf de ne s'être pas aperçu, à l'hyperbole de la louange, que Boileau se moquait de lui. (*Hist. de la querelle des anciens et des modernes,* par H. Rigault, p. 371-372.)

prose, à la faveur d'un POUR AINSI DIRE, ou d'un SI J'OSE AINSI PARLER.[1]

D'ailleurs Longin, ensuite du passage que je viens de rapporter ici, ajoute des paroles qui justifient encore mieux que tout ce que j'ai dit le vers dont il est question. Les voici : « L'excuse, selon le sentiment de ces deux célèbres philosophes, est un remède infaillible contre les trop grandes hardiesses du discours ; et je suis bien de leur avis ; mais je soutiens pourtant toujours ce que j'ai déjà avancé, que le remède le plus naturel contre l'abondance et l'audace des métaphores, c'est de ne les employer que bien à propos, je veux dire dans le sublime et dans les grandes passions. » En effet, si ce que dit là Longin est vrai, monsieur Racine a entièrement cause gagnée : pouvoit-il employer la hardiesse de sa métaphore dans une circonstance plus considérable et plus sublime que dans l'effroyable arrivée de ce monstre, ni au milieu

---

1. Fénelon a également blâmé ce passage ; il y trouve de l'emphase. « M. Racine n'étoit pas exempt de ce défaut, que la coutume avoit rendu comme nécessaire. Rien n'est moins naturel que la narration de la mort d'Hippolyte à la fin de la tragédie de *Phèdre*, qui a d'ailleurs de grandes beautés. Théramène, qui vient pour apprendre à Thésée la mort funeste de son fils, devroit ne dire que ces deux mots, et manquer même de force pour les prononcer distinctement : *Hippolyte est mort. Un monstre envoyé du fond de la mer par la colère des dieux l'a fait périr. Je l'ai vu.* Un tel homme, saisi, éperdu, sans haleine, peut-il s'amuser à faire la description la plus pompeuse et la plus fleurie de la figure du dragon ?

> L'œil morne maintenant et la tête baissée,
> Sembloient se conformer à sa triste pensée...
> La terre s'en émeut, l'air en est infecté ;
> Le flot qui l'apporta recule épouvanté. »
> (*Lettre sur les occupations de l'Académie françoise, de la Tragédie.*)

Louis Racine fait cette observation sur le jugement de Fénelon, « qui ne fit pas sans doute attention que, par les mêmes raisons dont il l'attaquoit (le récit), on pourroit attaquer plusieurs endroits de son *Télémaque*, en soutenant qu'on y trouve plutôt la brillante imagination de l'auteur que l'imitation de la nature. »

d'une passion plus vive que celle qu'il donne à cet infortuné gouverneur d'Hippolyte, qu'il représente plein d'une horreur et d'une consternation que, par son récit, il communique en quelque sorte aux spectateurs mêmes, de sorte que, par l'émotion qu'il leur cause, il ne les laisse pas en état de songer à le chicaner sur l'audace de sa figure? Aussi a-t-on remarqué que toutes les fois qu'on joue la tragédie de *Phèdre*, bien loin qu'on paroisse choqué de ce vers,

Le flot qui l'apporta recule épouvanté,

on y fait une espèce d'acclamation; marque incontestable qu'il y a là du vrai sublime, au moins si l'on doit croire ce qu'atteste Longin en plusieurs endroits, et surtout à la fin de son cinquième chapitre par ces paroles : « Car lorsqu'en un grand nombre de personnes différentes de profession et d'âge, et qui n'ont aucun rapport ni d'humeurs ni d'inclinations, tout le monde vient à être frappé également de quelque endroit d'un discours, ce jugement et cette approbation uniforme de tant d'esprits si discordants d'ailleurs est une preuve certaine et indubitable qu'il y a là du merveilleux et du grand. »

Monsieur de La Motte néanmoins paroît fort éloigné de ces sentiments, puisque oubliant les acclamations que je suis sûr qu'il a plusieurs fois lui-même, aussi bien que moi, entendu faire dans les représentations de *Phèdre*, au vers qu'il attaque, il ose avancer qu'on ne peut souffrir ce vers, alléguant pour une des raisons qui empêche qu'on ne l'approuve, la raison même qui le fait le plus approuver, je veux dire l'accablement de douleur où est

Théramène. On est choqué, dit-il, de voir un homme accablé de douleur comme est Théramène, si attentif à sa description, et si recherché dans ses termes. Monsieur de La Motte nous expliquera, quand il le jugera à propos, ce que veulent dire ces mots, « si attentif à sa description, et si recherché dans ses termes; » puisqu'il n'y a en effet dans le vers de monsieur Racine aucun terme qui ne soit fort commun et fort usité. Que s'il a voulu par là simplement accuser d'affectation et de trop de hardiesse la figure par laquelle Théramène donne un sentiment de frayeur au flot même qui a jeté sur le rivage le monstre envoyé par Neptune, son objection est encore bien moins raisonnable, puisqu'il n'y a point de figure plus ordinaire dans la poésie, que de personnifier les choses inanimées, et de leur donner du sentiment, de la vie et des passions. Monsieur de La Motte me répondra peut-être que cela est vrai quand c'est le poëte qui parle, parce qu'il est supposé épris de fureur; mais qu'il n'en est pas de même des personnages qu'on fait parler. J'avoue que ces personnages ne sont pas d'ordinaire supposés épris de fureur; mais ils peuvent l'être d'une autre passion, telle qu'est celle de Théramène, qui ne leur fera pas dire des choses moins fortes et moins exagérées que celles que pourroit dire un poëte en fureur. Ainsi Énée, dans l'accablement de douleur où il est au second livre[1] de

---

1. Nous avons vu quatorze exemplaires de l'édition de 1713 : on lit dans dix d'entre eux, *au commencement du second livre;* leçon fautive, puisque le passage cité par Boileau est *à la fin,* et non pas au commencement, comme l'observa La Motte, dans sa réponse à la onzième réflexion. L'exemplaire consulté par La Motte avait donc aussi cette leçon, et il en est de même de ceux qu'ont également dû consulter l'éditeur de 1715, A., Brossette, Billiot (édition de 1726), Souchay (édition de 1740) et Saint-Marc. Voilà donc seize exemplaires où elle se trouvait, tandis que nous n'en avons vu que quatre, trois de l'in-4° et un de l'in-12 (un des nôtres), où l'on ait mis, à

RÉFLEXION XI. 427

l'Énéide, lorsqu'il raconte la misérable fin de sa patrie, ne cède pas en audace d'expression à Virgile même ; jusque-là que se¹ comparant à un grand arbre que des laboureurs s'efforcent d'abattre à coups de cognée, il ne se contente pas de prêter de la colère à cet arbre, mais il lui fait faire des menaces à ces laboureurs. « L'arbre indigné, dit-il, les menace en branlant sa tête chevelue : »

..... Illa usque minatur,
Et tremefacta comam concusso vertice nutat. ²

Je pourrois rapporter ici un nombre infini d'exemples, et dire encore mille choses de semblable force sur ce

---

l'aide d'un carton, la véritable leçon que nous donnons, ci-dessus, au texte. Il est probable que le carton n'aura été placé qu'après la réponse de La Motte, et lorsque la plus grande partie de l'édition était vendue. Il fournit d'ailleurs une nouvelle preuve de l'incurie de Valincourt et de Renaudot qui y présidaient.

Quoi qu'il en soit, Brossette se permit de substituer, dans le texte, les mots *à la fin* aux mots *au commencement,* ce qui fut imité par Du Montheil et par Souchay (1735) et ses copistes. Saint-Marc rétablit les derniers mots et fut suivi par d'autres. M. de Saint-Surin est le seul qui ait donné la véritable leçon. (B.-S.-P.)

1. Inadvertance de Boileau (c'est Troie et non pas Énée qui est l'objet de la comparaison) également relevée par La Motte et que, par là même, nous avons dû laisser dans le texte, et non pas corriger, comme l'a fait Brossette (il met *la* comparant). (B.-S.-P.)

2. Vers 628. (BOILEAU, 1713.) (Exemplaire avec carton.)

Voici ce que dit La Motte : « Il (M. Despréaux) se trompe dans le sens du passage, parce qu'il s'en est fié à sa mémoire. confiance dangereuse pour les plus savants même. La preuve qu'il a cité de mémoire, c'est qu'il place la comparaison au commencement du second livre, au lieu qu'elle est vers la fin. Il est tombé par cette négligence dans une double erreur ; l'une, de croire qu'Énée se compare lui-même à l'arbre, quoique la comparaison ne tombe manifestement que sur la ville de Troie saccagée par les Grecs ; l'autre, de penser qu'Énée prête à l'arbre du sentiment et de la colère, quoique les termes dont Virgile se sert ne signifient que l'ébranlement et que les secousses violentes de l'arbre sous la cognée des laboureurs. »

Voir au volume suivant la réponse de La Motte.

sujet; mais en voilà assez, ce me semble, pour dessiller les yeux de monsieur de La Motte, et pour le faire ressouvenir que lorsqu'un endroit d'un discours frappe tout le monde, il ne faut pas chercher des raisons, ou plutôt de vaines subtilités, pour s'empêcher d'en être frappé, mais faire si bien que nous trouvions nous-mêmes les raisons pourquoi il nous frappe. Je n'en dirai pas davantage pour cette fois. Cependant, afin qu'on puisse mieux prononcer sur tout ce que j'ai avancé ici en faveur de monsieur Racine, je crois qu'il ne sera pas mauvais, avant que de finir cette onzième Réflexion,[1] de rapporter l'en-

---

1. La Motte a fait, à la Réflexion onzième, une réponse que Du Montheil, Saint-Marc et leurs copistes, ainsi que M. Amar, donnent en entier. Son opinion a été soutenue par Fénelon et Saint-Marc; celle de Boileau par d'Olivet, Desfontaines, Louis Racine et Marmontel, dont les observations, excepté celle des deux derniers, ont été reproduites en entier ou par extraits dans l'édition de Saint-Marc. En un mot, on a fait presque des volumes sur le récit de Théramène. Nous nous bornerons à rapporter le sentiment de Voltaire (*Dict. phil.*, mot *Amplification*) :

« Je ne prétends point, dit-il, défendre les *écailles jaunissantes* ni *la croupe qui se recourbe* (vers 21 et 23 du récit); mais on veut que Théramène dise seulement : *Hippolyte est mort; je l'ai vu, c'en est fait* : c'est précisément ce qu'il dit et en moins de mots encore : *Hippolyte n'est plus.* Le père s'écrie; Théramène ne reprend ses sens que pour dire : *J'ai vu des mortels périr le plus aimable;* et il ajoute ce vers si nécessaire, si touchant, si désespérant pour Thésée :

Et j'ose dire encor, seigneur, le moins coupable.

« La gradation est pleinement observée, les nuances se font sentir l'une après l'autre. Le père attendri demande *quel dieu lui a ravi son fils, quelle foudre soudaine?...* et il n'a pas le courage d'achever; il reste muet dans sa douleur; il attend ce récit fatal; le public l'attend de même. Théramène doit répondre : on lui demande des détails; il doit en donner... Quel est le spectateur qui voudrait ne le pas entendre, ne pas jouir du plaisir douloureux d'écouter les circonstances de la mort d'Hippolyte? Qui voudrait même qu'on en retranchât quatre vers? Ce n'est pas là une vaine description d'une tempête, inutile à la pièce; ce n'est pas là une amplification mal écrite : c'est la diction la plus pure et la plus touchante; enfin c'est Racine... »

droit tout entier du récit dont il s'agit. Le voici :

> Cependant sur le dos de la plaine liquide
> S'élève à gros bouillons une montagne humide ;
> L'onde approche, se brise, et vomit à nos yeux,
> Parmi des flots d'écume, un monstre furieux.
> Son front large est armé de cornes menaçantes,
> Tout son corps est couvert d'écailles jaunissantes ;
> Indomptable taureau, dragon impétueux,
> Sa croupe se recourbe en replis tortueux ;
> Ses longs mugissements font trembler le rivage.
> Le ciel avec horreur voit ce monstre sauvage ;
> La terre s'en émeut, l'air en est infecté ;
> LE FLOT QUI L'APPORTA RECULE ÉPOUVANTÉ, etc.
> *Refluitque exterritus amnis.* [1]

1. *Énéide*, liv. VIII, vers 240.

RÉFLEXION XII.

Car tout ce qui est véritablement sublime a cela de propre, quand on l'écoute, qu'il élève l'âme et lui fait concevoir une plus haute opinion d'elle-même, la remplissant de joie et de je ne sais quel noble orgueil, comme si c'étoit elle qui eût produit les choses qu'elle vient simplement d'entendre. (Paroles de Longin, ch. v.)

Voilà une très-belle description du sublime, et d'autant plus belle qu'elle est elle-même très-sublime. Mais ce n'est qu'une description; et il ne paroît pas que Longin ait songé dans tout son Traité à en donner une définition exacte. La raison est qu'il écrivoit après Cécilius, qui, comme il le dit lui-même, avoit employé tout son livre à définir et à montrer ce que c'est que sublime. Mais le livre de Cécilius étant perdu, je crois qu'on ne trouvera pas mauvais qu'au défaut de Longin, j'en hasarde ici une de ma façon, qui au moins en donne une imparfaite idée. Voici donc comme je crois qu'on le peut définir. « Le sublime est une certaine force de discours propre à élever et à ravir l'âme, et qui provient ou de la grandeur de la pensée et de la noblesse du sentiment, ou de la magnificence des paroles, ou du tour harmonieux, vif et animé de l'expression; c'est-à-dire, d'une de ces choses regardées séparément, ou, ce qui fait le parfait sublime, de ces trois choses jointes ensemble. [1] »

---

[1] « Qu'est-ce que le sublime? Il ne paroît pas qu'on l'ait défini; est-ce une figure? naît-il des figures, ou du moins de quelques figures? Tout genre d'écrire reçoit-il le sublime, ou s'il n'y a que les grands sujets qui en soient

RÉFLEXION XII.

Il semble que, dans les règles, je devrois donner des exemples de chacune de ces trois choses; mais il y en a un si grand nombre de rapportés dans le Traité de Longin et dans ma dixième Réflexion, que je crois que je ferai mieux d'y renvoyer le lecteur, afin qu'il choisisse lui-même ceux qui lui plairont davantage. Je ne crois pas cependant que je puisse me dispenser d'en proposer quelqu'un où toutes ces trois choses se trouvent parfaitement ramassées; car il n'y en a pas un fort grand nombre. M. Racine pourtant m'en offre un admirable dans la première scène de son *Athalie,* où Abner, l'un des principaux officiers de la cour de Juda, représente à Joad, le grand prêtre, la fureur où est Athalie contre lui et contre tous les lévites, ajoutant qu'il ne croit pas que cette orgueilleuse princesse diffère encore longtemps à venir ATTAQUER DIEU JUSQU'EN SON SANCTUAIRE. A quoi ce grand prêtre, sans s'émouvoir, répond :

> Celui qui met un frein à la fureur des flots
> Sait aussi des méchants arrêter les complots.
> Soumis avec respect à sa volonté sainte,
> Je crains Dieu, cher Abner, et n'ai point d'autre crainte.[1]

En effet, tout ce qu'il peut y avoir de sublime paroît rassemblé dans ces quatre vers; la grandeur de la pensée,

---

capables? Peut-il briller autre chose dans l'églogue qu'un beau naturel, et dans les lettres familières comme dans les conversations qu'une grande délicatesse? ou plutôt le naturel et le délicat ne sont-ils pas le sublime des ouvrages dont ils font la perfection? Qu'est-ce que le sublime? où entre le sublime? » (LA BRUYÈRE, *des Ouvrages de l'esprit.*)

1. Brossette rapproche ce vers de Racine de ceux de Virgile :

..... Non me tua fervida terrent
Dicta, ferox : Di me terrent et Jupiter hostis.
(*Énéide,* liv. XII, vers 894-895.)

la noblesse du sentiment, la magnificence des paroles, et l'harmonie de l'expression, si heureusement terminée par ce dernier vers :

> Je crains Dieu, cher Abner, etc.

D'où je conclus que c'est avec très-peu de fondement que les admirateurs outrés de monsieur Corneille veulent insinuer que monsieur Racine lui est beaucoup inférieur pour le sublime ; puisque, sans apporter ici quantité d'autres preuves que je pourrois donner du contraire, il ne me paroît pas que toute cette grandeur de vertu romaine tant vantée, que ce premier a si bien exprimée dans plusieurs de ses pièces, et qui a fait son excessive réputation, soit au-dessus de l'intrépidité plus qu'héroïque et de la parfaite confiance en Dieu de ce véritablement pieux, grand, sage et courageux Israélite.

TRAITÉ DU SUBLIME

ou

DU MERVEILLEUX DANS LE DISCOURS

TRADUIT DU GREC DE LONGIN

PRÉFACE DU TRADUCTEUR.[1]

Ce petit traité, dont je donne la traduction au public, est une pièce échappée au naufrage de plusieurs autres livres que Longin[2] avoit composés. Encore n'est-elle pas venue à nous tout

---

1. Cette traduction parut en 1674. — Dans la XXIIIe leçon de son ouvrage intitulé *de l'Hellénisme en France*, M. Egger parle ainsi de cette traduction de Boileau, qu'il appelle fort *méritoire* pour le temps où elle parut : « Malgré son goût studieux pour la langue grecque, Boileau était mal préparé pour la tâche difficile qu'il se donna. Le texte souvent corrompu du *Traité du Sublime* n'avait été qu'imparfaitement éclairci et corrigé par les travaux de Langbaine et de Tanneguy Le Fèvre. En général, le style technique des rhéteurs grecs était mal connu. A cet égard, il serait injuste de demander au poëte traducteur de cette prose laborieuse et savante plus qu'il n'a pu donner. Aussi, la seule chose que nous relèverons dans la version française de Boileau, c'est l'excessive liberté dont il use avec son auteur; liberté fréquente alors, et que, dans sa Préface, il avoue avec franchise. « Il a songé qu'il ne s'agissait « pas simplement de traduire Longin, mais de donner au public un Traité du sublime « qui pût être utile. » De là des licences bien étranges dès les premiers mots : « Mon « cher Postumius Térentianus. » Boileau a retranché *Postumius* « parce que, dit-il « dans sa Note, *Térentianus* n'est déjà que trop long. » Ailleurs il supprime ou ajoute des mots, il passe toute une demi-page, parce que le détail de critique qu'on y trouve « est entièrement attaché à la langue grecque. » C'est ainsi que, vers le même temps, Perrot d'Ablancourt, dans sa traduction de Lucien, dont M. Boissonnade trouvait le style *excellent*, n'avait pas osé reproduire en français le dialogue instructif et agréable que Lucien intitule : *Jugement des consonnes devant le tribunal des voyelles...* t. II, p. 144. Ce jugement fait ressortir la malice assez injuste de celui-ci de Regnard :

> Las d'être un simple auteur entêté de latin,
> Pour imposer aux sots je traduisis Longin ;
> Mais j'avoue, en mourant, que je l'ai mis en masque,
> Et que j'entends le grec aussi peu que le basque.
> (*Le Tombeau de M. B... D....*)

2. Denys-Cassius Longin était Syrien; on ignore la date et le lieu de sa naissance. Comme il fut le maître de Porphyre, qui naquit en 233, on suppose qu'il était plus âgé que lui d'au moins vingt ans, ce qui mettrait sa naissance à l'année 210

entière; car bien que le volume ne soit pas fort gros, il y a plusieurs endroits défectueux, et nous avons perdu le *Traité des Passions*, dont l'auteur avoit fait un livre à part, qui étoit comme une suite naturelle de celui-ci. Néanmoins, tout défiguré qu'il est, il nous en reste encore assez pour nous faire concevoir une fort grande idée de son auteur, et pour nous donner un véritable regret de la perte de ses autres ouvrages. Le nombre n'en étoit pas médiocre. Suidas[1] en compte jusqu'à neuf,[2] dont il ne nous reste plus que des titres assez confus. C'étoient tous ouvrages de critique. Et certainement on ne sauroit assez plaindre la perte de ces excellents originaux, qui, à en juger par celui-ci, devoient être autant de chefs-d'œuvre de bon sens, d'érudition et d'éloquence. Je dis d'éloquence, parce que Longin ne s'est pas contenté, comme Aristote et Hermogène,[3] de nous donner des préceptes tout secs et dépouillés d'ornements. Il n'a pas voulu tomber dans le défaut qu'il reproche à Cécilius, qui

---

après Jésus-Christ. Sa mère naquit à Émèse ou à Apamène; son frère Fronton se distingua dans Athènes comme professeur de rhétorique. On peut croire qu'il naquit soit à Émèse, soit dans Apamène. Il appartient à la secte des néo-platoniciens, mais Plotin disait de lui qu'il était un littérateur φιλόλογος et point un philosophe φιλόσοφος. Eunape vantait son savoir et l'appelait une bibliothèque vivante et un musée ambulant, βιβλιοθήκην ἔμψυχον καὶ περιπατοῦν Μουσεῖον. Appelé à Palmyre par la reine Zénobie pour lui enseigner la langue grecque et la philosophie, il devint son conseiller et son premier ministre. Il fut mis à mort en 273 par l'ordre d'Aurélien.

1. Lexicographe grec du xe siècle. Son lexique renferme de précieux détails sur l'histoire littéraire et contient des fragments d'auteurs anciens dont les œuvres sont perdues. (M. Chéron.)

2 Rubnken en cite vingt-sept, et Langbaine lui attribue un vingt-huitième ouvrage, qu'un vieux grammairien donne comme étant de Denys de Phasèle. Voici le titre de quelques-unes de ces compositions : un Commentaire sur le discours de Démosthène contre Midias; des Observations sur Homère; un écrit important intitulé Φιλόλογοι; deux livres des Dictions attiques; des Dictions particulières à Antimachus; un livre des principes; un Discours dont le titre était *Odenat*.

3. Saint-Marc dit avoir vu écrit de la main de Capperonnier, en marge de la Préface de Boileau : « Personne n'a écrit si élégamment qu'Hermogène. Il suffit de le lire pour s'en convaincre. Il est infiniment plus élégant que Longin. » Hermogène vivait sous le règne de Marc-Aurèle (161-180 de l'ère vulgaire); il reste de lui cinq ouvrages qui forment un traité complet de rhétorique. (M. Chéron.)

Voici le titre de ces ouvrages : Τέχνη ῥητορικὴ περὶ στάσεων, Περὶ εὑρέσεως, Περὶ ἰδεῶν, Περὶ μεθόδου δεινότητος, Προγυμνάσματα. Suidas cite aussi de lui Περὶ κοίλης Συρίας, Ὑπομνήματα εἰς Δημοσθένην, Περὶ προοιμίου. Il fut en son temps regardé comme une merveille, et l'on dit qu'après sa mort, quand on ouvrit son corps, on lui trouva le cœur d'une grosseur extraordinaire et plus qu'humaine. Antiochus le sophiste disait de lui : Οὗτος ὁ Ἑρμογένης, ὁ ἐν παισὶ μὲν γέρων, ἐν δὲ γηράσκουσι παῖς. (Philostrate, *Vies des sophistes*.)

avoit, dit-il, écrit du sublime en style bas. En traitant des beautés de l'élocution, il a employé toutes les finesses de l'élocution. Souvent il fait la figure qu'il enseigne, et, en parlant du sublime, il est lui-même très-sublime. Cependant il fait cela si à propos et avec tant d'art, qu'on ne sauroit l'accuser en pas un endroit de sortir du style didactique. C'est ce qui a donné à son livre cette haute réputation qu'il s'est acquise parmi les savants, qui l'ont tous regardé comme un des plus précieux restes de l'antiquité sur les matières de rhétorique. Casaubon[1] l'appelle un livre d'or, voulant marquer par là le poids de ce petit ouvrage, qui, malgré sa petitesse, peut être mis en balance avec les plus gros volumes.

Aussi jamais homme, de son temps même, n'a été plus estimé que Longin. Le philosophe Porphyre, qui avoit été son disciple, parle de lui comme d'un prodige. Si on l'en croit, son jugement étoit la règle du bon sens; ses décisions en matière d'ouvrages passoient pour des arrêts souverains, et rien n'étoit bon ou mauvais qu'autant que Longin l'avoit approuvé ou blâmé. Eunapius,[2] dans la vie des Sophistes, passe encore plus avant. Pour exprimer l'estime qu'il fait de Longin, il se laisse emporter à des hyperboles extravagantes,[3] et ne sauroit se résoudre à parler en style raisonnable d'un mérite aussi extraordinaire que celui de cet auteur. Mais Longin ne fut pas simplement un critique habile, ce fut un ministre d'État considérable, et il suffit, pour faire son éloge, de dire qu'il fut considéré de Zénobie, cette fameuse reine des Palmyréniens, qui osa bien se déclarer reine de l'Orient après la mort de son mari Odenat.[4] Elle avoit appelé d'abord Longin auprès d'elle pour s'instruire dans la langue grecque; mais de son maître en grec elle en fit à la fin un de ses principaux

---

1. *Exercit. I adv. Baronium.* Isaac Casaubon, théologien calviniste et savant critique, naquit à Genève le 8 de février 1559 et mourut à Londres le 1er de juillet 1614. Il fut professeur de grec à Genève, puis à Paris, et, à la mort de Henri IV, il passa en Angleterre. Il a laissé de nombreux commentaires sur les auteurs grecs et latins. (M. CHÉRON.)
2. Auteur et médecin grec du IVe siècle, qui a écrit les *Vies des philosophes*, qui sont parvenues jusqu'à nous, et une *Histoire des Césars* dont il ne reste que des fragments. (M. CHÉRON.)
3. Voir plus haut la note sur Longin.
4. En 267, sous le règne de Gallien.

ministres. Ce fut lui qui encouragea cette reine à soutenir la qualité de reine de l'Orient, qui lui rehaussa le cœur dans l'adversité, et qui lui fournit les paroles altières qu'elle écrivit à Aurélian, quand cet empereur la somma de se rendre. Il en coûta la vie à notre auteur; mais sa mort fut également glorieuse pour lui et honteuse pour Aurélian, dont on peut dire qu'elle a pour jamais flétri la mémoire. Comme cette mort est un des plus fameux incidents de l'histoire de ce temps-là, le lecteur ne sera peut-être pas fâché que je lui rapporte ici ce que Flavius Vopiscus[1] en a écrit. Cet auteur raconte que l'armée de Zénobie et de ses alliés ayant été mise en fuite près de la ville d'Émese, Aurélian alla mettre le siége devant Palmyre, où cette princesse s'étoit retirée. Il y trouva plus de résistance qu'il ne s'étoit imaginé, et qu'il n'en devoit attendre vraisemblablement de la résolution d'une femme. Ennuyé de la longueur du siége, il essaya de l'avoir par composition. Il écrivit donc une lettre à Zénobie, dans laquelle il lui offroit la vie et un lieu de retraite, pourvu qu'elle se rendît dans un certain temps. Zénobie, ajoute Vopiscus, répondit à cette lettre avec une fierté plus grande que l'état de ses affaires ne lui permettoit. Elle croyoit par là donner de la terreur à Aurélian. Voici sa réponse :

Zénobie, reine de l'Orient, à l'empereur Aurélian.

« Personne jusques ici n'a fait une demande pareille à la tienne. C'est la vertu, Aurélian, qui doit tout faire dans la guerre. Tu me commandes de me remettre entre tes mains, comme si tu ne savois pas que Cléopâtre aima mieux mourir avec le titre de reine, que de vivre dans toute autre dignité. Nous attendons le secours des Perses; les Sarrasins arment pour nous; les Arméniens se sont déclarés en notre faveur; une troupe de voleurs dans la Syrie a défait ton armée : juge ce que tu dois attendre quand toutes ces forces seront jointes. Tu rabattras de cet orgueil avec lequel, comme maître absolu de toutes choses, tu m'ordonnes de me rendre. »

1. Écrivain latin, l'un des auteurs de l'*Histoire Auguste*. Il était né à Syracuse au IIIe siècle et vivait à Rome au commencement du IVe.

PRÉFACE DU TRADUCTEUR. 439

Cette lettre, ajoute Vopiscus, donna encore plus de colère que de honte à Aurélian. La ville de Palmyre fut prise peu de jours après, et Zénobie arrêtée comme elle s'enfuyoit chez les Perses. Toute l'armée demandoit sa mort, mais Aurélian ne voulut pas déshonorer sa victoire par la mort d'une femme; il réserva donc Zénobie pour le triomphe et se contenta de faire mourir ceux qui l'avoient assistée de leurs conseils. Entre ceux-là, continue cet historien, le philosophe Longin fut extrêmement regretté. Il avoit été appelé auprès de cette princesse pour lui enseigner le grec. Aurélian le fit mourir pour avoir écrit la lettre précédente; car, bien qu'elle fût écrite en langue syriaque, on le soupçonnoit d'en être l'auteur. L'historien Zosime [1] témoigne que ce fut Zénobie elle-même qui l'en accusa. « Zénobie, dit-il, se voyant arrêtée, rejeta toute sa faute sur ses ministres, qui avoient, dit-elle, abusé de la foiblesse de son esprit. Elle nomma entre autres Longin, celui dont nous avons encore plusieurs écrits si utiles. Aurélian ordonna qu'on l'envoyât au supplice. Ce grand personnage, poursuit Zosime, souffrit la mort avec une constance admirable, jusques à consoler en mourant ceux que son malheur touchoit de pitié et d'indignation. »

Par là on peut voir que Longin n'étoit pas seulement un habile rhéteur, comme Quintilien et comme Hermogène, mais un philosophe digne d'être mis en parallèle avec les Socrates et avec les Catons. Son livre n'a rien qui démente ce que je dis. Le caractère d'honnête homme y paroît partout, et ses sentiments ont je ne sais quoi qui marque non-seulement un esprit sublime, mais une âme fort élevée au-dessus du commun. Je n'ai donc point de regret d'avoir employé quelques-unes de mes veilles à débrouiller un si excellent ouvrage, que je puis dire n'avoir été entendu jusqu'ici que d'un très-petit nombre de savants. Muret [2]

---

1. Zosime, historien grec qui vivait sous Théodose le Jeune, a laissé en six livres une *Histoire générale de la décadence et de la chute de l'empire romain*. Elle va d'Auguste jusqu'au temps où vivait l'historien.

2. M. Ant. Muret, jurisconsulte et citoyen romain, né probablement à Toulouse, mort à Rome le 4 de juin 1585, âgé de soixante ans. Outre une tragédie latine : *Julius Cæsar*, des poésies et des épîtres latines, il a laissé des commentaires sur beaucoup de classiques grecs et latins et sur la jurisprudence. (M. CHÉRON.)

Il a commenté Térence, Horace, Cicéron, Salluste, Tacite : c'est dans ses notes sur Catulle qu'il promet une traduction du *Traité du Sublime*.

fut le premier qui entreprit de le traduire en latin, à la sollicitation de Manuce;[1] mais il n'acheva pas cet ouvrage, soit parce que les difficultés l'en rebutèrent, ou que la mort le surprit auparavant. Gabriel de Pétra,[2] à quelque temps de là, fut plus courageux, et c'est à lui qu'on doit la traduction latine que nous en avons. Il y en a encore deux autres ; mais elles sont si informes et si grossières que ce seroit faire trop d'honneur à leurs auteurs que de les nommer.[3] Et même celle de Pétra, qui est infiniment la meilleure, n'est pas fort achevée ; car, outre que souvent il parle grec en latin, il y a plusieurs endroits où l'on peut dire qu'il n'a pas fort bien entendu son auteur. Ce n'est pas que je veuille accuser un si savant homme d'ignorance, ni établir ma réputation sur les ruines de la sienne. Je sais ce que c'est que de débrouiller le premier un auteur : et j'avoue d'ailleurs que son ouvrage m'a beaucoup servi, aussi bien que les petites notes de Langbaine et de M. Le Fèvre ;[4] mais je suis bien aise d'excuser, par les fautes de la traduction latine, celles qui pourront m'être échappées dans la françoise. J'ai pourtant fait tous mes efforts pour la rendre aussi exacte qu'elle pouvoit l'être. A dire vrai, je n'y ai pas trouvé de petites difficultés. Il est aisé à un traducteur latin de se tirer d'affaire aux endroits mêmes qu'il n'entend pas. Il n'a qu'à traduire le grec mot pour mot, et à débiter des paroles qu'on peut au moins soupçonner d'être intelligibles. En effet, le lecteur, qui bien souvent n'y conçoit rien, s'en prend plutôt à soi-même qu'à l'ignorance du traducteur. Il n'en est pas ainsi des traductions en langue vulgaire. Tout ce

---

1. Paul Manuce, fils de Alde, imprimeur et auteur de nombreux ouvrages d'érudition, né à Venise en 1512 ; il mourut à Rome le 7 d'avril 1574, où il avait été appelé pour surveiller l'impression et la publication des livres de théologie. (M. Chéron.)

La seconde édition du texte grec du *Traité du Sublime* est sortie de ses presses, Venise, 1554, in-4°.

2. Professeur de langue grecque à Lausanne, mort vers 1616.

Il fit imprimer sa traduction latine du *Traité du Sublime* à Genève, 1612, in-8°, avec le texte que François Portus avoit publié dans cette ville ; texte suivi par les éditeurs jusqu'en 1674, époque où Tollius fit paroître la meilleure édition qu'on eût encore possédée. (De Saint-Surin.)

3. Domenico Pizimenti et P. Pagani. — Bologne, 1641.

4. Gérard Langbaine fit réimprimer à Oxford, 1636, in-8°, le texte de Longin et la traduction de Gabriel de Pétra, avec des notes. — Tanneguy Le Febvre, père de Mme Dacier, a donné Longin et Pétra avec des notes. Saumur, 1663, in-12. (M. Chéron.)

que le lecteur n'entend point s'appelle un galimatias, dont le traducteur tout seul est responsable. On lui impute jusqu'aux fautes de son auteur, et il faut en bien des endroits qu'il les rectifie, sans néanmoins qu'il ose s'en écarter.

Quelque petit donc que soit le volume de Longin, je ne croirois pas avoir fait un médiocre présent au public, si je lui en avois donné une bonne traduction en notre langue. Je n'y ai point épargné mes soins ni mes peines. Qu'on ne s'attende pas pourtant de trouver ici une version timide et scrupuleuse des paroles de Longin. Bien que je me sois efforcé de ne me point écarter en pas un endroit des règles de la véritable traduction, je me suis pourtant donné une honnête liberté, surtout dans les passages qu'il rapporte. J'ai songé qu'il ne s'agissoit pas simplement ici de traduire Longin, mais de donner au public un Traité du sublime qui pût être utile. Avec tout cela néanmoins il se trouvera peut-être des gens, qui non-seulement n'approuveront pas ma traduction, mais qui n'épargneront pas même l'original. Je m'attends bien qu'il y en aura plusieurs qui déclineront la jurisdiction[1] de Longin, qui condamneront ce qu'il approuve, et qui loueront ce qu'il blâme. C'est le traitement qu'il doit attendre de la plupart des juges de notre siècle. Ces hommes accoutumés aux débauches et aux excès des poëtes modernes, et qui, n'admirant que ce qu'ils n'entendent point, ne pensent pas qu'un auteur se soit élevé s'ils ne l'ont entièrement perdu de vue; ces petits esprits, dis-je, ne seront pas sans doute fort frappés des hardiesses judicieuses des Homères, des Platons et des Démosthènes. Ils chercheront souvent le sublime dans le sublime, et peut-être se moqueront-ils des exclamations que Longin fait quelquefois sur des passages qui, bien que très-sublimes, ne laissent pas que d'être simples et naturels, et qui saisissent plutôt l'âme qu'ils n'éclatent aux yeux. Quelle assurance pourtant que ces messieurs aient de la netteté de leurs lumières, je les prie de considérer que ce n'est pas ici l'ouvrage d'un apprenti que je leur offre, mais le chef-d'œuvre d'un des plus savants critiques de l'antiquité. Que s'ils ne voient pas la beauté de ces passages, cela peut aussitôt venir de la foiblesse de leur vue que du peu d'éclat

---

1. Toutes les éditions du xviie et du xviiie siècle portent *jurisdiction*.

dont ils brillent. Au pis aller, je leur conseille d'en accuser la traduction, puisqu'il n'est que trop vrai que je n'ai ni atteint ni pu atteindre à la perfection de ces excellents originaux ; et je leur déclare par avance que s'il y a quelques défauts, ils ne sauroient venir que de moi.

Il ne reste plus, pour finir cette préface, que de dire ce que Longin entend par sublime ; car, comme il écrit de cette manière après Cécilius, qui avoit presque employé tout son livre à montrer ce que c'est que le sublime, il n'a pas cru devoir rebattre une chose qui n'avoit été déjà que trop discutée par un autre. Il faut donc savoir que par sublime, Longin n'entend pas ce que les orateurs appellent le style sublime, mais cet extraordinaire et ce merveilleux qui frappe dans le discours, et qui fait qu'un ouvrage enlève, ravit, transporte. [1] Le style sublime veut toujours de grands mots ; mais le sublime se peut trouver dans une seule pensée, dans une seule figure, dans un seul tour de paroles. Une chose peut être dans le style sublime et n'être pourtant pas sublime, c'est-à-dire, n'avoir rien d'extraordinaire ni de surprenant. Par exemple : *Le souverain arbitre de la nature d'une seule parole forma la lumière :* voilà qui est dans le style sublime ; cela n'est pas néanmoins sublime, parce qu'il n'y a rien là de fort merveilleux, et qu'on ne pût aisément trouver. Mais, *Dieu dit : Que la lumière se fasse, et la lumière se fit :* ce tour extraordinaire d'expression, qui marque si bien l'obéissance de la créature aux ordres du Créateur, est véritablement sublime, [2] et a quelque chose de divin. Il faut donc entendre par sublime, dans Longin, l'extraordinaire, le surprenant, et, comme je l'ai traduit, le merveilleux dans le discours. [3]

---

1. On est forcé de convenir avec La Harpe (*Lycée*, t. I) que *Boileau s'est mépris sur le but principal de l'ouvrage de Longin*. Il s'agit essentiellement dans ce livre du style qui convient aux sujets élevés. (DAUNOU.)

On peut apporter comme restriction à ce jugement de La Harpe, accepté par Daunou, ce passage de Ruhnken : « ΠΕΡΊ ΎΨΟΥΣ. Hic liber vere aureus de quo omnium optime nobis judicasse videtur Boilavius in præf. versionis Gallicæ, bono litterarum et veræ eloquentiæ... » Édit. de M. Egger, 1837.

2. Voir la Réflexion X.

3. Ici finit la préface dans les éditions de 1674, in-4º et petit in-12 ; mais on lit dans l'édition de 1675, grand in-12, et dans quelques exemplaires de 1674, grand in-12 (il est aussi à 1677, Elz.), le passage suivant, supprimé dans toutes les autres :

« Au reste, je suis bien aise d'avertir ici le lecteur amoureux des matières de

PRÉFACE DU TRADUCTEUR.

J'ai rapporté ces paroles de la Genèse, comme l'expression la plus propre à mettre ma pensée en jour, et je m'en suis servi d'autant plus volontiers que cette expression est citée avec éloge par Longin même, qui, au milieu des ténèbres du paganisme, n'a pas laissé de reconnoître le divin qu'il y avoit dans ces paroles de l'Écriture.[1] Mais que dirons-nous d'un des plus savants hommes de notre siècle,[2] qui, éclairé des lumières de l'Évangile, ne s'est pas aperçu de la beauté de cet endroit; a osé, dis-je, avancer, dans un livre qu'il a fait pour démontrer la religion chrétienne,[3] que Longin s'étoit trompé lorsqu'il avoit cru que ces paroles étoient sublimes ? J'ai la satisfaction au moins que des personnes non moins considérables par leur piété que par leur profonde érudition, qui nous ont donné depuis peu la traduction du livre de la Genèse,[4] n'ont pas été de l'avis de ce savant homme, et dans leur préface, entre plusieurs preuves excellentes qu'ils ont apportées pour faire voir que c'est l'Esprit-Saint qui a dicté ce livre, ont allégué le passage de Longin, pour montrer combien

---

rhétorique, que dans peu il doit paroître une nouvelle traduction du chef-d'œuvre de l'art, je veux dire de la rhétorique d'Aristote. Elle est de M. Cassandre; c'est l'ouvrage de plusieurs années; je l'ai vu, et je puis répondre au lecteur que jamais il n'y a eu de traduction ni plus claire, ni plus exacte, ni plus fidèle. C'est un ouvrage d'une extrême utilité, et pour moi j'avoue franchement que sa lecture m'a plus profité que tout ce que j'ai jamais lu en ma vie. »

L'addition fut faite avec précipitation sur un feuillet non paginé qu'on intercala facilement dans les exemplaires non vendus de l'édition de 1674, parce que la préface n'y est point paginée (non plus qu'à 1675); mais on s'en aperçoit en examinant la première pagination du chapitre premier, dont les nombres ne correspondent point à ceux des feuillets. Cette précipitation entraîna dans quelques fautes qui furent corrigées dans la suite du tirage pour les feuillets destinés à l'édition de 1675, et que Desmaiseaux (p. 109) ni M. de Saint-Surin (ils ont les premiers donné l'addition) n'ont pu apercevoir, parce qu'ils n'ont pas connu l'édition de 1674, grand in-12.

Voilà des remarques bien minutieuses, mais elles ne sont pas sans utilité. Elles prouvent l'empressement de Boileau à obliger, même aux dépens de sa réputation. La traduction de Cassandre allait bientôt paraître (l'achevé d'imprimer, dit Desmaiseaux, est du 13 avril 1675); il importait de prévenir le public en faveur d'un homme de lettres malheureux.

Nous disons qu'elle allait paraître, quoique sa première édition fût de 1654. C'est que Cassandre y avait fait tant de changements qu'elle pouvait, dit encore Desmaiseaux, passer pour un ouvrage tout nouveau... et, selon la remarque du même auteur, Boileau dut supprimer l'addition dans son édition suivante, ou en 1683, parce que l'ouvrage alors n'était plus nouveau. (BERRIAT-SAINT-PRIX.)

1. Voir au chapitre IX ce qu'il faut penser de l'authenticité de ce passage.
2. Huet, évêque d'Avranches. — Voyez la Réflexion X.
3. *Demonstratio evangelica.*
4. Les solitaires de Port-Royal, surtout Le Maistre de Sacy. (BROSSETTE.)

les chrétiens doivent être persuadés d'une vérité si claire, et qu'un païen même a sentie par les seules lumières de la raison.

Au reste, dans le temps qu'on travailloit à cette dernière édition[1] de mon livre, M. Dacier, celui qui nous a depuis peu donné les odes d'Horace en françois, m'a communiqué de petites notes très-savantes qu'il a faites sur Longin, où il a cherché de nouveaux sens inconnus jusqu'ici aux interprètes. J'en ai suivi quelques-unes; mais, comme dans celles où je ne suis pas de son sentiment je puis m'être trompé, il est bon d'en faire les lecteurs juges. C'est dans cette vue que je les ai mises[2] à la suite de mes remarques; M. Dacier n'étant pas seulement un homme de très-grande érudition et d'une critique très-fine, mais d'une politesse d'autant plus estimable qu'elle accompagne rarement un grand savoir. Il a été disciple du célèbre M. Le Fèvre, père de cette savante fille à qui nous devons la première traduction qui ait encore paru d'Anacréon en françois, et qui travaille maintenant à nous faire voir Aristophane, Sophocle et Euripide en la même langue.[3]

J'ai laissé dans toutes mes autres éditions cette préface telle qu'elle étoit lorsque je la fis imprimer pour la première fois, il y a plus de vingt ans, et je n'y ai rien ajouté; mais aujourd'hui,[4] comme j'en revoyois les épreuves, et que je les allois rendre à l'imprimeur, il m'a paru qu'il ne seroit peut-être pas mauvais, pour mieux faire connoître ce que Longin entend par ce mot de *sublime,* de joindre encore ici au passage que j'ai rapporté de la Bible quelque autre exemple pris d'ailleurs. En voici un qui s'est présenté assez heureusement à ma mémoire.[5] Il est tiré de l'*Horace* de M. Corneille. Dans cette tragédie, dont les trois premiers actes sont, à mon avis, le chef-d'œuvre de cet illustre écrivain, une femme qui avoit été présente au combat des trois Horaces, mais qui s'étoit retirée un peu trop tôt, et n'en avoit pas vu la fin, vient mal à propos annoncer au vieil Horace, leur

---

1. C'est-à-dire l'édition de 1683.
2. Berriat-Saint-Prix a cru devoir ne donner que par extraits les notes de Dacier, nous les reproduirons en entier et les mettrons à la suite des Remarques de Boileau. Nous mettrons au bas du texte de la traduction les notes de Boivin, etc., etc.
3. Elle devint depuis Mme Dacier.
4. 1701.
5. Voyez la Réflexion X.

père, que deux de ses fils ont été tués, et que le troisième, ne se voyant plus en état de résister, s'est enfui. Alors ce vieux Romain, possédé de l'amour de sa patrie, sans s'amuser à pleurer la perte de ses deux fils, morts si glorieusement, ne s'afflige que de la fuite honteuse du dernier, qui a, dit-il, par une si lâche action, imprimé un opprobre éternel au nom d'Horace. Et leur sœur, qui étoit là présente, lui ayant dit :

> Que vouliez-vous qu'il fît contre trois?

il répond brusquement :

> Qu'il mourût.

Voilà de fort petites paroles; cependant il n'y a personne qui ne sente la grandeur héroïque qui est renfermée dans ce mot, *Qu'il mourût*,[1] qui est d'autant plus sublime, qu'il est simple et naturel, et que par là on voit que c'est du fond du cœur que parle ce vieux héros, et dans les transports d'une colère vraiment romaine. De fait, la chose auroit beaucoup perdu de sa force, si, au lieu de *Qu'il mourût*, il avoit dit : *Qu'il suivît l'exemple de ses deux frères;* ou *Qu'il sacrifiât sa vie à l'intérêt et à la gloire de son pays*. Ainsi c'est la simplicité même de ce mot qui en fait la grandeur. Ce sont là de ces choses que Longin appelle sublimes, et qu'il auroit beaucoup plus admirées dans Corneille, s'il avoit vécu du temps de Corneille, que ces grands mots dont Ptolomée remplit sa bouche au commencement de la *Mort de Pompée*,[2] pour exagérer les vaines circonstances d'une déroute qu'il n'a point vue.

---

1. « Voilà ce fameux *qu'il mourût*, ce trait du plus grand sublime, ce mot auquel il n'en est aucun de comparable dans toute l'antiquité. Tout l'auditoire fut si transporté qu'on n'entendit jamais le vers faible qui suit; et le morceau *n'eût-il que d'un moment retardé sa défaite*, étant plein de chaleur, augmente encore la force du *qu'il mourût*. (VOLTAIRE, *Commentaires sur Corneille*, t. I.)

2.   Que devant Troie en flamme, Hécube désolée
     Ne vienne point pousser une plainte ampoulée,
     Ni sans raison, etc.

« A plus forte raison, un roi d'Égypte qui n'a point vu Pharsale, et à qui cette guerre est étrangère, ne doit point dire que les dieux étaient étonnés en se partageant... ces champs empestés, ces montagnes de morts qui se vengent, ces débordements de parricides; ces troncs pourris étaient notés par Boileau comme un exemple d'enflure et de déclamation. » (VOLTAIRE, *Commentaires sur Corneille*, t. I.)

TRAITÉ DU SUBLIME

ou

DU MERVEILLEUX DANS LE DISCOURS

TRADUIT DU GREC DE LONGIN.^a

CHAPITRE PREMIER,

SERVANT DE PRÉFACE A TOUT L'OUVRAGE.

Vous savez bien, mon cher Térentianus (1), que lorsque nous lûmes ensemble le petit traité que Céci-

---

^a. « Le titre du manuscrit de Paris qui, de tous ceux que l'on connaît, est de beaucoup le plus ancien, et celui d'un manuscrit du Vatican offrent très-nettement les mots Διονυσίου ἢ Λογγίνου, c'est-à-dire de Denys ou de Longin, et l'embarras est augmenté par le manuscrit de Florence qui ne porte ni l'un ni l'autre nom, mais Ἀνωνύμου περὶ ὕψους, c'est-à-dire *du Sublime par un anonyme.* Les premiers éditeurs ont omis absolument, par une négligence inexplicable, le petit mot *ou*, et ont fait l'alliance peu commune de deux noms propres, Dionysius Longinus. Dans une note de l'édition de M. Weiske, M. Amati, s'appuyant de cette variante et de la bizarrerie insolite de ce nom, veut que le *Traité du Sublime* soit ou de Denys d'Halicarnasse, ou de Longin, et de Denys plutôt que de Longin... M. Weiske est fort ébranlé par ces arguments... Pourtant il ne peut croire, avec M. Amati, que Denys d'Halicarnasse soit l'auteur de ce livre : son style, sa manière de composer, n'ont rien de la verve, de l'éclat qui brillent dans le *Traité du Sublime.* Il aime mieux l'attribuer à un Denys de Pergame, contemporain d'Auguste, et dont Strabon a loué le talent comme rhéteur et comme écrivain. Nous devons convenir qu'il est désormais absolument impossible d'affirmer que le *Traité du Sublime* soit de Longin : toutefois il semble peu naturel de le donner à Denys d'Halicarnasse, ou à Denys de Pergame, ou à tout autre écrivain du siècle d'Auguste. » (J.-F. BOISSONADE.) *Biographie universelle,* LONGIN. — Voir dans l'édition de M. Egger la Disser-

lius (2) a fait du sublime, nous trouvâmes que la bassesse de son style (3) répondoit assez mal à la dignité de son sujet; que les principaux points de cette matière n'y étoient pas touchés et qu'en un mot cet ouvrage ne pouvoit pas apporter un grand profit aux lecteurs, qui est néanmoins le but où doit tendre tout homme qui veut écrire. D'ailleurs, quand on traite d'un art, il y a deux choses à quoi il se faut toujours étudier. La première est de bien faire entendre son sujet; la seconde, que je tiens au fond la principale, consiste à montrer comment et par quels moyens ce que nous enseignons se peut acquérir. Cécilius s'est fort attaché à l'une de ces deux choses : car il s'efforce de montrer par une infinité de paroles ce que c'est que le grand et le sublime, comme si c'étoit un point fort ignoré; mais il ne dit rien des moyens qui peuvent porter

---

tation de Ruhnken, *de Vita et scriptis Longini;* voir aussi Weiske, édition de Longin, Londres, 1820; *Études critiques sur le Traité du Sublime et sur les écrits de Longin,* etc., par Louis Vaucher, etc., Genève, 1854; l'*Histoire de la Littérature grecque ancienne,* par Donaldson, traduite de l'anglais en grec moderne par M. Valettas, Londres, 1871, t. II, p. 208-217.

L'ouvrage n'est point divisé en chapitres dans les manuscrits : il est partagé en sections plus ou moins étendues; il y en a une de deux lignes (XXXVII); l'édition de Ruhnken en donne quarante-quatre.

Les chiffres (1), (2), (3), etc., renverront aux notes de Despréaux mises à la suite du Traité; les lettres a, b, c, aux notes que nous mettrons au bas de chaque page. Berriat-Saint-Prix ayant donné, d'après des exemplaires, ou d'après des manuscrits, des notes de Dacier qui ne se trouvent pas dans celles que Boileau a données lui-même, nous les désignerons comme Berriat-Saint-Prix, celles du manuscrit ainsi : *Dac., mss.;* et celles des marges de 1674 : *Dac., marg.* Nous croyons utile de transcrire ici ces deux passages des notices bibliographiques de ce laborieux éditeur :

§ 2, n° 18, Notes manuscrites abrégées sur la traduction du *Traité du Sublime,* écrites en marge d'un exemplaire (Bibliothèque de Versailles) de l'édition in-4° de 1674.

N° 19, Notes sur la traduction du *Traité du Sublime* de M. Despréaux, par M. Dacier, manuscrit. (Bibl. royale.)

Nous placerons aussi au bas des pages les notes marginales de Boivin.

l'esprit à ce grand et à ce sublime.[a] Il passe cela, je ne sais pourquoi, comme une chose absolument inutile.[b] Après tout, cet auteur peut-être n'est-il pas tant à reprendre pour ses fautes, qu'à louer pour son travail et le dessein qu'il a eu de bien faire. (4) Toutefois, puisque vous voulez que j'écrive aussi du sublime, voyons, pour l'amour de vous,[c] si nous n'avons point fait sur cette matière quelque observation raisonnable, et dont les orateurs (5) puissent tirer quelque sorte d'utilité.

Mais c'est à la charge, mon cher Térentianus, que nous reverrons ensemble exactement mon ouvrage, et que vous m'en direz votre sentiment avec cette sincérité que nous devons naturellement à nos amis; car, comme un sage[d] dit fort bien : Si nous avons quelque voie pour nous rendre semblables aux dieux, c'est de faire du bien[e] et de dire la vérité.

Au reste, comme c'est à vous que j'écris, c'est-à-dire

[a] Le traducteur dit ici beaucoup plus que Longin, qui se borne à dire : « Mais je ne sais pourquoi, comme si c'étoit une chose peu nécessaire, il ne dit rien des moyens par lesquels nous pourrions nous avancer dans le grand et le sublime... » ou bien « y faire quelque progrès. » *Dac., mss.*

[b] La Harpe, dans son *Lycée*, a traduit le commencement du chapitre Ier avec quelque différence. (M. Chéron.) — La différence porte sur le mot de ταπεινότερον que Pearce prend dans le sens *qui reste au-dessous*. — Boivin justifie le sens de Boileau quand il dit que « Longin se sert partout du mot ταπεινὸς, dans cette signification de bassesse. »

[c] Mots très-mal placés. Longin dit : « Puisque vous voulez que pour l'amour de vous j'écrive. » On ne peut dire à quelqu'un avec qui on veut lire un ouvrage, « Voyons, pour *l'amour de vous*, si je n'ai pas bien fait, etc... » *Dac., marg.* et *mss.*

[d] Pythagore. (Boileau, 1674 à 1713.) — Élien, *Var. hist.*, XII, ch. LIX.

[e] « Εὐεργεσία étant une chose commune à Dieu et aux hommes, il falloit aussi la rendre par un mot qui leur fût commun. *Faire plaisir* ne peut être dit que des hommes, mais *faire du bien* se dit également et des hommes et de Dieu : c'est donc ainsi qu'il falloit traduire. » *Dac., marg.* et *mss.* Boileau avait mis d'abord « c'est de faire plaisir, » il changea sa traduction dans l'édition de 1683.

à un homme instruit de toutes les belles connoissances, (6) je ne m'arrêterai point sur beaucoup de choses qu'il m'eût fallu établir avant que d'entrer en matière, pour montrer que le sublime est en effet ce qui forme l'excellence et la souveraine perfection du discours, que c'est par lui que les grands poëtes et les écrivains les plus fameux ont remporté le prix, et rempli toute la postérité du bruit de leur gloire. (7)

Car il ne persuade pas proprement, mais il ravit, il transporte, et produit en nous une certaine admiration mêlée d'étonnement et de surprise, qui est toute autre chose que de plaire seulement, ou de persuader. Nous pouvons dire à l'égard de la persuasion, que, pour l'ordinaire, elle n'a sur nous qu'autant de puissance que nous voulons. Il n'en est pas ainsi du sublime. Il donne au discours une certaine vigueur noble, (8) une force invincible qui enlève l'âme de quiconque nous écoute. Il ne suffit pas d'un endroit ou deux dans un ouvrage pour vous faire remarquer la finesse de l'*invention*, la beauté de l'*économie* et de la *disposition*; c'est avec peine que cette justesse se fait remarquer par toute la suite même du discours. Mais quand le sublime vient à éclater [a] où il faut, il renverse tout, comme un foudre, et présente d'abord toutes les forces de l'orateur ramassées ensemble. Mais ce que je dis ici, et tout ce que je pourrois dire de semblable, seroit inutile pour vous, qui savez ces choses par expérience, et qui m'en feriez, au besoin, à moi-même des leçons.

---

[a] « Il faut mettre *éclater*, pour conserver l'image que Longin a voulu donner de la foudre. » *Dac., mss.* Avant 1683 on lisait « vient à paroître. »

CHAPITRE II.

S'IL Y A UN ART PARTICULIER DU SUBLIME, ET DES TROIS VICES QUI LUI SONT OPPOSÉS.

Il faut voir d'abord s'il y a un art particulier du sublime; car il se trouve des gens qui s'imaginent que c'est une erreur de le vouloir réduire en art et d'en donner des préceptes. Le sublime, disent-ils, naît avec nous, et ne s'apprend point. Le seul art pour y parvenir, c'est d'y être né; et même, à ce qu'ils prétendent, il y a des ouvrages que la nature doit produire toute seule : la contrainte des préceptes ne fait que les affoiblir, et leur donner une certaine sécheresse qui les rend maigres et décharnés. Mais je soutiens qu'à bien prendre les choses on verra clairement tout le contraire.

Et, à dire vrai, quoique la nature ne se montre jamais plus libre que dans les discours sublimes et pathétiques, il est pourtant aisé de reconnoître qu'elle ne se laisse pas conduire au hasard, et qu'elle n'est pas absolument ennemie de l'art et des règles. J'avoue que dans toutes nos productions il la faut toujours supposer comme la base, le principe et le premier fondement. Mais aussi il est certain que notre esprit a besoin d'une méthode pour lui enseigner à ne dire que ce qu'il faut, et à le dire en son lieu; et que cette méthode peut beaucoup contribuer à nous acquérir la parfaite habitude du sublime : car comme[a] les vais-

---

[a] Boileau supposait qu'il y avait là une comparaison (voir les notes, ch. 10, 11) : c'est inutile. Boivin dit, avec raison : « On se passe très-bien

seaux (9) sont en danger de périr lorsqu'on les abandonne à leur seule légèreté, et qu'on ne sait pas leur donner la charge et le poids qu'ils doivent avoir, il en est ainsi du sublime, si on l'abandonne à la seule impétuosité d'une nature ignorante et téméraire. Notre esprit assez souvent n'a pas moins besoin de bride que d'éperon. Démosthène dit en quelque endroit[a] que le plus grand bien qui puisse nous arriver dans la vie, c'est d'*être heureux*; mais qu'il y en a encore un autre qui n'est pas moindre, et sans lequel ce premier ne sauroit subsister, qui est de *savoir se conduire avec prudence*. Nous en pouvons dire autant à l'égard du discours. (10) La nature est ce qu'il y a de plus nécessaire pour arriver au grand : cependant si l'art ne prend soin de la conduire, c'est une aveugle qui ne sait où elle va. *** [b] (11)

Telles sont ces pensées : Les torrents entortillés de flamme, Vomir contre le ciel, Faire de Borée son Joueur de flute, et toutes les autres façons de parler dont cette pièce est pleine ; car elles ne sont pas grandes et tragiques, mais enflées et extravagantes. Toutes ces phrases ainsi embarrassées de vaines imaginations troublent et gâtent[c] plus un discours qu'elles ne servent à l'élever ; de

---

de la comparaison, qui ne servoit qu'à embrouiller la phrase. Il faut seulement sous-entendre, εἰ ἐπισκέψαιτό τις, qui est six ou sept lignes plus haut. » Platon emploie cette comparaison formelle dans le passage du Théœtète : Ἀλλ' οἵ τε ὀξεῖς καὶ ἀγχίνοι καὶ μνήμονες ὡς τὰ πολλὰ καὶ πρὸς τὰς ὀργὰς ὀξύρροποί εἰσι καὶ ἄττοντες φέρονται, ὥσπερ τὰ ἀνερμάτιστα πλοῖα. (Egger.)

[a] *Contr. aristocrat.*, p. 297, Taylor : δυοῖν ἀγαθοῖν ὄντοιν τοῖς ἀνθρώποις, τοῦ μὲν ἡγουμένου καὶ μεγίστου πάντων, τοῦ εὐτυχεῖν, τοῦ δὲ ἐλάττονος μὲν τούτου, τῶν δὲ ἄλλων μεγίστου, τοῦ καλῶς Βουλένεσθαι, οὐχ ἅμα ἡ κτῆσις ἀμφοῖν παραγίνεται τοῖς ἀνθρώποις. (Egger.)

[b] L'auteur avoit parlé du style enflé, et citoit, à propos de cela, les sottises d'un poëte tragique, dont voici quelques restes. Voyez les Remarques (ci-après, n° 11). (Boileau, 1674 à 1713.)

[c] C'est le sens de la phrase ; néanmoins je crois que le mot du texte

sorte qu'à les regarder de près et au grand jour, ce qui paroissoit d'abord si terrible devient tout à coup sot et ridicule. Que si c'est un défaut insupportable dans la tragédie, qui est naturellement pompeuse et magnifique, que de s'enfler mal à propos; à plus forte raison doit-il être condamné dans le discours ordinaire. De là vient qu'on s'est raillé de Gorgias pour avoir appelé Xercès le JUPITER DES PERSES, et les vautours, DES SÉPULCRES ANIMÉS. (12) On n'a pas été plus indulgent pour Callisthène qui, en certains endroits de ses écrits, ne s'élève pas proprement, mais se guinde si haut, qu'on le perd de vue. De tous ceux-là pourtant, je n'en vois point de si enflé que Clitarque. Cet auteur n'a que du vent et de l'écorce; il ressemble à un homme qui, pour me servir des termes de Sophocle, « ouvre une grande bouche pour souffler dans une petite flûte. » (13) Il faut faire le même jugement d'Amphicrate, d'Hégésias et de Matris. Ceux-ci quelquefois, s'imaginant qu'ils sont épris d'un enthousiasme et d'une fureur divine, au lieu de tonner, comme ils pensent, ne font que niaiser et badiner comme des enfants.

Et certainement en matière d'éloquence il n'y a rien de plus difficile à éviter que l'enflure; car, comme en toutes choses naturellement nous cherchons le grand et que nous craignons surtout d'être accusés de sécheresse ou de peu de force, il arrive, je ne sais comment, que la plupart tombent dans ce vice, fondés sur cette maxime commune :[a]

Dans un noble projet on tombe noblement..

qu'on rend ici par *gâter* a été altéré. *Dac., marg.* Tollius paraît être d'un autre sentiment.

[a] Il y a dans l'ancien manuscrit μεγάλῳ ἀπολισθαίνειν ὅμως εὐγενὲς

Cependant il est certain que l'enflure n'est pas moins vicieuse dans le discours que dans les corps. Elle n'a que de faux dehors et une apparence trompeuse; mais au dedans elle est creuse et vide, et fait quelquefois un effet tout contraire au grand; car, comme on dit fort bien, « il n'y a rien de plus sec qu'un hydropique. »

Au reste, le défaut du style enflé, c'est de vouloir aller au delà du grand. Il en est tout au contraire du puéril; car il n'y a rien de si bas, de si petit, ni de si opposé à la noblesse du discours.

Qu'est-ce donc que puérilité? Ce n'est visiblement autre chose qu'une pensée d'écolier, qui, pour être trop recherchée, devient froide. C'est le vice où tombent ceux qui veulent toujours dire quelque chose d'extraordinaire et de brillant, mais surtout ceux qui cherchent avec tant de soin le plaisant[a] et l'agréable; parce qu'à la fin, pour s'attacher trop au style figuré, ils tombent dans une sotte affectation.

Il y a encore un troisième défaut opposé au grand, qui regarde le pathétique. Théodore l'appelle une fureur hors de saison, lorsqu'on s'échauffe mal à propos, ou qu'on s'emporte avec excès quand le sujet ne permet que de s'échauffer médiocrement. En effet, on voit très-souvent des orateurs qui, comme s'ils étoient ivres, se laissent emporter à des passions qui ne conviennent point à leur

---

ἁμάρτημα. Les copistes ou les critiques en ont voulu faire un vers; mais ce vers n'a ni césure ni harmonie. Il y a donc apparence que ce qu'on a pris jusques ici pour un vers est plutôt un proverbe... Ruhnken dit : ... Sed ut Senarius rectis pedibus incedat, scribendum :

Μεγάλων ἀπολισθαίνειν ἁμάρτημ' εὐγενές.

[a] Saint-Marc fait observer que le *plaisant* est ici inutile, tout est dit par l'*agréable*.

sujet, mais qui leur sont propres, et qu'ils ont apportées de l'école; si bien que, ᵃ comme on n'est point touché de ce qu'ils disent, ils se rendent à la fin odieux et insupportables, car c'est ce qui arrive nécessairement à ceux qui s'emportent et se débattent mal à propos devant des gens qui ne sont point du tout émus. Mais nous parlerons en un autre endroit de ce qui concerne les passions. ᵇ

CHAPITRE III.

DU STYLE FROID.

Pour ce qui est de ce froid ou puéril dont nous parlions, Timée en est tout plein. Cet auteur est assez habile homme d'ailleurs; il ne manque pas quelquefois par le grand et le sublime : il sait beaucoup, et dit même les choses d'assez bon sens; (14) si ce n'est qu'il est enclin naturellement à reprendre les vices des autres,ᶜ quoique aveugle pour ses propres défauts, et si curieux au reste d'étaler de nouvelles pensées, que cela le fait tomber

---

ᵃ De 1674 à 1683 il y a en effet : *quelques-uns, ainsi que s'ils étoient ivres, ne disent point les choses de l'air dont elles doivent être dites; mais ils sont entraînés de leur propre impétuosité, et tombent sans cesse en des emportements d'écolier et de déclamateur, si bien que*, etc. — Autre correction faite sur l'avis de Dacier. Il avait observé (*marg*.) que Boileau semblait ici rapporter à la seule prononciation ce que Longin entend aussi des choses mêmes. (B.-S.-P.)

ᵇ Il en avait fait un traité, qui est perdu.

ᶜ Méchant et jaloux, Timée calomnia sans pudeur les hommes les plus célèbres, dit Sainte-Croix, et perça de ses traits tous les historiens qui l'avoient devancé... Au sujet de quelques expressions qui lui déplaisent, cet historien se permet les injures les plus grossières contre Homère et contre Aristote. (DE SAINT-SURIN.)

assez souvent dans la dernière puérilité. Je me contenterai d'en donner ici un ou deux exemples, parce que Cécilius en a déjà rapporté un assez grand nombre. En voulant louer Alexandre le Grand, « Il a, dit-il, conquis toute l'Asie en moins de temps qu'Isocrate n'en a employé à composer son panégyrique. » (15) Voilà, sans mentir, une comparaison admirable d'Alexandre le Grand avec un rhéteur. (16) Par cette raison, Timée, il s'ensuivra que les Lacédémoniens le doivent céder à Isocrate, puisqu'ils furent trente ans à prendre la ville de Messène, et que celui-ci n'en mit que dix à faire son panégyrique.

Mais à propos des Athéniens qui étoient prisonniers de guerre dans la Sicile, de quelle exclamation penseriez-vous qu'il se serve ? Il dit « que c'étoit une punition du ciel, à cause de leur impiété envers le dieu Hermès, autrement Mercure,[a] et pour avoir mutilé ses statues ; vu principalement qu'il y avoit un des chefs de l'armée ennemie qui tiroit son nom d'Hermès (17) de père en fils, savoir Hermocrate, fils d'Hermon. » Sans mentir, mon cher Térentianus, je m'étonne qu'il n'ait dit aussi de Denys le Tyran, que les dieux permirent qu'il fût chassé de son royaume par Dion et par Héraclide, à cause de son peu de respect à l'égard de Dios et d'Héraclès, c'est-à-dire de Jupiter et d'Hercule.[b]

Mais pourquoi m'arrêter après Timée ?[c] Ces héros de l'antiquité, je veux dire Xénophon et Platon, sortis de l'école de Socrate, s'oublient bien quelquefois eux-mêmes

---

[a] Hermès, en grec, veut dire Mercure. (BOILEAU, 1674 à 1698 ; note supprimée dans les éditions de 1701 et 1713.)

[b] Ζεύς, Διός, Jupiter ; Ἡρακλῆς, Hercule. (BOILEAU, 1674 à 1713.)

[c] Il eût été beaucoup mieux d'écrire, *pourquoi m'arrêter à Timée ?* car s'arrêter *après* quelqu'un n'est pas s'arrêter *à* quelqu'un. *Dac.*, *marg.* et *mss.* (B.-S.-P.)

jusqu'à laisser échapper dans leurs écrits des choses basses et puériles. Par exemple, ce premier dans le livre qu'il a écrit de la république des Lacédémoniens : « On ne les entend, dit-il, non plus parler que si c'étoient des pierres. Ils ne tournent non plus les yeux que s'ils étoient de bronze. Enfin vous diriez qu'ils ont[a] plus de pudeur que ces parties de l'œil[b] (18) que nous appelons en grec du nom de vierges. » C'étoit à Amphicrate, et non pas à Xénophon, d'appeler les prunelles des vierges pleines de pudeur. Quelle pensée, bon Dieu! parce que le mot de CORÉ, qui signifie en grec la prunelle de l'œil, signifie aussi une vierge, de vouloir que toutes les prunelles universellement soient des vierges pleines de modestie; vu qu'il n'y a peut-être point d'endroit sur nous où l'impudence éclate plus que dans les yeux! Et c'est pourquoi Homère, pour exprimer un impudent : « Homme chargé de vin, dit-il, qui as l'impudence d'un chien dans les yeux. » Cependant Timée n'a pu voir une si froide pensée dans Xénophon, sans la revendiquer comme un vol (19) qui lui avoit été fait par cet auteur. Voici donc comme il l'emploie dans la vie d'Agathocle : « N'est-ce pas une chose étrange qu'il ait ravi sa propre cousine qui venoit d'être mariée à un autre, qu'il l'ait, dis-je, ravie le lendemain même de ses noces? car qui est-ce qui eût voulu

---

[a] De 1674 à 1682 il y a : *enfin ils ont*, etc... Le changement fait au texte a été proposé en toutes lettres par Dacier (*mss.*). (B.-S.-P.)

[b] Isidore de Peluse dit dans une de ses lettres : αἱ κόραι, αἱ εἴσω τῶν ὀφθαλμῶν, καθάπερ παρθένοι ἐν θαλάμοις, ἱδρυμέναι, καί τοῖς βλεφάροις καθάπερ παραπετάσμασι κεκαλυμμέναι, *les prunelles placées au dedans des yeux, comme des vierges dans la chambre nuptiale, et cachées sous les paupières, comme sous des voiles.* Ces paroles mettent la pensée de Xénophon dans tout son jour. (Boivin.) Xenoph. Laced., *Rep.*, p. 72, édit. Wells; ubi vulgo legitur θαλάμοις. (Egger.)

faire cela, s'il eût eu des vierges aux yeux, et non pas des prunelles impudiques? » Mais que dirons-nous de Platon, quoique divin d'ailleurs, qui, voulant parler de ces tablettes de bois de cyprès où l'on devoit écrire les actes publics, use de cette pensée : « Ayant écrit[a] toutes ces choses, ils poseront dans les temples ces monuments (20) de cyprès? » Et ailleurs, à propos des murs : « Pour ce qui est des murs, dit-il, Mégillus, je suis de l'avis de Sparte,[b] de les laisser dormir à terre, et de ne les point faire lever.[c] » Il y a quelque chose d'aussi ridicule dans Hérodote, (21) quand il appelle les belles femmes *le mal des yeux*. Ceci néanmoins semble en quelque façon pardonnable à l'endroit où il est, parce que ce sont des barbares qui le disent dans le vin et la débauche; mais ces personnes n'excusent pas la bassesse de la chose, et il ne falloit pas, pour rapporter un méchant mot,[d] se mettre au hasard de déplaire à toute la postérité.

[a] *Après avoir écrit* seroit beaucoup plus correct. *Dac., mss.*

[b] Il n'y avoit point de murailles à Sparte... (Boileau, 1674 à 1713.)

[c] De 1674 à 1682 il y a : de les laisser dormir, *et de ne les point faire lever tandis qu'ils sont couchés par terre. Il y a*, etc. — Nouvelle correction faite d'après l'avis de Dacier, qui (*marg.*) avait traité de *ridicule* l'expression *couchés par terre*. (B.-S.-P.)

[d] Il y avait d'abord : mais *comme ces personnes ne sont pas de fort grande considération, il ne falloit pas pour* en rapporter un méchant mot, etc. Le changement fut provoqué par Dacier. Il soutient, en effet (*mss.*), que rien dans le texte ne correspond aux mots *personnes de peu de considération*, et que, d'après une correction judicieuse de Le Fèvre, on devrait traduire à peu près : « Mais avec tout cela, comme il y a de la bassesse, il ne faut pas s'exposer à *déplaire*, etc. »

CHAPITRE IV.

DE L'ORIGINE DU STYLE FROID.

Toutes ces affectations cependant, si basses et si puériles, ne viennent que d'une seule cause, c'est à savoir de ce qu'on cherche trop la nouveauté dans les pensées, qui est la manie surtout des écrivains d'aujourd'hui. Car du même endroit que vient le bien, assez souvent vient aussi le mal. Ainsi voyons-nous que ce qui contribue le plus en de certaines occasions à embellir nos ouvrages; ce qui fait, dis-je, la beauté, la grandeur, les grâces de l'élocution, cela même, en d'autres rencontres, est quelquefois cause du contraire, comme on le peut aisément reconnoître dans les « hyperboles » et dans ces autres figures qu'on appelle « pluriels. » En effet, nous montrerons dans la suite combien il est dangereux de s'en servir. Il faut donc voir maintenant comment nous pourrons éviter ces[a] vices qui se glissent quelquefois dans le sublime. Or nous en viendrons à bout sans doute, si nous acquérons d'abord une connoissance nette et distincte du véritable sublime, et si nous apprenons à en bien juger, ce qui n'est pas une chose peu difficile, puisque enfin de savoir bien juger du fort et du foible d'un discours ce ne peut être que l'effet d'un long usage, et le dernier fruit, pour ainsi dire, d'une étude consommée. Mais, par avance, voici peut-être un chemin pour y parvenir.

---

[a] Il faudroit *les vices. Dac., marg.*

CHAPITRE V.

DES MOYENS EN GÉNÉRAL POUR CONNOITRE LE SUBLIME.

Il faut savoir, mon cher Térentianus, que, dans la vie ordinaire, on ne peut point dire qu'une chose ait rien de grand, quand le mépris qu'on fait de cette chose tient lui-même du grand. Tels sont les richesses, les dignités, les honneurs, les empires et tous ces autres biens en apparence qui n'ont qu'un certain faste au dehors, et qui ne passeront jamais pour de véritables biens[a] dans l'esprit d'un sage, puisqu'au contraire ce n'est pas un petit avantage que de les pouvoir mépriser. D'où vient aussi qu'on admire beaucoup moins ceux qui les possèdent que ceux qui, les pouvant posséder, les rejettent par une pure grandeur d'âme.

Nous devons faire le même jugement à l'égard des ouvrages des poëtes et des orateurs. Je veux dire qu'il faut bien se donner de garde d'y prendre pour sublime une certaine apparence de grandeur, bâtie ordinairement sur de grands mots assemblés au hasard, et qui n'est, à la bien examiner, qu'une vaine enflure de paroles, plus digne en effet de mépris que d'admiration; car tout ce qui est véritablement sublime a cela de propre quand on l'écoute, qu'il élève l'âme, et lui fait concevoir une plus haute opinion d'elle-même, la remplissant de joie et de

---

[a] Longin dit seulement que ce ne sont pas des biens *extraordinaires* ou *excessifs*, ce qui présente, on le voit, un sens fort différent. *Dac., mss.*

je ne sais quel noble orgueil, comme si c'étoit elle qui eût produit les choses qu'elle vient simplement d'entendre. [a]

Quand donc un homme de bon sens et habile en ces matières nous récitera quelque endroit d'un ouvrage, si, après avoir ouï cet endroit plusieurs fois, nous ne sentons point qu'il nous élève l'âme, et nous laisse dans l'esprit une idée qui soit même au-dessus de ce que nous venons d'entendre; mais si, au contraire, en le regardant avec attention, nous trouvons qu'il tombe[b] et ne se soutienne pas, il n'y a point là de grand, puisque enfin ce n'est qu'un son de paroles, qui frappe simplement l'oreille, et dont il ne demeure rien dans l'esprit. La marque infaillible du sublime, c'est quand nous sentons qu'un discours (22) nous laisse beaucoup à penser, qu'il fait d'abord un effet

---

[a] Quintilien, *Instit. or.*, VIII, 2 : « Sed auditoriis etiam nonnullis grata sunt hæc, quæ cum intellexerint, acumine suo delectantur, et gaudent, non quasi audierint, sed quasi invenerint. » Pascal, *Pensées*, de l'*Art de persuader :* « Ce n'est pas dans les choses extraordinaires et bizarres que je trouve l'excellence de quelque genre que ce soit. On s'élève pour y arriver, et on s'en éloigne. Il faut le plus souvent s'abaisser. Les meilleurs livres sont ceux que chaque lecteur croit qu'il auroit pu faire; la nature qui seule est bonne, est toute familière et commune. » Selon Brossette, le prince de Condé, entendant lire ce passage de la traduction de Boileau, se serait écrié : « Voilà le sublime, voilà son véritable caractère. »

[b] De 1674 à 1682 il y a : ... *ces matières, entendra réciter un ouvrage, si après l'avoir ouï plusieurs fois, il ne sent point qu'il lui élève l'âme, et lui laisse dans l'esprit une idée qui soit même au-dessus de ses paroles; mais si au contraire, en le regardant avec attention, il trouve qu'il tombe*, etc...

De 1683 à 1700 il y a : nous récitera *quelque ouvrage si, après avoir ouï cet ouvrage plusieurs fois, nous ne sentons point qu'il nous élève l'âme, et nous laisse dans l'esprit une idée qui soit même au-dessus de ses paroles mais si au contraire*, etc.

Cette seconde version fut proposée littéralement par Dacier (*mss.*), à l'exception du commencement, qu'il traduisait comme il suit : « Quand donc vous entendez quelque ouvrage d'un homme de bon sens et habile en ces matières, et après l'avoir ouï, etc. » (B.-S.-P.)

sur nous auquel il est bien difficile, pour ne pas dire impossible, de résister, et qu'ensuite le souvenir nous en dure et ne s'efface qu'avec peine. En un mot, figurez-vous qu'une chose est véritablement sublime, quand vous voyez qu'elle plaît universellement et dans toutes ses parties; car lorsqu'en un grand nombre de personnes différentes de profession et d'âge, et qui n'ont aucun rapport ni d'humeurs ni d'inclinations, tout le monde vient à être frappé également de quelque endroit (23) d'un discours, ce jugement et cette approbation uniforme de tant d'esprits, si discordants d'ailleurs, est une preuve certaine et indubitable qu'il y a là du merveilleux et du grand.

CHAPITRE VI.

DES CINQ SOURCES DU GRAND.

Il y a, pour ainsi dire, cinq sources principales du sublime; mais ces cinq sources présupposent comme pour fondement commun* une faculté de bien parler, sans quoi tout le reste n'est rien.

Cela posé, la première et la plus considérable est « une certaine élévation d'esprit qui nous fait penser heureusement les choses, » comme nous l'avons déjà montré dans nos commentaires sur Xénophon.

La seconde consiste dans le pathétique ; j'entends par

---

* FONDEMENT de *sources* n'est pas françois. Longin parle d'un *fond* commun aux cinq sources, etc... *Dac., mss.* Voici le texte : Προϋποκειμένης, ὥσπερ ἐδάφους τινὸς κοινοῦ ταῖς πέντε ταύταις ἰδέαις, τῆς ἐν τῷ λέγειν δυνάμεως, ἧς ὅλως χωρὶς οὐδέν. — Dans Longin il n'y a pas de *sources*.

pathétique cet enthousiasme et cette véhémence naturelle qui touche et qui émeut. Au reste, à l'égard de ces deux premières, elles doivent presque tout à la nature, et il faut qu'elles naissent en nous ; au lieu que les autres dépendent de l'art en partie.

La troisième n'est autre chose que les « figures tournées d'une certaine manière. » Or les figures sont de deux sortes : les figures de pensée, et les figures de diction.

Nous mettons pour la quatrième « la noblesse de l'expression, » qui a deux parties : le choix des mots, et la diction élégante et figurée.

Pour la cinquième, qui est celle, à proprement parler, qui produit le grand et qui renferme en soi toutes les autres, c'est « la composition et l'arrangement des paroles dans toute leur magnificence et leur dignité. »

Examinons maintenant ce qu'il y a de remarquable dans chacune de ces espèces en particulier ; mais nous avertirons en passant que Cécilius en a oublié quelques-unes, et entre autres le pathétique : et certainement, s'il l'a fait pour avoir cru que le sublime et le pathétique naturellement n'alloient jamais l'un sans l'autre et ne faisoient qu'un, il se trompe, puisqu'il y a des passions qui n'ont rien de grand, et qui ont même quelque chose de bas, comme l'affliction, la peur, la tristesse ; et qu'au contraire il se rencontre quantité de choses grandes et sublimes où il n'entre point de passion. Tel est entre autres ce que dit Homère avec tant de hardiesse en parlant des Aloïdes : [a] (24)

---

[a] C'étoient des géants qui croissoient tous les ans d'une coudée en largeur et d'une aune en longueur. Ils n'avoient pas encore quinze ans lorsqu'ils

Pour détrôner les dieux,ᵃ leur vaste ambition
Entreprit d'entasser Osseᵇ sur Pélion.

Ce qui suit est encore bien plus fort :

Ils l'eussent fait sans doute, etc.

Et dans la prose, les panégyriques et tous ces discours qui ne se font que pour l'ostentation ont partout du grand et du sublime, bien qu'il n'y entre point de passion pour l'ordinaire. De sorte que, même entre les orateurs, ceux-là communément sont les moins propres pour le panégyrique, qui sont les plus pathétiques ; et, au contraire, ceux qui réussissent le mieux dans le panégyrique s'entendent assez mal à toucher les passions.

Que si Cécilius s'est imaginé que le pathétique en général ne contribuoit point au grand, et qu'il étoit par conséquent inutile d'en parler, il ne s'abuse pas moins; car j'ose dire qu'il n'y a peut-être rien qui relève davantage un discours qu'un beau mouvement et une passion poussée à propos. En effet, c'est comme une espèce

---

se mirent en état d'escalader le ciel. Ils se tuèrent l'un l'autre par l'adresse de Diane. *Odyssée*, liv. XI, vers 310. (Boileau, 1674 à 1713.)

ᵃ V. O. 1674, in-4° et petit in-12; et 1675, petit in-12 (*id.*, 1674. Dar., 1675, A.)... *Dieux de leur...* c'était évidemment une faute typographique ; mais Desmarets (p. 123) et Brienne ne voulurent point la supposer. « Jamais, dirent-ils, on n'a fait de plus méchant vers : ambition est toujours de quatre syllabes, de sorte que ce vers en a réellement treize... Ensuite quel galimatias, *détrôner* d'une *ambition!* » Boileau méprisa ces injures, et corrigea la faute dans l'édition suivante (1674, grand in-12). (B.-S.-P.)

ᵇ V. E. Il faut *Ossa* et non *Osse*, car on dit les monts *Ida*, *OEta*, *Sina*, et non pas *Ide*, et *Sine*... (Desmarets, 124.) — Saint-Marc est du même avis, et présume qu'*Osse* est une faute d'impression. (B.-S.-P.) — Quoiqu'on pût dire alors *Cosse* pour *Cossus*, *Brute* pour *Brutus*, *Tite* pour *Titus*, *Osse* pour *Ossa* ne nous semble pas heureux.

d'enthousiasme et de fureur noble qui anime l'oraison, et qui lui donne un feu et une vigueur toute divine.[a]

CHAPITRE VII.

DE LA SUBLIMITÉ DANS LES PENSÉES.

Bien que des cinq parties dont j'ai parlé, la première et la plus considérable, je veux dire cette « élévation d'esprit naturelle, » soit plutôt un présent du ciel qu'une qualité qui se puisse acquérir, nous devons, autant qu'il nous est possible, nourrir notre esprit au grand et le tenir toujours plein et enflé,[b] pour ainsi dire, d'une certaine fierté noble et généreuse.

Que si on demande comme il s'y faut prendre, j'ai déjà écrit ailleurs que cette élévation d'esprit étoit une image[c] de la grandeur d'âme, et c'est pourquoi nous admirons quelquefois la seule pensée d'un homme, encore qu'il ne parle point, à cause de cette grandeur de courage

---

[a] La Harpe (*Cours de Littérature*, t. Ier) rend ainsi ce passage : « Il s'est bien trompé, s'il a cru que l'un était étranger à l'autre. J'oserais affirmer avec confiance qu'il n'y a rien de si grand dans l'éloquence qu'une passion fortement exprimée et maniée à propos; c'est alors que le discours monte jusqu'à l'enthousiasme et ressemble à l'inspiration. » Nous préférons la traduction de Despréaux.

[b] De 1674 à 1682 il y a : *plein, pour ainsi dire...* Dacier (*mss.*) observa que le mot *plein* ne demandait pas cette modification *pour ainsi dire...* Boileau intercala, en 1683, *et enflé.*

[c] Il y a dans le grec un mot ἀπήχημα, *écho,* trop faiblement rendu par *image.* Tollius proposait de traduire : « Le sublime est l'écho de la grandeur de l'âme. » La Harpe a dit : « Le sublime est, pour ainsi dire, le son que rend une grande âme. »

que nous voyons : par exemple, le silence d'Ajax aux enfers, dans l'Odyssée;[a] car ce silence a je ne sais quoi de plus grand que tout ce qu'il auroit pu dire.

La première qualité donc qu'il faut supposer en un véritable orateur, c'est qu'il n'ait point l'esprit rampant. En effet, il n'est pas possible qu'un homme qui n'a toute sa vie que des sentiments et des inclinations basses et serviles puisse jamais rien produire qui soit merveilleux ni digne de la postérité. Il n'y a vraisemblablement que ceux qui ont de hautes et de solides pensées qui puissent faire des discours élevés ; et c'est particulièrement aux grands hommes qu'il échappe de dire des choses extraordinaires. Voyez, par exemple,[b] (25) ce que répondit Alexandre quand Darius lui offrit la moitié de l'Asie avec sa fille en mariage. « Pour moi, lui disoit Parménion, si j'étois Alexandre, j'accepterois ces offres. Et moi aussi, répliqua ce prince, si j'étois Parménion. » N'est-il pas vrai qu'il falloit être Alexandre pour faire cette réponse ?

Et c'est en cette partie qu'a principalement excellé

---

[a] C'est dans le onzième livre de l'*Odyssée*, vers 551, où Ulysse fait des soumissions à Ajax; mais Ajax ne daigne pas lui répondre. (Boileau, 1674 à 1713.)

[b] Il manque en cet endroit plusieurs feuillets. Cependant Gabriel de Pétra a cru qu'il n'y manquoit que trois ou quatre lignes. Il les a suppléées. M. Le Fèvre, de Saumur, approuve fort sa restitution, qui, en effet, est très-ingénieuse, mais fausse en ce qu'elle suppose que la réponse d'Alexandre à Parménion doit précéder immédiatement l'endroit d'Homère, dont elle étoit éloignée de douze pages raisonnablement grandes... Il y a six grandes lacunes dans le *Traité du Sublime*. Les chapitres où elles se trouvent sont le II, le VII, le X, le XVI, le XXV et le XXXI (selon l'édition de M. Despréaux)... Il s'ensuit qu'entre les six lacunes spécifiées, les moindres sont de quatre pages.... (Boivin.) Voici la restitution faite par Gabriel de Pétra : « Εἰ Ἀλέξανδρος ἤμην. » Κἀγὼ νὴ Δία » εἰπὼν, « εἰ Παρμενίων ἤμην, » τὸ αὑτοῦ μεγαλόφρον δείκνυσιν. Ὡς καὶ τὸ Ὁμήρου παρορίζει μεγαλοφυὲς ἐν τῷ

Οὐρανῷ ἐστήριξε κάρη, καὶ ἐπὶ χθονὶ βαίνει...

Homère, dont les pensées sont toutes sublimes, comme on le peut voir dans la description de la déesse Discorde, qui a, dit-il,

> La tête dans les cieux et les pieds sur la terre [a].

Car on peut dire que cette grandeur qu'il lui donne est moins la mesure de la Discorde que de la capacité et de l'élévation de l'esprit d'Homère. Hésiode a mis un vers bien différent de celui-ci dans son *Bouclier*, s'il est vrai que ce poëme soit de lui, quand il dit,[b] à propos de la déesse des ténèbres :[c]

> Une puante humeur lui couloit des narines.

En effet, il ne rend pas proprement cette déesse terrible, mais odieuse et dégoûtante. Au contraire, voyez quelle majesté Homère donne aux dieux :[d]

> Autant qu'un homme assis au rivage des mers
> Voit, d'un roc élevé,[e] d'espace dans les airs,
> Autant des immortels les coursiers intrépides
> En franchissent d'un saut, etc.

Il mesure l'étendue de leur saut à celle de l'univers. Qui est-ce donc qui ne s'écrieroit avec raison, en voyant

---

[a] *Iliade*, liv. IV, vers 443. (Boileau, 1713.) — Éloges et critiques de ce vers, voyez Réflexion IV.

[b] Vers 267. (Boileau, 1713.) — Le *Bouclier d'Hercule*, poëme attribué à Hésiode.

[c] C'est plutôt la déesse de la tristesse. *Dac., impr.*

[d] *Iliade*, liv. V, vers 770. (Boileau, 1713.)

[e] De 1674 à 1682 il y a : *voit du haut d'une tour*, d'espace... — Inexactitude et contradiction, car Longin parle d'un lieu élevé, et non pas *d'une tour*, et l'on ne peut être en même temps assis sur le rivage et placé *au haut* d'une tour. (Desmarets.) — Dacier (*mss.*) convient de la contradiction.

la magnificence de cette hyperbole, que, si les chevaux des dieux vouloient faire un second saut, ils ne trouveroient pas assez d'espace dans le monde? Ces peintures aussi qu'il fait du combat des dieux ont quelque chose de fort grand, quand il dit : [a]

> Le ciel en retentit, et l'Olympe en trembla.

Et ailleurs : [b]

> L'enfer s'émeut au bruit de Neptune en furie.
> Pluton sort de son trône, il pâlit, il s'écrie :
> Il a peur que ce dieu, dans cet affreux séjour,
> D'un coup de son trident ne fasse entrer le jour
> Et, par le centre ouvert de la terre ébranlée,
> Ne fasse voir du Styx la rive désolée; [c]
> Ne découvre aux vivants cet empire odieux,
> Abhorré des mortels, et craint même des dieux.

Voyez-vous, mon cher Térentianus, la terre ouverte jusqu'en son centre, l'enfer prêt à paroître, et toute la

---

mais ajoute que, sans cette *petite faute*, les vers de Boileau approcheraient de la grandeur de ceux d'Homère. Il voudrait mettre *d'un cap élevé*.

Il y a dans le texte σκοπιῇ, l'expression est extrêmement vague; elle signifie tout endroit élevé d'où la vue peut s'étendre au loin, une *guette*, comme on disait au moyen âge.

[a] *Iliade*, liv. XXI, vers 388. (Boileau, 1713.)

[b] *Iliade*, liv. XX, vers 61. (Boileau, 1713.)

[c] Desmarets n'approuvait pas cette traduction : « Que de choses, dit-il (p. 120), qui ne sont point dans le texte grec, par incapacité de serrer le sens ! Il y a seulement :

> Pluton, roi des enfers, de peur en fut atteint,
> De son trône il s'élance, il crie, il tremble, il craint
> Que du coup de Neptune une large ouverture
> Ne découvre l'horreur de sa demeure obscure,
> Des mortels redoutée et qu'abhorrent les dieux. »

La Harpe trouve très-faible *Pluton sort de son trône*; *d'un coup de son trident ne fasse entrer le jour* lui paraît un vers admirable; mais il n'est pas dans Homère, il est imité de Virgile. Il voit un remplissage dans *et par*

machine du monde sur le point d'être détruite et renversée, pour montrer que, dans ce combat, le ciel, les enfers, les choses mortelles et immortelles, tout enfin combattoit avec les dieux, et qu'il n'y avoit rien dans la nature qui ne fût en danger? Mais il faut prendre toutes ces pensées dans un sens allégorique, autrement elles ont je ne sais quoi d'affreux, d'impie, et de peu convenable à la majesté des dieux. Et pour moi, lorsque je vois dans Homère les plaies, les ligues, les supplices, les larmes, les emprisonnements des dieux, et tous ces autres accidents où ils tombent sans cesse, il me semble qu'il s'est efforcé, autant qu'il a pu, de faire des dieux de ces hommes qui furent au siége de Troie ; et qu'au contraire, des dieux mêmes il en a fait des hommes. Encore les fait-il de pire condition; car à l'égard de nous, quand nous sommes malheureux, au moins avons-nous la mort, qui est comme un port assuré pour sortir de nos misères ; au lieu qu'en représentant les dieux de cette sorte, il ne les rend pas proprement immortels, mais éternellement misérables.

Il a donc bien mieux réussi lorsqu'il nous a peint un dieu tel qu'il est dans toute sa majesté et sa grandeur, et sans mélange des choses terrestres, comme dans cet endroit qui a été remarqué par plusieurs avant moi, où il dit en parlant de Neptune :[a]

> Neptune ainsi marchant dans ces vastes campagnes,
> Fait trembler sous ses pieds et forêts et montagnes.

le centre ouvert de la terre ébranlée, des négligences dans *ne fasse voir du Styx la rive désolée, ne fasse entrer...* Daunou trouve les critiques de La Harpe en général trop rigoureuses... N'oublions pas ce que dit Boileau dans ses Remarques, n° 27 : « J'ai tâché dans les passages qui sont rapportés d'Homère à enchérir sur lui, plutôt que de le suivre trop scrupuleusement à la piste. »

[a] *Iliade*, liv. XIII, vers 18. (BOILEAU, 1713.)

Et dans un autre endroit :

> Il attelle son char, et, montant fièrement,
> Lui fait fendre les flots de l'humide élément.
> Dès qu'on le voit marcher sur ces liquides plaines,
> D'aise on entend sauter les pesantes baleines.
> L'eau frémit sous le dieu qui lui donne la loi, (26)
> Et semble avec plaisir reconnaître son roi.
> Cependant le char vole, etc.

Ainsi le législateur des Juifs, qui n'étoit pas un homme ordinaire, ayant fort bien conçu la grandeur et la puissance de Dieu, l'a exprimée dans toute sa dignité au commencement de ses lois, par ces paroles : DIEU DIT : QUE LA LUMIÈRE SE FASSE,[a] ET LA LUMIÈRE SE FIT ;[b] QUE LA TERRE SE FASSE, LA TERRE FUT FAITE.

---

[a] Il y a dans Longin, *Dieu dit :* Quoi ! *que la lumière,* etc... On a déjà vu (Réflexion X) comment Boileau se justifie d'avoir omis ce *quoi !* (B.-S.-P.)

[b] Au sujet de ce passage, voyez Réflexion X.
Fr. Portus pensait que ce passage a été interpolé ; il lui semblait peu vraisemblable que Longin eût connu la littérature des Hébreux, ou qu'il eût voulu recourir à des exemples chrétiens. M. Boissonade était d'un avis contraire... « Longin, dit-il, au siècle d'Aurélien, a pu citer Moïse ; il vivait dans un temps où les philosophes païens, fréquemment aux prises avec les docteurs du christianisme, étaient forcés de lire et d'étudier les livres de cette religion nouvelle, dont les progrès devenaient de jour en jour plus alarmants pour eux. On pourra objecter que ce passage a été interpolé : mais il l'aurait sans doute été par un chrétien ; et un chrétien n'eût-il donné à Moïse que le faible éloge de n'être pas un homme ordinaire ? Il n'eût pas non plus désigné la Genèse par le titre inexact des lois de Moïse. Le Clerc a pensé que le passage a été ajouté après coup, mais par Longin lui-même, qui, s'étant attaché vers la fin de sa vie à la reine de Palmyre, voulut, pour lui être agréable, citer un passage de Moïse ; car Zénobie était juive, s'il faut admettre le témoignage de quelques Pères, qui pourraient bien n'avoir pas été très-éclairés, et que l'on a même accusés d'avoir en ceci manqué de sincérité. » (BIOGRAPHIE UNIVERSELLE, article *Longin*.)

Je pense, mon cher Térentianus, que vous ne serez pas fâché que je vous rapporte encore ici un passage de notre poëte, quand il parle des hommes, afin de vous faire voir combien Homère est héroïque lui-même en peignant le caractère d'un héros. Une épaisse obscurité avoit couvert tout d'un coup l'armée des Grecs, et les empêchoit de combattre. En cet endroit, Ajax, ne sachant plus quelle résolution prendre, s'écrie : [a]

> Grand dieu, chasse la nuit qui nous couvre les yeux,
> Et combats contre nous à la clarté des cieux. (27)

Voilà les véritables sentiments d'un guerrier tel qu'Ajax.[b] Il ne demande pas la vie, un héros n'étoit pas capable de cette bassesse; mais comme il ne voit point d'occasion de signaler son courage au milieu de l'obscurité, il se fâche de ne point combattre; il demande donc en hâte que le jour paroisse, pour faire au moins une fin digne de son grand cœur, quand il devroit avoir à combattre Jupiter même. En effet, Homère, en cet endroit, est comme un vent favorable qui seconde l'ardeur des combattants; car il ne se remue pas avec moins de violence que s'il étoit épris aussi de fureur.

---

[a] *Iliade,* liv. XVII, vers 645. (BOILEAU, 1713.)

[b] Voici comment Saint-Marc propose de traduire ce passage : « Ce mouvement est véritablement digne d'Ajax. Il ne souhaite pas de vivre. C'est une trop grande petitesse de la part d'un héros. Mais comme les ténèbres qui le forcent au repos l'empêchent d'employer sa valeur à quelque grande action, indigné par cette raison d'être inutile quand il faudroit combattre, il demande que la lumière reparoisse au plus tôt, bien certain, puisque Jupiter refuse de le favoriser, de rencontrer du moins une mort digne d'un grand cœur. Et certes en cet endroit Homère partage les passions de son héros, et lui-même ne fait qu'entrer dans une fureur pareille à celle du dieu Mars, etc... » Boileau est plus exact dans la dernière phrase.

> Tel que Mars en courroux au milieu des batailles, [a]
> Ou comme on voit un feu, jetant partout l'horreur,
> Au travers des forêts promener sa fureur :
> De colère il écume, etc.

Mais je vous prie de remarquer, pour plusieurs raisons, combien il est affoibli dans son Odyssée, où il fait voir en effet que c'est le propre d'un grand esprit, lorsqu'il commence à vieillir et à décliner, de se plaire aux contes et aux fables : car, qu'il ait composé l'Odyssée depuis l'Iliade, j'en pourrois donner plusieurs preuves. Et, premièrement, il est certain qu'il y a quantité de choses dans l'Odyssée qui ne sont que la suite des malheurs qu'on lit dans l'Iliade, et qu'il a transportées dans ce dernier ouvrage comme autant d'épisodes[b] de la guerre de Troie. Ajoutez que les accidents qui arrivent dans l'Iliade sont déplorés souvent par les héros de l'Odyssée, (28) comme des malheurs connus et arrivés il y a déjà longtemps; et c'est pourquoi l'Odyssée n'est, à proprement parler, que l'épilogue de l'Iliade.

> Là gît le grand Ajax et l'invincible Achille;
> Là de ses ans Patrocle a vu borner le cours;
> Là mon fils, mon cher fils, a terminé ses jours. [c]

De là vient, à mon avis, que comme Homère a composé son Iliade durant que son esprit étoit en sa plus grande vigueur, tout le corps de son ouvrage est dramatique et plein d'action, au lieu que la meilleure partie de

---

[a] *Iliade*, liv. XV, vers 605. (BOILEAU, 1713.)

[b] De 1674 à 1682 il y a : *autant* d'effets *de la...* — Le mot *épisodes* a été encore proposé par Dacier (*mss.*).

[c] Ce sont des paroles de Nestor dans l'*Odyssée*, liv. III, vers 169. (BOILEAU, 1713.)

l'Odyssée se passe en narrations, qui est le génie de la vieillesse : tellement qu'on le peut comparer dans ce dernier ouvrage au soleil quand il se couche, qui a toujours sa même grandeur, mais qui n'a plus tant d'ardeur ni de force. En effet, il ne parle plus du même ton, on n'y voit plus ce sublime de l'Iliade, qui marche partout d'un pas égal, sans que jamais il s'arrête ni se repose. On n'y remarque point cette foule de mouvements et de passions entassées les unes sur les autres. Il n'a plus cette même force, et, s'il faut ainsi parler, cette même volubilité du discours si propre pour l'action, et mêlée de tant d'images naïves des choses. Nous pouvons dire que c'est le reflux de son esprit, qui, comme un grand océan, se retire et déserte ses rivages. A tout propos il s'égare dans des imaginations et des fables incroyables. (29) Je n'ai pas oublié pourtant les descriptions de tempêtes qu'il fait, les aventures qui arrivèrent à Ulysse chez Polyphème, et quelques autres endroits qui sont sans doute fort beaux. Mais cette vieillesse dans Homère, après tout, c'est la vieillesse d'Homère ; joint qu'en tous ces endroits-là il y a beaucoup plus de fable et de narration que d'action.

Je me suis étendu là-dessus, comme j'ai déjà dit, afin de vous faire voir que les génies naturellement les plus élevés tombent quelquefois dans la badinerie, quand la force de leur esprit vient à s'éteindre. Dans ce rang on doit mettre ce qu'il dit du sac où Éole enferma les vents, et des compagnons d'Ulysse, changés par Circé en pourceaux, que Zoïle appelle de « petits cochons larmoyants. » Il en est de même des colombes qui nourrirent Jupiter comme un pigeon ;[a] de la disette d'Ulysse, qui fut dix

---

[a] V. O. (en part.) 1674, in-4° et petit in-12; et 1675, petit in-12, un *pigeonneau*... On lit *pigeon* à 1674, grand in-12. (B.-S.-P.)

jours sans manger après son naufrage, et de toutes ces absurdités qu'il conte du meurtre des amants de Pénélope; car tout ce qu'on peut dire à l'avantage de ces fictions, c'est que ce sont d'assez beaux songes, et, si vous voulez, des songes de Jupiter même. Ce qui m'a encore obligé à parler de l'Odyssée, c'est pour vous montrer que les grands poëtes et les écrivains célèbres, quand leur esprit manque de vigueur pour le pathétique, s'amusent ordinairement à peindre les mœurs. C'est ce que fait Homère, quand il décrit la vie que menoient les amants de Pénélope dans la maison d'Ulysse. En effet, toute cette description est proprement une espèce de comédie, où les différents caractères des hommes sont peints.

CHAPITRE VIII.

DE LA SUBLIMITÉ QUI SE TIRE DES CIRCONSTANCES.

Voyons si nous n'avons point encore quelque autre moyen par où nous puissions rendre un discours sublime. Je dis donc que, comme naturellement rien n'arrive au monde qui ne soit toujours accompagné de certaines circonstances, ce sera un secret infaillible pour arriver au grand, si nous savons faire à propos le choix des plus considérables, et si, en les liant bien ensemble, nous en formons comme un corps; car d'un côté ce choix, et de l'autre cet amas de circonstances choisies, attachent fortement l'esprit.

Ainsi, quand Sapho veut exprimer les fureurs de

l'amour,ᵃ elle ramasse de tous côtés les accidents qui suivent et qui accompagnent en effet cette passion : mais où son adresse paroît principalement, c'est à choisir de tous ces accidents ceux qui marquent davantage l'excès et la violence de l'amour, et à bien lier tout cela ensemble.

> Heureux qui près de toi pour toi seule soupire,
> Qui jouit du plaisir de t'entendre parler,
> Qui te voit quelquefois doucement lui sourire !
> Les dieux dans son bonheur peuvent-ils l'égaler ?
>
> Je sens de veine en veine une subtile flamme
> Courir par tout mon corps sitôt que je te vois;
> Et, dans les doux transports où s'égare mon âme,
> Je ne saurois trouver de langue ni de voix.
>
> Un nuage confus se répand sur ma vue;
> Je n'entends plus; je tombe en de douces langueurs :
> Et pâle, (30) sans haleine, interdite, éperdue,
> Un frisson (31) me saisit, je tremble, je me meurs.
>
> Mais quand on n'a plus rien il faut tout hasarder, etc. ᵇ

ᵃ « Dans les fragments des poëtes lyriques grecs, l'ode de Sapho, dont Longin va rapporter une partie, a pour titre : *Ad mulierem amatam*.

ᵇ Delille a refait cette traduction à la prière de l'abbé Barthélemy, qui l'a insérée dans le *Voyage du jeune Anacharsis*, t. II, p. 68. Il n'a cherché qu'à lui donner un rhythme analogue à celui du grec; il a, le plus souvent, employé les expressions mêmes de Boileau :

> Heureux celui qui près de toi soupire,
> Qui sur lui seul attire ces beaux yeux,
> Ce doux accent et ce tendre sourire !
>   Il est égal aux dieux.
> De veine en veine une subtile flamme
> Court dans mon sein, sitôt que je te vois;
> Et dans le trouble où s'égare mon âme,
>   Je demeure sans voix.
> Je n'entends plus; un voile est sur ma vue;
> Je rêve, et tombe en de douces langueurs :
> Et sans haleine, interdite, éperdue,
>   Je tremble, je me meurs.

Cette ode, dont Catulle a traduit les trois premières strophes, et que

N'admirez-vous point comment elle ramasse toutes ces choses, l'âme, le corps, l'ouïe, la langue, la vue, la couleur, comme si c'étoient autant de personnes différentes et prêtes à expirer? Voyez de combien de mouvements contraires elle est agitée. Elle gèle, elle brûle, elle est folle, elle est sage;[a] ou elle est entièrement hors d'elle-même, (32) ou elle va mourir. En un mot, on diroit qu'elle n'est pas éprise d'une simple passion, mais que son âme est un rendez-vous de toutes les passions;[b] et c'est en effet ce qui arrive à ceux qui aiment. Vous voyez donc bien, comme j'ai déjà dit, que ce qui fait la principale beauté de son discours, ce sont toutes ces grandes circonstances marquées à propos et ramassées avec choix. Ainsi, quand Homère veut faire la description d'une tempête, il a soin d'exprimer tout ce qui peut arriver de plus

---

Longin nous a conservée, étoit sans doute une des plus belles de Sapho. Mais comme elle a passé par les mains des copistes et des critiques, elle a beaucoup souffert des uns et des autres... On a retranché, ajouté, changé, transposé; enfin on s'est donné toute sorte de libertés. — Isaac Vossius, qui avoit vu les manuscrits, s'est aperçu le premier du peu d'exactitude de ceux qui avoient avant lui corrigé cette pièce. (BOIVIN.)

[a] Cette phrase fait un vers. « Feu M. Despréaux faisoit revoir tous ses ouvrages à M. Patru, qui lui dit un jour qu'il avoit trouvé un vers dans sa traduction de Longin, dans l'endroit où il dit, en parlant de Sapho : *Elle gèle, elle brûle; elle est folle, elle est sage.* Il pria M. Despréaux de changer cet endroit, attendu que les vers faisoient toujours un mauvais effet dans un discours en prose, et que ceux qui écrivoient bien évitoient de tomber dans ce petit défaut; ajoutant qu'il étoit bien assuré qu'on ne trouveroit aucun vers dans ses plaidoyers imprimés. M. Despréaux, qui ne vouloit point corriger sa traduction, qui en effet exprime avec beaucoup de vivacité l'état où se trouvoit Sapho, lorsqu'elle voyoit *son amant*, dit à M. Patru : Je parie que si je cherchois bien, je trouverois quelques vers dans vos plaidoyers; et prenant en même temps le volume des Œuvres de M. Patru, il tomba à l'ouverture du livre sur ces mots qui font un vers : *Onzième plaidoyer pour un jeune Allemand.* » (DE VIGNEUL-MARVILLE, *Mélanges d'Histoire et de Littérature,* IIIᵉ vol. (1725).

[b] Le grec donne παθῶν δὲ σύνοδος; si ce n'est que le mot de rendez-vous peut paraître manquer de noblesse, le sens est parfaitement rendu.

affreux dans une tempête. Car, par exemple, l'auteur[a] du poëme des Arimaspiens[b] pense dire des choses fort étonnantes, quand il s'écrie :

> O prodige étonnant! O fureur incroyable!
> Des hommes insensés, sur de frêles vaisseaux,
> S'en vont loin de la terre habiter sur les eaux,
> Et, suivant sur la mer une route incertaine,
> Courent chercher bien loin le travail et la peine.
> Ils ne goûtent jamais de paisible repos.
> Ils ont les yeux au ciel et l'esprit sur les flots ;
> Et, les bras étendus, les entrailles émues,
> Ils font souvent aux dieux des prières perdues.

Cependant il n'y a personne, comme je pense, qui ne voie bien que ce discours est en effet plus fardé et plus fleuri que grand et sublime. Voyons donc comment fait Homère, et considérons cet endroit[c] entre plusieurs autres :

> Comme l'on voit les flots, soulevés par l'orage,
> Fondre sur un vaisseau qui s'oppose à leur rage,
> Le vent avec fureur dans les voiles frémit ;
> La mer blanchit d'écume, et l'air au loin gémit :
> Le matelot troublé, que son art abandonne,
> Croit voir dans chaque flot la mort qui l'environne.

Aratus[d] a tâché d'enchérir sur ce dernier vers, en disant :

> Un bois mince et léger les défend de la mort.

---

[a] Aristée. (BOILEAU, 1713.)
Aristeas Proconnesius (Proconnèse, ile de la Propontide), quem commemorant Herodot., IV, 13, sqq.; A. Gell., IX, 4; Pausan., Att., I, 26, 6, alii, inter vetustissimos teratologos recensetur a viro doct. J. Berger de Xivrey, *Traditions tératologiques,* p. XXVI, 486. (EGGER.)

[b] C'étoient des peuples de Scythie. (BOILEAU, 1713.) — Aujourd'hui les Samoïèdes.

[c] *Iliade,* liv. XV, vers 624. (BOILEAU, 1713.)

[d] Aratus, *Phénomènes,* 300.

Mais en fardant ainsi cette pensée, il l'a rendue basse[a] et fleurie, de terrible qu'elle étoit. Et puis, renfermant tout le péril dans ces mots, *Un bois mince et léger les défend de la mort*, il l'éloigne et le diminue plutôt qu'il ne l'augmente. Mais Homère ne met pas pour une seule fois devant les yeux le danger où se trouvent les matelots; il les représente, comme en un tableau, sur le point d'être submergés à tous les flots qui s'élèvent, et imprime jusque dans ses mots et ses syllabes l'image du péril. (33) Archiloque ne s'est point servi d'autre artifice dans la description de son[b] naufrage, non plus que Démosthène dans cet endroit où il décrit le trouble des Athéniens à la nouvelle de la prise d'Élatée, quand il dit : « Il étoit déjà fort tard, etc. » : (34) car ils n'ont fait tous deux que trier, pour ainsi dire, et ramasser soigneusement les grandes circonstances, prenant garde à ne point insérer dans leurs discours des particularités basses et superflues, ou qui sentissent l'école. En effet, de trop s'arrêter aux petites choses, cela gâte tout; et c'est comme du moellon ou des plâtras qu'on auroit arrangés et comme entassés les uns sur les autres pour élever un bâtiment.[c]

---

[a] Le grec dit « petite » et non *basse*, μικρόν.

[b] Voir là-dessus la note de Dacier, n° 29, qui relève l'équivoque de *son*.

[c] Boileau a traduit ce passage tel que le texte le lui offrait. Ruhnken dit à ce propos : « Difficilis locus et vehementer vexatus, verumtamen post hoc non amplius vexandus. » Il propose une autre leçon, dont le sens serait celui-ci : « Ces sortes de circonstances, semblables aux plâtras dont on remplit les crevasses des murs, ne font que dégrader l'ensemble et la magnificence de l'édifice du style. »

CHAPITRE IX.

DE L'AMPLIFICATION.

Entre les moyens dont nous avons parlé, qui contribuent au sublime, il faut aussi donner rang à ce qu'ils[a] appellent « amplification; » car quand la nature des sujets qu'on traite, ou des causes qu'on plaide, demande des périodes plus étendues et composées de plus de membres, on peut s'élever par degrés, de telle sorte qu'un mot enchérisse toujours sur l'autre; et cette adresse peut beaucoup servir, ou pour traiter quelque lieu d'un discours, ou pour exagérer, ou pour confirmer, ou pour mettre en jour un fait, ou pour manier une passion. En effet, l'amplification se peut diviser en un nombre infini d'espèces; mais l'orateur doit savoir que pas une de ces espèces n'est parfaite de soi, s'il n'y a du grand et du sublime, si ce n'est lorsqu'on cherche à émouvoir la pitié, ou que l'on veut ravaler le prix de quelque chose. Partout ailleurs, si vous ôtez à l'amplification ce qu'il y a de grand,[b] vous lui arrachez, pour ainsi dire, l'âme du corps. En un mot, dès que cet appui vient à lui manquer, elle languit et n'a plus ni force ni mouvement. Maintenant, pour plus grande netteté, disons en peu de mots la différence qu'il y a de cette partie à celle dont nous avons parlé dans le chapitre précédent, et qui, comme j'ai dit, n'est autre chose qu'un

---

[a] C'est le texte de Boileau. En écrivant ce *qu'on appelle,* Saint-Marc a introduit une correction faite par Capperonnier.
[b] V. O. De 1674 à 1701, in-4°... *ce qu'elle a de grand.*

amas de circonstances choisies que l'on réunit ensemble; et voyons par où l'amplification en général diffère du grand et du sublime.

CHAPITRE X.

CE QUE C'EST QU'AMPLIFICATION.

Je ne saurois approuver la définition que[a] lui donnent les maîtres de l'art : L'amplification, disent-ils, est un « discours qui augmente et qui agrandit les choses. » Car cette définition peut convenir tout de même au sublime, au pathétique et aux figures : puisqu'elles donnent toutes au discours je ne sais quel caractère de grandeur. Il y a pourtant bien de la différence ; et premièrement le sublime consiste dans la hauteur et l'élévation, au lieu que l'amplification consiste aussi dans la multitude des paroles. C'est pourquoi le sublime se trouve quelquefois dans une simple pensée ; mais l'amplification ne subsiste que dans la pompe et dans l'abondance. L'amplification donc, pour en donner ici une idée générale, « est un accroissement de paroles que l'on peut tirer de toutes les circonstances particulières des choses, et de tous les lieux de l'oraison, qui remplit le discours et le fortifie, en appuyant sur ce qu'on a déjà dit. » Ainsi elle diffère de la preuve, en ce qu'on emploie celle-ci pour prouver la question, au lieu que l'amplification ne sert qu'à étendre (35) et à exagérer ***.[b]

---

[a] Locution incorrecte. Il faudrait *qu'en donnent*.
[b] Dans cette note trente-cinquième, Boileau donne les paroles du texte qui

La même différence, à mon avis, est entre Démosthène et Cicéron pour le grand et le sublime, autant que nous autres Grecs pouvons juger des ouvrages d'un auteur latin. En effet, Démosthène est grand en qu'il est serré et concis, et Cicéron, au contraire, en ce qu'il est diffus et étendu. On peut comparer ce premier, à cause de la violence, de la rapidité, de la force et de la véhémence avec laquelle il ravage, pour ainsi dire, et emporte tout, à une tempête et à un foudre. Pour Cicéron, on peut dire, à mon avis, que, comme un grand embrasement, il dévore et consume tout ce qu'il rencontre, avec un feu qui ne s'éteint point, qu'il répand diversement dans ses ouvrages, et qui, à mesure qu'il s'avance, prend toujours de nouvelles forces.[a] Mais vous pouvez mieux juger de cela que moi. Au reste, le sublime de Démosthène vaut sans doute bien mieux dans les exagérations fortes et dans les violentes passions, quand il faut, pour ainsi dire, étonner l'auditeur. Au contraire, l'abondance est meilleure lorsqu'on veut, si j'ose me servir de ces termes, répandre une rosée agréable[b] (36) dans les esprits ; et certainement un discours

---

restent à la suite d'une lacune d'au moins quatre pages, suivant le calcul de Boivin.

[a] De 1674 à 1682 il y a : Pour Cicéron, *à mon sens, il ressemble à un grand embrasement qui se répand partout, et s'élève en l'air, avec un feu dont la violence dure et ne s'éteint point ; qui fait de différents effets, selon les différents endroits où il se trouve, mais qui se nourrit néanmoins et s'entretient toujours dans la diversité des choses où il s'attache. Mais vous...*

Cette traduction fut critiquée par Dacier (*mss.*) comme incorrecte et inexacte, et il proposa celle-ci, qui a été, à peu de chose près, adoptée par Boileau : « A mon avis, on peut dire de Cicéron que, comme un grand embrasement, il s'élève et se prend à tout ce qu'il trouve, et que, conservant toujours un feu qui ne s'éteint point, il le répand diversement dans ses ouvrages, et lui donne, à diverses reprises, une nouvelle force. » (B.-S.-P.)

[b] « Répandre une rosée agréable » ne répond pas du tout au sens du passage grec. Καταντλέω veut dire *verser sur* ; et au figuré, *inonder, verser en abondance, bassiner, faire des lotions à grande eau.*

diffus est bien plus propre pour les lieux communs, les péroraisons, les digressions, et généralement pour tous ces discours qui se font dans le genre démonstratif. Il en est de même pour les histoires, les traités de physique, et plusieurs autres semblables matières.

CHAPITRE XI.

DE L'IMITATION.

Pour retourner à notre discours, Platon, dont le style ne laisse pas d'être fort élevé, bien qu'il coule sans être rapide et sans faire de bruit, nous a donné une idée de ce style, que vous ne pouvez ignorer, si vous avez lu les livres de sa République.[a] « Ces hommes malheureux, dit-il quelque part, qui ne savent ce que c'est que de sagesse ni de vertu, et qui sont continuellement plongés dans les festins et dans la débauche, vont toujours de pis en pis, et errent enfin toute leur vie. La vérité n'a point pour eux d'attraits ni de charmes; ils n'ont jamais levé les yeux pour la regarder; en un mot, ils n'ont jamais goûté de pur ni de solide plaisir. Ils sont comme des bêtes qui regardent toujours en bas, et qui sont courbées vers la terre. Ils ne songent qu'à manger et à repaître, qu'à satisfaire leurs passions brutales; et, dans l'ardeur de les rassasier, ils regimbent, ils égratignent, ils se battent à coups d'ongles et de cornes de fer, et périssent à la fin par leur gourmandise insatiable.[b] »

[a] Dialogue IX, p. 585, édit. de H. Étienne. (BOILEAU, 1713.)
[b] « Je ne sais pas pourquoi M. Despréaux a dit : *Ils égratignent, ils se*

TRAITÉ DU SUBLIME.   483

Au reste, ce philosophe nous a encore enseigné un autre chemin, si nous ne voulons point le négliger, qui nous peut conduire au sublime. Quel est ce chemin? C'est l'imitation[a] et l'émulation des [b] poëtes et des écrivains illustres qui ont vécu devant[c] nous; car c'est le but que nous devons toujours nous mettre devant les yeux.

Et certainement il s'en voit beaucoup que l'esprit d'autrui ravit hors d'eux-mêmes, comme on dit qu'une sainte fureur saisit la prêtresse d'Apollon sur le sacré trépied; car on tient qu'il y a une ouverture en terre d'où sort un souffle, une vapeur toute céleste qui la remplit sur-le-champ d'une vertu divine, et lui fait prononcer des oracles. De même ces grandes beautés que nous remarquons dans les ouvrages des anciens sont comme autant de sources sacrées, d'où il s'élève des vapeurs heureuses qui se répandent dans l'âme de leurs imitateurs, et animent

battent à coups d'ongles. Est-il possible qu'il n'ait pas vu qu'il avilissoit la pensée de Platon, laquelle malgré la dureté des *métaphores*, ne laisse pas d'avoir quelque noblesse, parce que les *chevaux* et les *béliers*, de qui Platon emprunte ses termes figurés, sont considérés, surtout les premiers, comme des *animaux nobles?* Il n'en est pas de même des *chats*, qui fournissent à M. Despréaux ces deux expressions métaphoriques : *Ils égratignent à coups d'ongles.* » (Saint-Marc.) Il n'y a rien, en effet, qui puisse justifier ces coups d'ongles; ὁπλαῖς, dans le grec, signifie *sabot* des quadrupèdes.

[a] C'est ici que le titre de l'*Imitation* devient juste. Le reste ne s'y rapporte point. Nous avons déjà dit, plus haut, que cette division en chapitres n'appartient pas à Longin.

[b] Il faudroit « c'est d'imiter *et d'avoir de l'émulation* pour les poëtes, etc. » D'après la traduction ci-dessus, on entendra l'émulation que les poëtes ont entre eux... *Dac., mss.*

L'observation de Dacier est trop rigoureuse. Fénelon a dit : *Le respect de l'antiquité...* J.-J. Rousseau : *l'assistance des mendiants...* Il n'y a point là d'équivoque. C'était l'usage constant de la langue du xvii[e] siècle.

[c] *Devant* était alors usité en ce sens. Voyez satire IV.

Brossette a eu tort de substituer *avant*.

les esprits mêmes^a naturellement les moins échauffés ; si bien que dans ce moment ils sont comme ravis et emportés de l'enthousiasme d'autrui : ainsi voyons-nous qu'Hérodote, et devant^b lui Stésichore et Archiloque ont été grands imitateurs d'Homère. Platon néanmoins est celui de tous qui l'a le plus imité ; car il a puisé dans ce poëte comme dans une vive source, dont il a détourné un nombre infini de ruisseaux ; et j'en donnerais des exemples, si Ammonius^c n'en avoit déjà rapporté plusieurs. (37)

Au reste, on ne doit point regarder cela comme un larcin, mais comme une belle idée qu'il a eue, et qu'il s'est formée sur les mœurs, l'invention et les ouvrages d'autrui. En effet, jamais, à mon avis, il n'eût mêlé tant^d de si grandes choses dans ses traités de philosophie, passant, comme il fait, du simple discours à des expressions et à des matières poétiques, s'il ne fût venu, pour ainsi dire, comme un nouvel athlète, disputer de toute sa force le prix à Homère, c'est-à-dire à celui qui avoit déjà reçu les applaudissements de tout le monde, car, bien^e

---

^a « V. E. Texte de 1674 à 1713, suivi à 1715, A. Brossette, également sans avertir de la correction, a écrit *même* sans *s ;* ce qu'on a fait aussi dans toutes les éditions postérieures. »

^b Voyez l'observation à la note c de la page 483.

^c Il y a eu plusieurs Ammonius ; on ne sait duquel il s'agit ici. (B.-S.-P.)

Dans le Ve fragment donné par Ruhnken, à la page 74 de l'édition de M. Egger, il est question de cet Ammonius : ... Καὶ περιπατητικῶν Ἀμμώνιος καὶ Πτολεμαῖος, φιλολογώτατοι μέντοι τῶν καθ' αὑτοὺς ἄμφω γενόμενοι, καὶ μάλιστα ὁ Ἀμμώνιος (οὐ γὰρ ἔστιν, ὅστις ἐκείνῳ γέγονεν εἰς πολυμάθειαν παραπλήσιος)... Il pourrait être question ici d'Ammonius Saccas, philosophe alexandrin, qui vivait vers la fin du IIe siècle après Jésus-Christ ou au commencement du IIIe. Il forma des disciples distingués, tels que Plotin, Longin et Origène.

^d « V. E. Texte de 1683 à 1713. Brossette avait supprimé *tant*... » (B.-S.-P.)

^e De 1674 à 1682 il y a : *A mon avis*, il ne dit de si grandes choses dans

qu'il ne le fasse peut-être qu'avec un peu trop d'ardeur, et, comme on dit, les armes à la main, cela ne laisse pas néanmoins de lui servir beaucoup, puisque enfin, selon Hésiode,

> La noble jalousie est utile aux mortels.*

Et n'est-ce pas en effet quelque chose de bien glorieux et bien digne d'une âme noble, que de combattre pour l'honneur et le prix de la victoire avec ceux qui nous ont précédés, puisque dans ces sortes de combats on peut même être vaincu sans honte?

CHAPITRE XII.

DE LA MANIÈRE D'IMITER.

Toutes les fois donc que nous voulons travailler à un ouvrage qui demande du grand et du sublime, il est bon de faire cette réflexion : Comment est-ce qu'Homère auroit dit cela? Qu'auroient fait Platon, Démosthène, ou Thucydide même, s'il est question d'histoire, pour écrire ceci en style sublime? Car ces grands hommes que nous nous proposons à imiter, se présentent de la sorte à notre

---

ses traités de philosophie que quand, du simple discours passant à des expressions et à des matières poétiques, il vient, s'il faut ainsi dire, comme un nouvel athlète, disputer de toute sa force le prix à Homère, c'est-à-dire à celui qui était déjà l'admiration de tous les siècles, *car bien...*

Voir dans les Remarques de Dacier l'observation qu'il fait sur ce passage.

* *Opera et dies,* vers 25... (BOILEAU, 1713.)

imagination, nous servent comme de flambeau,[a] et nous élèvent l'âme presque aussi haut que l'idée que nous avons conçue de leur génie, surtout si nous nous imprimons bien ceci en nous-mêmes : Que penseroient Homère ou Démosthène de ce que je dis, s'ils m'écoutoient? et quel jugement feroient-ils de moi? En effet, nous ne croirons pas avoir un médiocre prix à disputer,[b] si nous pouvons nous figurer que nous allons, mais sérieusement, rendre compte de nos écrits devant un si célèbre tribunal, et sur un théâtre où nous avons de tels héros pour juges et pour témoins. Mais un motif encore plus puissant pour nous exciter, c'est de songer au jugement que toute la postérité fera de nos écrits; car si un homme, dans la défiance de ce jugement, a peur, pour ainsi dire, d'avoir dit quelque chose qui vive plus que lui,[c] (38) son esprit ne sauroit jamais rien produire que des avortons aveugles et imparfaits, et il ne se donnera jamais la peine d'achever des ouvrages qu'il ne fait point pour passer jusqu'à la dernière postérité.

[a] « V. E. Texte de 1674. Brossette avoit mis flambeaux. » (B.-S.-P.)

[b] Selon Dacier (*impr.*), le mot grec ne signifie point *prix*, mais *spectacle*, et il faudrait : *ce sera un spectacle bien propre à nous animer*.
'Αγώνισμα signifie tout à la fois combat, concours, lutte d'émulation, rivalité, effort, prix du combat, objet d'émulation, objet disputé. La traduction de Boileau peut donc parfaitement se justifier. De 1674 à 1682 on lisait : « En effet, *ce sera un grand avantage pour nous*, si nous pouvons, » ce qui était beaucoup moins exact.

[c] « V. O. ou E. (en part.). 1674 à 1682... Dans la crainte de ce jugement ne se soucie pas qu'aucun de ses ouvrages vive plus que lui, son esprit ne sauroit rien produire. » (B.-S.-P.)

CHAPITRE XIII.

DES IMAGES.

Ces « images, » que d'autres appellent « peintures » ou « fictions, » sont aussi d'un grand artifice pour donner du poids, de la magnificence et de la force au discours. Ce mot « d'image » se prend en général pour toute pensée propre à produire une expression, et qui fait une peinture à l'esprit de quelque manière que ce soit; mais il se prend encore, dans un sens plus particulier et plus resserré, pour ces discours que l'on fait « lorsque, par un enthousiasme et un mouvement extraordinaire de l'âme, il semble que nous voyons les choses dont nous parlons, et quand nous les mettons devant les yeux de ceux qui écoutent. »

Au reste, vous devez savoir que les « images, » dans la rhétorique, ont tout un autre usage que parmi les poëtes. En effet, le but qu'on s'y propose dans la poésie, c'est l'étonnement et la surprise; au lieu que, dans la prose, c'est de bien peindre les choses et de les faire voir clairement. Il y a pourtant cela de commun, qu'on tend à émouvoir en l'une et en l'autre rencontre.

> Mère cruelle, arrête, éloigne de mes yeux [a]
> Ces filles de l'enfer, ces spectres odieux.
> Ils viennent : je les vois; mon supplice s'apprête.
> Quels horribles serpents leur sifflent sur la tête! [b]

---

[a] Parole d'Euripide dans son *Oreste*, vers 225. (BOILEAU, 1713.)
[b] De 1674 à 1683 on lisait : « Mille horribles serpents... »

Et ailleurs : ª

Où fuirai-je? Elle vient. Je la vois. Je suis mort.

Le poëte en cet endroit ne voyoit pas les Furies,ᵇ cependant il en fait une image si naïve, qu'il les fait presque voir aux auditeurs. Et véritablement je ne saurois pas bien dire si Euripide est aussi heureux à exprimer les autres passions; mais pour ce qui regarde l'amour et la fureur, c'est à quoi il s'est étudié particulièrement, et il y a fort bien réussi. Et même, en d'autres rencontres, il ne manque pas quelquefois de hardiesse à peindre les choses; car, bien que son esprit de lui-même ne soit pas porté au grand, il corrige son naturel, et le force d'être tragique et relevé, principalement dans les grands sujets; de sorte qu'on lui peut appliquer ces vers du poëte :ᶜ

> A l'aspect du péril, au combat il s'anime;
> Et, le poil hérissé, les yeux étincelants, (39)
> De sa queue il se bat les côtés et les flancs;

comme on le peut remarquer dans cet endroit où le Soleil

ª Euripide, *Iphigénie en Tauride*, vers 290. (Boileau, 1713.)

ᵇ Le texte grec dit tout le contraire : Ἐνταῦθ' ὁ ποιητὴς αὐτὸς εἶδεν ἐριννύας. Plutarq., t. II, p. 900, *de Plac. philosophorum*, IV, 12 : Ὁ γοῦν τραγικὸς Ὀρέστης ὅταν λέγῃ : Ὦ μῆτερ ἱκετεύω σε — λέγει μὲν αὐτὰ ὡς μεμηνώς, ὁρᾷ δὲ οὐδὲν ἀλλὰ δοκεῖ μόνον. D'après Saint-Marc, Boileau avait suivi une fausse correction de Manuce.

Racine fait dire à Oreste dans *Andromaque* :

> Quels démons, quels serpents traîne-t-elle après soi?
> Hé bien! filles d'enfer, vos mains sont-elles prêtes?
> Pour qui sont ces serpents qui sifflent sur vos têtes?
> A qui destinez-vous l'appareil qui vous suit?
> Venez-vous m'enlever dans l'éternelle nuit?
>   (Acte V, scène v.)

ᶜ *Iliade*, liv. XX, vers 170. (Boileau, 1713.)

parle ainsi à Phaéton, en lui mettant entre les mains les rênes de ses chevaux : [a]

> Prends garde qu'une ardeur trop funeste à ta vie
> Ne t'emporte au-dessus de l'aride Libye :
> Là jamais d'aucune eau le sillon arrosé
> Ne rafraîchit mon char dans sa course embrasé, [b]

Et dans ces vers suivants :

> Aussitôt devant toi s'offriront sept étoiles :
> Dresse par là ta course, et suis le droit chemin.
> Phaéton à ces mots prend les rênes en main :
> De ses chevaux ailés il bat les flancs agiles.
> Les coursiers du Soleil à sa voix sont dociles.
> Ils vont : le char s'éloigne, et, plus prompt qu'un éclair,
> Pénètre en un moment les vastes champs de l'air.
> Le père, cependant, plein d'un trouble funeste,
> Le voit rouler de loin sur la plaine céleste;
> Lui montre encor sa route, et du plus haut des cieux (40)
> Le suit, autant qu'il peut, de la voix et des yeux.
> Va par là, lui dit-il : reviens : détourne : arrête. [c]

Ne diriez-vous pas que l'âme du poëte monte sur le char avec Phaéton, qu'elle partage tous ses périls, et

---

[a] Euripide, dans son *Phaéton*, tragédie perdue. (BOILEAU, 1713.)

[b] Voici le grec :

> Κρᾶσιν γὰρ ὑγρὰν οὐκ ἔχον, ἀψίδα σὴν
> Κάτω διήσει.

« M. Despréaux, dit Dacier, a suivi ici tous les autres interprètes qui ont expliqué ce passage de la même manière; mais je crois qu'ils se sont fort éloignés de la pensée d'Euripide qui dit : Marche et ne te laisse point emporter dans l'air de Libye, qui, n'ayant aucun mélange d'humidité, laissera tomber ton char. »

[c] Telle est la ponctuation originale de Boileau de 1674 à 1713. On l'avait changée, dit Berriat-Saint-Prix, vers la fin du XVIII[e] siècle.

qu'elle vole dans l'air avec les chevaux? car, s'il ne les suivoit dans les cieux, s'il n'assistoit à tout ce qui s'y passe, pourroit-il peindre la chose comme il fait? Il en est de même de cet endroit de sa *Cassandre*[a] qui commence par

>   Mais, ô braves Troyens, etc.

Eschyle a quelquefois aussi des hardiesses et des imaginations tout à fait nobles et héroïques, comme on le peut voir dans sa tragédie intitulée LES SEPT DEVANT THÈBES, où un courrier, venant apporter à Étéocle la nouvelle de ces sept chefs qui avoient tous impitoyablement juré, pour ainsi dire, leur propre mort, s'explique ainsi :[b]

>   Sur un bouclier noir sept chefs impitoyables
>   Épouvantent les dieux de serments effroyables :
>   Près d'un taureau mourant qu'ils viennent d'égorger,
>   Tous, la main dans le sang, jurent de se venger.
>   Ils en jurent la Peur, le dieu Mars et Bellone.

Au reste, bien que ce poëte, pour vouloir trop s'élever, tombe assez souvent dans des pensées rudes, grossières et mal polies, Euripide néanmoins, par une noble émulation, s'expose quelquefois aux mêmes périls. Par exemple, dans Eschyle,[c] le palais de Lycurgue est ému, et entre en fureur à la vue de Bacchus :

>   Le palais en fureur mugit à son aspect.

---

[a] Pièce perdue. (BOILEAU, 1713.) — *Plutarque*, t. II, *Rei ger. Prœc.*, p. 821.

[b] Vers 42. (BOILEAU, 1713.) — (EGGER, 40 et sqq.)

[c] *Lycurgue*, tragédie perdue. (BOILEAU, 1713.)

Euripide emploie cette même pensée d'une autre manière, en l'adoucissant néanmoins :

La montagne à leurs cris répond en mugissant.[a]

Sophocle n'est pas moins excellent à peindre les choses, comme on le peut voir dans la description qu'il nous a laissée d'OEdipe mourant,[b] et s'ensevelissant lui-même au milieu d'une tempête prodigieuse; et dans cet autre endroit où il dépeint l'apparition d'Achille[c] sur son tombeau, dans le moment que les Grecs alloient lever l'ancre. Je doute néanmoins, pour cette apparition, que jamais personne en ait fait une description plus vive que Simonide : mais nous n'aurions jamais fait si nous voulions étaler ici tous les exemples que nous pourrions rapporter à ce propos.

Pour retourner à ce que nous disions, les « images, » dans la poésie, sont pleines ordinairement d'accidents fabuleux, et qui passent toute sorte de croyance,[d] au lieu que, dans la rhétorique, le beau des « images, » c'est de représenter la chose comme elle s'est passée, et telle qu'elle est dans la vérité ; car une invention poétique et fabuleuse, dans une oraison, traîne nécessairement avec soi des digressions grossières et hors de propos, et tombe dans

---

[a] Selon Dacier, les mots *mugissant* et *mugir*, de ces deux vers, ne sont pas assez forts. En effet, le texte grec, πᾶν δὲ ξυνεβάκχευσ' ὄρος, n'indique pas des *mugissements*, mais des *tressaillements*, des *sauts et des bonds*, comme dans les psaumes de David.

[b] *OEdipe à Colonne*, vers 1532.

[c] Dans la tragédie de *Polyxène*, aujourd'hui perdue.

[d] Μυθικωτέραν ὑπερέκπτωσιν,.. ces mots seraient mieux traduits par des *excès fabuleux*. Longin oppose ces *excès fabuleux* à la vérité pratique, ἔμπρακτον καὶ ἐναληθές. 1674 à 1701, *créance... croyance*, édit. in-4º de 1701, maintenu à 1713, in-4º et in-12. (B.-S.-P.)

une extrême absurdité. C'est pourtant ce que cherchent aujourd'hui nos orateurs. Ils voient quelquefois les Furies, ces grands orateurs, aussi bien que les poëtes tragiques : et les bonnes gens ne prennent pas garde que, lorsque Oreste dit dans Euripide : [a]

> Toi qui dans les enfers veux me précipiter,
> Déesse, cesse enfin de me persécuter,

il ne s'imagine voir toutes ces choses que parce qu'il n'est pas dans son bon sens. Quel est donc l'effet des « images » dans la rhétorique ? C'est qu'outre plusieurs autres propriétés, elles ont cela, qu'elles animent et échauffent le discours ; si bien qu'étant mêlées avec art dans les preuves elles ne persuadent pas seulement, mais elles domptent, pour ainsi dire, elles soumettent l'auditeur. « Si un homme, dit un orateur, a entendu un grand bruit devant le palais, et qu'un autre en même temps vienne annoncer que les prisons sont ouvertes, et que les prisonniers de guerre se sauvent, il n'y a point de vieillard si chargé d'années, ni de jeune homme si indifférent, qui ne coure de toute sa force au secours. Que si quelqu'un, sur ces entrefaites, leur montre l'auteur de ce désordre ; c'est fait de ce malheureux ; il faut qu'il périsse sur-le-champ, et on ne lui donne pas le temps de parler. [b] »

Hypéride s'est servi de cet artifice dans l'oraison où il rend compte de l'ordonnance qu'il fit faire après la défaite de Chéronée, qu'on donneroit la liberté aux esclaves.

---

[a] *Oreste*, tragédie, vers 264. (Boileau, 1713.)
[b] Demosthène, *Disc. contre Timocrate*, vers la fin.

« Ce n'est point, dit-il, un orateur qui a fait passer [a] cette loi, c'est la bataille, c'est la défaite de Chéronée. » Au même temps qu'il prouve la chose par raison, il fait « une image ; » et par cette proposition qu'il avance, il fait plus que persuader et que prouver : car, comme en toutes choses on s'arrête naturellement à ce qui brille et éclate davantage, l'esprit de l'auditeur est aisément entraîné par cette image qu'on lui présente au milieu d'un raisonnement, et qui, lui frappant l'imagination, l'empêche d'examiner de si près la force des preuves. à cause de ce grand éclat dont elle couvre et environne le discours. Au reste, il n'est pas extraordinaire que cela fasse cet effet en nous, puisqu'il est certain que de deux corps mêlés ensemble, celui qui a le plus de force attire toujours à soi la vertu et la puissance de l'autre. Mais c'est assez parlé [b] de cette sublimité qui consiste dans les pensées, et qui vient, comme j'ai dit, ou de « la grandeur d'âme, » ou de « l'imitation, » ou de « l'imagination. »

CHAPITRE XIV.

DES FIGURES, ET PREMIÈREMENT DE L'APOSTROPHE.

Il faut maintenant parler des figures, pour suivre l'ordre que nous nous sommes prescrit; car, comme j'ai dit, elles ne font pas une des moindres parties du sublime,

---

[a] Il faudrait *qui a écrit,* selon Dacier. Γράφειν νόμον signifie *proposer une loi, la soumettre à l'approbation, la faire passer.*

[b] Texte de 1674 à 1713, et non *c'est assez parler.*

lorsqu'on leur donne le tour qu'elles doivent avoir. Mais ce seroit un ouvrage de trop longue haleine, pour ne pas dire infini, si nous voulions faire ici une exacte recherche de toutes les figures qui peuvent avoir place dans le discours. C'est pourquoi nous nous contenterons d'en parcourir quelques-unes des principales, je veux dire celles qui contribuent le plus au sublime, seulement afin de faire voir que nous n'avançons rien que de vrai. Démosthène veut justifier sa conduite, en prouvant aux Athéniens qu'ils n'ont point failli en livrant bataille à Philippe. Quel étoit l'air naturel d'énoncer la chose? « Vous n'avez point failli, pouvoit-il dire, messieurs, en combattant au péril de vos vies pour la liberté et le salut de toute la Grèce; et vous en avez des exemples qu'on ne sauroit démentir : car on ne peut pas dire que ces grands hommes aient failli, qui ont combattu pour la même cause dans les plaines de Marathon, à Salamine et devant Platée. » Mais il en use bien d'une autre sorte; et tout d'un coup, comme s'il étoit inspiré d'un dieu et possédé de l'esprit d'Apollon même, il s'écrie, en jurant par ces vaillants défenseurs de la Grèce :[a] « Non, messieurs, non, vous n'avez point failli, j'en jure par les mânes de ces grands hommes qui ont combattu pour la même cause dans les plaines de Marathon. » Par cette seule forme de serment, que j'appellerai ici « apostrophe, » il déifie ces anciens citoyens dont il parle, et montre en effet qu'il faut regarder tous ceux qui meurent de la sorte comme autant de dieux par le nom desquels on doit jurer; il inspire à ses juges l'esprit et les sentiments de ces illustres morts ; et, changeant l'air naturel de la preuve en cette grande

---

[a] *De corona*, p. 343, édit. Basil. (BOILEAU, 1713.)

et pathétique manière d'affirmer par des serments si extraordinaires, si nouveaux et si dignes de foi, il fait entrer dans l'âme de ses auditeurs comme une espèce de contre-poison et d'antidote qui en chasse toutes les mauvaises impressions ; il leur élève le courage par des louanges ; en un mot, il leur fait concevoir qu'ils ne doivent pas moins s'estimer de la bataille qu'ils ont perdue contre Philippe, que des victoires qu'ils ont remportées à Marathon et à Salamine ; et, par tous ces différents moyens renfermés dans une seule figure, il les entraîne dans son parti. Il y en a pourtant qui prétendent que l'original de ce serment se trouve dans Eupolis,[a] quand il dit :

> On ne me verra plus affligé de leur joie ;
> J'en jure mon combat aux champs de Marathon.

Mais il n'y a pas grande finesse à jurer simplement. Il faut voir où, comment, en quelle occasion et pourquoi on le fait. Or, dans le passage de ce poëte, il n'y a rien autre chose qu'un simple serment ; car il parle là aux Athéniens heureux, et dans un temps où ils n'avoient pas besoin de consolation. Ajoutez que dans ce serment il ne jure pas, comme Démosthène, par des hommes qu'il

---

[a] Eupolis florissait vers l'an 430 avant Jésus-Christ. Poëte de la comédie ancienne, il était le contemporain et l'imitateur de Cratinus. Horace cite leurs noms ensemble. Le passage dont il s'agit appartient à une comédie entièrement perdue pour nous. Voici ces vers :

> Οὐ γὰρ, μὰ τὴν Μαραθῶνι τὴν ἐμὴν μάχην,
> Χαίρων τις αὐτῶν τοὐμὸν ἀλγυνεῖ κέαρ.

Quintil., III, 6, 59 : « Translationem hic primus omnium tradidit, quanquam Semina ejus quædam citra nomen ipsum apud Aristotelem reperiuntur. » Demosthenem ut in hoc jurejurando Homeri et Platonis imitatorem arguit Hermogenes περὶ Μεθόδου δεινότητος, 20, t. III. p. 424, sq. Rhett. Walz., cf. Quintil., XI, 3. (EGGER.)

rende immortels, et ne songe point[a] à faire naître dans l'âme des Athéniens des sentiments dignes de la vertu de leurs ancêtres; vu qu'au lieu de jurer par le nom de ceux qui avoient combattu, il s'amuse à jurer par une chose inanimée, telle qu'est[b] un combat. Au contraire, dans Démosthène, ce serment est fait directement pour rendre le courage aux Athéniens vaincus, et pour empêcher qu'ils ne regardassent dorénavant comme un malheur la bataille de Chéronée. De sorte que, comme j'ai déjà dit, dans cette seule figure, il leur prouve, par raison, qu'ils n'ont point failli, il leur en fournit un exemple, il le leur confirme par des serments, il fait leur éloge, et il les exhorte à la guerre contre Philippe.[c]

Mais comme on pouvoit répondre à notre orateur : Il s'agit de la bataille que nous avons perdue contre Philippe durant que vous maniez[d] les affaires de la république, et vous jurez par les victoires que nos ancêtres ont remportées : afin donc de marcher sûrement, il a soin de régler ses paroles et n'emploie que celles qui lui sont avantageuses, faisant voir que, même dans les plus grands emportements, il faut être sobre et retenu. En parlant donc de ces victoires de leurs ancêtres, il dit : « Ceux qui ont combattu par terre à Marathon et par mer à Sala-

---

[a] De 1674 à 1682 il y a : *Ajoutez* que par ce serment il ne traite pas, comme Démosthène, ces grands hommes d'immortels, *et ne songe point*... — La correction a été proposée par Dacier (*mss.*).

[b] Ceci a l'air d'une comparaison, et il n'y en a point dans le grec; d'ailleurs *telle qu'est* rend la phrase languissante. Il faut « par une chose inanimée, *par un* combat... » *Dac., mss.*

[c] Texte de 1674 à 1713, ainsi les mots contre Philippe ne furent pas ajoutés au texte en 1683, comme le dit Brossette. (B.-S.-P.)

[d] Il faudrait certainement *maniiez*, mais le texte est celui que nous donnons. V. O. (en partie) 1674 à 1694, *maniés;* — 1701, *maniez;* — 1713 (in-4° et in-12), *maniez.* (B.-S.-P.)

mine; ceux qui ont donné bataille près d'Artémise et de Platée.ᵃ » Il se garde bien de dire : « Ceux qui ont vaincu. » Il a soinᵇ de taire l'événement qui avoit été aussi heureux en toutes ces batailles que funeste à Chéronée, et prévient même l'auditeur en poursuivant ainsi : « Tous ceux, ô Eschine, qui sont périsᶜ en ces rencontres ont été enterrés aux dépens de la république, et non pas seulement ceux dont la fortune a secondé la valeur. »

CHAPITRE XV.

QUE LES FIGURES ONT BESOIN DU SUBLIME POUR LES SOUTENIR.

Il ne faut pas oublier ici une réflexion que j'ai faite et que je vais vous expliquer en peu de mots. C'est que si les figures naturellement soutiennent le sublime, le sublime, de son côté, soutient merveilleusement les figures. Mais où et comment? C'est ce qu'il faut dire.

En premier lieu, il est certain qu'un discours où les figures sont employées toutes seules est de soi-même

---

ᵃ On pouvoit conserver plus exactement l'artifice de Démosthène, qui se sert de différents verbes dans une phrase et dit, par exemple : « Ceux qui se sont autrefois exposés à Marathon; ceux qui se sont battus sur mer près de Salamine et d'Artémisium; ceux qui se sont trouvés à la bataille de Platée. » (SAINT-MARC.)

ᵇ De 1674 à 1682 il y a : *En disant donc que leurs ancêtres avoient combattu par terre à Marathon et par mer à Salamine, avoient donné bataille près d'Artémise et de Platée, il se garde bien de dire qu'ils en fussent sortis victorieux. Il a soin*, etc.

La leçon définitive du texte fut encore proposée, presque en mêmes termes, par Dacier (*mss.*). (B.-S.-P.)

ᶜ On dirait aujourd'hui *ont péri*.

suspect d'adresse, d'artifice et de tromperie, principalement lorsqu'on parle devant un juge souverain et surtout si ce juge est un grand seigneur,[a] comme un tyran, un roi ou un général d'armée; car il conçoit en lui-même une certaine indignation contre l'orateur, et ne sauroit souffrir qu'un chétif rhétoricien entreprenne de le tromper, comme un enfant, par de grossières finesses. Il est même à craindre[b] quelquefois que, prenant tout cet artifice pour une espèce de mépris, il ne s'effarouche entièrement; et bien qu'il retienne sa colère et se laisse un peu amollir aux charmes du discours, il a toujours une forte répugnance à croire ce qu'on lui dit.[c] C'est pourquoi il n'y a point de figure plus excellente que celle qui est tout à fait cachée et lorsqu'on ne reconnoît point que c'est une figure. Or il n'y a point de secours ni de remède plus merveilleux pour l'empêcher de paroître que le sublime et le pathétique, parce que l'art, ainsi renfermé au milieu de quelque chose de grand et d'éclatant, a tout ce qui lui manquoit et n'est plus suspect d'aucune tromperie. Je ne vous en saurois donner un meilleur exemple que celui que j'ai déjà rapporté : « J'en jure par les mânes de ces grands hommes, » etc. Comment est-ce que l'orateur a caché la figure dont il se sert? n'est-il pas aisé de reconnoître que c'est par l'éclat même de sa pensée? Car comme les moindres lumières s'évanouissent quand le soleil vient à

---

[a] Ce mot de *grand seigneur* est tout à fait bizarre, et inutile.

[b] De 1674 à 1683 il y a : Finesse, *et même il est* à craindre... — La leçon du texte est encore une des corrections faites en 1685. (B.-S.-P.)

[c] « Tout cela ne se trouve pas dans le grec. Je pense que notre auteur veut dire que, quand le juge auroit même assez de force et de prudence pour retenir sa colère, et ne la pas faire éclater, il s'opiniâtreroit néanmoins à rejeter tout ce que l'orateur lui pourroit dire. » (Tollius.) Voici le texte : Κἂν ἐπικρατήσῃ δὲ τοῦ θυμοῦ, πρὸς τὴν πειθὼ τῶν λόγων πάντως ἀντιδιατίθεται.

éclairer, de même toutes ces subtilités de rhétorique disparoissent à la vue de cette grandeur qui les environne de tous côtés. La même chose à peu près arrive dans la peinture. En effet, que l'on colore plusieurs choses également tracées sur un même plan et qu'on y mette le jour et les ombres, il est certain que ce qui se présentera d'abord à la vue ce sera le lumineux, à cause de son grand éclat, qui fait qu'il semble sortir hors du tableau et s'approcher en quelque façon de nous. [a] Ainsi le sublime et le pathétique, soit par une affinité naturelle qu'ils ont avec les mouvements de notre âme, soit à cause de leur brillant, paroissent davantage et semblent toucher de plus près notre esprit que les figures dont ils cachent l'art et qu'ils mettent comme à couvert.

CHAPITRE XVI.

DES INTERROGATIONS.

Que dirai-je des demandes et des interrogations? car qui peut nier que ces sortes de figures ne donnent beaucoup plus de mouvement, d'action et de force au discours? « Ne voulez-vous jamais faire autre chose, dit Démo-

---

[a] La note suivante de Boivin nous fait comprendre que Boileau a suivi une mauvaise leçon; il a traduit comme s'il y avait καιόμενον. Ruhnken donne Καὶ οὐ μόνον ἔξοχον. « Καιόμενον ἔξοχον καὶ ἐγγυτέρω παρὰ πολὺ φαίνεται. » Καιόμενον ne signifie rien en cet endroit. Longin avoit sans doute écrit Καὶ οὐ μόνον ἔξοχον ἀλλὰ καὶ, etc., etc., « et paroît non-seulement relevé, mais plus proche. » Il y a dans l'ancien manuscrit, καὶ όμενον ἔξοχον ἀλλὰ καὶ ἐγγυτέρῳ, etc. Le changement de καιουμονον en καιομενον est fort aisé à comprendre. (Édit. de 1713.)

sthène[a] aux Athéniens, qu'aller par la ville vous demander les uns aux autres : Que dit-on de nouveau? Hé! que peut-on vous apprendre de plus nouveau que ce que vous voyez? Un homme de Macédoine se rend maître des Athéniens et fait la loi à toute la Grèce. Philippe est-il mort? dira l'un. Non, répondra l'autre, il n'est que malade. Hé! que vous importe, messieurs, qu'il vive ou qu'il meure? Quand le ciel vous en auroit délivrés, vous vous feriez bientôt vous-mêmes un autre Philippe.[b] » Et ailleurs : « Embarquons-nous pour la Macédoine. Mais où aborderons-nous, dira quelqu'un, malgré Philippe? La guerre même, messieurs, nous découvrira par où Philippe est facile à vaincre.[c] » S'il eût dit la chose simplement, son discours n'eût point répondu à la majesté de l'affaire dont il parloit; au lieu que, par cette divine et violente manière de se faire des interrogations et de se répondre sur-le-champ à soi-même, comme si c'étoit une autre personne, non-seulement il rend ce qu'il dit plus grand et plus fort, mais plus plausible et plus vraisemblable. Le pathétique ne fait jamais plus d'effet que lorsqu'il semble que l'orateur ne le recherche pas, mais que c'est l'occasion qui le fait naître. Or il n'y a rien qui imite mieux la passion que ces sortes d'interrogations et de réponses; car ceux qu'on interroge sentent naturellement une certaine émotion qui fait que sur-le-champ ils se précipitent de répondre et de dire ce qu'ils savent de vrai avant même qu'on ait achevé

---

[a] Première Philippique, p. 15, édit. de Bâle. (BOILEAU, 1713.)

[b] Éloge de ce passage... Voyez Réflexion X.

[c] Le grec porte : « La guerre même nous découvrira le foible de l'État, ou des affaires de Philippe » τὰ σαθρὰ. Tacite a égard à ce passage de Démosthène quand il dit (*Hist.*, II, c. LXXVII): « Aperiet et recludet contecta et tumescentia victricium partium vulnera bellum ipsum... » (TOLLIUS.)

de les interroger.ᵃ Si bien que par cette figure l'auditeur est adroitement trompé, et prend les discours les plus médités pour des choses dites sur l'heure et dans la chaleur*****.ᵇ (41)

« Il n'y a rien encore qui donne plus de mouvement au discours que d'en ôter les liaisonsᶜ » (42). En effet, un discours que rien ne lie et n'embarrasse marche et coule de soi-même ; et il s'en faut peu qu'il n'aille quelquefois plus vite que la pensée même de l'orateur. « Ayant approché leurs boucliers les uns des autres, dit Xénophon, ᵈ ils reculoient, ils combattoient, ils tuoient, ils mouroient ensemble.ᵉ » Il en est de même de ces paroles d'Euryloque à Ulysse, dans Homère : ᶠ

> Nous avons, par ton ordre, à pas précipités,
> Parcouru de ces bois les sentiers écartés :
> Nous avons, dans le fond d'une sombre vallée, (43)
> Découvert de Circé la maison reculée. ᵍ

ᵃ De 1674 à 1682 il y a : *Ceux qu'on interroge* sur une chose dont ils savent la vérité sentent naturellement une certaine émotion qui fait que sur-le-champ ils se précipitent de répondre. *Si bien que...* — Cela fut encore changé, au moins pour le sens, d'après l'avis de Dacier (*mss.*).

ᵇ Voyez les Remarques (la 43ᵉ). (BOILEAU, 1674 à 1713.)
Boileau supprime les mots qui suivent : Ἔτι τοίνυν (ἓν γάρ τι τῶν ὑψηλοτάτων τὸ Ἡροδότειον πέπιστωται) εἰ οὕτως ἔ.... » Et dans la note à laquelle il renvoie, il ne traduit pas exactement. « Il faudrait d'ailleurs (car ce passage d'Hérodote a toujours passé pour un des plus sublimes) si... » Cette traduction est de Saint-Marc.

ᶜ Ces mots ne sont pas dans le texte.

ᵈ Xénoph., *Histoire grecque*, liv. IV, p. 519, édition de Leuncla. (BOILEAU, 1713.) — *Agésilas*, II, 12. (EGGER.)

ᵉ Voltaire a imité ce passage dans sa *Henriade* :

> Anglais, Français, Lorrains, que la fureur assemble,
> Avançaient, combattaient, frappaient, mouraient ensemble.

ᶠ *Odyssée*, liv. X, vers 251. (BOILEAU, 1713.)

ᵍ « Le texte d'Homère dit seulement Δώματα καλά, et non Δώματα Κίρκης; Euryloque, qui fait ce récit, ignore en effet si cette habitation

Car ces périodes ainsi coupées, et prononcées néanmoins avec précipitation, sont les marques d'une vive douleur qui l'empêche en même temps et le force de parler. (44) C'est ainsi qu'Homère sait ôter, où il faut, les liaisons du discours.

CHAPITRE XVII.

DU MÉLANGE DES FIGURES.

Il n'y a encore rien de plus fort pour émouvoir que de ramasser ensemble plusieurs figures ; car deux ou trois figures ainsi mêlées, entrant par ce moyen dans une espèce de société, se communiquent les unes aux autres de la force, des grâces et de l'ornement, comme on peut le voir dans ce passage de l'oraison de Démosthène contre Midias, où en même temps il ôte les liaisons de son discours et mêle ensemble les figures de répétition et de description. « Car tout homme, dit cet orateur,[a] qui en outrage un autre, fait beaucoup de choses du geste, des yeux, de la voix, que celui qui a été outragé ne sauroit peindre dans un récit. » Et de peur que dans la suite son discours ne vînt à se relâcher, sachant bien que l'ordre appartient à un esprit rassis, et qu'au contraire le désordre est la marque de la passion, qui n'est en effet elle-même qu'un trouble et une émotion de l'âme, il poursuit dans la même

---

est celle d'une déesse ou d'une simple mortelle : Ἢ θεὸς ἠὲ γυνή, 254. » (AMAR.)

[a] Contre Midias, p. 395, édit. de Bâle. (BOILEAU, 1713.)

diversité de figures.ᵃ « Tantôt il le frappe comme ennemi, tantôt pour lui faire insulte, tantôt avec les poings, tantôt au visage.ᵇ » Par cette violence de paroles ainsi entassées les unes sur les autres, l'orateur ne touche et ne remue pas moins puissamment ses juges que s'ils le voyoient frapper en leur présence.ᶜ Il revient à la charge et poursuit comme une tempête : « Ces affronts émeuvent, ces affronts transportent un homme de cœur et qui n'est point accoutumé aux injures. On ne sauroit exprimer par des paroles l'énormité d'une telle action.ᵈ » Par ce changement continuel il conserve partout le caractère de ces figures turbulentes : tellement que dans son ordre il y a un désordre, et au contraire dans son désordre il y a un ordre merveilleux. Pour preuve de ce que je dis, mettezᵉ par plaisir les conjonctions à ce passage, comme font les

---

ᵃ Selon Dacier (*marg.* et *mss.*), il faudrait : « Il poursuit par les mêmes figures et par des répétitions.

ᵇ *Ibid.* Contre Midias. (Boileau, 1713.)

Démosthène remplissant les fonctions de chorége avait été frappé en plein théâtre par Midias, un concurrent jaloux. La veille, ce Midias avait pénétré dans la boutique du décorateur, chargé par Démosthène des costumes destinés à la pièce dont il faisait les frais, et le lendemain n'ayant pu, par son audace, empêcher la représentation, il fit sur le théâtre cet affront à l'orateur. Tous ces détails se trouvent dans le discours de Démosthène contre Midias. L'affaire s'arrangea et l'oraison ne fut pas prononcée. Démosthène reçut une grosse somme d'argent; ce qui fit dire à Eschine que sa tête lui valait une ferme, à cause du revenu que lui avaient procuré les soufflets et les coups de poing de Midias.

ᶜ Le grec dit : « L'orateur ne fait ici que ce que fait celui qui frappe, il porte des coups redoublés à l'esprit des juges ; de là, semblable à la tempête, il fond de nouveau sur eux. » (Saint-Marc.) — Οὐδὲν ἄλλο διὰ τούτων ὁ ῥήτωρ, ἢ ὅπερ ὁ τύπτων, ἐργάζεται · τὴν διανοίαν τῶν δικαστῶν τῇ ἐπαλλήλῳ πλήττει φορᾷ.

ᵈ *Ibid.* (Discours contre Midias.) (Boileau, 1713.)

ᵉ De 1674 à 1700 il y a : *merveilleux. Qu'ainsi ne soit, mettez.* — Dacier (*marg.*) avait souligné ces mots et mis en marge M. (mal), mais sans observation.

disciples d'Isocrate : « Et certainement il ne faut pas oublier que celui qui en outrage un autre fait beaucoup de choses, premièrement par le geste, ensuite par les yeux, et enfin par la voix même, » etc. Car, en égalant et aplanissant ainsi toutes choses par le moyen des liaisons, vous verrez que d'un pathétique fort et violent vous tomberez dans une petite afféterie de langage qui n'aura ni pointe ni aiguillon; et que toute la force de votre discours s'éteindra aussitôt d'elle-même. Et comme il est certain que si on lioit le corps d'un homme qui court, on lui feroit perdre toute sa force; de même, si vous allez embarrasser une passion de ces liaisons et de ces particules inutiles, elle les souffre avec peine; vous lui ôtez la liberté de sa course, et cette impétuosité qui la faisoit marcher avec la même violence qu'un trait lancé par une machine.

CHAPITRE XVIII.

DES HYPERBATES.

Il faut donner rang aux hyperbates.[a] L'hyperbate n'est autre chose que « la transposition des pensées ou des paroles dans l'ordre et la suite d'un discours; » et cette figure porte avec soi le caractère véritable d'une passion

---

[a] « Il faut considérer d'un même œil les hyperbates. » (TOLLIUS.) La traduction de M. Despréaux sera fort exacte en disant : Il faut donner le même rang, etc. Il y a dans le grec : « Il faut établir que les hyperbates sont du même genre. » (SAINT-MARC.) « Τῆς δὲ αὐτῆς ἰδέας καὶ τὰ ὑπερβατὰ θετέον. » Ce qui vient ensuite ne traduit pas Longin, qui dit : « Elles consistent dans un ordre de mots et de pensées différent de celui que les choses suivent naturellement. » (SAINT-MARC.)

forte et violente. En effet, voyez tous ceux qui sont émus de colère, de frayeur, de dépit, de jalousie, ou de quelque autre passion que ce soit, car il y en a tant que l'on n'en sait pas le nombre : leur esprit est dans une agitation continuelle; à peine ont-ils formé un dessein qu'ils en conçoivent aussitôt un autre; et, au milieu de celui-ci, s'en proposant encore de nouveaux où il n'y a ni raison ni rapport, ils reviennent souvent à leur première résolution. La passion en eux est comme un vent léger et inconstant qui les entraîne et les fait tourner sans cesse de côté et d'autre; si bien que, dans ce flux et ce reflux perpétuel de sentiments opposés, ils changent à tous moments de pensée et de langage, et ne gardent ni ordre ni suite dans leurs discours.

Les habiles écrivains, pour imiter ces mouvements de la nature, se servent des hyperbates; et, à dire vrai, l'art n'est jamais dans un plus haut degré de perfection que lorsqu'il ressemble si fort à la nature [a] qu'on le prend pour la nature même; et au contraire la nature ne réussit jamais mieux que quand l'art est caché.

Nous voyons un bel exemple de cette transposition dans Hérodote, [b] où Denys Phocéen parle ainsi aux Ioniens : « En effet, nos affaires sont réduites à la dernière extrémité, messieurs.[c] Il faut nécessairement que nous soyons libres ou esclaves, et esclaves misérables. Si donc vous voulez éviter les malheurs qui vous menacent, il faut, sans différer, embrasser le travail et la fatigue, et acheter

---

[a] Le texte dit simplement : L'art n'est parfait que quand on le prend pour la nature : Τότε γὰρ ἡ τέχνη τέλειος ἡνίκ' ἂν φύσις εἶναι δοκῇ...

[b] Liv. VI, p. 338, édit. de Francfort. (BOILEAU, 1713.)

[c] Boileau traduit ainsi Ἄνδρες Ἴωνες; c'était l'usage des traducteurs du XVIIe siècle d'employer ce mot de *messieurs* dans les harangues de l'antiquité.

votre liberté par la défaite de vos ennemis. » S'il eût voulu suivre l'ordre naturel, voici comme il eût parlé : « Messieurs, il est maintenant temps d'embrasser le travail et la fatigue, car enfin nos affaires sont réduites à la dernière extrémité, » etc. Premièrement donc, il transpose ce mot[a] MESSIEURS, et ne l'insère qu'immédiatement après leur avoir jeté la frayeur dans l'âme, comme si la grandeur du péril lui avoit fait oublier la civilité qu'on doit à ceux à qui l'on parle en commençant un discours. Ensuite il renverse l'ordre des pensées ; car, avant que de les exhorter au travail, qui est pourtant son but, il leur donne la raison qui les y doit porter : « En effet, nos affaires sont réduites à la dernière extrémité ; » afin qu'il ne semble pas que ce soit un discours étudié qu'il leur apporte, mais que c'est la passion qui le force à parler sur-le-champ. Thucydide a aussi des hyperbates fort remarquables, et s'entend admirablement à transposer les choses qui semblent unies du lien le plus naturel, et qu'on diroit ne pouvoir être séparées.

Démosthène est en cela bien plus retenu que lui. En effet, pour Thucydide, jamais personne ne les a répandues avec plus de profusion, et on peut dire qu'il en soûle ses lecteurs :[b] car, dans la[c] passion qu'il a de faire paroître

---

[a] V. O. 1674 à 1683, ... il *transporte* ce... — Le changement fut fait en 1685.

[b] Καταχορής signifie *rassasiant* et *rassasié*. Boileau a donc pu dire : *il en soûle ses lecteurs*, et Saint-Marc, *il se soûle*...

[c] De 1674 à 1682 il y a : *Pour Démosthène, qui est d'ailleurs bien plus retenu que Thucydide, il ne l'est pas en cela, et jamais personne n'a plus aimé les hyperbates ;* car dans la, etc. — Boileau changea ceci, en 1683, sur l'autorité de Dacier, qui (mss.), dans une longue remarque, soutient que Longin parle de Thucydide et non de Démosthène. Tollius, au contraire, pense qu'il s'agit de Démosthène ; et Saint-Marc, qu'il est question de Démosthène et de Thucydide. (B.-S.-P.) — Le passage est fort difficile. La

que tout ce qu'il dit est dit sur-le-champ, il traîne sans cesse l'auditeur par les dangereux détours de ses longues transpositions. Assez souvent donc il suspend sa première pensée, comme s'il affectoit tout exprès le désordre, et, entremêlant au milieu de son discours plusieurs choses différentes, qu'il va quelquefois chercher même hors de son sujet, il met la frayeur dans l'âme de l'auditeur, qui croit que tout ce discours va tomber, et l'intéresse malgré lui dans le péril où il pense voir l'orateur. Puis tout d'un coup, et lorsqu'on ne s'y attendoit plus, disant à propos ce qu'il y avoit si longtemps qu'on cherchoit ; par cette transposition également hardie et dangereuse,ᵃ il touche bien davantage que s'il eût gardé un ordre dans ses paroles.ᵇ (Il y a tant d'exemples de ce que je dis, que je me dispenserai d'en rapporter.)

CHAPITRE XIX.

DU CHANGEMENT DE NOMBRE.

Il n'en faut pas moins dire de ce qu'on appelle « diversité de cas,ᶜ collections,ᵈ renversements, gradations, »

---

suite des idées se rapporte à Thucydide sans embarras jusqu'au mot ἀκροατήν, qui semblerait mieux s'appliquer à un orateur. Cependant, comme on lisait en public les compositions des historiens, on peut croire que Longin continue à parler de Thucydide. L'auteur, dans ce passage, semble avoir voulu donner un exemple de forte hyperbate, pour mieux indiquer le danger de ces constructions obscures. Il est parvenu à son but.

ᵃ De 1674 à 1682 il y a : *également* adroite *et dangereuse...* — Autre changement proposé par Dacier (*mss.*).

ᵇ V. O. 1674 à 1682, ... *paroles*, et *il y a*. (B.-S.-P.)

ᶜ En grec πολύπτωτα.

ᵈ En grec ἀθροισμοί; en latin *concervationes*.

et de toutes ces autres figures qui, étant, comme vous savez, extrêmement fortes et véhémentes, peuvent beaucoup servir par conséquent à orner le discours, et contribuent en toutes manières au grand et au pathétique. Que dirai-je des changements de cas, de temps, de personnes, de nombre et de genre? En effet, qui ne voit combien toutes ces choses sont propres à diversifier et à ranimer l'expression? Par exemple, pour ce qui regarde le changement de nombre, ces singuliers dont la terminaison est singulière, mais qui ont pourtant, à les bien prendre, la force et la vertu des pluriels :

> Aussitôt un grand peuple accourant sur le port, (45)
> Ils firent de leurs cris retentir le rivage,[a]

Et ces singuliers sont d'autant plus dignes de remarque, qu'il n'y a rien quelquefois de plus magnifique que les pluriels; car la multitude qu'ils renferment leur donne du son et de l'emphase. Tels sont ces pluriels qui sortent de la bouche d'OEdipe, dans Sophocle :[b]

> Hymen, funeste hymen, tu m'as donné la vie :
> Mais dans ces mêmes flancs où je fus enfermé
> Tu fais rentrer ce sang dont tu m'avois formé;
> Et par là tu produis et des fils et des pères,
> Des frères, des maris, des femmes et des mères,
> Et tout ce que du sort la maligne fureur
> Fit jamais voir au jour et de honte et d'horreur.

Tous ces différents noms ne veulent dire qu'une seule personne, c'est à savoir OEdipe d'une part, et sa mère Jocaste de l'autre. Cependant, par le moyen de ce nombre ainsi

---

[a] Poeta ignotus qui respicere videtur ad Hom. *Ili.*, k, 524. (EGGER.)
[b] *OEdipe. Tyran.*, vers 1417. (BOILEAU, 1713.)

répandu et multiplié en différents pluriels, il multiplie en quelque façon les infortunes d'OEdipe. C'est par un même pléonasme[a] qu'un poëte a dit :

On vit les Sarpédons et les Hectors paroître.

Il en faut dire autant de ce passage de Platon, à propos des Athéniens, que j'ai rapporté ailleurs :[b] « Ce ne sont point des Pélops, des Cadmus, des Égyptes,[c] des Danaüs, ni des hommes nés barbares qui demeurent avec nous. Nous sommes tous Grecs, éloignés du commerce et de la fréquentation des nations étrangères, qui habitons une même ville, » etc.

En effet, tous ces pluriels, ainsi ramassés ensemble, nous font concevoir une bien plus grande idée des choses ; mais il faut prendre garde à ne faire cela que bien à propos et dans les endroits où il faut amplifier ou multiplier, ou exagérer, et dans la passion, c'est-à-dire quand le sujet est susceptible d'une de ces choses ou de plusieurs ; car d'attacher partout ces cymbales et ces sonnettes,[d] cela sentiroit trop son sophiste.

---

[a] Saint-Marc fait observer, avec raison, que ce mot de *pléonasme* ne répond pas à l'idée de l'auteur. Le verbe πεπλεόνασται veut dire ici *amplifier, multiplier* par l'emploi du pluriel.
[b] Platon, *Menexenus*, t. II, p. 245, édit. de H. Étienne. (BOILEAU, 1713.)
[c] Il faudrait *Egyptus. Dac., mss.*
[d] Sumpsit locutionem a Demosth., C. Aristogor., I, p. 495.
On attachait des sonnettes au cou des animaux comme objet à la fois d'ornement et d'utilité. — Longin ne parle pas de *cymbales*.

CHAPITRE XX.

DES PLURIELS RÉDUITS EN SINGULIERS.

On peut aussi, tout au contraire, réduire les pluriels en singuliers; et cela a quelque chose de fort grand. « Tout le Péloponèse, dit Démosthène,[a] étoit alors divisé en factions. » Il en est de même de ce passage d'Hérodote :[b] « Phrynicus faisant représenter sa tragédie intitulée, LA PRISE DE MILET, tout le (46) théâtre se fondit en larmes. » Car de ramasser ainsi plusieurs choses en une, cela donne plus de corps au discours. Au reste, je tiens que pour l'ordinaire c'est une même raison qui fait valoir ces deux différentes figures. En effet, soit qu'en changeant les singuliers en pluriels, d'une seule chose vous en fassiez plusieurs, soit qu'en ramassant des pluriels dans un seul nom singulier qui sonne agréablement à l'oreille, de plusieurs choses vous n'en fassiez qu'une, ce changement imprévu marque la passion.[c]

CHAPITRE XXI.

DU CHANGEMENT DE TEMPS.

Il en est de même du changement de temps, lorsqu'on parle d'une chose passée comme si elle se faisoit présen-

---

[a] *De corona*, p. 315, édit. Basil. (BOILEAU, 1713.)
[b] Hérodote, liv. VI, p. 341, édit. de Francfort. (BOILEAU, 1713.)
[c] Saint-Marc dit que Boileau lui paraît avoir ici très-bien rendu la pensée

tement, parce qu'alors ce n'est plus une narration que vous faites, c'est une action qui se passe à l'heure même. « Un soldat, dit Xénophon,[a] étant tombé sous le cheval de Cyrus, et étant foulé aux pieds de ce cheval, il lui donne un coup d'épée dans le ventre. Le cheval blessé se démène et secoue son maître. Cyrus tombe. » Cette figure est fort fréquente dans Thucydide.

CHAPITRE XXII.

DU CHANGEMENT DE PERSONNES.

Le changement de personnes n'est pas moins pathétique; car il fait que l'auditeur assez souvent se croit voir lui-même au milieu du péril :

> Vous diriez, à les voir pleins d'une ardeur si belle,
> Qu'ils retrouvent toujours une vigueur nouvelle;
> Que rien ne les sauroit ni vaincre ni lasser,
> Et que leur long combat ne fait que commencer. [b]

Et dans Aratus :[c]

> Ne t'embarque jamais durant ce triste mois.

Cela se voit encore dans Hérodote.[d] « A la sortie de la

de Longin, dont le texte n'est pas, à beaucoup près, aussi clair que la traduction.

[a] *Institut. de Cyrus*, liv. VII, p. 178, édit. Leuncla. (BOILEAU, 1713.)
[b] *Iliade*, liv. XV, vers 697. (BOILEAU, 1713.)
[c] Aratus, *Phénomènes*, 287.

Μὴ κείνῳ ἐνὶ μηνὶ περικλύζοιο θαλάσσῃ.

[d] Liv. II, p. 100, édit. de Francfort. (BOILEAU, 1713.)

ville d'Éléphantine, dit cet historien, du côté qui va en montant, vous rencontrez d'abord une colline, etc. De là vous descendez dans une plaine. Quand vous l'avez traversée, vous pouvez vous embarquer tout de nouveau, et en douze jours arriver à une grande ville qu'on appelle Méroé. » Voyez-vous, mon cher Térentianus, comme il prend votre esprit avec lui, et le conduit dans tous ces différents pays, vous faisant plutôt voir qu'entendre? Toutes ces choses, ainsi pratiquées à propos, arrêtent l'auditeur et lui tiennent l'esprit attaché sur l'action présente : principalement lorsqu'on ne s'adresse pas à plusieurs en général, mais à un seul en particulier :

> Tu ne saurois connoître, au fort de la mêlée,
> Quel parti suit le fils du courageux Tydée.ᵃ

Car en réveillant ainsi l'auditeur par ces apostrophes vous le rendez plus ému, plus attentif et plus plein de chose dont vous parlez.

ᵃ *Iliade,* liv. V, vers 85. (BOILEAU, 1713.)
Faible traduction de ce vers d'Homère :

> Τυδείδην δ'οὐκ ἂν γνοίης, ποτέροισι μετείη...

FIN DU TOME TROISIÈME.

TABLE

DU TOME TROISIÈME.

	Pages.
Discours sur l'ode.	1
Odes, épigrammes et autres poésies.	13
Fragment d'un prologue d'opéra	93
Poésies latines	99
Pièces attribuées à Boileau.	103
Remarques sur d'autres pièces attribuées à Boileau.	111
Chapelain décoiffé.	115
La métamorphose de la perruque de Chapelain en comète	129
Une satire inédite de Boileau.	131

ŒUVRES EN PROSE.

Dissertation sur la Joconde.	141
Discours sur le dialogue des héros de roman.	173
Les héros de roman, dialogue à la manière de Lucien	179
Discours sur la satire	223
Fragment d'un dialogue contre les modernes qui font des vers latins.	235
Arrêt burlesque.	241
Remerciement à MM. de l'Académie françoise.	253
Discours sur le style des inscriptions	263
Descriptions ou explications de médailles	269
Épitaphe de J. Racine	287
Réflexions critiques sur quelques passages du rhéteur Longin.	295
Traité du Sublime ou du merveilleux dans le discours, traduit du grec de Longin.	433

CHEFS-D'ŒUVRE DE LA LITTÉRATURE FRANÇAISE

FORMAT IN-8° CAVALIER, PAPIER VÉLIN DES VOSGES, IMPRIMÉS AVEC GRAND SOIN
PAR LA TYPOGRAPHIE CLAYE

Prix de chaque volume, 7 fr. 50

ŒUVRES COMPLÈTES DE MOLIÈRE

Nouvelle édition très-soigneusement revue sur les textes originaux, avec un nouveau travail de critique et d'érudition, aperçus d'histoire littéraire, examen de chaque pièce, commentaire, biographie, etc., etc., par M. Louis Moland.

L'ouvrage, imprimé avec luxe par M. Claye sur magnifique papier des Vosges fabriqué spécialement pour cette collection, orné de vignettes gravées sur acier, d'après les dessins de Staal, par F. Delannoy et Massard, forme 7 volumes.

ŒUVRES COMPLÈTES DE J. RACINE

Avec une vie de l'auteur et un examen de chacun de ses ouvrages, par M. Saint-Marc Girardin, de l'Académie française. Vignettes de Staal, gravées sur acier par les meilleurs artistes. En vente, le Ier et le IIe vol.

HISTOIRE DE GIL BLAS DE SANTILLANE

Par Le Sage, avec les principales remarques des divers annotateurs, précédée d'une notice par Sainte-Beuve, de l'Académie française, les jugements et témoignages sur Le Sage et sur *Gil Blas*; suivie de *Turcaret* et de *Crispin rival de son maître*. 2 volumes illustrés de six belles gravures sur acier d'après les dessins de Staal.

CHEFS-D'ŒUVRE LITTÉRAIRES DE BUFFON

Avec une Introduction par M. Flourens, membre de l'Académie française, secrétaire de l'Académie des sciences, etc. 2 volumes. Un beau portrait de Buffon est joint au tome Ier.

L'IMITATION DE JÉSUS-CHRIST

Traduction nouvelle avec des réflexions à la fin de chaque chapitre par M. l'abbé de Lamennais. 1 volume orné de 4 gravures sur acier.

ESSAIS DE MICHEL DE MONTAIGNE

Nouvelle édition, avec les notes de tous les commentateurs, choisies et complétées par M. J.-V. Le Clerc, précédée d'une nouvelle Étude sur Montaigne par M. Prevost-Paradol, de l'Académie française. 4 volumes, avec un portrait de *Montaigne*.

ŒUVRES DE CLÉMENT MAROT

Annotées, revues sur les éditions originales et précédées de la vie de Clément Marot, par Charles d'Héricault. 1 volume orné du portrait de l'auteur gravé sur acier, d'après une peinture du temps.

ŒUVRES CHOISIES DE MASSILLON

Précédées d'une notice biographique et littéraire par M. Godefroy. 2 volumes, avec un beau portrait de Massillon.

ŒUVRES DE J.-B. ROUSSEAU

Avec une notice de M. Antoine de La Tour. 1 volume, avec portrait.

ŒUVRES COMPLÈTES DE BOILEAU

Avec des commentaires et un travail nouveau, par M. Gidel. 4 volumes ornés de vignettes et d'un beau portrait de *Boileau*, par Staal. (Les 1er, 2e et 3e volumes sont en vente.)

ŒUVRES COMPLÈTES DE LA FONTAINE

Nouvelle édition, avec un nouveau travail de critique et d'érudition, par M. Louis Moland. Les 1er et 2e volumes, contenant les Fables, sont en vente.

Il sera tiré sur papier de Hollande, pour chaque volume de la collection, 150 exemplaires numérotés. — Prix : 15 fr. le volume.

PARIS. — J. CLAYE, IMPRIMEUR, 7, RUE SAINT-BENOIT. — [1059]

www.ingramcontent.com/pod-product-compliance
Lightning Source LLC
Chambersburg PA
CBHW051132230426
43670CB00007B/774